Caro aluno, seja bem-vindo à sua plataforma do conhecimento!

A partir de agora, está à sua disposição uma plataforma que reúne, em um só lugar, recursos educacionais digitais que complementam os livros impressos e foram desenvolvidos especialmente para auxiliar você em seus estudos. Veja como é fácil e rápido acessar os recursos deste projeto.

1 Faça a ativação dos códigos dos seus livros.

Se você NÃO tem cadastro na plataforma:
- acesse o endereço <login.smaprendizagem.com>;
- na parte inferior da tela, clique em "Registre-se" e depois no botão "Alunos";
- escolha o país;
- preencha o formulário com os dados do tutor, do aluno e de acesso.

O seu tutor receberá um *e-mail* para validação da conta. Atenção: sem essa validação, não é possível acessar a plataforma.

Se você JÁ tem cadastro na plataforma:
- em seu computador, acesse a plataforma pelo endereço <login.smaprendizagem.com>;
- em seguida, você visualizará os livros que já estão ativados em seu perfil. Clique no botão "Códigos ou licenças", insira o código abaixo e clique no botão "Validar".

Este é o seu código de ativação! → **D8ZWD-CF2BR-AVDFP**

2 Acesse os recursos

usando um computador.   usando um dispositivo móvel.

No seu navegador de internet, digite o endereço <login.smaprendizagem.com> e acesse sua conta. Você visualizará todos os livros que tem cadastrados. Para escolher um livro, basta clicar na sua capa.

Instale o aplicativo **SM Aprendizagem**, que está disponível gratuitamente na loja de aplicativos do dispositivo. Utilize o mesmo *login* e a mesma senha que você cadastrou na plataforma.

Importante! Não se esqueça de sempre cadastrar seus livros da SM em seu perfil. Assim, você garante a visualização dos seus conteúdos, seja no computador, seja no dispositivo móvel. Em caso de dúvida, entre em contato com nosso canal de atendimento pelo **telefone 0800 72 54876** ou pelo *e-mail* atendimento@grupo-sm.com.

BRA215304_3517

MATEMÁTICA

GERAÇÃO ALPHA

7

CARLOS N. C. DE OLIVEIRA
Licenciado em Matemática pelo Instituto de Matemática e Estatística (IME) da Universidade de São Paulo (USP).
Especialista em Educação Matemática pelo Centro Universitário Fundação Santo André (FSA).
Mestre em Educação Matemática pela Pontifícia Universidade Católica de São Paulo (PUC-SP).
Professor e coordenador de ensino de Matemática.

FELIPE FUGITA
Licenciado em Matemática pelo IME-USP.
Professor de Matemática.

São Paulo, 5ª edição, 2023

Geração Alpha **Matemática 7**
© SM Educação
Todos os direitos reservados

Direção editorial André Monteiro
Gerência editorial Lia Monguilhott Bezerra
Edição executiva Isabella Semaan
Colaboração técnico-pedagógica: Ivail Muniz Junior, Millyane M. Moura Moreira, Raíta Moreira Nascimento Lopes, Solange Hassan Ahmad Ali Fernandes
Edição: Amanda da Rocha Ribeiro, Cármen Matricardi, Carolina Maria Toledo, Cecília Tiemi Ikedo, Diana Maia, Eduardo Chavante, Felipe Alves O. Lima, Luana Fernandes de Souza
Suporte editorial: Camila Alves Batista, Fernanda de Araújo Fortunato

Coordenação de preparação e revisão Cláudia Rodrigues do Espírito Santo
Preparação: Ana Paula Perestrelo, Maria Angélica Lau P. Soares
Revisão: Helena Alves Costa, Izilda de Oliveira Pereira
Apoio de equipe: Maria Clara Loureiro

Coordenação de *design* Gilciane Munhoz
Design: Camila N. Ueki, Lissa Sakajiri, Paula Maestro

Coordenação de arte Vitor Trevelin
Edição de arte: Clayton Renê Pires Soares
Assistência de arte: Viviane Ayumi Yonamine
Assistência de produção: Júlia Stacciarini Teixeira

Coordenação de iconografia Josiane Laurentino
Pesquisa iconográfica: Fabio Yoshihito Matsuura, Junior Rozzo
Tratamento de imagem: Marcelo Casaro

Capa Megalo | identidade, comunicação e design
Ilustração da capa: Thiago Limón

Projeto gráfico Megalo | identidade, comunicação e design; Camila N. Ueki, Lissa Sakajiri, Paula Maestro

Ilustrações que acompanham o projeto Laura Nunes
Cartografia João Miguel A. Moreira
Editoração eletrônica Setup Bureau Editoração Eletrônica
Pré-impressão Américo Jesus
Fabricação Alexander Maeda
Impressão Gráfica Santa Marta

Dados Internacionais de Catalogação na Publicação (CIP)
(Câmara Brasileira do Livro, SP, Brasil)

Oliveira, Carlos N. C. de
 Geração alpha matemática, 7 / Carlos N. C. de Oliveira, Felipe Fugita. -- 5. ed. -- São Paulo : Edições SM, 2023.

 ISBN 978-85-418-3094-2 (aluno)
 ISBN 978-85-418-3095-9 (professor)

 1. Matemática (Ensino fundamental) I. Fugita, Felipe. II. Título.

23-154471 CDD-372.7

Índices para catálogo sistemático:
1. Matemática : Ensino fundamental 372.7

Cibele Maria Dias — Bibliotecária — CRB-8/9427

5ª edição, 2023
3ª impressão, agosto 2024

SM Educação
Avenida Paulista, 1842 – 18º andar, cj. 185, 186 e 187 – Condomínio Cetenco Plaza
Bela Vista 01310-945 São Paulo SP Brasil
Tel. 11 2111-7400
atendimento@grupo-sm.com
www.grupo-sm.com/br

APRESENTAÇÃO

OLÁ, ESTUDANTE!

Ser jovem no século XXI significa estar em contato constante com múltiplas linguagens, com uma imensa quantidade de informações e com inúmeras ferramentas tecnológicas. Isso ocorre em um cenário mundial que apresenta grandes desafios nos níveis social, econômico e ambiental.

Diante dessa realidade, esta coleção foi cuidadosamente pensada para ajudar você a enfrentar esses desafios com autonomia e espírito crítico.

Atendendo a esse propósito, os textos, as imagens e as atividades propostos configuram oportunidades para você refletir sobre o que aprende, expressar suas ideias e desenvolver habilidades de comunicação nas mais diversas situações de interação em sociedade.

Também são explorados aspectos dos Objetivos de Desenvolvimento Sustentável (ODS) – pensados e estruturados pela Organização das Nações Unidas (ONU) – vinculados a aspectos próprios da área de Matemática e suas Tecnologias. Com isso, esperamos contribuir para que você compartilhe dos conhecimentos construídos pela Matemática e os utilize para fazer escolhas responsáveis e transformadoras em sua vida.

Desejamos que esta coleção contribua para que você se torne um cidadão atuante na sociedade do século XXI, capaz de questionar a realidade em que vive e de buscar respostas e soluções para superar obstáculos presentes e os que estão por vir.

Equipe editorial

CONHEÇA SEU LIVRO

Abertura da unidade

Nesta unidade, eu vou...
Nesta trilha, você conhece os objetivos de aprendizagem da unidade. Eles estão organizados por capítulos e seções e podem ser utilizados como um guia para seus estudos.

Leitura da imagem
Uma imagem vai instigar sua curiosidade! As questões propostas permitem a leitura da imagem e a relação com alguns dos assuntos que serão abordados na unidade.

Primeiras ideias
Algumas questões vão incentivar você a contar o que sabe sobre o assunto.

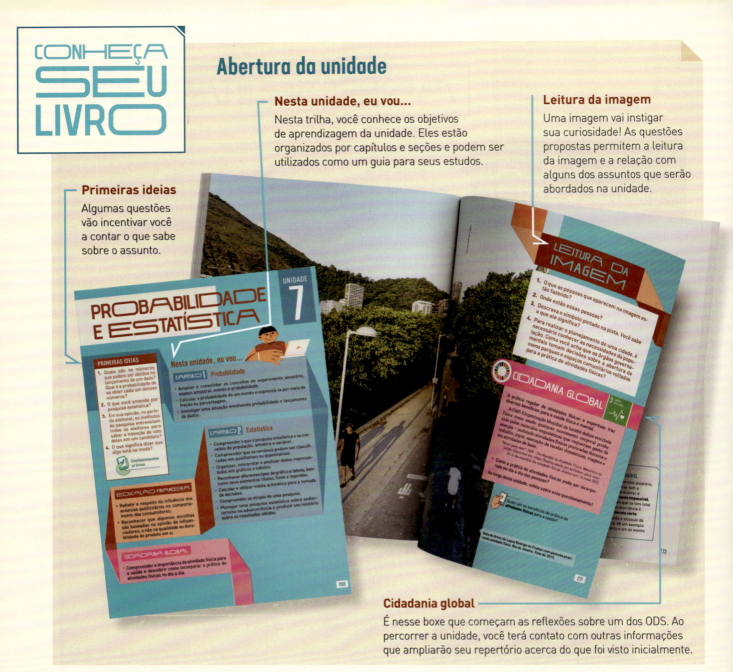

Cidadania global
É nesse boxe que começam as reflexões sobre um dos ODS. Ao percorrer a unidade, você terá contato com outras informações que ampliarão seu repertório acerca do que foi visto inicialmente.

Capítulos
Textos, imagens e esquemas apresentam o conteúdo.

Laboratório de Matemática
Nessa seção, você vai realizar atividades investigativas. Com os colegas, vai levantar hipóteses, desenvolver um trabalho investigativo ou de experimentação e elaborar conclusões para aprender mais o assunto que está sendo estudado.

Atividades e Mais atividades

As atividades vão ajudar você a desenvolver diferentes habilidades e competências. A seção *Atividades* vem após a apresentação de alguns conteúdos. No final de cada capítulo, há a seção *Mais atividades*. Elas estão agrupadas em dois conjuntos: *Retomar e compreender* e *Aplicar*.

Saber ser

O selo *Saber ser* indica momentos oportunos para o desenvolvimento de competências socioemocionais: tomada de decisão responsável, autogestão, autoconsciência, consciência social e habilidades de relacionamento.

Descubra +

Nesse boxe, você vai encontrar curiosidades relacionadas ao assunto abordado na teoria.

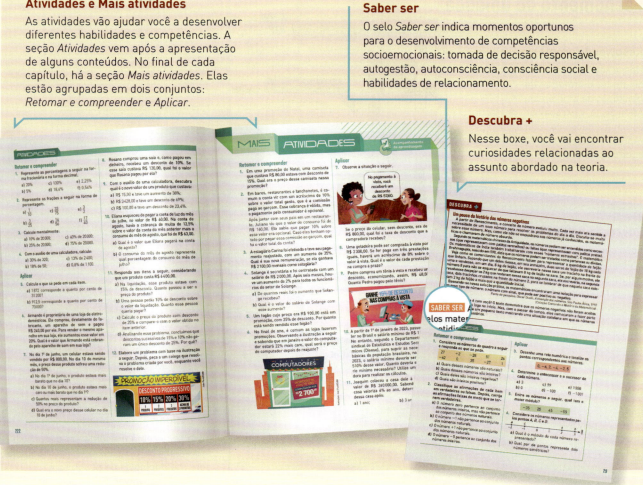

Boxes

Cidadania global

Traz informações e questões relacionadas a um ou mais aspectos do ODS apresentado na abertura da unidade para que você possa refletir sobre o seu tema e se posicionar.

Para explorar

Oferecem indicações de livros, *sites*, entre outros, relacionados ao assunto.

Outros boxes

Esses boxes retomam, complementam e ampliam o assunto estudado.

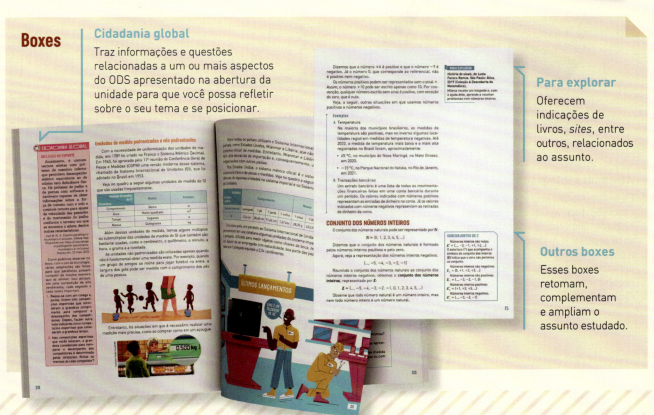

Fechamento da unidade

Resolvendo problemas

Nessa seção, você vai desenvolver diferentes estratégias de resolução de problemas. Além disso, vai trabalhar com habilidades de leitura, representação de informações e tomada de decisões.

Educação financeira

Essa seção está presente no final de algumas unidades e traz temas relacionados à Educação financeira.

Investigar

Essa seção está presente em dois momentos do livro. Nela, você trabalhará com metodologias de pesquisa e poderá desenvolver sua habilidade de comunicação ao compartilhar os resultados da investigação.

Cidadania global

Essa é a seção que fecha o trabalho com a unidade. Ela está organizada em duas partes. Em *Retomando o tema*, você vai retomar as discussões iniciadas na abertura da unidade e terá a oportunidade de ampliar reflexões feitas. Em *Geração da mudança*, você será convidado a realizar uma proposta de intervenção que busque contribuir para o desenvolvimento do ODS trabalhado na unidade.

Atividades integradas

Essas atividades englobam os assuntos desenvolvidos ao longo da unidade. São uma oportunidade para você analisar o quanto aprendeu e para refletir sobre os temas estudados. As atividades estão organizadas em três conjuntos: *Aplicar*, *Analisar e verificar* e *Criar*.

6

No final do livro, você também vai encontrar...

Interação
Essa seção propõe um projeto coletivo. Além de gerar um produto, que será destinado à comunidade escolar, possibilita desenvolver a competência do trabalho em equipe.

Prepare-se!
Nessa seção, há dois blocos de questões com formato semelhante ao de provas e exames oficiais como Enem, Saeb e Pisa para você verificar seus conhecimentos.

Respostas
Nessa seção, apresentamos as repostas das atividades. Ao final dela, destacamos as siglas dos exames oficiais que foram utilizados no livro.

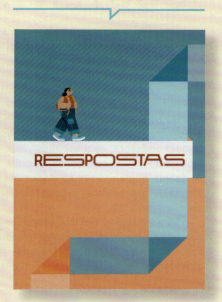

GERAÇÃO ALPHA DIGITAL

O livro digital oferece uma série de recursos para interação e aprendizagem. Aventure-se! No livro impresso, esses recursos estão marcados com os ícones apresentados a seguir.

Atividades interativas e mapa de ideias
Esse ícone indica que, no livro digital, você encontrará propostas que compõem um ciclo avaliativo ao longo de toda a unidade. No início da unidade, poderá verificar seus conhecimentos prévios por meio de atividades interativas. Do mesmo modo, ao final dos capítulos, encontrará conjuntos de atividades interativas para realizar o acompanhamento de sua aprendizagem. Já ao final da unidade, você encontrará uma proposta para estabelecer conexões entre os assuntos abordados. Por fim, terá a oportunidade de realizar uma autoavaliação.

Recursos digitais
Esse ícone indica que, no livro digital, você encontrará galerias de imagens, áudios, animações, vídeos, simuladores, entre outros. Quando aparecer uma chamada como esta, acesse o recurso e faça a atividade que se pede.

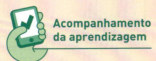

O QUE SÃO OS
OBJETIVOS
DE DESENVOLVIMENTO SUSTENTÁVEL

Em 2015, representantes dos Estados-membros da Organização das Nações Unidas (ONU) se reuniram durante a Cúpula das Nações Unidas sobre o Desenvolvimento Sustentável e adotaram uma agenda socioambiental mundial composta de 17 Objetivos de Desenvolvimento Sustentável (ODS).

Os ODS constituem desafios e metas para erradicar a pobreza, diminuir as desigualdades sociais e proteger o meio ambiente, incorporando uma ampla variedade de tópicos das áreas econômica, social e ambiental. Trata-se de temas humanitários atrelados à sustentabilidade que devem nortear políticas públicas nacionais e internacionais até o ano de 2030.

Nesta coleção, você trabalhará com diferentes aspectos dos ODS e perceberá que, juntos e também como indivíduos, todos podemos contribuir para que esses objetivos sejam alcançados. Conheça aqui cada um dos 17 objetivos e suas metas gerais.

1 ERRADICAÇÃO DA POBREZA

Erradicar a pobreza em todas as formas e em todos os lugares

2 FOME ZERO E AGRICULTURA SUSTENTÁVEL
Erradicar a fome, alcançar a segurança alimentar, melhorar a nutrição e promover a agricultura sustentável

11 CIDADES E COMUNIDADES SUSTENTÁVEIS

Tornar as cidades e comunidades mais inclusivas, seguras, resilientes e sustentáveis

10 REDUÇÃO DAS DESIGUALDADES

Reduzir as desigualdades no interior dos países e entre países

9 INDÚSTRIA, INOVAÇÃO E INFRAESTRUTURA

Construir infraestruturas resilientes, promover a industrialização inclusiva e sustentável e fomentar a inovação

12 CONSUMO E PRODUÇÃO RESPONSÁVEIS

Garantir padrões de consumo e de produção sustentáveis

13 AÇÃO CONTRA A MUDANÇA GLOBAL DO CLIMA

Adotar medidas urgentes para combater as alterações climáticas e os seus impactos

14 VIDA NA ÁGUA

Conservar e usar de forma sustentável os oceanos, mares e os recursos marinhos para o desenvolvimento sustentável

3 SAÚDE E BEM-ESTAR

Garantir o acesso à saúde de qualidade e promover o bem-estar para todos, em todas as idades

4 EDUCAÇÃO DE QUALIDADE

Garantir o acesso à educação inclusiva, de qualidade e equitativa, e promover oportunidades de aprendizagem ao longo da vida para todos

5 IGUALDADE DE GÊNERO

Alcançar a igualdade de gênero e empoderar todas as mulheres e meninas

8 TRABALHO DECENTE E CRESCIMENTO ECONÔMICO

Promover o crescimento econômico inclusivo e sustentável, o emprego pleno e produtivo e o trabalho digno para todos

7 ENERGIA LIMPA E ACESSÍVEL

Garantir o acesso a fontes de energia fiáveis, sustentáveis e modernas para todos

6 ÁGUA POTÁVEL E SANEAMENTO

Garantir a disponibilidade e a gestão sustentável da água potável e do saneamento para todos

15 VIDA TERRESTRE

Proteger, restaurar e promover o uso sustentável dos ecossistemas terrestres, gerir de forma sustentável as florestas, combater a desertificação, travar e reverter a degradação dos solos e travar a perda da biodiversidade

16 PAZ, JUSTIÇA E INSTITUIÇÕES EFICAZES

Promover sociedades pacíficas e inclusivas para o desenvolvimento sustentável, proporcionar o acesso à justiça para todos e construir instituições eficazes, responsáveis e inclusivas a todos os níveis

17 PARCERIAS E MEIOS DE IMPLEMENTAÇÃO

Reforçar os meios de implementação e revitalizar a parceria global para o desenvolvimento sustentável

Nações Unidas Brasil. Objetivos de Desenvolvimento Sustentável. Disponível em: https://brasil.un.org/pt-br/sdgs. Acesso em: 2 maio 2023.

SUMÁRIO

UNIDADE 1 — NÚMEROS ... 13

1. Múltiplos e divisores ... 16
- Divisibilidade ... 16
- Múltiplos de um número natural ... 18
- Mínimo múltiplo comum (mmc) ... 19
- Divisores de um número natural ... 20
- Máximo divisor comum (mdc) ... 21
- **Mais atividades** ... 23

2. Números inteiros ... 24
- Números positivos e números negativos ... 24
- Conjunto dos números inteiros ... 25
- Representação de números inteiros na reta numérica ... 26
- Sucessor e antecessor de um número inteiro ... 26
- Valor absoluto ou módulo de um número inteiro ... 27
- Números opostos ou simétricos ... 28
- Comparação de números inteiros ... 30
- **Mais atividades** ... 33

3. Operações com números inteiros ... 34
- Adição de números inteiros ... 34
- Subtração de números inteiros ... 40
- Adição algébrica ... 42
- Adição e subtração de números inteiros com a calculadora ... 43
- Multiplicação de números inteiros ... 44
- Divisão de números inteiros ... 48
- Multiplicação e divisão de números inteiros com a calculadora ... 50
- Expressões numéricas com números inteiros ... 52
- **Mais atividades** ... 53

- **Educação financeira** | As letras miúdas dos anúncios ... 54
- **Atividades integradas** ... 56
- **Cidadania global** ... 58

UNIDADE 2 — NÚMEROS RACIONAIS ... 59

1. Números racionais ... 62
- Os números racionais no dia a dia ... 62
- Números racionais na forma fracionária ... 64
- Números racionais na forma decimal ... 66
- Conjunto dos números racionais ... 66
- Representação de números racionais na reta numérica ... 68
- Representação decimal de números racionais: finita ou infinita e periódica ... 70
- Valor absoluto ou módulo de um número racional ... 71
- Números opostos ou números simétricos ... 72
- Comparação de números racionais ... 73
- **Mais atividades** ... 79

2. Operações com números racionais ... 80
- Adição e subtração de números racionais ... 80
- Adição algébrica ... 84
- Adição e subtração de números racionais com a calculadora ... 84
- Multiplicação ... 86
- Divisão ... 90
- Multiplicação e divisão de números racionais na calculadora ... 94
- Expressões numéricas envolvendo números racionais ... 96
- **Mais atividades** ... 97

- **Educação financeira** | Na ponta do lápis! ... 98
- **Atividades integradas** ... 100
- **Cidadania global** ... 102

10

UNIDADE 3

FIGURAS GEOMÉTRICAS ... 103

1. Ângulos ... 106
- Ângulos ... 106
- Operações com medidas de ângulos ... 111
- Ângulos congruentes ... 115
- Ângulos adjacentes ... 115
- Ângulos complementares ... 116
- Ângulos suplementares ... 116
- Ângulos opostos pelo vértice (o.p.v.) ... 117
- Ângulos formados por duas retas paralelas cortadas por uma transversal ... 119
- **Mais atividades** ... 124

2. Polígonos ... 126
- Retomando a ideia de polígono ... 126
- Diagonais de um polígono ... 128
- Ângulos de um polígono ... 130
- Triângulos ... 136
- Construção de polígonos com régua, compasso e transferidor ... 139
- **Mais atividades** ... 145

◢ **Resolvendo problemas** ... 146
◢ **Atividades integradas** ... 148
◢ **Cidadania global** ... 150

UNIDADE 4

INTRODUÇÃO À ÁLGEBRA ... 151

1. Expressões algébricas ... 154
- Introdução às expressões algébricas ... 154
- Sequências e expressões algébricas ... 159
- **Mais atividades** ... 163

2. Equações ... 164
- Introdução às equações ... 164
- Solução ou raiz de uma equação ... 166
- Equações do 1º grau com uma incógnita ... 170
- Equações com duas incógnitas ... 178
- **Mais atividades** ... 180

3. Inequações ... 182
- Desigualdades e inequações ... 182
- Inequações do 1º grau com uma incógnita ... 186
- **Mais atividades** ... 189

◢ **Educação financeira** | Vivendo na corda bamba ... 190
◢ **Investigar** | Arquitetura e Geometria ... 192
◢ **Atividades integradas** ... 194
◢ **Cidadania global** ... 196

UNIDADE 5

PROPORCIONALIDADE E PORCENTAGEM ... 197

1. Razão e proporção ... 200
- Razão ... 200
- Proporção ... 202
- Sequências diretamente ou inversamente proporcionais ... 207
- Grandezas diretamente ou inversamente proporcionais ... 208
- Regra de três ... 211
- **Mais atividades** ... 214

2. Porcentagem ... 216
- Retomando a ideia de porcentagem ... 216
- **Mais atividades** ... 223

◢ **Educação financeira** | Juros vorazes ... 224
◢ **Atividades integradas** ... 226
◢ **Cidadania global** ... 228

UNIDADE 6 — CIRCUNFERÊNCIA, CÍRCULO E TRANSFORMAÇÕES GEOMÉTRICAS 229

1. Circunferência e círculo 232
- Circunferência 232
- Posições relativas entre ponto e circunferência 240
- Posições relativas entre reta e circunferência 241
- Posições relativas entre duas circunferências 242
- Circunferências e arte 246
- Círculo 247
- **Mais atividades** 249

2. Transformações geométricas 250
- Reconhecendo a simetria 250
- Figuras com mais de um eixo de simetria 252
- Simétrica de uma figura 252
- Transformações geométricas 254
- **Mais atividades** 263

▲ **Resolvendo problemas** 264
▲ **Atividades integradas** 266
▲ **Cidadania global** 268

UNIDADE 7 — PROBABILIDADE E ESTATÍSTICA 269

1. Probabilidade 272
- Retomando a ideia de probabilidade 272
- Simulação 274
- **Mais atividades** 277

2. Estatística 278
- Pesquisa estatística 278
- Média aritmética 289
- Etapas de uma pesquisa 292
- **Mais atividades** 298

▲ **Educação financeira** | Anúncios encan(ten)tadores! 300
▲ **Atividades integradas** 302
▲ **Cidadania global** 304

UNIDADE 8 — GRANDEZAS E MEDIDAS 305

1. Medições 308
- A ideia de medir 308
- **Mais atividades** 314

2. Áreas e volumes 316
- Áreas 316
- Volumes 325
- **Mais atividades** 328

▲ **Educação financeira** | O mistério do cupom fiscal: O que são os impostos e para que servem 330
▲ **Investigar** | De casa para a escola: quanto tempo leva? 332
▲ **Atividades integradas** 334
▲ **Cidadania global** 336

INTERAÇÃO
- Vamos reciclar? 337

PREPARE-SE! 341
RESPOSTAS 357
LISTA DE SIGLAS 374
BIBLIOGRAFIA COMENTADA 375

NÚMEROS

UNIDADE 1

PRIMEIRAS IDEIAS

1. Cite alguns dos múltiplos comuns de 2 e 3.
2. Você sabe o que é um número negativo? Explique.
3. Em quais situações do dia a dia você utiliza números negativos?
4. Qual destes dois números é maior: −50 ou −2?

Conhecimentos prévios

Nesta unidade, eu vou...

CAPÍTULO 1 — Múltiplos e divisores

- Relacionar os conceitos de múltiplo e de divisor.
- Reconhecer os múltiplos e os divisores de um número natural.
- Determinar o mínimo múltiplo comum e o máximo divisor comum entre dois ou mais números naturais.
- Resolver problemas que envolvam os conceitos de múltiplo e de divisor.

CAPÍTULO 2 — Números inteiros

- Reconhecer o uso dos números negativos a partir de situações como temperatura e movimentações bancárias.
- Compreender o conjunto dos números inteiros como ampliação do conjunto dos números naturais.
- Localizar números inteiros na reta numérica.
- Compreender os conceitos de sucessor, antecessor, módulo e oposto de um número inteiro.
- Conhecer situações que contribuíram para o desenvolvimento do conceito de número negativo.
- Comparar e ordenar números inteiros.

CAPÍTULO 3 — Operações com números inteiros

- Realizar adição, subtração, multiplicação e divisão com números inteiros, utilizando esses conhecimentos na resolução de problemas.
- Reconhecer propriedades da adição e da multiplicação de números inteiros.
- Resolver problemas envolvendo as propriedades da adição e da multiplicação de números inteiros.
- Reconhecer como operações inversas tanto a adição e a subtração quanto a multiplicação e a divisão.
- Resolver expressões numéricas com números inteiros.
- Reconhecer que o uso de neve artificial não é uma atitude sustentável em relação ao consumo de água.

EDUCAÇÃO FINANCEIRA

- Reconhecer estratégias que dificultam a leitura de anúncios e rótulos de embalagens.
- Conhecer boas práticas para não induzir o consumidor ao erro no momento da compra de um produto.

CIDADANIA GLOBAL

- Refletir sobre o uso de água em grande escala e as consequências de uma gestão não sustentável.

LEITURA DA IMAGEM

1. De que material é feita a pista desse esporte?
2. A temperatura nessa pista está abaixo de zero. Como você representaria essa temperatura?
3. Por que há uma bandeira do Brasil no trenó?
4. Você conhece alguma cidade do Brasil que pode ter medidas de temperatura abaixo de zero? Se sim, qual?

 CIDADANIA GLOBAL 9 INDÚSTRIA, INOVAÇÃO E INFRAESTRUTURA

Os Jogos Olímpicos de Inverno reúnem modalidades esportivas que podem ser disputadas no gelo ou na neve. Como em Pequim raramente neva, foi necessário produzir neve artificial para a realização dos jogos. Para isso, foram usados 100 geradores e 300 canhões que transformaram cerca de 200 milhões de litros de água em flocos de gelo.

- A neve artificial é uma boa inovação tecnológica?

Ao longo desta unidade, reflita sobre esse questionamento!

 Ao término das competições de inverno, o que acontece **quando a neve derrete**?

Os brasileiros Edson Bindilatti e Edson Martins em prova de *bobsled two-man* nos Jogos Olímpicos de Inverno, em Pequim, China. Foto de 2022.

CAPÍTULO 1
MÚLTIPLOS E DIVISORES

DIVISIBILIDADE

Na impressão de uma publicação, geralmente feita em uma gráfica, as páginas são organizadas para que se tenha o melhor aproveitamento possível do papel. Nesse processo, as páginas são dobradas e se formam conjuntos de páginas, chamados de cadernos. Depois de impressos, os cadernos são dobrados, cortados e, posteriormente, costurados, grampeados ou colados, dependendo do acabamento de cada publicação.

Você sabia que, na maioria dos casos, quando dividimos o número de páginas de um livro por 8 obtemos uma divisão com resto zero? Faça o teste! Veja quantas páginas tem este livro e, usando uma calculadora, faça a divisão do total de páginas por 8. Que número você obteve como resto?

▼ O livro passa por diversas etapas dentro de uma gráfica antes de chegar às bancas e livrarias.

1 caderno

Acompanhe as situações a seguir.

Situação 1

Guilherme está lendo o livro *Matemática divertida e curiosa*, de Malba Tahan. Esse livro tem 192 páginas. Vamos efetuar a divisão de 192 por 8 e verificar se ela tem resto zero.

$$\begin{array}{r|l} 192 & 8 \\ -16 & 24 \\ \hline 32 & \\ -32 & \\ \hline 0 & \end{array}$$

Quando efetuamos uma divisão e obtemos resto igual a zero, dizemos que essa **divisão é exata**.

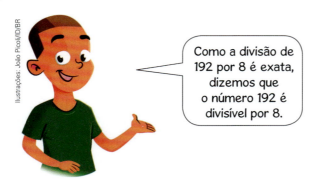

Como a divisão de 192 por 8 é exata, dizemos que o número 192 é divisível por 8.

Situação 2

Carolina gosta muito de ler revistas. Ela comprou uma que tinha 68 páginas. Vamos efetuar a divisão de 68 por 8 e verificar se essa divisão tem resto zero.

$$\begin{array}{r|l} 68 & 8 \\ -64 & 8 \\ \hline 4 & \end{array}$$

Quando efetuamos uma divisão e obtemos resto diferente de zero, dizemos que essa **divisão é não exata**.

Como a divisão de 68 por 8 não é exata, dizemos que o número 68 não é divisível por 8.

Um número natural é **divisível** por outro número natural diferente de zero quando o resto da divisão é igual a zero, ou seja, quando a divisão é exata.

PARA EXPLORAR

Matemática divertida e curiosa, de Malba Tahan. São Paulo: Record, 1991.
Recreações e curiosidades da Matemática que transformam a aridez dos números e a exigência de raciocínio em brincadeira, ao mesmo tempo útil e prazerosa.

MÚLTIPLOS DE UM NÚMERO NATURAL

Em uma papelaria, uma caneta é vendida a 2 reais. O dono da papelaria montou um quadro para verificar quantos reais ele fatura de acordo com a venda das canetas. Observe.

Quantidade de canetas vendidas	Cálculo do valor da venda	Valor (em reais)
0	$0 \cdot 2 = 0$	0
1	$1 \cdot 2 = 2$	2
2	$2 \cdot 2 = 4$	4
3	$3 \cdot 2 = 6$	6
4	$4 \cdot 2 = 8$	8
5	$5 \cdot 2 = 10$	10
6	$6 \cdot 2 = 12$	12
7	$7 \cdot 2 = 14$	14
⋮	⋮	⋮

Os números da última coluna – 0, 2, 4, 6, 8, 10, ... – formam a sequência dos **múltiplos** de 2. O conjunto dos múltiplos de 2 é indicado por:

$$M(2) = \{0, 2, 4, 6, 8, 10, 12, 14, ...\}$$

Os múltiplos de 2 podem ser obtidos quando multiplicamos os números naturais por 2.

> Múltiplo de um número natural é o produto desse número por um número natural qualquer.

Exemplos

A. 300 é múltiplo de 10?

Sim, pois $30 \cdot 10 = 300$.

B. 69 é múltiplo de 13?

Não, pois não há número natural que multiplicado por 13 resulte em 69.

Para descobrir se um número é múltiplo de outro, podemos usar a operação inversa da multiplicação, ou seja, a divisão.

Exemplos

A. 672 é múltiplo de 56?

```
 672 | 56
 −56   12
 ───
 112
−112
 ───
   0
```

Como a divisão de 672 por 56 é exata, então 672 é múltiplo de 56, pois $12 \cdot 56 = 672$.

B. 148 é múltiplo de 13?

```
 148 | 13
 −13   11
 ───
 018
 −13
 ───
  05
```

Como a divisão de 148 por 13 não é exata, então 148 não é múltiplo de 13.

c. 2018 é múltiplo de 21?

Vamos verificar utilizando uma calculadora.

Como o quociente obtido não é um número inteiro, 2018 não é múltiplo de 21, pois 2018 não é o produto de 21 por um número natural qualquer.

Observações

- Todo número natural é múltiplo de si mesmo.
- O zero é múltiplo de qualquer número natural.
- Um número natural diferente de zero tem infinitos múltiplos.

MÍNIMO MÚLTIPLO COMUM (mmc)

Um enfeite luminoso tem luzes azuis e vermelhas. As luzes azuis piscam a cada 30 segundos, e as luzes vermelhas piscam a cada 20 segundos. Sabendo que, quando o enfeite é ligado, as luzes azuis e vermelhas piscam juntas, depois de quanto tempo essas luzes piscam juntas novamente?

Para responder a essa pergunta, precisamos determinar os instantes em que as luzes piscam juntas e descobrir qual é o primeiro instante em que isso acontece, depois que o enfeite é ligado. Inicialmente, vamos escrever os instantes em que as luzes de cada cor piscam:

- As luzes **azuis** piscam nos seguintes instantes, em segundos:
  0, 30, 60, 90, 120, 150, ...
- As luzes **vermelhas** piscam nos seguintes instantes, em segundos:
  0, 20, 40, 60, 80, 100, 120, 140, ...

Observe que, ao escrever os instantes em que as luzes azuis e vermelhas piscam, encontramos os múltiplos de 30 e de 20, respectivamente. Como queremos saber os intervalos de tempo em que as duas cores piscam juntas, vamos destacar os números que os dois conjuntos têm em comum:

$$M(30) = \{\mathbf{0}, 30, \mathbf{60}, 90, \mathbf{120}, 150, ...\}$$

$$M(20) = \{\mathbf{0}, 20, 40, \mathbf{60}, 80, 100, \mathbf{120}, 140, ...\}$$

Dizemos, então, que 0, 60 e 120 são alguns dos **múltiplos comuns** de 30 e de 20. Assim, as luzes azuis e vermelhas piscam juntas no instante 0 (quando o enfeite é ligado), depois de 60 segundos, depois de 120 segundos, e assim por diante.

Como queremos determinar o primeiro instante em que as luzes azuis e vermelhas piscam juntas depois que o enfeite é ligado, basta olhar para o menor múltiplo comum desses números diferente de zero, que é o instante em que o enfeite é ligado. O menor múltiplo comum, também chamado de mínimo múltiplo comum, de 30 e de 20, tirando o zero, é o 60. Representamos o mínimo múltiplo comum de 30 e 20 assim:

$$mmc(30, 20) = 60$$

Logo, as luzes azuis e vermelhas piscam juntas depois de 60 segundos.

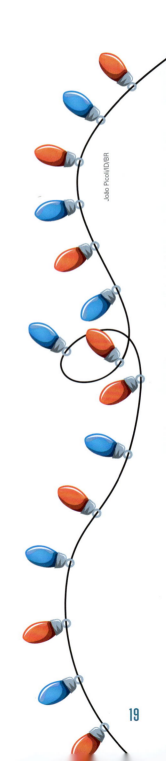

DIVISORES DE UM NÚMERO NATURAL

Para realizar uma gincana, a professora Lúcia vai organizar 12 estudantes em grupos. Sabendo que cada grupo deve ter a mesma quantidade de integrantes e que não podem sobrar estudantes, como os grupos poderão ser formados?

Para responder a essa pergunta, vamos pensar em quantidades de grupos e quantos estudantes ficariam em cada grupo.

- 1 grupo ⟶ 12 estudantes.
- 2 grupos ⟶ 6 estudantes em cada um.
- 3 grupos ⟶ 4 estudantes em cada um.
- 4 grupos ⟶ 3 estudantes em cada um.
- 5 grupos ⟶ Não é possível colocar o mesmo número de estudantes em cada grupo sem sobrar estudantes.

Seguindo esse raciocínio, temos:

Quantidade de grupos	Quantidade de estudantes em cada grupo
1	12
2	6
3	4
4	3
6	2
12	1

Assim, dependendo da quantidade de estudantes em cada grupo, poderão ser formados 1, 2, 3, 4, 6 ou 12 grupos. Dizemos que os números 1, 2, 3, 4, 6 e 12 são **divisores** de 12, pois, ao dividir 12 por qualquer um desses números, obtemos uma divisão exata. Podemos indicar o conjunto dos divisores de 12 da seguinte maneira:

$$D(12) = \{1, 2, 3, 4, 6, 12\}$$

Exemplos

A. 3 é divisor de 159?

```
159 | 3
 09   53
  0
```

Como a divisão de 159 por 3 é exata, então 3 é divisor de 159.

B. 8 é divisor de 757?

```
757 | 8
 37   94
  5
```

Como a divisão de 757 por 8 não é exata, então 8 não é divisor de 757.

Observações

- O zero não é divisor de nenhum número natural.
- Todo número natural tem como divisor o número 1.
- Todo número natural diferente de zero é divisor dele mesmo.

MÁXIMO DIVISOR COMUM (mdc)

No Ensino Médio do colégio em que Renata estuda, há 60 estudantes no 1º ano, 72 estudantes no 2º ano e 30 estudantes no 3º ano. Na semana cultural, todos esses estudantes serão organizados em equipes com a mesma quantidade de integrantes, sem que se misturem estudantes de anos diferentes. Qual é o número máximo de estudantes que cada equipe pode ter?

Para resolver esse problema, precisamos encontrar um modo de organizar os estudantes de cada ano em equipes com a mesma quantidade de integrantes. Primeiro, vamos analisar como as equipes de cada ano podem ser formadas:

- Os 60 estudantes do 1º ano podem ser organizados em equipes de: 1, 2, 3, 4, 5, 6, 10, 12, 15, 20, 30 ou 60 estudantes.
- Os 72 estudantes do 2º ano podem ser organizados em equipes de: 1, 2, 3, 4, 6, 8, 9, 12, 18, 24, 36 ou 72 estudantes.
- Os 30 estudantes do 3º ano podem ser organizados em equipes de: 1, 2, 3, 5, 6, 10, 15 ou 30 estudantes.

Note que, quando escrevemos como podemos formar as equipes do 1º, do 2º e do 3º anos, encontramos os divisores de 60, de 72 e de 30, respectivamente. Como queremos que todas as equipes tenham a mesma quantidade de integrantes, vamos destacar os números comuns aos três conjuntos:

$$D(60) = \{\mathbf{1}, \mathbf{2}, \mathbf{3}, 4, 5, \mathbf{6}, 10, 12, 15, 20, 30, 60\}$$

$$D(72) = \{\mathbf{1}, \mathbf{2}, \mathbf{3}, 4, \mathbf{6}, 8, 9, 12, 18, 24, 36, 72\}$$

$$D(30) = \{\mathbf{1}, \mathbf{2}, \mathbf{3}, 5, \mathbf{6}, 10, 15, 30\}$$

Dizemos, então, que 1, 2, 3 e 6 são **divisores comuns** de 60, 72 e 30. Assim, poderão ser formadas equipes de 1, 2, 3 ou 6 estudantes. Como queremos determinar o número máximo de estudantes que cada equipe pode ter, basta olhar para o maior desses números. Dos divisores comuns de 60, 72 e 30, o maior divisor comum – também chamado de máximo divisor comum – de 60, 72 e 30 é o 6. Representamos o máximo divisor comum de 60, 72 e 30 assim:

$$mdc(60, 72, 30) = 6$$

Logo, para que os três anos sejam organizados em equipes com a mesma quantidade de integrantes, cada equipe pode ter no máximo 6 estudantes.

ATIVIDADES

Retomar e compreender

1. Escreva o conjunto dos múltiplos de:
   a) 5
   b) 40
   c) 11

2. Qual é o número que aparece em todos os conjuntos de múltiplos? Por que isso acontece?

3. Determine a idade do irmão de Felipe, de acordo com a dica dada por ele.

> A idade do meu irmão é representada pelo menor número natural não nulo múltiplo de 11 e divisível por 2.

4. Calcule mentalmente e, depois, escreva os dois primeiros múltiplos comuns não nulos dos números a seguir.
   a) 2 e 3
   b) 3 e 5
   c) 2, 3 e 8

5. Os trens da linha A passam por determinada estação a cada 8 minutos e os trens da linha B, a cada 12 minutos. Se um trem de cada linha acabou de passar por essa estação, quando um trem da linha A e outro da linha B passarão novamente ao mesmo tempo pela estação?

6. Veja as orientações que Mariana recebeu do médico e responda à questão.

> Você deve tomar um comprimido vermelho de 8 em 8 horas e um comprimido azul de 12 em 12 horas.

Se Mariana tomar os medicamentos pela primeira vez ao meio-dia, após quantas horas ela tomará os remédios juntos?

Aplicar

7. Veja como Daniel fez para determinar os divisores de 20.

> Para determinar todos os divisores de 20, posso escrever 20 como produto de dois fatores, começando pelo fator 1. Assim:
> $20 = 1 \cdot 20$ $20 = 4 \cdot 5$ $20 = 10 \cdot 2$
> $20 = 2 \cdot 10$ $20 = 5 \cdot 4$ $20 = 20 \cdot 1$
> Então, os divisores de 20 são 1, 2, 4, 5, 10 e 20.

Agora, faça como Daniel e encontre os divisores de:
a) 42
b) 13
c) 80

8. Na loja de materiais de construção, Pedro encontrou os tubos de PVC de que precisava. No entanto, para poder usá-los na obra que está fazendo, eles devem ser cortados em pedaços de medidas iguais. Determine a maior medida de comprimento que cada pedaço deve ter de modo que os dois tubos sejam utilizados inteiramente, sem sobras. Em seguida, desenhe os tubos e represente as divisões.

24 metros

40 metros

9. Calcule.
   a) mdc(12, 36)
   b) mmc(6, 30)
   c) mdc(11, 13)
   d) mdc(1, 98)
   e) mmc(5, 7)
   f) mmc(1, 56)

10. Ivo tem dois álbuns com quantidades iguais de fotografias: no primeiro, há 4 fotografias por página e, no segundo, 5 fotografias por página. Nos dois álbuns, há apenas uma fotografia na última página. Qual é a menor quantidade de fotografias que cada álbum pode ter?

MAIS ATIVIDADES

Acompanhamento da aprendizagem

Retomar e compreender

1. O conteúdo de um tanque pode ser completamente distribuído em recipientes com capacidade para 25 litros ou com capacidade para 30 litros, e, em ambos os casos, os recipientes são enchidos até sua capacidade máxima. Qual é a capacidade mínima que o tanque pode ter?

2. Um grupo de turistas fez uma viagem em vários ônibus que comportavam 50 pessoas cada um, sem que sobrasse lugar. No caminho de volta, todos os ônibus usados tinham capacidade para 45 lugares e todos estavam com a capacidade máxima de passageiros. Quantas pessoas, no mínimo, fizeram essa viagem?

3. Um farol de sinalização marítima pisca a cada 15 segundos, e outro farol pisca a cada 20 segundos. Sabendo que eles foram ligados simultaneamente, quantos segundos se passam até que os faróis pisquem juntos outra vez?

4. Maria é costureira e quer dividir uma fita vermelha que mede 90 metros de comprimento e uma fita azul que mede 120 metros de comprimento em partes iguais da maior medida possível, de modo que não sobre nenhum pedaço. Qual deve ser a medida do comprimento de cada parte?

5. Raquel faz barras de chocolate e vende-as em pacotes. Ela produziu 102 barras de chocolate branco e 162 barras de chocolate ao leite.
   a) Se Raquel colocar quantidades iguais de barras de chocolate em cada pacote, sem misturar os tipos de chocolate, quantas barras, no máximo, ela poderá colocar em cada pacote?
   b) Quantos pacotes de chocolate branco serão formados? E quantos de chocolate ao leite?

6. Dois cabos de aço devem ser cortados em pedaços de medidas iguais, de modo que os pedaços fiquem com a maior medida de comprimento possível.
   a) Se um cabo mede 60 metros de comprimento e o outro mede 48 metros, que medida de comprimento terá cada pedaço?
   b) Quantos pedaços serão obtidos?

7. Usando placas iguais, todas quadradas, um decorador vai revestir uma parede com formato retangular que mede 300 cm de largura e 260 cm de altura.

   a) Qual é a maior medida possível do comprimento das placas, em centímetro, sabendo que a parede deve ser revestida sem que nenhuma placa seja cortada?
   b) Considerando a medida do comprimento da placa obtida no item anterior, faça um desenho da parede revestida e calcule quantas placas serão necessárias para revesti-la.

8. Vera comprou 130 bolinhas de queijo e 540 coxinhas para levar a uma festa. Na lanchonete, um dos funcionários decidiu embalar os salgadinhos sem misturá-los. Cada embalagem tinha a mesma quantidade de salgadinhos e, por economia, o funcionário usou a menor quantidade de embalagens.
   a) Quantos salgadinhos havia em cada embalagem?
   b) Com quantas embalagens Vera chegou à festa?

Aplicar

9. Observe a cena a seguir e elabore uma pergunta para o problema de Eva que envolva, em sua resolução, o cálculo de divisor comum. Depois, troque a pergunta com um colega, para que ele responda à pergunta que você criou e você responda à pergunta que ele criou.

   > Eu tenho aqui 120 pimentões verdes, 144 pimentões vermelhos e 60 pimentões amarelos. Quero organizar em bandejas que contenham a mesma quantidade de pimentões e cada bandeja deverá ter as três variedades.

10. Elabore um problema com base na ilustração a seguir que envolva, em sua resolução, o cálculo do mínimo múltiplo comum.

Ilustrações: Danillo Souza/ID/BR

23

CAPÍTULO 2
NÚMEROS INTEIROS

NÚMEROS POSITIVOS E NÚMEROS NEGATIVOS

Icebergs são blocos de gelo que se desprenderam de geleiras e flutuam nos mares. Apenas uma parte do *iceberg* pode ser vista acima da água.

O esquema a seguir representa um *iceberg*. A linha vertical indica a altura desse *iceberg*. Para fazer essa representação, considerou-se o seguinte:

- O nível da superfície do mar está representado pelo zero;
- A medida da altura referente à porção que está acima da superfície do mar está indicada por um número positivo;
- A medida da altura referente à porção que está abaixo da superfície do mar está indicada por um número negativo.

Além da medida da altura em relação à superfície do mar, cite outras situações em que se utilizam **números negativos**.

▼ *Iceberg* no canal Lemaire, na península Antártica. Foto de 2022.

Esquema representativo de um *iceberg*.

+4 Indica que a altura da parte do *iceberg* acima do nível do mar mede 4 metros.

−9 Indica que a altura da parte do *iceberg* abaixo do nível do mar mede 9 metros.

24

Dizemos que o número +4 é positivo e que o número −9 é negativo. Já o número 0, que corresponde ao referencial, não é positivo nem negativo.

Os números positivos podem ser representados sem o sinal +. Assim, o número +10 pode ser escrito apenas como 10. Por convenção, qualquer número escrito sem sinal é positivo, com exceção do zero, que é nulo.

Veja, a seguir, outras situações em que usamos números positivos e números negativos.

Exemplos

A. Temperatura

Na maioria dos municípios brasileiros, as medidas de temperatura são positivas, mas no inverno algumas localidades registram medidas de temperatura negativas. Até 2022, a medida de temperatura mais baixa e a mais alta registradas no Brasil foram, aproximadamente:

- 45 °C, no município de Nova Maringá, no Mato Grosso, em 2020;
- −15 °C, no Parque Nacional do Itatiaia, no Rio de Janeiro, em 2021.

B. Transações bancárias

Um extrato bancário é uma lista de todas as movimentações financeiras feitas em uma conta bancária durante um período. Os valores indicados com números positivos representam as entradas de dinheiro na conta. Já os valores indicados com números negativos representam as retiradas de dinheiro da conta.

> **PARA EXPLORAR**
>
> *História de sinais*, de Luzia Faraco Ramos. São Paulo: Ática, 2019 (Coleção A Descoberta da Matemática).
> Milena recebe um hóspede e, com a ajuda dele, aprende a resolver problemas com números inteiros.

CONJUNTO DOS NÚMEROS INTEIROS

O conjunto dos números naturais pode ser representado por $\mathbb{N}$:

$$\mathbb{N} = \{0, 1, 2, 3, 4, 5, ...\}$$

Dizemos que o conjunto dos números naturais é formado pelos números inteiros positivos e pelo zero.

Agora, veja a representação dos números inteiros negativos.

$$\{..., -5, -4, -3, -2, -1\}$$

Reunindo o conjunto dos números naturais ao conjunto dos números inteiros negativos, obtemos o **conjunto dos números inteiros**, representado por $\mathbb{Z}$:

$$\mathbb{Z} = \{..., -5, -4, -3, -2, -1, 0, 1, 2, 3, 4, 5, ...\}$$

Observe que todo número natural é um número inteiro, mas nem todo número inteiro é um número natural.

> **SUBCONJUNTOS DE $\mathbb{Z}$**
>
> Números inteiros não nulos:
> $\mathbb{Z}^* = \{..., -2, -1, +1, +2, ...\}$
> O asterisco (*) que acompanha o símbolo do conjunto dos inteiros ($\mathbb{Z}$) indica que o zero não pertence ao conjunto.
>
> Números inteiros não negativos:
> $\mathbb{Z}_+ = \{0, +1, +2, +3, ...\}$
>
> Números inteiros não positivos:
> $\mathbb{Z}_- = \{..., -3, -2, -1, 0\}$
>
> Números inteiros positivos:
> $\mathbb{Z}_+^* = \{+1, +2, +3, ...\}$
>
> Números inteiros negativos:
> $\mathbb{Z}_-^* = \{..., -3, -2, -1\}$

RETA NUMÉRICA

Ao traçar uma reta numérica, nem sempre precisamos representar sua origem. Podemos traçá-la a partir do ponto que for mais conveniente. Além disso, a medida da distância entre dois números da reta numérica não precisa necessariamente indicar uma unidade. Veja.

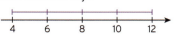

Observe que a distância entre 4 e 6, entre 6 e 8, entre 8 e 10 e entre 10 e 12 é a mesma.

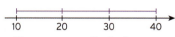

Observe que a distância entre 10 e 20, entre 20 e 30 e entre 30 e 40 é a mesma.

REPRESENTAÇÃO DE NÚMEROS INTEIROS NA RETA NUMÉRICA

Acompanhe, a seguir, como podemos representar os números inteiros em uma reta numérica.

1º passo: Traçamos uma reta e nela representamos a origem. Vamos associar a esse ponto o número 0 (zero).

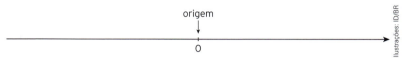

2º passo: Escolhemos qual será a medida da distância entre um ponto da reta e o ponto seguinte representado na reta numérica.

Veja, a seguir, a representação dos números 0 e 1: o número 1 está à direita do número 0.

3º passo: Considerando a mesma medida da distância entre dois números, da esquerda para a direita, começando pela origem, determinamos a posição dos pontos associados aos números 1, 2, 3, 4, etc.; considerando a mesma medida da distância entre dois números, da direita para a esquerda, começando pela origem, determinamos a posição dos pontos associados aos números −1, −2, −3, −4, etc.

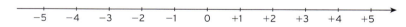

Observe que todo número inteiro está associado a um ponto da reta numérica, mas nem todo ponto da reta numérica corresponde a um número inteiro.

SUCESSOR E ANTECESSOR DE UM NÚMERO INTEIRO

Chama-se **sucessor** o número inteiro que está imediatamente depois de outro número inteiro, e o número inteiro que está imediatamente antes é chamado de **antecessor**.

Exemplos

A. O sucessor de 3 é 4.

B. O sucessor de 28 é 29.

C. O antecessor de 42 é 41.

D. O antecessor de 15 é 14.

E. O sucessor de −3 é −2.

F. O antecessor de 0 é −1.

G. O antecessor de −8 é −9.

H. O sucessor de −60 é −59.

VALOR ABSOLUTO OU MÓDULO DE UM NÚMERO INTEIRO

O esquema a seguir representa a linha norte-sul do metrô de uma cidade. Observe que podemos associar cada estação a um ponto de uma reta numérica.

1 A Estação Extremo Norte é representada pelo ponto associado ao número −31 da reta numérica. Quando um trem para nessa estação, ele está a 31 km de distância da Estação Central.

2 A Estação Central é o referencial da linha; portanto, indica a origem e é representada pelo número 0 da reta numérica. Quando um trem está nessa estação, tem distância nula em relação a ela.

3 A Estação Extremo Sul é representada pelo ponto associado ao número 12 da reta numérica. Quando um trem para nessa estação, está a 12 km de distância da Estação Central.

Em uma reta numérica, a medida da distância entre a origem e o ponto dado é um número positivo ou nulo, que corresponde à quantidade de unidades entre as duas posições. Por exemplo, a medida da distância entre o ponto que representa −10 e o ponto que representa a origem é 10 unidades.

Valor absoluto ou **módulo** de um número inteiro é a medida da distância entre o ponto que representa esse número e a origem (zero).

O módulo de um número inteiro é representado por este símbolo: | |.

Assim, o módulo de −31 é 31, e indicamos:

$$|-31| = 31$$

Exemplos

A. A medida da distância do ponto A ao ponto O é de 3 unidades de comprimento.

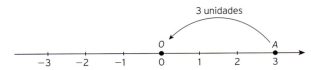

Dizemos que o valor absoluto ou o módulo do número +3 é 3 (medida da distância do ponto A à origem) e indicamos por:

$$|+3| = 3 \quad \text{ou} \quad |3| = 3$$

Utilize este recurso e determine o **módulo** de um número que seu colega vai lhe dizer.

B. A medida da distância do ponto B ao ponto O é de 4 unidades de comprimento.

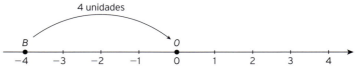

Dizemos que o valor absoluto ou o módulo do número −4 é 4 (medida da distância do ponto B à origem) e indicamos por:
$$|-4| = 4$$

NÚMEROS OPOSTOS OU SIMÉTRICOS

Veja a posição da Estação Central-Norte e da Estação Extremo Sul da mesma linha de metrô representada na página anterior.

Observe que as distâncias das estações Central-Norte e Extremo Sul à estação Central, que corresponde à origem da reta numérica, são iguais a 12 km.

$$|12| = 12 \text{ e } |-12| = 12$$

> **PARE E REFLITA**
> Qual é o simétrico do número zero?

Os números com valores absolutos (ou módulos) iguais e sinais diferentes são chamados de números **opostos** ou **simétricos**.

Então, podemos dizer que −12 é oposto de 12 e que 12 é oposto de −12 ou que 12 e −12 são simétricos.

Exemplos

A. Observe os pontos B e B' na reta numérica.

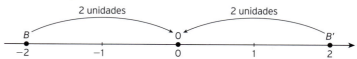

Dizemos que os números −2 e 2 são opostos ou simétricos, pois possuem valores absolutos iguais e sinais diferentes:
$$|-2| = 2 \text{ e } |2| = 2$$

B. Observe os pontos A e A' na reta numérica.

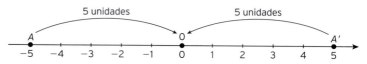

Dizemos que os números −5 e 5 são opostos ou simétricos, pois possuem módulos iguais e sinais diferentes:
$$|-5| = 5 \text{ e } |5| = 5$$

DESCUBRA +

Um pouco da história dos números negativos

A partir do Renascimento, o conceito de número evoluiu muito. Cada vez mais era sentida a necessidade de um novo número para resolver os problemas do dia a dia. Discutia-se muito sobre esse número. Mas, como ele não se enquadrava nos números já conhecidos, os matemáticos o chamavam de número absurdo.

Segundo os matemáticos chineses da Antiguidade, os números podiam ser entendidos como excessos (que representavam com palitos vermelhos) ou faltas (que representavam com palitos pretos). Os matemáticos da Índia também trabalharam com esses "números estranhos". O matemático Brahmagupta, nascido em 598, dizia que os números podem ser tratados como pertences ou dívidas.

Veja como os comerciantes do Renascimento faziam para representar a quantidade de feijão que tinham. Supondo que um deles tivesse, em seu armazém, duas sacas de feijão de 10 kg cada uma e vendesse, em um dia, 8 kg de feijão, ele escreveria nessa saca um tracinho na frente do número 8 para não se esquecer de que faltavam 8 kg de feijão na saca. Se, por algum motivo, ele resolvesse despejar os 2 kg que restaram nessa saca na segunda saca, ele escreveria, na segunda saca, dois tracinhos cruzados na frente do número 2, para se lembrar de que naquela saca existiam 2 kg de feijão a mais que a quantidade inicial.

Baseando-se nessa solução prática, os matemáticos encontraram uma notação para expressar um novo tipo de número: o número com sinal, que pode ser positivo ou negativo.

Fonte de pesquisa: Oscar Guelli. *A invenção dos números*. São Paulo: Ática, 1992 (Coleção Contando a História da Matemática).

SABER SER Agora é com você! O texto demonstra que os números negativos não foram aceitos pelos matemáticos logo no início. Mas, com o passar do tempo, eles começaram a fazer parte do cotidiano. Redija um pequeno texto mostrando uma situação cotidiana em que os números negativos são necessários.

ATIVIDADES

Retomar e compreender

1. Considere os números do quadro a seguir e responda ao que se pede.

27	+2	−28	51	26
−42	0	35	−27	1

   a) Quais desses números são naturais?
   b) Quais desses números são inteiros?
   c) Quais deles são inteiros negativos?
   d) Quais são inteiros positivos?

2. Classifique as afirmações de cada item em verdadeiras ou falsas. Depois, corrija as afirmações falsas de modo que se tornem verdadeiras.
   a) O número zero pertence ao conjunto dos números inteiros, mas não pertence ao conjunto dos números naturais.
   b) O número −1 não pertence ao conjunto dos números naturais.
   c) O número +1 não pertence ao conjunto dos números naturais.
   d) O número −5 pertence ao conjunto dos números inteiros.

Aplicar

3. Desenhe uma reta numérica e localize os pontos correspondentes aos números:

   0, −6, 2, −4, −2, 5

4. Determine o antecessor e o sucessor de cada número.
   a) 3
   b) 0
   c) 99
   d) −100
   e) 1 000
   f) −1 001

5. Entre os números a seguir, qual tem o maior módulo?

   −35   25   45   −55

6. Considere os números representados pelos pontos A, B, C e D.

   a) Qual é o módulo de cada número representado?
   b) Qual par de pontos representa dois números simétricos?

COMPARAÇÃO DE NÚMEROS INTEIROS

Comparar dois números inteiros é o mesmo que verificar qual deles é o maior ou o menor ou se eles são iguais. Para fazer a comparação, podemos usar os símbolos **maior que** (>), **menor que** (<) ou **igual a** (=).

Comparação em uma reta numérica

Vamos acompanhar a situação a seguir.

Observe o esquema a seguir, que indica a temperatura adequada de transporte e recebimento de alguns alimentos.

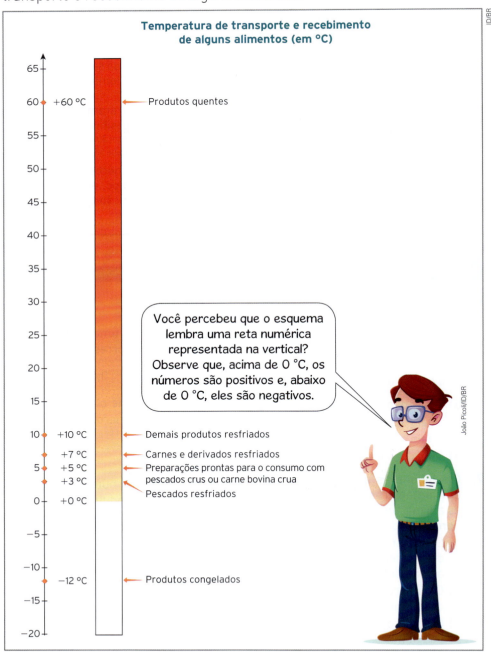

Fonte de pesquisa: *Manual de boas práticas de manipulação de alimentos*. Secretaria Municipal de Saúde de São Paulo. Disponível em: https://www.prefeitura.sp.gov.br/cidade/secretarias/upload/manual_boas_praticas_alimentos_2019.pdf. Acesso em: 26 maio 2023.

Na reta numérica vertical desse exemplo, podemos observar que, dados dois números inteiros, o maior deles é o que está acima do outro na reta numérica. Comparando as temperaturas de transporte e recebimento dos alimentos, notamos que:

- a temperatura de transporte e recebimento de carnes e derivados resfriados é maior que a temperatura dos pescados resfriados, pois +7 está acima de +3 na reta numérica. Portanto, podemos dizer que +7 é maior que +3, ou seja, +12 < +10.

- a temperatura de transporte e recebimento dos produtos congelados é menor que a temperatura dos demais produtos resfriados, pois −12 está abaixo de +10 na reta numérica. Portanto, podemos dizer que −12 é menor que +10, ou seja, −12 < +10.

DESCUBRA +

Como funcionam as vacinas bivalentes contra a Covid-19 aplicadas no Brasil

Campanha de vacinação como estratégia de reforço começa para grupos prioritários

[...]

As vacinas bivalentes contam com cepas atualizadas contra o coronavírus, incluindo a proteção contra a variante Ômicron. Os imunizantes foram aprovados pela Agência Nacional de Vigilância Sanitária (Anvisa) em novembro de 2022. Os primeiros lotes de vacinas bivalentes chegaram ao país em dezembro.

São dois tipos de vacinas diferentes:
- Bivalente BA.1 — protege contra a variante original e também contra a variante Ômicron BA1;
- Bivalente BA.4/BA.5 — protege contra a variante original e também contra a variante Ômicron BA.4/BA.5.

Como funcionam as vacinas bivalentes

As vacinas bivalentes são identificadas por tampa na cor cinza. Cada frasco possui **seis doses** e a vacina não deve ser diluída. O uso é indicado para a **população a partir de 12 anos de idade** como vacinação de reforço.

A Anvisa aponta que as doses devem ser aplicadas **a partir de três meses após a série primária** de vacina ou reforço anterior. As doses têm **prazo de validade de 12 meses**, quando estocadas de -80°C a -60°C ou de -90°C a -60°C. Além disso, podem ser armazenadas em geladeira, entre 2°C e 8°C, por um único período de **até dez semanas**, não excedendo a data de validade original.

A vacina da Pfizer bivalente BA.1 está aprovada em pelo menos 35 países. Já a versão bivalente BA.4/BA.5 está aprovada em 33 países, como Canadá, Japão, Reino Unido, Estados Unidos, Austrália e Singapura, entre outros, além da União Europeia.

Lucas Rocha. Como funcionam as vacinas bivalentes contra a covid-19 aplicadas no Brasil. *CNN Brasil*, 27 fev. 2023. Disponível em: https://www.cnnbrasil.com.br/saude/como-funcionam-as-vacinas-bivalentes-contra-a-covid-19-que-serao-aplicadas-no-brasil/. Acesso em: 18 maio 2023.

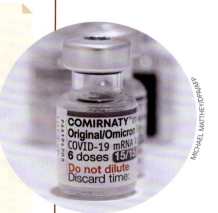

▲ Frasco com vacina para prevenir a covid-19. Foto de 2022.

Comparação usando módulos

Dados dois números inteiros positivos, o maior deles é o que tem o maior módulo.

Exemplos

A. Vamos comparar os números 8 215 e 423.
Temos que |8 215| = 8 215 e |423| = 423.
Portanto, como os números são positivos, 8 215 > 423.

B. Vamos comparar os números 157 e 161.
Temos que |157| = 157 e |161| = 161.
Portanto, como os números são positivos, 157 < 161.

Dados dois números inteiros negativos, o maior deles é o que tem o menor módulo.

Exemplos

A. Vamos comparar os números −671 e −1 054.
Temos que |−671| = 671 e |−1 054| = 1 054.
Portanto, como os números são negativos, −671 > −1 054.

B. Vamos comparar os números −97 e −38.
Temos que |−97| = 97 e |−38| = 38.
Portanto, como os números são negativos, −97 < −38.

Observações

- Todo número inteiro negativo é menor que zero e menor que qualquer número inteiro positivo.
- Todo número inteiro positivo é maior que zero e maior que qualquer número inteiro negativo.

ATIVIDADES

Retomar e compreender

7. Considere a reta numérica a seguir. Cada letra está associada a um número inteiro.

B   E   C   +1   A   +3   D
                0

a) Indique as letras que representam números inteiros positivos e as letras que indicam números inteiros negativos.

b) Qual é o sinal do número representado pela letra C?

c) Escreva três pares de números representados por letras nessa reta. Depois, utilize os sinais < ou > para comparar os números de cada par.

8. Substitua cada ■ pelo sinal <, > ou =.

a) 12 ■ 16
b) +23 ■ +23
c) 0 ■ +34
d) −49 ■ 0
e) +78 ■ 0
f) −103 ■ +115
g) −57 ■ −57
h) −84 ■ −26
i) +416 ■ +417
j) −890 ■ −891
k) −90 ■ 0
l) 0 ■ −34

9. Ordene os números a seguir do menor para o maior.

−16	+13	−3	+39
+4	−6	−7	−37
0	+1	+51	−1

MAIS ATIVIDADES

Acompanhamento da aprendizagem

Retomar e compreender

1. Indique outras situações, além da temperatura e das transações bancárias, em que utilizamos números positivos, números negativos e número nulo.

2. Na escala de um termômetro, qual das temperaturas está mais próxima de 0 °C: −8 °C ou +12 °C?

3. Complete o quadro a seguir.

Número	Antecessor	Sucessor	Oposto	Módulo
13	12			13
−7		−6	7	
127		128		
0		1		
−25				

4. Quais são os possíveis valores inteiros para ★ em cada caso a seguir?
   a) $|★| = 15$
   b) $|★| = -15$

5. João pensou em um número, adicionou uma unidade e representou o resultado em uma reta numérica com um ponto azul. Veja.

   a) Qual número João representou com um ponto azul na reta numérica?
   b) Em qual número João pensou?
   c) Indique em uma reta numérica o número simétrico do número pensado por João.

6. Amanda e Bia estavam paradas no mesmo lugar brincando de lançar simultaneamente pedrinhas em sentidos opostos. Após cada lançamento, elas verificavam quem tinha jogado a pedrinha mais longe.

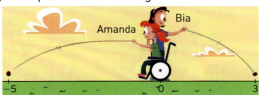

   a) De acordo com o lançamento apresentado na imagem, qual menina jogou a pedrinha mais longe?
   b) Represente a resposta do item anterior usando uma sentença matemática.
   c) Em quais situações os números que representam as posições alcançadas pelas pedrinhas de Amanda e de Bia seriam opostos?

7. Coloque os números a seguir em ordem decrescente usando o sinal > entre eles.
   a) +19, +100, −19, −100, −39, +12
   b) −20, +8, 0, −400, +291, −34

8. Dois números inteiros opostos estão à distância de 34 unidades um do outro. Quais são esses números?

Aplicar

9. Faça o que se pede.
   a) Represente duas retas numéricas: cada uma deve ter uma unidade de medida de comprimento diferente.
   b) Indique números inteiros positivos e números inteiros negativos nessas retas.
   c) Observe as características comuns e as diferenças na posição dos números positivos, dos números negativos e do zero em cada uma das retas numéricas. Depois, compare suas representações com as de um colega.

10. Reúna-se com um colega para buscar as medidas de temperatura máxima e mínima registradas nos últimos cinco dias em seu município. Em seguida, registrem em uma reta numérica as temperaturas obtidas. Marquem o dia em que cada temperatura foi registrada e utilizem cores diferentes para a máxima e para a mínima dentro desse período.
    a) Qual foi a maior temperatura obtida?
    b) Qual foi a menor temperatura obtida?
    c) Houve algum registro de temperatura negativa?
    d) Qualquer temperatura negativa seria menor que as temperaturas que vocês encontraram? Expliquem.

CAPÍTULO 3
OPERAÇÕES COM NÚMEROS INTEIROS

ADIÇÃO DE NÚMEROS INTEIROS

Observe a tabela a seguir e reflita: Como você faria para desempatar dois times de futebol com a mesma quantidade de pontos?

\multicolumn{9}{c}{1ª fase do Campeonato Brasileiro de Futebol Feminino A1 de 2022}
Posição	Nome do clube	P	J	V	E	D	GP	GC	SG
1ª	Palmeiras – SP	37	15	12	1	2	45	13	32
2ª	São Paulo – SP	35	15	11	2	2	30	13	17
3ª	Internacional – RS	33	15	10	3	2	27	13	14
4ª	Corinthians – SP	32	15	9	5	1	33	12	21
5ª	Real Brasília – DF	26	15	8	2	5	24	23	1
6ª	Flamengo – RJ	25	15	7	4	4	25	17	8
7ª	Ferroviária – SP	24	15	7	3	5	23	14	9
8ª	Grêmio – RS	21	15	5	6	4	22	18	4
9ª	Santos – SP	20	15	6	2	7	33	24	9
10ª	Kindermann – SC	20	15	6	2	7	16	26	–10

Fonte de pesquisa: Confederação Brasileira de Futebol. Disponível em: https://www.cbf.com.br/futebol-brasileiro/competicoes/campeonato-brasileiro-feminino-a1/2022?phase=1572. Acesso em: 26 maio 2023.

▼ Jogadoras em partida de futebol entre Grêmio e Corinthians no Campeonato Brasileiro Feminino 2022 (Série A1), em Gravataí (RS). Foto de 2022.

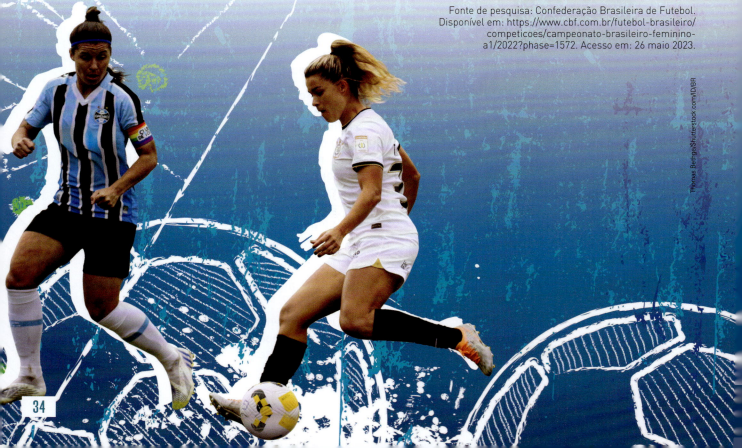

O saldo de gols é um dos critérios de desempate definidos pelo regulamento da competição. Para calcular esse saldo, consideramos números positivos os gols a favor (gols pró) e números negativos os gols contra. Em seguida, efetuamos a adição desses números.

Ao observar a tabela com os resultados da 1ª fase do Campeonato Brasileiro de Futebol Feminino A1 de 2022, podemos verificar que o saldo de gols (SG) do time Santos – SP é 9, com 33 gols a favor (GP) e 24 gols contra (GC). Podemos observar também que o saldo de gols do time Kindermann – SC é um valor negativo. Isso acontece quando o número de gols sofridos é maior que o número de gols a favor. Nesse caso, o time fez 16 gols a favor (GP) e levou 26 gols (GC), portanto o saldo de gols é -10.

Acompanhe as situações a seguir, que tratam de adições com números inteiros.

Situação 1

Antônio tem 2 livros e comprou mais 4 livros. Com quantos livros ele ficou depois dessa compra?

Para responder a essa questão, podemos efetuar a adição $(+2) + (+4)$.

Partindo do zero, percorremos na reta numérica **2** unidades para a direita (pois $+2$ é um número positivo) e, depois, seguimos mais **4** unidades para a direita (pois $+4$ é um número positivo).

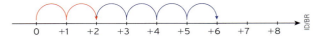

Assim: $(+2) + (+4) = 6$.

Portanto, Antônio ficou com 6 livros.

> Em uma adição de dois números inteiros positivos, a soma é positiva. Para encontrar essa soma, adicionamos o módulo desses números.

Exemplos

A. $(+15) + (+12) =$
$= +(|15| + |12|) =$
$= +(15 + 12) =$
$= +27$

B. $(+150) + (+85) =$
$= +(|150| + |85|) =$
$= +(150 + 85) =$
$= +235$

Situação 2

Bianca estava devendo 5 reais para sua irmã e pegou mais 2 reais emprestados com ela. Quantos reais Bianca está devendo para a irmã?

Para responder a essa questão, podemos efetuar a adição $(-5) + (-2)$.

Partindo do zero, percorremos na reta numérica **5** unidades para a esquerda (pois -5 é um número negativo) e, depois, seguimos mais **2** unidades para a esquerda (pois -2 também é um número negativo).

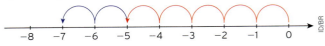

Assim: $(-5) + (-2) = -7$.

Portanto, Bianca está devendo 7 reais para sua irmã.

> Em uma adição de dois números inteiros negativos, a soma é negativa. Para encontrar essa soma, adicionamos o módulo desses números e mantemos o sinal deles.

Exemplos

A. $(-17) + (-4) =$
$= -(|-17| + |-4|) =$
$= -(17 + 4) =$
$= -21$

B. $(-134) + (-322) =$
$= -(|-134| + |-322|) =$
$= -(134 + 322) =$
$= -456$

Situação 3

Veja como podemos efetuar a adição $(-6) + (+7)$ na reta numérica.

Partindo do zero, percorremos na reta numérica **6** unidades para a esquerda (pois -6 é um número negativo) e, depois, seguimos **7** unidades para a direita (pois $+7$ é um número positivo).

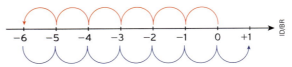

Assim: $(-6) + (+7) = 1$.

> Em uma adição de dois números inteiros com sinais diferentes, a soma terá o sinal do número de maior módulo. Para encontrar essa soma, devemos calcular o módulo da diferença dos módulos desses números.

Exemplos

A. $(+24) + (-47)$

Primeiro, determinamos os módulos desses números:
$|+24| = 24$
$|-47| = 47$
Como os módulos são diferentes, a soma terá o sinal do número do maior módulo, ou seja, negativo, pois $47 > 24$. Assim:
$(+24) + (-47) =$
$= -||+24| - |-47|| =$
$= -|24 - 47| = -|-23| =$
$= -23$

B. $(+116) + (-77)$

Primeiro, determinamos os módulos desses números:
$|+116| = 116$
$|-77| = 77$
Como os módulos são diferentes, a soma terá o sinal do número do maior módulo, ou seja, positivo, pois $116 > 77$. Assim:
$(+116) + (-77) =$
$= +||+116| - |-77|| =$
$= +|116 - 77| =$
$= +39$

Situação 4

Um termômetro estava marcando a temperatura de 8 °C às 2 horas da manhã. Quatro horas depois, a temperatura havia diminuído 8 °C. Que temperatura o termômetro estava marcando às 6 horas da manhã?

Para responder à pergunta, podemos efetuar a adição $(+8) + (-8)$.

Partindo do zero, percorremos na reta numérica **8** unidades para a direita (pois +8 é um número positivo) e, depois, seguimos **8** unidades para a esquerda (pois −8 é um número negativo).

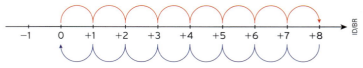

Assim: (+8) + (−8) = 0.

Portanto, o termômetro estava marcando 0 °C às 6 horas da manhã.

> Na adição de dois números simétricos, a soma é igual a zero.

Exemplos

A. (−95) + (+95) =
= −95 + 95 =
= 0

B. (+321) + (−321) =
= 321 − 321 =
= 0

Situação 5

Iolanda tem uma loja de roupas. Ela tem 158 camisetas no estoque de sua loja e recebeu um lote com mais 215 camisetas para guardar no estoque. Quantas camisetas ficaram no estoque depois do recebimento desse lote?

Para responder a essa pergunta, podemos efetuar a adição 158 + 215. Vamos fazer essa adição de duas maneiras diferentes.

1ª maneira: Usando o algoritmo usual.

```
  1 5 8
+ 2 1 5
-------
  3 7 3
```

2ª maneira: Usando o cálculo mental.

155 + 215 = 370
Como quero adicionar 158, e não 155, falta adicionar 3 unidades ao resultado que obtive: 370 + 3 = 373.
Assim, 158 + 215 = 373.

Portanto, ficaram 373 camisetas no estoque depois do recebimento do lote.

Situação 6

Observe como podemos realizar a adição 347 + (−123) de duas maneiras diferentes.

1ª maneira: Usando o algoritmo usual.

```
  3 4 7
− 1 2 3
-------
  2 2 4
```

2ª maneira: Usando o algoritmo da decomposição.

347 ⟶ 3 centenas, 4 dezenas e 7 unidades
123 ⟶ − 1 centena, 2 dezenas e 3 unidades
―――――――――――――――――――――――――
           2 centenas, 2 dezenas e 4 unidades

Logo, 347 + (−123) = 224.

Propriedades da adição em $\mathbb{Z}$

Vamos estudar as propriedades da adição de números inteiros.

Propriedade comutativa da adição

> Em uma adição de números inteiros, a ordem das parcelas não altera a soma.

Exemplos

A. $(+5) + (-2) =$
$= +(5 - 2) =$
$= +3$

$(-2) + (+5) =$
$= +(-2 + 5) =$
$= +3$

Então, $(+5) + (-2) = (-2) + (+5) = +3$.

B. $(-18) + (+7) =$
$= +(-18 + 7) =$
$= -11$

$(+7) + (-18) =$
$= +(7 - 18) =$
$= -11$

Então, $(-18) + (+7) = (+7) + (-18) = -11$.

Propriedade associativa da adição

> Em uma adição de três ou mais números inteiros, podemos associar as parcelas de diferentes maneiras sem alterar a soma.

Exemplos

A. $[(+5) + (+2)] + (-1) =$
$= (+7) + (-1) =$
$= +(7 - 1) =$
$= +6$

$(+5) + [(+2) + (-1)] =$
$= +(+5) + (+1) =$
$= +(5 + 1) =$
$= +6$

Então, $[(+5) + (+2)] + (-1) = (+5) + [(+2) + (-1)] = +6$.

B. $[(-5) + (-1)] + (-8) =$
$= (-6) + (-8) =$
$= -(6 + 8) =$
$= -14$

$(-5) + [(-1) + (-8)] =$
$= (-5) + (-9) =$
$= -(5 + 9) =$
$= -14$

Então, $[(-5) + (-1)] + (-8) = (-5) + [(-1) + (-8)] = -14$.

Propriedade do elemento oposto

> Para cada número inteiro, existe um oposto. Em uma adição de um número inteiro e seu oposto, a soma é igual a zero.

Exemplos

A. $5 + (-5) = 0$

B. $(-9) + 9 = 0$

Propriedade do elemento neutro

> Em uma adição em que uma das parcelas é igual a 0 (zero), a soma é igual à outra parcela. O zero é o **elemento neutro da adição**.

Exemplos

A. $(-7) + 0 = -7$

B. $0 + 6 = 6$

ATIVIDADES

Retomar e compreender

1. Determine o resultado de cada adição.

a) $(+7) + (+5)$
b) $(+13) + (+4)$
c) $(-8) + (-12)$
d) $(+3) + (-5)$
e) $(+5) + (-2)$
f) $0 + (-20)$
g) $(+30) + 0$
h) $(-52) + (+41)$

2. Complete o quadro a seguir.

+	+2	+1	0	−1	−2
+2					
+1					
0					
−1					
−2					

3. Construa uma reta numérica de −8 a +8 e marque os pontos a seguir.

a) $A: +3$
b) B: simétrico de A
c) $C: +5$
d) D: simétrico de C
e) $E: A + B$
f) $F: A + D$
g) $G: C + D$
h) $H: B + D$
i) $I: A + C$
j) $J: B + C$

4. Determine o valor de ■ em cada item.

a) $(+4) + (-16) = $ ■
b) $(-1) + (+9) = $ ■
c) $(-2) + (+26) = $ ■
d) $0 + $ ■ $= 34$
e) $+57 + $ ■ $= 0$

5. Calcule ★ + ●, sabendo que:

a) ★ $= -7$ e ● $= +6$.
b) ★ $= +6$ e ● $= +2$.
c) ★ $= -8$ e ● $= -4$.
d) ★ $= 0$ e ● $= -9$.
e) ★ $= +8$ e ● $= +7$.
f) ★ $= 0$ e ● $= 0$.

Aplicar

6. Complete o quadro a seguir.

a	−4	+6	0	−2
b	+3	−7	+1	−5
a + b				
b + a				
Oposto de a + oposto de b				
Oposto de (a + b)				
Oposto de (b + a)				

a) Os resultados obtidos em $a + b$ e em $b + a$ são iguais? Que propriedade justifica sua resposta?

b) Explique por que os resultados obtidos nas duas últimas linhas do quadro são iguais. Justifique algebricamente.

7. Considere um número inteiro. Adicionando-o ao seu sucessor, obtém-se um resultado cujo módulo é 13. Qual é esse número inteiro?

8. Escreva uma sentença matemática e resolva cada situação a seguir.

a) Na segunda-feira, o saldo bancário de Paula era negativo em R$ 167,00. Na terça-feira, ela recebeu um depósito de R$ 570,00. Qual é o novo saldo bancário de Paula?

b) Na cidade de São Joaquim, Santa Catarina, a temperatura às 8 h do dia 6 de maio de 2022 era de −1 °C. Às 11 h, a temperatura subiu 4 °C e, às 17 h, subiu mais 15 °C. Qual foi a temperatura às 17 h desse dia?

SUBTRAÇÃO DE NÚMEROS INTEIROS

Acompanhe as situações a seguir.

Situação 1

Para se exercitar, Lia prefere subir e descer pela escada do prédio onde mora em vez de utilizar o elevador. Ela mora no 7º andar e vai visitar a amiga que mora no 3º andar. Quantos andares ela terá de descer para ir de seu apartamento até o apartamento da amiga?

Para responder a essa pergunta, podemos realizar a subtração $7 - 3$:

$$7 - 3 = 4$$

Assim, Lia terá de descer 4 andares para visitar a amiga.

Observe que (-3) é o oposto de $(+3)$. Então, podemos escrever a seguinte adição:

$$7 + (-3) = 7 - 3 = 4$$

> A diferença entre dois números inteiros é igual à soma do primeiro número com o oposto do segundo.

Situação 2

No primeiro dia do ano, Andrea viajou para Nova York, nos Estados Unidos. Quando chegou, seu *smartphone* indicava que a medida da temperatura era de $-14\ °C$ e, algum tempo depois no mesmo dia, $-3\ °C$. Qual foi a diferença entre as medidas de temperatura nesses dois instantes do dia?

Observe como podemos representar na reta numérica a medida de temperatura registrada nesses dois instantes do dia:

Ao olhar para a representação desses números na reta numérica, podemos concluir que a diferença entre as medidas de temperatura nesses dois instantes do dia foi de 11 °C.

Podemos representar essa situação com a seguinte subtração:

$$(-3) - (-14)$$

Temos que o oposto de (-14) é $(+14)$. Então, podemos escrever a seguinte adição:

$$(-3) + (+14) = -3 + 14 = 11$$

Portanto, a diferença entre as medidas de temperatura em Nova York nesses dois instantes do dia foi de 11 °C.

▲ Jovem turista no bairro do Brooklin, em Nova York. Foto de 2023.

Situação 3

Tales ganhou R$ 578,00 e separou R$ 285,00 para pagar suas contas. Quantos reais sobraram?

Para responder à pergunta, podemos efetuar a subtração 578 − 285. Veja como podemos fazer essa subtração de três maneiras diferentes.

1ª maneira: Usando o algoritmo usual.

$$\begin{array}{r} \overset{4}{\cancel{5}}17\,8 \\ -\,2\,8\,5 \\ \hline 2\,9\,3 \end{array}$$

2ª maneira: Usando o algoritmo da decomposição.

5 7 8 ⟶ 5 centenas, 7 dezenas e 8 unidades ⟶ 4 centenas, 17 dezenas e 8 unidades
2 8 5 ⟶ 2 centenas, 8 dezenas e 5 unidades ⟶ − 2 centenas, 8 dezenas e 5 unidades
                                                   2 centenas, 9 dezenas e 3 unidades

3ª maneira: Usando o cálculo mental.

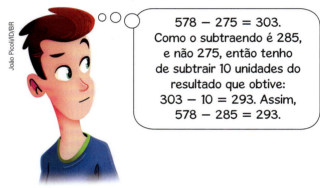

578 − 275 = 303. Como o subtraendo é 285, e não 275, então tenho de subtrair 10 unidades do resultado que obtive: 303 − 10 = 293. Assim, 578 − 285 = 293.

Logo, 578 − 285 = 293.
Então, sobraram R$ 293,00.

Situação 4

Suzana precisa calcular a medida da distância (em unidade de comprimento) entre os pontos *A* e *B* representados na reta numérica a seguir.

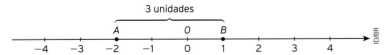

Uma das maneiras de calcular essa medida é observar a reta numérica e contar quantas unidades de comprimento há entre os dois pontos:

Outra maneira de obter a medida da distância é calcular o módulo da diferença dos números que cada ponto representa:

$$|1 - (-2)| = |1 + (+2)| = |1 + 2| = |3| = 3$$

Assim, concluímos que a medida da distância entre esses pontos é 3 unidades de comprimento.

Relação fundamental da subtração

Uma loja de eletrodomésticos tinha 348 micro-ondas no estoque no início da manhã. Ao longo do dia, 124 desses aparelhos foram vendidos e sobraram 224 no estoque.

Para verificar se a quantidade de micro-ondas que restaram no estoque estava correta, podemos realizar uma subtração ou uma adição.

- Subtração: 348 − 124 = 224

$$\underbrace{348}_{\text{minuendo}} - \underbrace{124}_{\text{subtraendo}} = \underbrace{224}_{\text{resto ou diferença}}$$

- Adição: 224 + 124 = 348

> Para verificar se uma subtração está correta, podemos realizar uma adição, pois, ao adicionar o subtraendo com o resto (ou a diferença), obtemos o minuendo. Essa é a **relação fundamental da subtração**.
> Portanto:
>
> minuendo − subtraendo = resto ou diferença
>
> ou, então:
>
> resto ou diferença + subtraendo = minuendo
>
> A adição e a subtração são operações inversas entre si.

Exemplos

A. Vamos conferir o resultado da subtração 389 − 187 = 202.

$$202 + 187 = 389$$

Portanto, a diferença na subtração 389 − 187 é, de fato, 202.

B. Vamos conferir o resultado da subtração −597 − (−274) = −323.

$$-323 + (-274) = -597$$

Portanto, o resto da subtração −597 − (−274) é, de fato, −323.

ADIÇÃO ALGÉBRICA

A adição e a subtração de números inteiros podem ser consideradas e calculadas como uma única operação, denominada **adição algébrica**.

Exemplo

$(-7) - (+15) + (+4) + (-15) - (-37) =$

$= (-7) + (-15) + (+4) + (-15) - (-37) =$

$= -22 + (+4) + (-15) - (-37) =$

$= -18 + (-15) - (-37) =$

$= -33 - (-37) =$

$= -33 + (+37) =$

$= 4$

ADIÇÃO E SUBTRAÇÃO DE NÚMEROS INTEIROS COM A CALCULADORA

Podemos realizar operações com números inteiros com o auxílio da calculadora. Observe alguns exemplos.

Exemplos

A. Veja como efetuar a adição (+714) + (−137) na calculadora.

- Digitamos na calculadora: `7` `1` `4` `+` `1` `3` `7` `+/−` `=`
- Aparecerá no visor: `577`

Essa tecla inverte o sinal do número que está no visor.

B. Veja como efetuar a subtração (−196) − (+348) na calculadora.

- Digitamos na calculadora: `1` `9` `6` `+/−` `−` `3` `4` `8` `=`
- Aparecerá no visor: `−544`

ATIVIDADES

Retomar e compreender

9. Efetue as subtrações.
  a) (+4) − (+2)
  b) (−1) − (−4)
  c) (−9) − (+5)
  d) (+4) − (−2)

10. Laura adora as aulas no laboratório de Ciências da escola. Em uma dessas aulas, o professor solicitou aos estudantes que medissem a temperatura de determinado líquido. Laura encontrou o valor de −3 °C. Em seguida, o professor pediu aos estudantes que abaixassem essa temperatura em 5 °C. Qual deve ser a nova temperatura medida por Laura?

11. Acompanhe a seguir a movimentação bancária de uma conta corrente. Os números em vermelho indicam saída de dinheiro da conta e os números em verde indicam entrada.

EXTRATO BANCÁRIO
2 DE MAIO
SALDO _____ R$ 450,00
4 DE MAIO
CARTÃO DE DÉBITO _____ R$ 230,00
CARTÃO DE DÉBITO _____ R$ 185,00
20 DE MAIO
DEPÓSITO _____ R$ 420,00
SAQUE _____ R$ 500,00
30 DE MAIO
SALDO _____

Ilustrações: João Picoli/ID/BR

Sabendo que não houve outra movimentação nessa conta, qual é o saldo em 30 de maio?

12. Calcule o resultado das adições algébricas a seguir.
  a) 37 − 22 + 13 − 22 − 0 + 13
  b) (−2) + (−6) + (−11) + (+8) + 10
  c) −13 + 27 + (−12) − 5 + 76 − (+7) + + (−14)

Aplicar

13. Felipe, Rogério e Thiago estavam jogando dardos. Cada um deles lançou 5 dardos por rodada.

Felipe  Rogério  Thiago

Os pontos de cada um na rodada são determinados pela adição dos números indicados na região do alvo acertada pelo dardo.

a) Quantos pontos cada jogador fez na rodada representada?
b) Qual dos três jogadores obteve maior pontuação?
c) Em uma rodada, quais são os possíveis totais parciais de pontos que um jogador pode obter depois de lançar dois dardos?

MULTIPLICAÇÃO DE NÚMEROS INTEIROS

Na multiplicação de dois números inteiros não nulos, os números podem ser positivos, negativos ou ter sinais diferentes. A seguir, vamos analisar alguns casos.

Multiplicação de dois números inteiros positivos

Você sabe calcular $(+3) \cdot (+14)$?

Sabemos que os números inteiros positivos mais o zero correspondem aos números naturais. Assim, a multiplicação de dois números inteiros positivos é igual à multiplicação de dois números naturais. Veja como podemos efetuar essa multiplicação de duas maneiras diferentes.

1ª maneira: Fazendo uma adição de parcelas iguais.

Podemos escrever a multiplicação $(+3) \cdot (+14)$ como uma adição de parcelas iguais, em que repetimos 3 vezes a parcela $+14$:

$(+3) \cdot (+14) = 3 \cdot (+14) = (+14) + (+14) + (+14) = +42 = 42$

Portanto: $(+3) \cdot (+14) = 42$

2ª maneira: Usando o algoritmo usual.

$$\begin{array}{r} 14 \\ \times 3 \\ \hline 42 \end{array}$$

> Quando multiplicamos dois números inteiros positivos, o sinal do produto será positivo.

Exemplos

A. $(+7) \cdot (+5) =$
$= +(7 \cdot 5) =$
$= +35$

B. $(+4) \cdot (+20) =$
$= +(4 \cdot 20) =$
$= +80$

Multiplicação de dois números inteiros com sinais diferentes

Para resolver a multiplicação $(+3) \cdot (-4)$, em que o primeiro fator é positivo, podemos usar a mesma estratégia utilizada anteriormente. Veja.

$(+3) \cdot (-4) = 3 \cdot (-4) = (-4) + (-4) + (-4) = -12$

Portanto: $(+3) \cdot (-4) = -12$.

Mas e quando o primeiro fator é negativo, por exemplo $(-3) \cdot (+4)$, como fazemos para resolver essa multiplicação?

Nesse caso, podemos usar a ideia de oposto. Como $(-3) = -(+3)$, temos:

$(-3) \cdot (+4) = -(+3) \cdot (+4) = -[(+3) \cdot (+4)] = -[3 \cdot (+4)] =$
$= -[(+4) + (+4) + (+4)] = -[+12] = -12$

Portanto: $(-3) \cdot (+4) = -12$.

> Quando multiplicamos dois números inteiros com sinais diferentes, indicamos que o sinal do produto é negativo. Depois, multiplicamos os módulos dos números.

Exemplos

A. $(+7) \cdot (-5) =$
$= -(|+7| \cdot |-5|) =$
$= -(7 \cdot 5) =$
$= -35$

B. $(-4) \cdot (+20) =$
$= -(|-4| \cdot |+20|) =$
$= -(4 \cdot 20) =$
$= -80$

Multiplicação de dois números inteiros negativos

Observe o quadro a seguir. As primeiras multiplicações já estão calculadas.

×	+3	+2	+1	0	−1	−2	−3
−3	−9	−6	−3	0			

Você percebeu que existe uma regularidade na sequência dos resultados −9, −6, −3, 0? Adicionando 3 ao produto, obtemos o resultado da próxima multiplicação. Seguindo esse padrão, temos:

×	+3	+2	+1	0	−1	−2	−3
−3	−9	−6	−3	0	+3	+6	+9

Para efetuar a multiplicação quando os dois fatores são negativos, por exemplo, $(-3) \cdot (-3)$, também podemos usar a ideia de oposto. Veja.

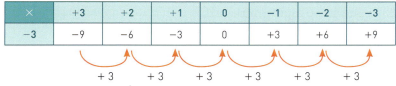

$(-3) \cdot (-3) = -(+3) \cdot (-3) = -[(+3) \cdot (-3)] = -[3 \cdot (-3)] =$
$= -[(-3) + (-3) + (-3)] = -[-9] = +9$

Portanto: $(-3) \cdot (-3) = +9$

> Quando multiplicamos dois números inteiros negativos, indicamos que o sinal do produto é positivo. Depois, multiplicamos os módulos dos números.

Exemplos

A. $(-8) \cdot (-9) =$
$= +(|-8| \cdot |-9|) =$
$= +(8 \cdot 9) = +72$

B. $(-7) \cdot (-6) =$
$= +(|-7| \cdot |-6|) =$
$= +(7 \cdot 6) = +42$

Multiplicação de três ou mais fatores

Podemos efetuar a multiplicação de três ou mais fatores por etapas. Primeiro, multiplicamos os dois primeiros fatores. Depois, multiplicamos esse resultado pelo terceiro fator, e assim por diante.

Exemplos

A. $(+3) \cdot (+11) \cdot (-2) =$
$= 33 \cdot (-2) =$
$= -66$

B. $(-5) \cdot (+6) \cdot (+9) =$
$= -30 \cdot 9 =$
$= -270$

Propriedades da multiplicação em $\mathbb{Z}$

Vamos estudar as propriedades da multiplicação de números inteiros.

Propriedade comutativa da multiplicação

> Em uma multiplicação de números inteiros, a ordem dos fatores não altera o produto.

Exemplos

A. $3 \cdot (-2) =$
$= -6$

$(-2) \cdot 3 =$
$= -6$

Então, $3 \cdot (-2) = (-2) \cdot 3 = -6$.

B. $(-5) \cdot (-2) =$
$= 10$

$(-2) \cdot (-5) =$
$= 10$

Então, $(-5) \cdot (-2) = (-2) \cdot (-5) = 10$.

Propriedade associativa da multiplicação

> Em uma multiplicação de três ou mais números inteiros, podemos associar os fatores de diferentes maneiras sem alterar o produto.

Exemplos

A. $(3 \cdot 2) \cdot (-4) =$
$= 6 \cdot (-4) =$
$= -24$

$3 \cdot [2 \cdot (-4)] =$
$= 3 \cdot [-8] =$
$= -24$

Então, $(3 \cdot 2) \cdot (-4) = 3 \cdot [2 \cdot (-4)] = -24$.

B. $[7 \cdot (-3)] \cdot 5 =$
$= [-21] \cdot 5 =$
$= -105$

$7 \cdot [(-3) \cdot 5] =$
$= 7 \cdot [-15] =$
$= -105$

Então, $[7 \cdot (-3)] \cdot 5 = 7 \cdot [(-3) \cdot 5] = -105$.

Propriedade do elemento neutro da multiplicação

> Em uma multiplicação de um número inteiro por 1, o produto é o próprio número inteiro. O 1 é o **elemento neutro da multiplicação**.

Exemplos

A. $(-3) \cdot 1 = -3$

B. $1 \cdot 6 = 6$

Propriedade distributiva da multiplicação

Em uma multiplicação de um número inteiro por uma adição algébrica de duas ou mais parcelas, multiplicamos cada parcela por esse número e adicionamos os produtos obtidos.

Exemplos

A. $(5 + 2) \cdot (-3) =$
$= 5 \cdot (-3) + 2 \cdot (-3) =$
$= (-15) + (-6) =$
$= -15 - 6 =$
$= -21$

B. $(4 - 7) \cdot 5 =$
$= 4 \cdot 5 + (-7) \cdot 5 =$
$= 20 + (-35) =$
$= 20 - 35 =$
$= -15$

ATIVIDADES

Retomar e compreender

14. Complete o quadro a seguir.

Primeiro fator	Segundo fator	Produto
6	−4	−24
−9	12	
3	13	
−8	−24	
−7		−14
	−5	35

15. Construa um quadro como o do modelo a seguir e complete-o com os possíveis sinais dos fatores e o sinal de cada produto da multiplicação de dois números inteiros não nulos.

Sinal do primeiro fator	Sinal do segundo fator	Sinal do produto

16. Qual é o resultado da multiplicação de um número inteiro positivo por zero? E de um número inteiro negativo por zero?

17. Escreva os números inteiros que estão entre:

a) −1 e +2.
b) −7 e −4.

Agora, calcule o produto dos números que você encontrou nos itens **a** e **b**.

18. Calcule:

a) $1 \cdot (-6) \cdot (-66) \cdot (+1009) \cdot 0 \cdot (-999)$
b) $(-9) \cdot (-7) \cdot (+1) \cdot (-2)$
c) $(-4) \cdot (-1) \cdot (-2)$
d) $(-2) \cdot (+2) \cdot (-2)$
e) $(-6) \cdot (-4) \cdot (-1)$
f) $\underbrace{(-1) \cdot (-1) \cdot (-1) \cdot ... \cdot (-1)}_{15 \text{ vezes}}$

19. Calcule o número que multiplicado por:

a) −9 tem como resultado +9;
b) −3 tem resultado 0.

20. Calcule o produto aplicando a propriedade distributiva.

a) $(-4) \cdot (-5 + 91)$
b) $(+5) \cdot (3 + 12)$
c) $(6 - 3) \cdot (-7)$
d) $[10 - (-5)] \cdot 2$

Aplicar

21. Pedro se esqueceu de pagar três prestações de R$ 135,00 e precisa pensar no que fazer para diminuir essa dívida.

a) Qual é o valor total das prestações em atraso?
b) Ao consultar seu saldo bancário, Pedro verificou que a irmã dele havia feito oito depósitos de R$ 25,00. Quanto a irmã de Pedro depositou na conta dele?
c) Se Pedro usar o dinheiro dos depósitos que a irmã fez para pagar as prestações em atraso, quanto ele ainda precisará juntar para pagar essas prestações?

47

DIVISÃO DE NÚMEROS INTEIROS

Vamos estudar dois casos de divisão de números inteiros: divisão de números inteiros com sinais diferentes e divisão de números inteiros com sinais iguais.

Divisão de números inteiros com sinais diferentes

Veja a divisão que Bruna propôs a Rafael.

Veja como Rafael calculou o resultado dessa divisão.

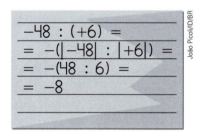

$-48 : (+6) =$
$= -(|-48| : |+6|) =$
$= -(48 : 6) =$
$= -8$

Para dividir dois números inteiros com sinais diferentes, em que o divisor é diferente de zero, podemos dividir os módulos desses números. O sinal do resultado é sempre negativo.

Exemplos

A. $(+30) : (-6) =$
$= -(|+30| : |-6|) =$
$= -(30 : 6) =$
$= -5$

B. $(+640) : (-80) =$
$= -(|+640| : |-80|) =$
$= -(640 : 80) =$
$= -8$

C. $(-12) : (+3) =$
$= -(|-12| : |+3|) =$
$= -(12 : 3) =$
$= -4$

D. $(-360) : (+4) =$
$= -(|-360| : |+4|) =$
$= -(360 : 4) =$
$= -90$

Divisão de números inteiros com sinais iguais

Acompanhe as situações a seguir.

Situação 1

Letícia é professora de Educação Física e está organizando um campeonato de vôlei com os estudantes. Na turma há 84 estudantes, e ela vai organizá-los em equipes de 6 jogadores cada uma. Quantos times será possível montar?

$$\begin{array}{r|l} 84 & 6 \\ 24 & 14 \\ 0 & \end{array}$$

Assim, será possível montar 14 times.

Situação 2

Daniel vai dividir R$ 496,00 igualmente entre suas 4 sobrinhas. Quantos reais cada sobrinha vai receber?

Para responder a essa pergunta, podemos calcular o resultado de 496 : 4. Observe como podemos fazer esse cálculo usando o algoritmo usual.

$$\begin{array}{r|l} 496 & 4 \\ 016 & 124 \\ 0 & \end{array}$$

Logo, cada sobrinha de Daniel vai receber R$ 124,00.

> Para dividir dois números inteiros com sinais iguais, em que o divisor é diferente de zero, podemos dividir os módulos desses números. O sinal do resultado é sempre positivo.

Exemplos

A. $(+40) : (+5) =$
 $= +(|+40| : |+5|) =$
 $= +(40 : 5) =$
 $= +8$

B. $(-81) : (-9) =$
 $= +(|-81| : |-9|) =$
 $= +(81 : 9) =$
 $= +9$

C. $(-349) : (-1) =$
 $= +(|-349| : |-1|) =$
 $= +(349 : 1) =$
 $= 349$

Lembre-se de que não existe divisão por zero. Além disso, o resultado da divisão de zero por qualquer número inteiro, diferente de zero, é zero.

Relação fundamental da divisão

Renato tem 291 livros na loja dele. Ele organizou esses livros em 7 estantes, de modo que cada estante ficou com 41 livros e sobraram 4 livros. Observe a divisão que representa essa situação.

dividendo → 291 | 7 ← divisor
        11   41 ← quociente
         4   ← resto

Agora, veja como Renato organizou os termos da divisão para verificar se o cálculo que ele fez estava correto.

dividendo   divisor
    ↓   ↓
   291 = 41 · 7 + 4
          ↑   ↑
       quociente resto

> Para verificar se uma divisão está correta, podemos realizar uma multiplicação e uma adição, pois, ao multiplicar o quociente pelo divisor e adicionar o resultado ao resto, devemos obter o dividendo. Essa é a **relação fundamental da divisão**.
>
> dividendo = quociente · divisor + resto
>
> A multiplicação e a divisão são operações inversas.

Exemplos

A. Podemos conferir o resultado da divisão 1 943 : 29 = 67 utilizando a relação fundamental da divisão:

$$67 \cdot 29 = 1\,943$$

B. Podemos conferir o resultado da divisão −1 752 : 24 = −73 utilizando a relação fundamental da divisão:

$$(-73) \cdot 24 = -1\,752$$

C. Ao dividir 510 por 14, obtemos quociente 36 e resto 6. Podemos conferir o resultado dessa divisão utilizando a relação fundamental da divisão:

$$510 = 36 \cdot 14 + 6$$

MULTIPLICAÇÃO E DIVISÃO DE NÚMEROS INTEIROS COM A CALCULADORA

Observe como podemos fazer algumas multiplicações e divisões com a calculadora.

Exemplos

A. Veja como efetuar a multiplicação (+19) · (−18) na calculadora.

- Digitamos na calculadora: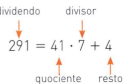

- Aparecerá no visor: −342

B. Veja como efetuar a multiplicação (−48) · (−94) na calculadora.

- Digitamos na calculadora: [4] [8] [+/−] [×] [9] [4] [+/−] [=]
- Aparecerá no visor: 4 512

C. Veja como efetuar a divisão (−765) : 15 na calculadora.

- Digitamos na calculadora: [7] [6] [5] [+/−] [÷] [1] [5] [=]
- Aparecerá no visor: −51

D. Veja como efetuar a divisão (−1 701) : (−63) na calculadora.

- Digitamos na calculadora: [1] [7] [0] [1] [+/−] [÷] [6] [3] [+/−] [=]
- Aparecerá no visor: 27

ATIVIDADES

Retomar e compreender

22. Calcule o valor de cada quociente.
- a) (+64) : (+2)
- b) (−225) : (−25)
- c) (+96) : (−12)
- d) (−80) : (+4)
- e) 0 : (−71)
- f) (−578) : (+578)
- g) (−1 183) : (+13)
- h) (−5 248) : (−64)
- i) (+7 220) : (−95)
- j) (−1 372) : (−14)

23. Construa um quadro, conforme o modelo a seguir, com os possíveis sinais do dividendo e do divisor e o sinal de cada quociente na divisão exata de dois números inteiros não nulos.

Sinal do dividendo	Sinal do divisor	Sinal do quociente

Que semelhanças você percebe entre esse quadro e o quadro de sinais da multiplicação da atividade **15**?

24. Em um dos mergulhos que fez, Armando desceu 20 metros em 4 etapas. Sabendo que em cada etapa ele desceu a mesma quantidade de metros, quantos metros Armando desceu em cada uma dessas etapas?

25. Escreva três divisões exatas de números inteiros diferentes que tenham como quociente o número −5.

26. Complete o quadro a seguir.

x	y	x : y	x · y
−6	+3	(−6) : (+3) = −2	(−6) · (+3) = −18
+16	−4		
−24	−6		
−18	+2		
0	−5		

27. Complete as lacunas com um número inteiro, de modo que as igualdades sejam verdadeiras.
- a) −3 · ■ = 12
- b) ■ · 3 = −36
- c) (−5) · ■ = −100
- d) ■ : (−7) = 12
- e) −9 : ■ = 9
- f) (−65) : ■ = −5

28. Considerando uma divisão exata, complete o quadro.

Dividendo	Divisor	Quociente
	−50	−5
21		−3
	3	−3
−32	−4	
56	−8	
−100		10

EXPRESSÕES NUMÉRICAS COM NÚMEROS INTEIROS

Para resolver expressões que envolvem operações com números inteiros, devemos seguir a seguinte ordem:

- primeiro, multiplicação e divisão;
- em seguida, adição e subtração.

Além da ordem das operações, devemos levar em conta os parênteses, os colchetes e as chaves: primeiro, resolvemos as expressões que estão entre parênteses; depois, as que estão entre colchetes; e, em seguida, as que estão entre chaves.

Exemplos

A.
$8 \cdot [-5 \cdot (-2 + 4) - (5 - 3)] : (-4) =$
$= 8 \cdot [-5 \cdot (+2) - (+2)] : (-4) =$
$= 8 \cdot [-10 - 2] : (-4) =$
$= 8 \cdot [-12] : (-4) =$
$= -96 : (-4) =$
$= 24$

B.
$1 - \{28 - [(7 - 2) \cdot (15 - 21)] + 6 \cdot (-4)\} =$
$= 1 - \{28 - [5 \cdot (-6)] + 6 \cdot (-4)\} =$
$= 1 - \{28 - [-30] + (-24)\} =$
$= 1 - \{28 + 30 - 24\} =$
$= 1 - \{34\} =$
$= -33$

ATIVIDADES

Retomar e compreender

29. Calcule o valor de cada expressão numérica.

a) $(8 - 14) : [(7 - 12) + (15 - 12)] \cdot 7$
b) $(5 - 2) \cdot (2 - 5) \cdot (-2) : (-3)$
c) $[-17 + (11 - 16)] - \{2 - [(-2 + 7) \cdot (25 - 20)]\}$
d) $12 - \{2 \cdot 6 + 2 - [5 \cdot (-6) : (-3)] + 34\}$

Aplicar

30. Leia o problema a seguir, represente-o por meio de uma expressão numérica e resolva-o.

Ana ganhou 60 reais da mãe dela. Com o dinheiro, ela pagou 10 reais que estava devendo para cada um de seus 3 irmãos e comprou um livro que custava 15 reais. O dinheiro que sobrou ela repartiu igualmente entre seus 3 irmãos. Quantos reais cada irmão recebeu do dinheiro que sobrou?

MAIS ATIVIDADES

Acompanhamento da aprendizagem

Retomar e compreender

1. A fase final do campeonato da Liga de Futebol Infantil é disputada entre os quatro primeiros classificados. Cada equipe deve disputar duas partidas com cada um dos times adversários: um jogo no próprio campo e outro no campo do time adversário. Para cada partida ganha, adicionam-se 2 pontos e, para cada partida perdida, subtrai-se 1 ponto; se houver empate, a pontuação não se altera.

Veja os resultados das partidas disputadas durante as seis rodadas da fase final e responda às perguntas.

a) Quem venceu o campeonato?
b) Quais foram os times que ocuparam a segunda, a terceira e a quarta colocações?
c) Quantos pontos cada time fez na fase final do campeonato?

2. Maria e Natália foram mergulhar na caverna do Abismo Anhumas em Bonito, Mato Grosso do Sul. Maria desceu até 6 m de profundidade, enquanto Natália foi até o triplo dessa profundidade. Considerando a superfície o referencial zero, até que ponto Natália se deslocou?

3. Calcule mentalmente:
   a) a metade do oposto de 44;
   b) o dobro de 40 : (−4);
   c) o oposto do oposto de (−13) · 1;
   d) o oposto do dobro de (−15) · (−2).

4. Resolva as expressões numéricas a seguir.
   a) $[(-3) \cdot (-3) \cdot (-3) + (+5)] : 22$
   b) $(-100) : (-25) + (-3) \cdot (-3) - 5 \cdot 5 - (2 \cdot 2 \cdot 2) + 3 \cdot 3$
   c) $-(5 \cdot 5) + 1 - 1 + (-3) \cdot (-3)$
   d) $-[(-72) : (-6)] - [(+1) \cdot (+13)] + 2 \cdot 7 + (+2)$
   e) $0 - 15 + 2 \cdot 3 - [(+3) \cdot (+4)] + 20 + 3 \cdot 5 - 300 : 10 + 25$

Aplicar

5. Com base nos dados a seguir, elabore um problema que possa ser resolvido usando pelo menos uma operação com números inteiros. Depois, peça a um colega que resolva o problema que você criou, e você resolve o problema que ele elaborou.

Puxa, estou preocupada. Júlio, Fernanda, Amanda e Noé ainda não chegaram. Já comprei os ingressos deles.

ARRAIAL DE SÃO JOÃO — 5 reais

53

EDUCAÇÃO FINANCEIRA

As letras miúdas dos anúncios

Você conhece alguém que deixou de ler o rodapé ou as letras miúdas de um anúncio e acabou se sentindo enganado? Acredite: essa situação é mais comum do que você imagina.

Leia o trecho de uma reportagem a seguir.

RIO — Ao receber no endereço onde mora, na Barra da Tijuca, uma carta com um anúncio nominal [...] ofertando um novo *smartphone* com preço e condições especiais, Sergio Ferraz não pensou duas vezes. Ele tem quatro linhas móveis ativas. E correu no mesmo dia a uma loja da operadora — da qual é cliente há mais de 20 anos. No entanto, para sua surpresa, foi informado que não poderia usar a promoção oferecida por estar em período de fidelização em uma das linhas. O aparelho, prometido por R$ 350, só poderia ser comprado por R$ 1,5 mil. Ao sugerir que havia sido enganado pelo anúncio, a atendente mostrou que, no verso da propaganda, em letras miúdas, constava a tal restrição, que ele não havia visto. Indignado, escreveu [...] reclamando sobre a informação estar "escondida", dificultando a leitura e compreensão real da oferta. Somente depois disso a operadora entrou em contato com Ferraz, reconheceu o problema na oferta e resolveu cumprir com o anunciado.

Daiane Costa. Letras miúdas de anúncios podem esconder restrições em ofertas. *O Globo*, 6 maio 2015. Disponível em: https://oglobo.globo.com/economia/defesa-do-consumidor/letras-miudas-de-anuncios-podem-esconder-restricoes-em-ofertas-16068226. Acesso em: 26 maio 2023.

As propagandas que vemos constantemente no dia a dia usam imagens e textos impactantes para atrair nossa atenção. Porém, não é todo anúncio que expõe de modo visível todas as informações sobre o produto ou sobre as condições de pagamento, por exemplo. Você já reparou nisso? Será que só os detetives devem andar com lupas por aí ou nós também devemos nos preocupar com as letras miúdas dos anúncios de produtos e serviços?

54

Explorando o tema

1. Observe a situação representada na ilustração e responda:

   a) O que você faria se estivesse no lugar da cliente interessada em comprar um dos celulares da promoção? Em sua opinião, a promoção dos celulares foi divulgada adequadamente?

   b) Se fosse comprar 6 caixas do suco de laranja no supermercado, você aproveitaria a promoção ou compraria os sucos em embalagens unitárias? Por quê?

   c) Segundo o Instituto Brasileiro de Defesa do Consumidor (Idec), os anúncios devem ser claros e precisos e apresentar letras de fácil leitura e linguagem simples. Quando um anúncio "esconde" informações, ele pode ser considerado propaganda enganosa se o desconhecimento dessas informações induzir o consumidor ao erro. As promoções divulgadas pelo supermercado apresentam alguma informação falsa? Elas podem ser consideradas propagandas enganosas? Justifique.

2. Converse com um colega sobre o modo como as ofertas apresentadas nestas páginas foram divulgadas. Na opinião de vocês, esses estabelecimentos agiram de maneira honesta? Expliquem.

3. Ainda com um colega, procurem, em revistas, jornais, lojas, supermercados ou na internet, anúncios que apresentem trechos com letras miúdas. Reúnam o material coletado e discutam qual é a intenção desses anúncios ao "esconder" tais trechos. Depois, montem um cartaz com os anúncios, destaquem os trechos que contenham letras miúdas e reescrevam esses trechos com letras em tamanho legível.

4. Pesquisem e respondam: O que pode ser feito pelo consumidor quando é vítima de uma situação de propaganda enganosa?

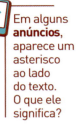

Em alguns **anúncios**, aparece um asterisco ao lado do texto. O que ele significa?

Ilustrações: Leandro Lassmar/ID/BR

ATIVIDADES INTEGRADAS

Aplicar

1. Três barcos saem de um porto. O primeiro sai a cada 2 dias, o segundo, a cada 4 dias, e o terceiro, a cada 6 dias.
   a) Se os barcos saíram juntos no dia 1º de maio, em que dia sairão juntos novamente?
   b) Se o terceiro barco saísse a cada 8 dias, em que dia os barcos sairiam juntos novamente, considerando que eles saíram juntos no dia 10 de junho?

2. Observe o que Rafael verificou ao organizar a coleção de selos e responda à pergunta.

   Posso organizar meus selos de 5 em 5 ou de 6 em 6, que sempre sobram 3 selos!

   Quantos selos faltam para Rafael completar 50 selos?

3. No banco onde Antônio tem conta, no fim do mês são cobrados R$ 25,00 por dia caso a conta esteja negativa. Observe o extrato bancário de Antônio e calcule quantos reais serão descontados no final do mês de outubro.

Data	Descrição	Depósito	Saque	Saldo
1/10/2023	Saldo Anterior			610,00
6/10/2023	Depósito – Salário	5790,00		
9/10/2023	Boleto Pago – Telefone		335,00	
10/10/2023	Boleto Pago – Energia		560,00	
13/10/2023	Transferência – Aluguel		2895,00	
13/10/2023	Boleto Pago – Gás		100,00	
13/10/2023	Boleto Pago – Condomínio		575,00	
13/10/2023	Saque		1750,00	
17/10/2023	Pagamento – Cartão de crédito		540,00	
18/10/2023	Depósito On-line	1500,00		
23/10/2023	Boleto Pago – Empréstimo		1300,00	
24/10/2023	Depósito On-line	2235,00		

4. Márcia pretende fazer uma toalha. Para isso, vai dividir tiras de tecido em tamanhos iguais, com a maior medida de comprimento possível, sem desperdício de pedaços. Veja as tiras disponíveis.

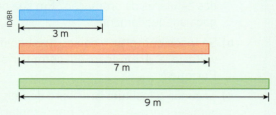

   a) Se Márcia utilizar os tecidos azul e verde, qual será a medida de cada pedaço de tecido?
   b) Se ela usar as três cores, quantos pedaços de tecido terá?

5. Assinale a alternativa correta.
   a) O produto entre dois números inteiros sempre tem resultado positivo.
   b) O produto entre dois números inteiros com sinais negativos tem resultado negativo.
   c) O produto entre dois números inteiros com sinais positivos tem resultado negativo.
   d) O produto entre dois números inteiros diferentes tem resultado negativo.
   e) O produto entre dois números inteiros com sinais diferentes tem resultado negativo.

6. Complete o esquema.

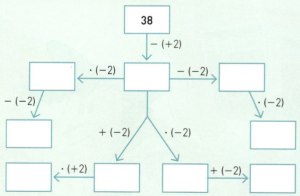

7. (Prova Brasil) Ao resolver corretamente a expressão
   $$-1 - (-5) \cdot (-3) + (-4) \cdot 3 : (-4)$$
   o resultado é:
   a) −13.
   b) −2.
   c) 0.
   d) 30.

Analisar e verificar

8. Felipe marcou diversas páginas sucessivas de um livro com menos de 1000 páginas. O número da primeira página que ele marcou era 158 e sabe-se que o número da última página que ele marcou também estava escrito com os algarismos 1, 5 e 8. Quantas páginas Felipe pode ter marcado?

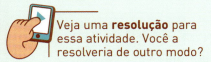

Veja uma **resolução** para essa atividade. Você a resolveria de outro modo?

9. Em uma prova composta de 25 testes, cada resposta certa vale 4 pontos, cada resposta errada vale −1 ponto e cada resposta em branco vale zero ponto. Um estudante que deixar 6 testes em branco e acertar 9 dos que responder ficará com quantos pontos?

10. O quadrado mágico é um tipo de quadro numérico, com o mesmo números de linhas e colunas, em que a soma de cada coluna, de cada linha e das duas diagonais deve ser sempre igual.

Veja alguns exemplos de quadrados mágicos em que a soma de cada coluna, de cada linha e das duas diagonais é igual a 15:

4	3	8		8	3	4		8	1	6		6	1	8
9	5	1		1	5	9		3	5	7		7	5	3
2	7	6		6	7	2		4	9	2		2	9	4

Complete os quadrados mágicos a seguir com números inteiros.

a)
0		−8
	−2	
4		

b)
−3		
	2	0
	1	

11. (OBM) Ana, Beto e Carlos inventaram um jogo em que cada um deles joga um dado e registra como ganho (pontos positivos) o dobro dos pontos obtidos no lançamento, ao mesmo tempo que os outros dois anotam, cada um, esses pontos como dívidas (pontos negativos). O saldo é revisto a cada jogada.

Na tabela a seguir, foram anotados os lançamentos e pontos de Ana, Beto e Carlos, nessa ordem, e os saldos de seus pontos após cada lançamento, em uma partida de três jogadas.

Na última linha, vê-se o saldo final de cada um. Em cada nova partida, todos começam com zero ponto.

	Saldo de A	Saldo de B	Saldo de C
A tira 5	10	−5	−5
B tira 1	9	−3	−6
C tira 3	6	−6	0

a) Complete a tabela a seguir com os resultados de uma outra partida em que Beto jogou primeiro, Carlos em seguida e Ana por último.

Saldo de A	Saldo de B	Saldo de C
	6	
		5
5		

b) Na tabela a seguir, foram registradas apenas as pontuações dos dados em uma partida de seis jogadas.

A tira	B tira	C tira
		2
3		
	1	
		4
5		
	6	

Escreva na tabela abaixo o saldo final de pontos de cada um.

Saldo de A	
Saldo de B	
Saldo de C	

Criar

12. Faça o que se pede em cada item.

    a) Escreva três números inteiros distintos, de modo que o produto do primeiro pela soma dos outros dois seja igual ao oposto do primeiro.

    b) Compare sua resposta com a de um colega. Juntos, procurem regularidades entre os números escritos.

57

CIDADANIA GLOBAL

UNIDADE 1

9 INDÚSTRIA, INOVAÇÃO E INFRAESTRUTURA

Retomando o tema

Leia o texto abaixo.

> A cidade de Pequim sofre com a falta de água, com apenas 185 metros cúbicos de líquido por pessoa a cada ano para seus 21 milhões de habitantes.
> Isso é menos de um quinto do que é necessário para os padrões da ONU.

As 'Olimpíadas verdes' de Pequim serão mesmo ecológicas?. *IstoÉ Dinheiro*, 3 jan. 2022. https://www.istoedinheiro.com.br/as-olimpiadas-verdes-de-pequim-serao-mesmo-ecologicas/. Acesso em: 26 maio 2023.

1. Você tem ideia da quantidade de água que você usa por dia?
2. Em quais cômodos da sua casa há instalação hidráulica? Explique a necessidade de uso de água em cada cômodo citado.
3. Em Pequim, 200 milhões de litros de água foram transformados em flocos de gelo para a realização das Olimpíadas de Inverno. A massa da neve sobre o solo causa compactação de toda a vegetação da região e pode causar erosão. Cite outros impactos ao meio ambiente possíveis de ocorrer com o derretimento da neve.

Geração da mudança

Nós vivemos em um mundo com muitas inovações tecnológicas, como novos modelos de produtos, novas tecnologias de segurança, sistemas de rastreamento, *drones*, assistentes virtuais, entre tantos outros exemplos.

- Reúna-se com três colegas para refletir se toda inovação tecnológica é boa e se tem o propósito de melhorar a vida das pessoas. Primeiro, anotem as ideias que vocês têm sobre esse assunto. Depois, entrevistem alguns professores para conhecer o ponto de vista deles. Em seguida, procurem informações na internet sobre esse assunto. Por fim, analisem as informações coletadas e apresentem aos colegas as conclusões do grupo. Não se esqueçam de ilustrá-las com alguns exemplos!

Autoavaliação

UNIDADE 2

NÚMEROS RACIONAIS

PRIMEIRAS IDEIAS

1. Em quais situações podemos utilizar números na forma de fração ou na forma decimal?
2. O número 0,5 está em que posição de uma reta numérica: entre os números 0 e 1 ou entre 1 e 2?
3. Qual desses números é o maior: 0,25 ou $\frac{1}{4}$?

Conhecimentos prévios

Nesta unidade, eu vou...

CAPÍTULO 1 — Números racionais

- Reconhecer os usos dos números racionais em suas diferentes representações.
- Ler um texto jornalístico que apresenta números racionais na forma de porcentagem.
- Compreender alguns dos significados associados às frações.
- Reconhecer o conjunto dos números racionais e relacioná-lo a outros conjuntos numéricos estudados.
- Reconhecer que a representação decimal de qualquer número racional pode ser finita ou infinita e periódica.
- Localizar números racionais na reta numérica.
- Reconhecer o módulo ou valor absoluto de um número racional e identificar números opostos ou simétricos.
- Comparar números racionais em suas diferentes representações.

CAPÍTULO 2 — Operações com números racionais

- Resolver situações que envolvam as operações de adição, subtração, multiplicação ou divisão de números racionais.
- Reconhecer e utilizar a relação fundamental da subtração e da divisão.
- Determinar o número inverso de um número racional diferente de zero.
- Resolver expressões numéricas que envolvam números racionais.

EDUCAÇÃO FINANCEIRA

- Compreender a importância do orçamento e do planejamento financeiro para a tomada de decisões.
- Identificar fatores que influenciam o planejamento financeiro.

CIDADANIA GLOBAL

- Compreender que a poluição dos oceanos pode diminuir com a redução do consumo de plásticos.

LEITURA DA IMAGEM

1. Observando a imagem, o que mais chama sua atenção?
2. Que tipos de resíduo você identifica na foto?
3. Quais ações humanas podem provocar danos como esse ao meio ambiente?

CIDADANIA GLOBAL

14 VIDA NA ÁGUA

Segundo um estudo realizado pelo Pacto Global da Organização das Nações Unidas, divulgado em junho de 2022, só o Brasil descarta 3,44 milhões [de] toneladas de plástico por ano. Desse total, pelo menos 67% (cerca de 2,3 milhões de toneladas) se concentram em bacias hidrográficas, com risco de chegar ao oceano. Isso significa que, por ano, cada brasileiro descarta em média 16 quilos de lixo com potencial de escape para o mar. São sacolas plásticas, garrafas PET, canudos, embalagens, vidros, entre outros.

Latas, garrafas, baterias velhas: conheça os polvos que moram no lixo no fundo [do] mar. UFSC, 13 dez. 2022. Disponível em: https://noticias.ufsc.br/tags/polvo/. Acesso em: 29 maio 2023.

1. Explique como calcular a quantidade aproximada de plástico que é descartado por ano no Brasil e se concentra em bacias hidrográficas.
2. Como você, seus amigos e familiares podem colaborar para reduzir a poluição plástica dos oceanos?

Ao longo do estudo desta unidade, reflita sobre esses questionamentos!

Quais são os principais benefícios e malefícios da utilização do **plástico**?

O lixo marinho e a poluição oceânica colocam em risco as espécies marinhas, a biodiversidade e os ecossistemas oceânicos, como os recifes de corais e os manguezais. Ilhas Canárias, Espanha. Foto de 2019.

61

CAPÍTULO 1
NÚMEROS RACIONAIS

OS NÚMEROS RACIONAIS NO DIA A DIA

No esquema a seguir, encontramos alguns números que representam a porcentagem das amostras de alimentos com resíduos de agrotóxicos que foram consideradas insatisfatórias pelo Programa de Análise de Resíduos de Agrotóxicos em Alimentos (Para), em uma pesquisa realizada de 2017 a 2018.

Observe que as porcentagens não estão representadas com números inteiros. Para registrar essas e outras informações, podemos utilizar os **números racionais**.

▼ Pulverização de agrotóxico em plantação de pimentão. Ribeirão Branco (SP). Foto de 2019.

Porcentagem de amostras consideradas insatisfatórias pelo Para

- Alface: 30,07%
- Pimentão: 81,9%
- Cenoura: 39,66%
- Tomate: 34,81%
- Goiaba: 42,4%
- Uva: 26,96%

Fonte de pesquisa: Agência Nacional de Vigilância Sanitária (Anvisa). *Relatório das amostras analisadas no período de 2017-2018*. Disponível em: https://www.gov.br/anvisa/pt-br/assuntos/agrotoxicos/programa-de-analise-de-residuos-em-alimentos/arquivos/3770json-file-1. Acesso em: 29 maio 2023.

Os números racionais são todos aqueles que podem ser escritos na forma de uma fração, que representa uma divisão de números inteiros em que o divisor (ou o denominador) é diferente de zero.

Agora, acompanhe alguns exemplos de situações do dia a dia em que usamos os números racionais e veja como eles podem ser escritos na forma de fração.

Exemplos

A. Certo dia de inverno, em uma cidade, a temperatura mínima foi −8,5 °C.
- $-8{,}5 = -\dfrac{85}{10} = -\dfrac{17}{2} = \ldots$

B. Para fazer 1 receita de musse de limão, Lia usa pelo menos $\dfrac{1}{2}$ xícara de suco de limão.
- $1 = \dfrac{1}{1} = \dfrac{2}{2} = \ldots$
- $\dfrac{1}{2} = \dfrac{2}{4} = \dfrac{3}{6} = \ldots$

C. A população de sapos de uma região diminuiu em 22%, o que provocou aumento de 45,8% na população de gafanhotos.
- $22\% = \dfrac{22}{100} = \dfrac{11}{50} = \ldots$
- $45{,}8\% = \dfrac{45{,}8}{100} = \dfrac{458}{1000} = \dfrac{229}{500} = \ldots$

DESCUBRA +

Agrotóxicos

De acordo com o Instituto Nacional de Câncer (Inca), os agrotóxicos são produtos químicos sintéticos usados para matar insetos, larvas, fungos, entre outros, de modo a controlar as doenças provocadas por eles e regular o crescimento da vegetação, tanto no ambiente rural quanto no urbano.

O Inca também informa que a exposição aos agrotóxicos pode causar uma série de doenças, dependendo do produto que foi utilizado, do tempo de exposição e da quantidade absorvida pelo organismo humano.

Agora, leia o texto a seguir, que trata dos agrotóxicos no Brasil.

Após novo recorde, Brasil encerra 2021 com 562 agrotóxicos liberados, sendo 33 inéditos

Registros de defensivos cresceram 14% em relação a 2020. Aprovações vêm aumentando desde 2016.

O Brasil encerrou 2021 com 562 agrotóxicos liberados, maior número da série histórica iniciada em 2000 pelo Ministério da Agricultura. [...]

O volume foi 14% superior ao de 2020, quando 493 pesticidas foram autorizados. Os registros vêm crescendo ano a ano no país desde 2016.

Dos 562 agrotóxicos liberados em 2021, **33 são inéditos (5,9%)** – químicos ou biológicos – e **529 são genéricos (94,1%)**, ou seja, são "cópias" de matérias-primas inéditas – que podem ser feitas quando caem as patentes – ou produtos finais baseados em ingredientes já existentes no mercado.

De todos os defensivos liberados ao longo do ano, **92 são biológicos (16,4%)**. Pela legislação brasileira, tanto esses produtos, utilizados na agricultura orgânica, quanto os químicos, aplicados na produção convencional, são considerados agrotóxicos.

Paula Salati. Após novo recorde, Brasil encerra 2021 com 562 agrotóxicos liberados, sendo 33 inéditos. *G1 Agro*, 18 jan. 2022. Disponível em: https://g1.globo.com/economia/agronegocios/noticia/2022/01/18/apos-novo-recorde-brasil-encerra-2021-com-562-agrotoxicos-liberados-sendo-33-ineditos.ghtml. Acesso em: 29 maio 2023.

NÚMEROS RACIONAIS NA FORMA FRACIONÁRIA

Vamos analisar algumas situações em que usamos números racionais na forma fracionária.

Situação 1

Gabriel construiu uma roleta para usar em um jogo. Ele dividiu um círculo em 6 partes iguais e pintou 2 dessas partes de vermelho, 2 partes de amarelo, 1 parte de lilás e 1 parte de verde.

Considerando que o círculo representa o todo, então cada parte colorida representa a sexta parte, ou $\frac{1}{6}$ do círculo. Logo, podemos dizer que Gabriel pintou $\frac{2}{6}$ desse círculo de vermelho, $\frac{2}{6}$ de amarelo, $\frac{1}{6}$ de lilás e $\frac{1}{6}$ de verde. Juntas, essas partes representam $\frac{6}{6}$ do círculo ou 1 inteiro.

Situação 2

Samanta tem 12 lápis de cor. Ela vai usar 3 desses lápis para pintar seu convite de aniversário. Então, ela vai usar $\frac{3}{12}$ dos lápis para pintar o convite.

Situação 3

A figura a seguir ilustra a estante de uma livraria. Os livros encapados com a cor rosa são de literatura, e os encapados com a cor verde são livros técnicos.

Observe que, para cada 5 livros de literatura, há 9 livros técnicos. Por isso, a fração $\frac{5}{9}$ representa a razão entre a quantidade de livros de literatura e a quantidade de livros técnicos.

No total, há 15 livros de literatura e 27 livros técnicos nessa estante. Portanto, a fração $\frac{15}{27}$ também representa a razão entre a quantidade de livros de literatura e a quantidade de livros técnicos.

Note que as frações $\frac{5}{9}$ e $\frac{15}{27}$ são equivalentes.

Situação 4

André faz canecas para vender em sua loja. Observe as canecas que ele fez em uma semana.

Nessa semana, para cada 5 canecas estampadas que produziu, André fez 2 canecas lisas. Assim, a fração $\frac{2}{5}$ representa a razão entre a quantidade de canecas lisas e a quantidade de canecas estampadas.

Essa razão também pode ser representada pela fração $\frac{6}{15}$, em que o numerador representa a quantidade total de canecas lisas que André fez e o denominador representa a quantidade total de canecas estampadas.

Situação 5

Fábio fez 4 tortas de legumes e quer dividi-las igualmente entre seus 3 filhos: Amanda (A), Bruna (B) e Camilo (C). Veja a seguir duas possíveis maneiras de fazer essa divisão.

1ª maneira: Cada filho receberá 1 torta inteira mais $\frac{1}{3}$ de uma torta.

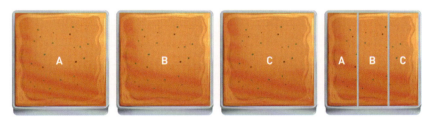

2ª maneira: Cada filho receberá $\frac{1}{3}$ de cada torta.

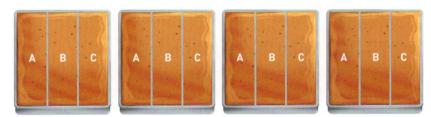

Podemos indicar a parte que cada filho receberá da seguinte maneira:

Assim, cada filho vai receber $\frac{4}{3}$ de torta.

NÚMEROS RACIONAIS NA FORMA DECIMAL

Os números racionais também podem ser representados na forma decimal. Agora, observe os exemplos em que usamos os números racionais na forma decimal.

Exemplos

A. Caio foi ao supermercado e comprou 0,485 kg de carne e 1,5 L de suco natural de laranja. Essa compra custou R$ 25,15, e Caio pagou com uma cédula de R$ 50,00, recebendo R$ 24,85 de troco.

B. A classe T11 de salto em distância – para atletas totalmente cegos – é classificada como a modalidade mais difícil de salto em distância das paraolimpíadas, pois os saltadores correm sem contato físico com o treinador, usando como orientação o som feito por uma pessoa posicionada do outro lado da pista, que indica ao atleta o momento certo de saltar. Observe na tabela como são representadas as medidas da distância do salto.

TOP 10: *Ranking* mundial de atletismo paraolímpico de 2022 – Salto em distância feminino T11			
Classificação	Nome	País	Medida da distância do salto (em metro)
1º	Asila Mirzayorova	Uzbequistão	4,83
2º	Alice de Oliveira Correa	Brasil	4,66
3º	Lorena Salvatini Spoladore	Brasil	4,48
4º	Arjola Dedaj	Itália	4,47
5º	Silvania Costa de Oliveira	Brasil	4,43
6º	Delya Boulaghlem	França	4,24
6º	Chiaki Takada	Japão	4,24
8º	Rosario Trinidad Coppola Molina	Argentina	4,20
9º	Janjira Panyatib	Tailândia	4,19
10º	Franyeli Nataly Vargas Ruiz	Venezuela	3,98

Fonte de pesquisa: International Paralympic Committee. Official world rankings 2022. Disponível em: https://db.ipc-services.org/sdms/web/ranking/at/pdf/type/WR/list/936/category/out/gender/W/evt/LJP/class/T11. Acesso em: 29 maio 2023.

CONJUNTO DOS NÚMEROS RACIONAIS

Estamos rodeados de situações em que precisamos usar números. Por exemplo: para contar a quantidade de pessoas em uma fila, identificar o código da linha de determinado ônibus, medir nossa altura e classificar as posições dos competidores em uma corrida. Em muitas dessas situações, usamos números racionais.

Pertencem ao conjunto dos números racionais ($\mathbb{Q}$) todos os números que podem ser representados da seguinte maneira:

$$\mathbb{Q} = \left\{ \frac{a}{b} \,\middle|\, a \in \mathbb{Z} \text{ e } b \in \mathbb{Z}^* \right\}$$

Podemos notar que todos os números naturais e todos os números inteiros também pertencem ao conjunto dos números racionais.

Observe que todo número natural é também inteiro e racional e que todo número inteiro é racional.

Exemplos

A. Considere o número 10.
- É número natural ($10 \in \mathbb{N}$).
- É número inteiro ($10 \in \mathbb{Z}$).
- É número racional ($10 \in \mathbb{Q}$).

B. Considere o número -15.
- Não é número natural ($-15 \notin \mathbb{N}$).
- É número inteiro ($-15 \in \mathbb{Z}$).
- É número racional ($-15 \in \mathbb{Q}$).

C. Considere o número $\frac{3}{4}$.
- Não é número natural $\left(\frac{3}{4} \notin \mathbb{N}\right)$.
- Não é número inteiro $\left(\frac{3}{4} \notin \mathbb{Z}\right)$.
- É número racional $\left(\frac{3}{4} \in \mathbb{Q}\right)$.

D. Considere o número $\sqrt{2}$.
- Não é número natural ($\sqrt{2} \notin \mathbb{N}$).
- Não é número inteiro ($\sqrt{2} \notin \mathbb{Z}$).
- Não é número racional ($\sqrt{2} \notin \mathbb{Q}$).

Agora, veja alguns subconjuntos de $\mathbb{Q}$:

- $\mathbb{Q}^* = \{x \in \mathbb{Q} \mid x \neq 0\}$
- $\mathbb{Q}_+ = \{x \in \mathbb{Q} \mid x \geq 0\}$
- $\mathbb{Q}_- = \{x \in \mathbb{Q} \mid x \leq 0\}$
- $\mathbb{Q}_+^* = \{x \in \mathbb{Q} \mid x > 0\}$
- $\mathbb{Q}_-^* = \{x \in \mathbb{Q} \mid x < 0\}$

Nessas notações, o símbolo * (asterisco) indica que o zero não pertence ao conjunto. O símbolo + indica que os números negativos não são considerados. Do mesmo modo, o símbolo − indica que os números positivos não são considerados.

> **Símbolos |, $\in$ e $\notin$**
> Veja o que os símbolos |, $\in$ e $\notin$ representam:
> - |: tal que
> - $\in$: pertence
> - $\notin$: não pertence

ATIVIDADES

Retomar e compreender

1. Observe os números a seguir.

2	-3	4,5	$\frac{7}{2}$
$\frac{1}{3}$	$-3,78$	$3\frac{2}{7}$	2,6

Escreva qual(is) desses números pertence(m) ao conjunto dos números:
a) naturais;
b) inteiros;
c) racionais.

2. Complete as sentenças.
a) O número 20,6 pertence ao conjunto dos números ■.
b) O número 210 ■ ao conjunto dos números naturais.
c) O número $-20,333...$ ■ ao conjunto dos números racionais.
d) O número $\frac{15}{6}$ ■ ao conjunto dos números inteiros.
e) O número $\frac{5}{3}$ ■ ao conjunto dos números naturais.

Aplicar

3. Classifique as afirmações a seguir em verdadeiras (V) ou falsas (F).
a) Todo número racional é inteiro.
b) Todo número natural é inteiro.
c) Todo número natural é racional.
d) Todo número racional é natural.
e) Todo número inteiro é racional.
f) Todo número inteiro é natural.

REPRESENTAÇÃO DE NÚMEROS RACIONAIS NA RETA NUMÉRICA

*Como escolher uma **distância fixa** para representar a unidade de comprimento na reta numérica?*

Vamos ver como representar alguns números racionais na reta numérica.

Exemplos

A. Vamos representar o número $\frac{1}{4}$ na reta numérica.

- Desenhamos uma reta e marcamos um ponto que representa o número 0. Depois, escolhemos uma distância fixa para representar a unidade de comprimento da reta. Nesse caso, será de 1 unidade.

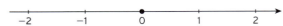

- O número $\frac{1}{4}$ (ou 0,25) está localizado entre 0 e 1. Assim, dividimos o intervalo entre 0 e 1 em quatro partes iguais.

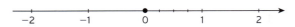

- Localizamos o primeiro ponto à direita do zero. Associamos esse ponto ao número $\frac{1}{4}$.

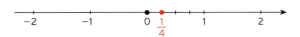

B. Vamos representar o número 0,7 na reta numérica.

- Desenhamos uma reta e escolhemos a unidade de comprimento. Nesse caso, a unidade de comprimento da reta será de 1 unidade.
- O número 0,7 está entre 0 e 1. Assim, dividimos o intervalo entre 0 e 1 em dez partes iguais.
- Localizamos o sétimo ponto à direita do zero e o associamos ao número 0,7.

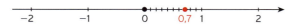

C. Vamos representar o número $-\frac{7}{5}$ na reta numérica.

- Desenhamos uma reta e escolhemos a unidade de comprimento, que será 1 unidade.
- O número $-\frac{7}{5}$ está entre -2 e -1. Assim, dividimos o intervalo entre -2 e -1 em cinco partes iguais.
- Localizamos o segundo ponto à esquerda do -1 e o associamos ao número $-\frac{7}{5}$.

Diferentes representações de um número racional na reta numérica

Um número racional pode ser representado de diferentes maneiras. Você percebeu, pelos exemplos da página anterior, que, independentemente da representação utilizada, a localização desse número na reta numérica será a mesma?

Veja, por exemplo, a localização dos números $-\frac{6}{3}$, -2, $\frac{1}{2}$ e $\frac{2}{4}$ em uma reta numérica.

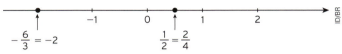

Perceba que $-\frac{6}{3}$ e -2 representam o mesmo número racional e, por isso, associamos o mesmo ponto a eles na reta numérica. Do mesmo modo, $\frac{1}{2}$ e $\frac{2}{4}$ representam o mesmo número racional e, por isso, associamos o mesmo ponto a eles.

> Todo número racional pode ser representado por um ponto em uma reta numérica. Entretanto, nem todos os pontos da reta numérica estão associados a um número racional.

ATIVIDADES

Retomar e compreender

4. Qual é a medida do lápis representado a seguir?

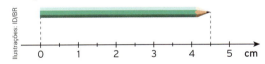

5. Associe as frações $\frac{3}{2}$, $\frac{9}{2}$ e $\frac{1}{2}$ às letras A, B e C de acordo com sua posição na reta numérica.

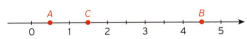

6. Escreva os números correspondentes aos pontos A, B, C, D e E.

a) ├──┼──┼──┼──┼──┤
   0   1   2 A   3

b) ├──┼──┼──┼──┼──┤
   0   1   B   2

c) ├──┼──┼──┼──┼──┤
   −3   C −2   −1

d) ├──┼──┼──┼──┼──┤
   5   6 D   7

e) ├──┼──┼──┼──┼──┤
   −3 E   −2   −1

7. Entre quais números inteiros consecutivos estão os números a seguir?

a) $-3\frac{2}{7}$

b) $-31,6$

c) $\frac{14}{3}$

d) $9,777...$

8. Desenhe uma reta numérica e, depois, localize os seguintes números nela:

| $0,4$ | $-5,3$ | $-\frac{7}{6}$ | 2 | 0 | $-2\frac{1}{2}$ |

9. Analise a afirmação de Joaquim e descubra se o raciocínio dele está correto.

> Para localizar a fração $-\frac{36}{7}$ na reta numérica, transformo essa fração em um número misto: $-5\frac{1}{7}$. Agora, sei que $-\frac{36}{7}$ está entre -5 e -6. Então, divido esse intervalo em sete partes iguais e marco a primeira delas. Posso associar esse ponto à fração $-\frac{36}{7}$.

REPRESENTAÇÃO DECIMAL DE NÚMEROS RACIONAIS: FINITA OU INFINITA E PERIÓDICA

A representação decimal de qualquer número racional pode ser finita ou infinita e periódica.

Representação decimal finita

Vamos representar o número $\frac{15}{2}$ na forma decimal.

Sabemos que uma fração também indica uma divisão do numerador pelo denominador. Veja.

```
 15  | 2
 10   7,5
  0
```

Portanto, $\frac{15}{2} = 7,5$.

De maneira geral, para transformar um número racional na forma fracionária em um número racional na forma decimal, efetuamos a divisão do numerador pelo denominador da fração.

Exemplos

A. $\frac{1}{2} = 1 : 2 = 0,5$

B. $\frac{6}{10} = 6 : 10 = 0,6$

C. $\frac{13}{8} = 13 : 8 = 1,625$

Note que, nesses exemplos, obtemos, em algum momento, uma divisão com resto zero e um quociente decimal. Sempre que isso ocorrer, dizemos que o quociente é um número **decimal exato**. Assim, os números 0,5; 0,6 e 1,625 são exemplos de decimais exatos.

Representação decimal infinita e periódica

Veja o que acontece quando efetuamos a divisão do numerador pelo denominador da fração $\frac{2}{3}$ para transformar esse número racional na forma fracionária em um número racional na forma decimal.

```
 20  | 3
 20    0,666
  20
   2
```

Perceba que, a cada etapa dessa divisão, acrescentamos o algarismo 6 no quociente e obtemos 2 como resto.

Poderíamos continuar essa divisão indefinidamente e nunca obteríamos resto zero. O resultado dessa divisão é um número na forma decimal com infinitas casas decimais com algarismos que se repetem. Chamamos esse número de **dízima periódica**. Podemos representar o resultado dessa divisão assim:

$$\frac{2}{3} = 0,666...$$

As reticências indicam que esse número tem infinitas casas decimais.

Período

O número formado pelos algarismos que se repetem em uma dízima periódica é chamado de **período**. No exemplo anterior, dizemos que 6 é o período da dízima 0,666... Podemos também usar um traço acima do período em vez de usar as reticências. Assim: 0,666... é o mesmo que $0,\overline{6}$.

Exemplos

A. $1,555... = 1,\overline{5}$

B. $6,1212... = 6,\overline{12}$

Dízimas periódicas simples ou compostas

Uma dízima periódica pode ser simples ou composta. Quando o período aparece logo após a vírgula, dizemos que a dízima é **simples**. Quando, na parte decimal, há uma parte não periódica e uma parte periódica, dizemos que a dízima periódica é **composta**.

Exemplos

A. Dízimas simples:

$0,\overline{15}$ ⟶ período: 15

$0,\overline{248}$ ⟶ período: 248

B. Dízimas compostas:

$10,12\overline{53}$ ⟶ parte não periódica: 12; período: 53

$4,7\overline{812}$ ⟶ parte não periódica: 7; período: 812

VALOR ABSOLUTO OU MÓDULO DE UM NÚMERO RACIONAL

Veja a representação do número $-\frac{10}{7}$ em uma reta numérica.

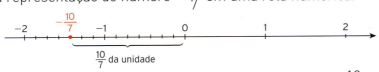

Observe que a distância do ponto associado ao número $-\frac{10}{7}$ ao ponto associado ao número 0 (origem da reta numérica) mede $\frac{10}{7}$ da unidade.

Valor absoluto ou **módulo** de um número racional é a medida da distância entre o ponto que representa esse número e a origem.

Assim, dizemos que o valor absoluto de $-\frac{10}{7}$ é $\frac{10}{7}$ e o representamos da seguinte maneira: $\left|-\frac{10}{7}\right| = \frac{10}{7}$

Exemplos

A. O módulo de $\frac{2}{7}$ é $\frac{2}{7}$ e é indicado por $\left|\frac{2}{7}\right| = \frac{2}{7}$.

B. O valor absoluto de $-2,5$ é $2,5$ e é indicado por $|-2,5| = 2,5$.

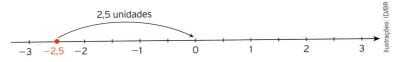

NÚMEROS OPOSTOS OU NÚMEROS SIMÉTRICOS

Como fazer para localizar números opostos ou simétricos na **reta numérica**?

Clara representou os números $-\frac{1}{2}$ e $\frac{1}{2}$ em uma reta numérica. Veja.

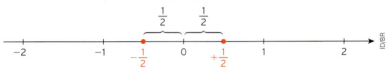

Depois de observar a representação que havia feito, Clara notou que esses dois números estão à mesma distância da origem da reta numérica.

$$\left|-\frac{1}{2}\right| = \frac{1}{2} \text{ e } \left|\frac{1}{2}\right| = \frac{1}{2}$$

Quando números racionais com sinais diferentes têm o mesmo módulo, dizemos que eles são **opostos** ou **simétricos**.

Assim, dizemos que os números $-\frac{1}{2}$ e $\frac{1}{2}$ são opostos ou simétricos.

Exemplos

A. Dizemos que $-\frac{32}{5}$ e $\frac{32}{5}$ são opostos ou simétricos, pois possuem valores absolutos iguais e sinais diferentes:

$$\left|-\frac{32}{5}\right| = \frac{32}{5} \text{ e } \left|\frac{32}{5}\right| = \frac{32}{5}$$

B. Dizemos que 7,8 e −7,8 são opostos ou simétricos, pois possuem valores absolutos iguais e sinais diferentes:

$$|7{,}8| = 7{,}8 \text{ e } |-7{,}8| = 7{,}8$$

ATIVIDADES

Retomar e compreender

10. Escreva o número pedido em cada caso.
a) O módulo de 29.
b) O valor absoluto de 0.
c) O módulo de 0,8888...
d) O valor absoluto de 9,7.
e) O número simétrico de três inteiros e quatro nonos.

11. Dois números racionais diferentes podem ter módulos iguais? Cite um exemplo que confirme sua resposta.

12. Escreva os números opostos em cada caso.
a) −5   c) 9   e) −84
b) −2   d) 11   f) 108

13. Determine o módulo e o número simétrico do número representado pelo ponto A.

14. Considerando o número 3 e seu oposto, qual deles está mais próximo da origem?

15. Determine a medida da distância do número −2,4 ao dobro de seu simétrico.
Dica: desenhe uma reta numérica e localize os números do enunciado.

Aplicar

16. Dois números racionais opostos representados em uma reta numérica estão a $\frac{6}{7}$ de distância um do outro. Quais são esses números?

17. O oposto de um número racional qualquer sempre é um número racional negativo? Justifique.

18. Em cada caso a seguir, determine os possíveis valores para o símbolo ★.
a) $|\bigstar| = \frac{7}{2}$ c) $|-15{,}2| = \bigstar$
b) $|\bigstar| = 26{,}2$ d) $|\bigstar| = -\frac{4}{5}$

COMPARAÇÃO DE NÚMEROS RACIONAIS

Vamos estudar como comparar números racionais.

Comparação em uma reta numérica

Uma das maneiras de comparar os números racionais é localizando-os em uma reta numérica. Como representamos a reta numérica em ordem crescente, da esquerda para a direita, o maior entre dois números racionais é o que está à direita do outro.

Exemplos

A. Vamos comparar os números 24,5 e 23,8.

Localizamos cada um dos números na reta numérica.

Como 24,5 está localizado à direita de 23,8, temos que 24,5 > 23,8. Também podemos dizer que 23,8 < 24,5.

B. Vamos comparar os números −2,45 e −2,17.

Localizamos cada um dos números na reta numérica.

Como −2,17 está à direita de −2,45, temos que −2,17 > −2,45 ou que −2,45 < −2,17.

C. Vamos comparar os números $-\frac{5}{9}$ e $\frac{4}{3}$.

Localizamos cada um dos números na reta numérica.

Como $\frac{4}{3}$ está à direita de $-\frac{5}{9}$, temos que $\frac{4}{3} > -\frac{5}{9}$ ou que $-\frac{5}{9} < \frac{4}{3}$.

D. Vamos comparar os números $\frac{2}{3}$, 1,37 e $-\frac{3}{2}$.

Localizamos cada um dos números na reta numérica.

Como $\frac{2}{3}$ está à esquerda de 1,37 e à direita de $-\frac{3}{2}$ na reta numérica, temos que $\frac{2}{3} < 1{,}37$ e $\frac{2}{3} > -\frac{3}{2}$.

Assim, podemos dizer que $-\frac{3}{2} < \frac{2}{3} < 1{,}37$ ou que $1{,}37 > \frac{2}{3} > -\frac{3}{2}$.

E. Vamos comparar os números $-0{,}8$, $\frac{2}{3}$ e $-\frac{3}{2}$.

Localizamos cada um dos números na reta numérica.

Como $-0{,}8$ está à esquerda de $\frac{2}{3}$ e à direita de $-\frac{3}{2}$ na reta numérica, temos que $-0{,}8 > -\frac{3}{2}$ e $-0{,}8 < \frac{2}{3}$.

Assim, podemos dizer que $-\frac{3}{2} < -0{,}8 < \frac{2}{3}$ ou que $\frac{2}{3} > -0{,}8 > -\frac{3}{2}$.

Comparação de números racionais na forma fracionária

Vamos estudar como comparar números racionais na forma fracionária sem o suporte da reta numérica. Acompanhe as situações a seguir.

Situação 1

Sérgio e Pedro vão dividir os 10 carrinhos que eles ganharam. Sérgio vai ficar com $\frac{4}{10}$ dos carrinhos, e Pedro com $\frac{6}{10}$ dos carrinhos. Quem ficará com mais carrinhos?

Para responder a essa questão, temos de comparar as frações $\frac{4}{10}$ e $\frac{6}{10}$. Como as duas frações têm denominadores iguais, basta comparar os numeradores. Como $6 > 4$, então $\frac{6}{10} > \frac{4}{10}$.

Logo, Pedro ficará com mais carrinhos que Sérgio.

Situação 2

Adriana e Miriam fizeram 3 tortas iguais cada uma. Adriana dividiu as tortas que fez igualmente entre seus 5 sobrinhos, e Miriam dividiu as tortas que fez igualmente entre seus 4 sobrinhos. Quem ganhou uma quantidade maior de torta: os sobrinhos de Adriana ou os sobrinhos de Miriam?

Adriana dividiu cada uma das 3 tortas que fez em 5 pedaços iguais e separou um pedaço de cada torta para cada sobrinho. Assim, cada sobrinho dela ganhou $\frac{3}{5}$ das tortas.

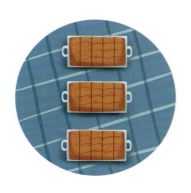

Miriam dividiu cada uma das 3 tortas que fez em 4 pedaços iguais e separou um pedaço de cada torta para cada sobrinho. Assim, cada sobrinho dela ganhou $\frac{3}{4}$ das tortas.

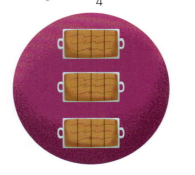

Agora, vamos comparar as frações $\frac{3}{5}$ e $\frac{3}{4}$ para saber qual delas é a maior. Para isso, podemos escrevê-las usando frações equivalentes, de modo que elas sejam escritas com o mesmo denominador.

Como mmc(5, 4) = 20, podemos encontrar frações equivalentes:

Como as frações obtidas têm denominadores iguais, basta comparar os numeradores. A fração $\frac{12}{20}$ é menor que $\frac{15}{20}$, pois 12 < 15. Assim, a fração $\frac{3}{5}$ é menor que a fração $\frac{3}{4}$.

Portanto, os sobrinhos de Miriam ganharam uma quantidade maior de torta.

Situação 3

Clarice fez um arranjo de flores. Nesse arranjo, $\frac{2}{5}$ das flores são vermelhas e $\frac{3}{8}$ das flores são amarelas. Há mais flores vermelhas ou amarelas nesse arranjo?

Podemos responder a essa questão comparando as frações $\frac{2}{5}$ e $\frac{3}{8}$. Note que essas frações apresentam numeradores e denominadores diferentes.

Para compará-las, podemos encontrar o denominador comum às duas frações: mmc(5, 8) = 40. Assim:

$$\frac{2}{5} = \frac{16}{40} \qquad e \qquad \frac{3}{8} = \frac{15}{40}$$

Comparamos as frações obtidas para saber qual é a maior: $\frac{16}{40} > \frac{15}{40}$, pois 16 > 15. Então, a fração $\frac{2}{5}$ é maior que a fração $\frac{3}{8}$.

Logo, há mais flores vermelhas nesse arranjo.

Comparação de números racionais na forma decimal

Você sabe como comparar números racionais na forma decimal sem o suporte da reta numérica? Então, vamos analisar as situações a seguir.

Situação 1

Bianca e Gabriel estavam competindo para ver quem percorria a maior distância. Bianca andou 4,3 quilômetros, e Gabriel andou 3,9 quilômetros. Qual dos dois percorreu uma distância maior?

Para responder a essa questão, é necessário comparar os números 4,3 e 3,9.

Como as partes inteiras desses números são diferentes, então basta compará-las para saber qual dos números é maior.

Comparando as partes inteiras, temos: 4 > 3. Logo, 4,3 > 3,9.

Então, Bianca percorreu uma distância maior que Gabriel.

Situação 2

Vamos comparar esses números para colocá-los em ordem crescente: 1,642; −2,518; 5,174 e −3,245.

Como um número positivo é sempre maior que um número negativo, podemos comparar os números negativos e depois os números positivos e, então, ordená-los.

- Números negativos: −2,518 e −3,245.

  Como as partes inteiras desses números são diferentes, basta compará-las para saber qual dos dois números é maior.

  Como os números são negativos, comparando as partes inteiras, temos que −3 < −2. Logo, −3,245 < −2,518.

- Números positivos: 1,642 e 5,174.

  Como as partes inteiras desses números são diferentes, basta compará-las para saber qual dos dois números é maior.

  Comparando as partes inteiras, temos que 1 < 5. Logo, 1,642 < 5,174.

Portanto: −3,245 < −2,518 < 1,642 < 5,174.

Situação 3

Rose, Cauê e Marta praticam salto em distância. No treino da última semana, Rose saltou 4,54 metros, Cauê saltou 4,98 metros e Marta saltou 4,71 metros. Qual deles saltou a maior distância?

Para responder a essa questão, temos de comparar 4,54; 4,98 e 4,71.

Como a parte inteira desses números é igual (4), devemos comparar as partes decimais deles (0,54, 0,98, e 0,71). Como 98 centésimos é maior que 71 centésimos e 71 centésimos é maior que 54 centésimos, temos:

$$0,98 > 0,71 > 0,54$$

Assim: 4,98 > 4,71 > 4,54.

Portanto, Cauê saltou a maior distância.

Situação 4

Com o fluxograma a seguir, podemos comparar dois números cuja ordem de grandeza é a dezena e cujas casas decimais vão até os centésimos. Observe.

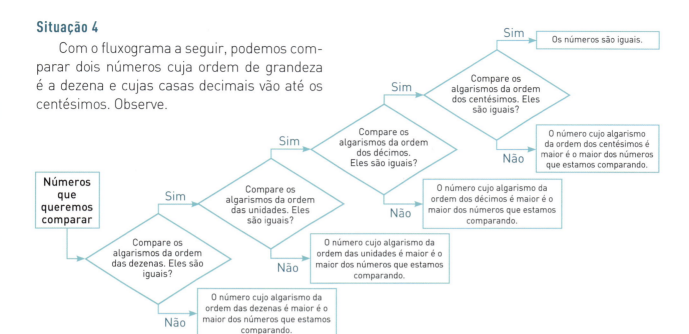

Agora, utilize esse fluxograma para comparar os números 15,87 e 15,84. Qual desses números é o maior?

Comparação de números racionais em diferentes formas

Vamos analisar nas situações a seguir como podemos comparar números racionais escritos na forma decimal com os escritos na forma fracionária sem o suporte da reta numérica.

Situação 1

Paula gastou 0,35 de seu salário com lazer e $\frac{26}{50}$ para pagar as contas do mês. Ela gastou mais com lazer ou com as contas?

Para responder a essa pergunta, podemos comparar os números 0,35 e $\frac{26}{50}$. Uma das maneiras de escrever esses números na mesma forma é transformar 0,35 em uma fração: $0,35 = \frac{35}{100}$.

Agora, podemos comparar as frações $\frac{35}{100}$ e $\frac{26}{50}$. Para que as frações fiquem com o mesmo denominador, podemos obter uma fração equivalente a $\frac{26}{50}$ cujo denominador seja 100:

$$\frac{26}{50} \xrightarrow{\cdot 2} = \frac{52}{100}$$

PARE E REFLITA

Poderíamos ter transformado a fração $\frac{26}{50}$ em um número na forma decimal e, então, fazer a comparação com o número 0,35? Converse com os colegas e o professor.

Comparamos as frações obtidas para saber qual é a maior: $\frac{35}{100} < \frac{52}{100}$, pois $35 < 52$.

Logo, Paula gastou mais com as contas do mês.

Situação 2

Vamos comparar os números 3,7; −2,4; $\frac{10}{16}$; $-\frac{20}{8}$ e $1\frac{4}{5}$ e colocá-los em ordem decrescente.

Para facilitar a comparação, vamos escrever todos os números na mesma forma. Nesse caso, escolhemos a forma decimal.

- 3,7
- $\frac{10}{16} = 0,625$
- $1\frac{4}{5} = \frac{9}{5} = 1,8$
- −2,4
- $-\frac{20}{8} = -2,5$

Agora, comparamos os números 3,7; −2,4; 0,625; −2,5 e 1,8 e os colocamos em ordem decrescente: 3,7 > 1,8 > 0,625 > −2,4 > −2,5. Então:

$$3,7 > 1\frac{4}{5} > \frac{10}{16} > -2,4 > -\frac{20}{8}$$

 Como você ordena e compara os **números racionais na reta numérica**?

ATIVIDADES

Retomar e compreender

19. Copie os itens a seguir, completando com as palavras "maior" ou "menor", de modo que as sentenças sejam verdadeiras.

a) Dados dois números racionais positivos, o ■ é aquele que tem ■ módulo.

b) Qualquer número racional positivo é ■ que o zero.

c) Qualquer número racional positivo é ■ que qualquer número racional negativo.

d) Qualquer número racional negativo é ■ que o zero.

e) Dados dois números racionais negativos, o ■ é aquele que tem ■ módulo.

20. Verifique quais das sentenças a seguir são verdadeiras e reescreva as falsas, corrigindo-as.

a) $\frac{11}{2} > \frac{7}{2}$

b) $-\frac{5}{3} < -\frac{9}{4}$

c) $-\frac{13}{4} > \frac{15}{2}$

d) $-1\frac{1}{2} = \frac{3}{2}$

e) $\left|-1\frac{3}{4}\right| > 1,5$

f) $-\frac{9}{3} < -3\frac{1}{6}$

21. Copie as sentenças a seguir e use os símbolos < (menor que) ou > (maior que) para torná-las verdadeiras.

a) 0,1 ■ 0,8

b) 1,7 ■ 2,3

c) −8,41 ■ −8,55

d) 49,39 ■ 49,35

e) 73,281 ■ 73,287

f) 501,94 ■ 501,9

22. Identifique o maior número racional em cada item.

a) 0 e $-\frac{4}{3}$

b) $-\frac{12}{2}$ e $-\frac{12}{3}$

c) 3,14 e −4,1

d) −7,8 e −0,25

e) −6,2 e −6,75

f) $-1\frac{3}{4}$ e −1,80

23. Considere os números:

17	−3,2	−2
0	$-\frac{1}{8}$	0,16
$\frac{2}{5}$	4,1	$-\frac{17}{12}$

a) Quais deles são inteiros?
b) Quais são racionais negativos?
c) Escreva os números racionais positivos.
d) Organize-os em ordem crescente, utilizando o sinal < (menor que).

Aplicar

24. Desenhe uma reta numérica e localize nela os números do quadro a seguir.

$3\frac{2}{5}$; 4,2; $\frac{27}{6}$; 3,1; $\frac{19}{5}$

Agora, organize os números em ordem crescente.

MAIS ATIVIDADES

Acompanhamento da aprendizagem

Retomar e compreender

1. Leia a notícia e, depois, faça o que se pede.

   Coração de atleta

   [...] os cientistas compararam a atividade do coração de ratos e camundongos sedentários com a de roedores que praticam exercícios todos os dias.

   Após treinar uma hora por dia durante três meses, os animais tiveram o ritmo cardíaco diminuído quando comparados aos roedores que não praticaram exercício nenhum. O coração dos ratos e camundongos atletas batia num ritmo de 20 a 26% mais lentamente do que o dos animais sedentários.

   [...]

   [...] "Enquanto o coração de um adulto que não pratica exercícios bate, em média, 70 vezes por minuto, o de um atleta adulto pode chegar a bater 30 vezes por minuto [...]".

   Coração de atleta. *Ciência Hoje das Crianças*, 22 jul. 2014. Disponível em: http://chc.org.br/coracao-de-atleta/. Acesso em: 29 maio. 2023.

   a) Quais são os números citados no texto?
   b) O texto apresenta algumas porcentagens. Escreva as frações que as representam.
   c) Essas frações pertencem a que conjunto numérico?

2. Leia o texto a seguir.

   Um terremoto de 7,3 graus de magnitude foi registrado no mar nas ilhas de Tonga nesta sexta-feira (11 [de novembro de 2022]), informou o Centro Geológico dos Estados Unidos (USGS, na sigla em inglês), que emitiu um alerta de *tsunami*, suspenso poucas horas depois.

   De acordo com o USGS, o terremoto aconteceu a uma profundidade de 10 km, cerca de 200 km a sudeste de Neiafu, uma cidade no nordeste deste arquipélago do Pacífico.

   [...]

   Alerta de *tsunami* retirado após terremoto perto de Tonga. *UOL Notícias*, 11 nov. 2022. Disponível em: https://noticias.uol.com.br/ultimas-noticias/afp/2022/11/11/alerta-de-tsunami-apos-terremoto-de-71-graus-perto-de-tonga.htm/. Acesso em: 8 maio 2023.

   a) Quais números aparecem nessa notícia?
   b) Quais dos números mencionados no texto são números racionais?
   c) Reúnam-se em grupo e façam uma pesquisa para descobrir o que é um terremoto e quais são suas causas.
   d) Quando uma localidade é afetada por um terremoto e sofre grandes danos, é comum diversos países e cidadãos voluntários se reunirem para ajudar. O que você acha dessa atitude? Em sua comunidade já ocorreu alguma situação que tenha despertado a solidariedade de todos? Discuta com os colegas a necessidade de ajudar pessoas em situações como essa.

Aplicar

3. Explique por que os números representados a seguir são racionais.

   $$0,4 \quad -6,3 \quad -\frac{7}{6} \quad 2 \quad 0 \quad -2\frac{1}{2}$$

4. Qual número é maior: 5,5 ou $\frac{11}{2}$? Explique a um colega a estratégia que você utilizou para responder a essa pergunta.

5. Utilizando uma régua, verifique a medida do segmento representado a seguir.

   a) Expresse essa medida utilizando um número decimal e uma fração.
   b) Desenhe dois segmentos: um maior e outro menor que o segmento $\overline{AB}$.
   c) Peça a um colega que meça os segmentos que você desenhou. Que medidas ele obteve?

6. A garrafa ilustrada ao lado foi dividida em partes iguais, sem considerar o gargalo. Se a enchermos até a última marca da parte de cima, ela ficará com 1 L.

   Escreva um número racional que represente a quantidade de água que está na garrafa, em litro.

7. Construa um fluxograma para comparar dois números na forma de fração. Depois, escolha duas frações e peça a um colega que descubra qual é a maior delas usando o fluxograma que você construiu.

79

CAPÍTULO 2
OPERAÇÕES COM NÚMEROS RACIONAIS

ADIÇÃO E SUBTRAÇÃO DE NÚMEROS RACIONAIS

Os jogos da XXII Olimpíada, que ocorreriam em 2020, foram realizados em 2021 em Tóquio, pois tiveram de ser adiados por conta da pandemia do novo coronavírus (covid-19). Entre as várias modalidades olímpicas, temos o atletismo, e uma de suas provas é o lançamento de dardo.

Vamos analisar o resultado final das três primeiras colocações do lançamento de dardo feminino nos Jogos Olímpicos de Tóquio 2020.

Atleta	Resultado
Shiying Liu	66,34 m
Maria Andrejczyk	−1,73 m
Kelsey-Lee Barber	−1,78 m

← 1ª colocada
← 2ª colocada: quantidade de metros a menos que o lançamento da 1ª colocada
← 3ª colocada: quantidade de metros a menos que o lançamento da 1ª colocada

Fonte de pesquisa: Resultados Tóquio 2020. Atletismo. *El País*. Disponível em: https://brasil.elpais.com/resultados/deportivos/juegos-olimpicos/2021/atletismo/femenino/lanzamiento_de_javalina/final/. Acesso em: 29 maio 2023.

▼ Shiying Liu, da China, disputou a final do lançamento de dardo feminino durante a prova de atletismo nos Jogos Olímpicos de Tóquio 2020, no Estádio Olímpico de Tóquio, no Japão. Foto de 2021.

Note que na coluna "Resultado" há apenas a medida da distância da primeira colocada, em metro, e que as demais linhas indicam a diferença em relação à primeira colocada.

Para determinar a medida da distância alcançada no lançamento de dardo das atletas que ficaram em segundo e terceiro lugares, podemos fazer uma subtração. Veja.

2º lugar: Maria Andrejczyk: 66,34 − 1,73 = 64,61
3º lugar: Kelsey-Lee Barber: 66,34 − 1,78 = 64,56

Na prova masculina da mesma modalidade, o campeão foi Neeraj Chopra. Ele alcançou uma distância 21,24 metros maior que a alcançada por Shiying Liu. Para calcular qual foi a distância alcançada pelo dardo de Neeraj Chopra, podemos fazer uma adição. Veja.

$$66,34 + 21,24 = 87,58$$

Neste capítulo, vamos retomar e aprofundar nossos conhecimentos sobre operações com números racionais. Agora, vamos analisar outras situações que envolvem adição e subtração de números racionais.

Situação 1

Eduardo foi até a padaria e comprou alguns pães e um bolo. Os pães custaram R$ 3,25 e o bolo, R$ 9,37. Quantos reais Eduardo gastou nessa compra?

Podemos responder a essa pergunta calculando o resultado da adição 3,25 + 9,37. Vamos fazer isso de duas maneiras diferentes.

1ª maneira: Usando o algoritmo usual.

$$\begin{array}{r} \overset{1}{}3,25 \\ +\,9,37 \\ \hline 12,62 \end{array}$$

2ª maneira: Calculando mentalmente.

Vou adicionar primeiro a parte decimal: eu sei que 25 centésimos mais 35 centésimos é igual a 60 centésimos. Como quero adicionar 37 centésimos, e não 35, falta adicionar 2 centésimos, então 60 centésimos mais 2 centésimos é igual a 62 centésimos. Agora, vou adicionar a parte inteira fazendo 3 unidades mais 9 unidades igual a 12 unidades. Assim, 3,25 + 9,37 = 12,62.

Portanto, Eduardo gastou R$ 12,62 nessa compra.

Situação 2

No início do dia, uma das máquinas de uma empresa de petróleo estava a uma profundidade de −6 081,64 metros, ou seja, 6 081,64 metros abaixo do nível do mar. Durante o dia, essa máquina conseguiu avançar 120,73 metros abaixo do nível em que estava, ou seja, uma profundidade de −120,73 metros. A qual profundidade essa máquina estava no final do dia?

A profundidade inicial da máquina é −6 081,64 metros, e ela avançou −120,73 metros. Para responder à pergunta, podemos efetuar uma adição.

$$-6\,081,64 + (-120,73) = -6\,081,64 - 120,73 = -6\,202,37$$

Portanto, no final do dia essa máquina estava a uma profundidade de 6 202,37 metros abaixo do nível do mar.

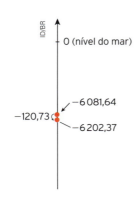

Situação 3

Leonardo recebeu um prêmio de R$ 458,50 e utilizou R$ 243,80 para pagar um boleto. Com quantos reais ele ficou?

Como Leonardo ganhou R$ 458,50, podemos representar esse número por +R$ 458,50.

Já o gasto de R$ 243,80 pode ser representado por −R$ 243,80. Logo, temos:

$$+458,50 + (-243,80) = 458,50 - 243,80 = 214,70$$

Então, Leonardo ficou com R$ 214,70.

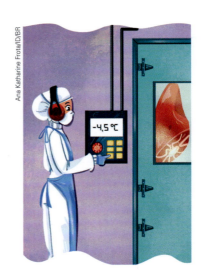

Situação 4

Cecília trabalha em um frigorífico e viu que o termômetro da câmara de resfriados estava marcando −4,5 °C. Ela ajustou o equipamento aumentando 4,5 °C. Que medida de temperatura o termômetro está marcando agora?

Para responder a essa pergunta, podemos efetuar a adição (−4,5) + (4,5).

$$-4,5 + 4,5 = 0$$

Assim, o termômetro está marcando 0 °C.

Situação 5

Nos dias 28 e 29 de abril, os termômetros de certa cidade no Sul do país registraram, respectivamente, as medidas de temperatura −4,9 °C e −3,3 °C às 22 horas. Qual foi a variação entre essas medidas?

Para responder a essa questão, podemos efetuar uma subtração.

$$(-3,3) - (-4,9) = -3,3 + 4,9 = 1,6$$

Assim, a variação entre essas medidas foi de 1,6 °C.

Em uma **adição** de dois números racionais:
- positivos, a soma é positiva. Para encontrar essa soma, adicionamos o módulo desses números.
- negativos, a soma é negativa. Para encontrar essa soma, adicionamos o módulo desses números.

Exemplos

A. 4,47 + 69,3

4,47 + 69,3 = +(|4,47| + |69,3|) = +(4,47 + 69,3) =
= +73,77

B. (−3,52) + (−7,61)

(−3,52) + (−7,61) = −(|−3,52| + |−7,61|) =
= −(3,52 + 7,61) = −11,13

Em uma **adição** de dois números racionais de sinais diferentes e:
- módulos diferentes, a soma terá o sinal do número de maior módulo. Para encontrar essa soma, devemos calcular o módulo da diferença do módulo desses números.
- módulos iguais, a soma é igual a zero.

Exemplos

A. $-\dfrac{2}{3} + \dfrac{1}{4}$

Primeiro, obtemos o mínimo múltiplo comum dos denominadores: mmc(3, 4) = 12.

$$-\dfrac{2}{3} = -\dfrac{8}{12} \quad \text{e} \quad \dfrac{1}{4} = \dfrac{3}{12}$$

Os módulos desses números são:

$$\left|-\dfrac{8}{12}\right| = \dfrac{8}{12} \quad \text{e} \quad \left|\dfrac{3}{12}\right| = \dfrac{3}{12}$$

Como $\dfrac{8}{12} > \dfrac{3}{12}$, a soma será negativa. Assim:

$$-\dfrac{2}{3} + \dfrac{1}{4} = -\dfrac{8}{12} + \dfrac{3}{12} = -\left(\left|\left|-\dfrac{8}{12}\right| - \left|\dfrac{3}{12}\right|\right|\right) = -\left(\left|\dfrac{8}{12} - \dfrac{3}{12}\right|\right) =$$
$$= -\left(\left|\dfrac{5}{12}\right|\right) = -\dfrac{5}{12}$$

B. $3,5 + (-3,5)$

Os módulos desses números são:
$$|3,5| = 3,5 \quad \text{e} \quad |-3,5| = 3,5$$

Como os módulos são iguais, a soma é zero: $3,5 + (-3,5) = 0$.

Em uma **subtração** de dois números racionais, a diferença é igual à soma do primeiro número com o oposto do segundo.

Exemplo
$6,8 - (-5,4) = 6,8 + 5,4 = 12,2$

Observação
As propriedades da adição de números inteiros também são válidas para a adição de números racionais.

Relação fundamental da subtração

Gabriela participou de uma competição de surfe, em que seu desempenho seria medido pela nota de duas apresentações. Na primeira apresentação, ela obteve nota 37,14 e, no total, 50,00 pontos. No painel de divulgação dos resultados, a nota de sua segunda apresentação apareceu como 12,86.

Para verificar se a nota que apareceu no painel estava correta, podemos realizar uma subtração ou uma adição.

- Subtração: $\underbrace{50,00}_{\text{minuendo}} - \underbrace{37,14}_{\text{subtraendo}} = \underbrace{12,86}_{\text{resto ou diferença}}$

- Adição: $12,86 + 37,14 = 50,00$

Para verificar se uma subtração está correta, podemos realizar uma adição, pois, ao adicionar o subtraendo com o resto (ou a diferença), devemos obter o minuendo. Essa é a **relação fundamental da subtração**.

Portanto, se:

(minuendo) − (subtraendo) = (resto ou diferença)

Então:

(resto ou diferença) + (subtraendo) = (minuendo)

A adição e a subtração são operações inversas.

Exemplos

A. Considere a subtração: 180,39 − 78,91 = 101,48

Pela relação fundamental da subtração, podemos conferir o resultado fazendo:

101,48 + 78,91 = 180,39

B. Considere a subtração: $\frac{18}{67} - \frac{37}{67} = -\frac{19}{67}$

Como a adição e a subtração são operações inversas entre si, podemos conferir o resultado fazendo:

$-\frac{19}{67} + \frac{37}{67} = \frac{18}{67}$

ADIÇÃO ALGÉBRICA

Uma expressão que contém as operações adição e subtração é chamada de **adição algébrica**.

Exemplos

A. $-10,3 + 3,6 + 8,1 - 6,9 = \underline{-6,7 + 8,1} - 6,9 = \underline{1,4} - 6,9 = -5,5$

B. $\frac{1}{8} + \left(-\frac{3}{5}\right) + 1 = \frac{5}{40} + \left(-\frac{24}{40}\right) + \frac{40}{40} = \frac{5}{40} - \frac{24}{40} + \frac{40}{40} = -\frac{19}{40} + \frac{40}{40} = \frac{21}{40}$

mmc(8, 5, 1) = 40

ADIÇÃO E SUBTRAÇÃO DE NÚMEROS RACIONAIS COM A CALCULADORA

Também podemos utilizar a calculadora para realizar cálculos com os números racionais. Você sabe como utilizá-la?

Exemplos

A. Vamos efetuar −0,76 + 0,3 na calculadora.

- Apertamos as seguintes teclas na calculadora:

- Aparecerá no visor: −0.46

B. Agora, vamos efetuar a adição $\frac{3}{4} + \frac{1}{5}$ na calculadora.

Como na maioria das calculadoras só é possível representar os números racionais na forma decimal, primeiro transformamos as frações em números na forma decimal e, então, efetuamos as operações indicadas.

- Apertamos as seguintes teclas na calculadora:

Essa tecla guarda na memória o número 0,75, resultado de 3 : 4.

Essa tecla recupera o número que estava na memória: 0,75.

- Aparece no visor: **0.95**

ATIVIDADES

Retomar e compreender

1. Determine o resultado de cada operação a seguir.

   a) $\frac{81}{36} + \frac{12}{36}$

   b) $\frac{178}{532} - \frac{69}{532}$

   c) $\frac{74}{126} + \left(-\frac{27}{126}\right)$

   d) $257{,}91 + 731{,}12$

   e) $-3{,}21 + 6{,}5$

   f) $17{,}2 - 6{,}17$

   g) $-62{,}1 - 8{,}17$

   h) $-\frac{6}{5} + \frac{4}{3}$

   i) $\frac{7}{3} - \frac{9}{2}$

   j) $-\frac{3}{7} - \frac{6}{5}$

2. Escreva uma adição para representar as partes pintadas de verde nas figuras a seguir. Utilize números na forma decimal para escrever a adição.

   a)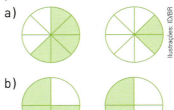

   b>

   Ilustrações: ID/BR

3. Considere os pontos *A*, *B* e *C* representados a seguir.

   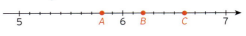

   Determine:

   a) $|B| - |A|$

   b) $|C| - |B|$

   c) $|C| - |A|$

4. Escreva a sequência de teclas da calculadora que podem ser utilizadas para efetuar a operação de cada item.

   a) $32{,}4 - 12{,}35$

   b) $\frac{3}{8} + \frac{1}{10}$

Aplicar

5. Na primeira hora em que um pintor de parede começou seu trabalho, ele pintou $\frac{5}{9}$ do cômodo de uma casa. Na segunda hora, pintou $\frac{3}{7}$ do mesmo cômodo. Que fração do cômodo falta ser pintada?

6. Dois amigos decidiram preencher juntos um álbum de figurinhas. Márcio colou $\frac{1}{6}$ das figurinhas do álbum e Cristina colou mais $\frac{3}{4}$ das figurinhas. Sabendo que não havia figurinhas repetidas, que fração das figurinhas eles colaram?

7. A medida do comprimento do cabelo de Anita era igual a $\frac{2}{3}$ de um metro. Ela foi ao cabeleireiro e cortou $\frac{1}{6}$ de um metro. Qual é a medida do comprimento do cabelo de Anita agora?

8. Maria e João estavam jogando um jogo de *videogame* cujo objetivo era pegar todo o tesouro. Maria pegou $\frac{1}{3}$ do tesouro e João, $\frac{5}{9}$. Que fração do tesouro eles pegaram juntos?

MULTIPLICAÇÃO

Temos dois casos de multiplicação de números racionais: multiplicação de números racionais com sinais iguais e multiplicação de números racionais com sinais diferentes.

Multiplicação de números racionais com sinais iguais

Vamos analisar as situações a seguir.

Situação 1

Pamela foi ao supermercado e comprou 4 frascos de iogurte que custam R$ 2,95 cada um. Quantos reais ela gastou nessa compra?

Podemos responder a essa questão efetuando a multiplicação 4 · 2,95. Observe como podemos calcular esse produto usando o algoritmo usual.

$$\begin{array}{r} 2{,}9\,5 \leftarrow \text{duas casas decimais} \\ \times \quad\quad 4 \\ \hline 1\,1{,}8\,0 \leftarrow \text{duas casas decimais} \end{array}$$

Portanto, Pamela gastou R$ 11,80 nessa compra.

Situação 2

José pretende fazer 3 bolos. A receita pede $\frac{1}{2}$ colher (de chá) de fermento para cada bolo. Quantas colheres de chá de fermento José usará no preparo dos 3 bolos?

Para responder a essa questão, podemos efetuar a multiplicação $3 \cdot \frac{1}{2}$.

$$3 \cdot \frac{1}{2} = \frac{3 \cdot 1}{2} = \frac{3}{2}$$

Portanto, José usará $\frac{3}{2}$ colheres de chá de fermento.

Situação 3

Mário fez uma torta e separou $\frac{1}{4}$ dela para dar aos primos. Como ele tem 3 primos, cada um recebeu $\frac{1}{3}$ desse pedaço que ele separou. Que parte da torta inteira cada primo recebeu?

Para saber quanto da torta cada primo recebeu, basta calcular $\frac{1}{3}$ de $\frac{1}{4}$, ou seja, $\frac{1}{3} \cdot \frac{1}{4}$.

$$\frac{1}{3} \cdot \frac{1}{4} = \frac{1 \cdot 1}{3 \cdot 4} = \frac{1}{12}$$

Logo, cada primo recebeu $\frac{1}{12}$ da torta.

Situação 4

Ana vai fazer uma viagem de carro. Ela encheu o tanque de combustível antes de partir. Foram colocados 35,07 litros de gasolina. Sabendo que ela pagou R$ 6,19 por litro de gasolina, quantos reais Ana gastou para encher o tanque do carro?

Para responder a essa questão, podemos efetuar a multiplicação 35,07 · 6,19. Observe como calculamos esse produto usando o algoritmo usual.

Podemos multiplicar cada um dos fatores por 100 para trabalhar com os números sem as casas decimais.

$$\begin{array}{r} 3\,5\,0\,7 \\ \times\ \ \ 6\,1\,9 \\ \hline 3\,1\,5\,6\,3 \\ 3\,5\,0\,7\,0 \\ +\,2\,1\,0\,4\,2\,0\,0 \\ \hline 2\,1\,7\,0\,8\,3\,3 \end{array}$$

Como multiplicamos cada um dos fatores por 100, precisamos dividir o o resultado por 10 000 (100 · 100 = 10 000). Então, temos:

$$2\,170\,833 : 10\,000 = 217{,}0833$$

Portanto, o resultado da multiplicação 35,07 · 6,19 é 217,0833.

Observe que em uma multiplicação com números escritos na forma decimal, a quantidade de casas decimais do produto é igual à soma da quantidade de casas decimais dos fatores dessa multiplicação.

$$35{,}07 \cdot 6{,}19 = 217{,}0833$$

2 casas decimais + 2 casas decimais = 4 casas decimais

Como só utilizamos duas casas decimais quando usamos a unidade monetária real, arredondamos o número 217,0833 para que fique com duas casas decimais: 217,08.

Assim, Ana gastou R$ 217,08 para encher o tanque do carro.

Situação 5

Tiago alugou um galpão de 250,8 m² de medida de área. Ele reservou $\frac{1}{4}$ da área desse galpão para montar um escritório. Qual será a medida da área do escritório, em metro quadrado?

Para responder a essa questão, é necessário calcular o resultado da multiplicação $\frac{1}{4} \cdot 250{,}8$.

Para facilitar o cálculo, vamos deixar os dois números escritos na mesma forma. Podemos fazer isso de duas maneiras.

1ª maneira: Escrevendo 250,8 como uma fração.

$$\frac{1}{4} \cdot 250{,}8 = \frac{1}{4} \cdot \frac{2508}{10} = \frac{1 \cdot 2508}{4 \cdot 10} = \frac{2508}{40} = 62{,}7$$

2ª maneira: Escrevendo $\frac{1}{4}$ como um número na forma decimal.

$$\frac{1}{4} \cdot 250{,}8 = 0{,}25 \cdot 250{,}8 = 62{,}7$$

Portanto, a medida da área do escritório será 62,7 m².

CIDADANIA GLOBAL

POLUIÇÃO DOS MARES

[...] os dejetos plásticos correspondem a 48,5% do lixo encontrado no mar do Brasil.

A organização internacional Sea Shepperd, dedicada ao combate à poluição dos mares, tem desenvolvido anualmente mutirões de limpeza no litoral brasileiro para recolher e encaminhar resíduos para reciclagem e envolver as comunidades no combate ao problema. Só [em 2021], foram feitos 98 mutirões, envolvendo 700 voluntárias que recolheram 7,5 toneladas de lixo nas praias, num total de 143 mil itens, 10% encontrados no fundo do mar. Da quantidade recolhida, 4,6 toneladas foram encaminhadas para reciclagem.

Vicente Vilardaga. Poluição dos mares mobiliza ONGs em todo o Brasil. *IstoÉ*, 8 jul. 2022. Disponível em: https://istoe.com.br/a-luta-contra-o-plastico/. Acesso em: 29 maio 2023.

1. Qual é a massa de lixo encontrada no fundo do mar nesses mutirões?

2. Entre os resíduos encontrados no mar brasileiro, há também bitucas de cigarro, garrafas de vidro, tampas de garrafas, roupas, calçados, materiais de pesca, entre outros. Que porcentagem do lixo encontrado no mar do Brasil corresponde a resíduos de material não plástico?

3. Você já recolheu resíduos deixados em local incorreto por outras pessoas?

> Na multiplicação de dois números racionais com sinais iguais, multiplicamos os módulos dos números, e o sinal do produto é positivo.

Exemplos

A. Vamos efetuar 4,91 · 5,6.

Para efetuar o cálculo com o algoritmo usual, podemos multiplicar os valores dos módulos dos números e, depois, colocar o sinal positivo no produto.

$$|4,91| = 4,91 \quad \text{e} \quad |5,6| = 5,6$$

```
        4, 9 1   ← 2 casas decimais
    ×      5, 6   ← 1 casa decimal
       2 9 4 6
    + 2 4 5 5 0
    2 7, 4 9 6   ← 3 casas decimais
```

Logo, 4,91 · 5,6 = 27,496.

B. Vamos efetuar $\frac{4}{7} \cdot \frac{6}{10}$.

$$\frac{4}{7} \cdot \frac{6}{10} = +\left(\left|\frac{4}{7}\right| \cdot \left|\frac{6}{10}\right|\right) = +\left(\frac{4}{7} \cdot \frac{6}{10}\right) = +\left(\frac{4 \cdot 6}{7 \cdot 10}\right) = +\frac{24}{70} = +\frac{12}{35}$$

Logo, $\frac{4}{7} \cdot \frac{6}{10} = \frac{12}{35}$.

C. Vamos efetuar $\left(-\frac{3}{5}\right) \cdot \left(-\frac{7}{8}\right)$.

$$\left(-\frac{3}{5}\right) \cdot \left(-\frac{7}{8}\right) = +\left(\left|-\frac{3}{5}\right| \cdot \left|-\frac{7}{8}\right|\right) = +\left(\frac{3}{5} \cdot \frac{7}{8}\right) = +\left(\frac{3 \cdot 7}{5 \cdot 8}\right) = +\frac{21}{40}$$

Logo, $\left(-\frac{3}{5}\right) \cdot \left(-\frac{7}{8}\right) = \frac{21}{40}$.

D. Vamos efetuar (−23,1) · (−0,45).

$$|-23,1| = 23,1 \quad \text{e} \quad |-0,45| = 0,45$$

```
        2 3, 1     ← uma casa decimal
    ×    0, 4 5   ← duas casas decimais
        1 1 5 5
    + 9 2 4 0
    1 0, 3 9 5    ← três casas decimais
```

Logo, (−23,1) · (−0,45) = 10,395.

Multiplicação de números racionais com sinais diferentes

Por 4 meses será debitado da conta-corrente de Gustavo um valor de R$ 45,80. Qual será o valor total a ser debitado da conta de Gustavo?

Por se tratar de um valor que está sendo retirado da conta, no extrato bancário, ele costuma ser representado por um número negativo: −R$ 45,80. Como serão 4 meses, podemos calcular o valor total efetuando 4 · (−45,80).

Como a multiplicação é uma adição de parcelas iguais, podemos fazer:

$$4 \cdot (-45,80) = (-45,80) + (-45,80) + (-45,80) + (-45,80) = -183,20$$

Portanto, o valor total a ser debitado da conta-corrente de Gustavo será R$ 183,20, e no extrato bancário aparecerá −R$ 183,20.

> Na multiplicação de dois números racionais com sinais diferentes, multiplicamos os módulos dos números, e o sinal do produto é negativo.

Exemplos

A. Vamos efetuar $5{,}216 \cdot (-7{,}1)$.

Para efetuar o cálculo com o algoritmo usual, podemos multiplicar os valores dos módulos dos números e, depois, colocar o sinal negativo no produto.

$$|5{,}216| = 5{,}216 \quad \text{e} \quad |-7{,}1| = 7{,}1$$

```
      5, 2 1 6   ← três casas decimais
   ×     7, 1    ← uma casa decimal
      5 2 1 6
  + 3 6 5 1 2 0
    3 7, 0 3 3 6  ← quatro casas decimais
```

Logo, $5{,}216 \cdot (-7{,}1) = -37{,}0336$.

B. Vamos efetuar $\left(-\dfrac{2}{5}\right) \cdot \left(+\dfrac{7}{3}\right)$.

$$\left(-\frac{2}{5}\right) \cdot \left(+\frac{7}{3}\right) = -\left(\left|-\frac{2}{5}\right| \cdot \left|+\frac{7}{3}\right|\right) = -\left(\frac{2}{5} \cdot \frac{7}{3}\right) = -\left(\frac{2 \cdot 7}{5 \cdot 3}\right) = -\frac{14}{15}$$

Logo, $\left(-\dfrac{2}{5}\right) \cdot \left(+\dfrac{7}{3}\right) = -\dfrac{14}{15}$.

Observação

As propriedades da multiplicação de números inteiros também são válidas para a multiplicação de números racionais.

Números inversos

Dois números racionais diferentes de zero são **inversos** um do outro quando o produto deles é 1.

Exemplos

A. $\dfrac{5}{7}$ e $\dfrac{7}{5}$ são números inversos, pois: $\dfrac{5}{7} \cdot \dfrac{7}{5} = \dfrac{5 \cdot 7}{7 \cdot 5} = \dfrac{35}{35} = 1$

B. $-\dfrac{1}{13}$ e -13 são números inversos, pois:

$$\left(-\frac{1}{13}\right) \cdot (-13) = \left(-\frac{1}{13}\right) \cdot \left(\frac{-13}{1}\right) = \frac{(-1) \cdot (-13)}{13 \cdot 1} = \frac{13}{13} = 1$$

Observe que, para obter o número inverso de uma fração, basta trocarmos o numerador com o denominador e que o único número racional que não tem inverso é o zero.

DIVISÃO

Vamos ver a seguir dois casos de divisão com números racionais: divisão de números racionais com sinais iguais e divisão de números racionais com sinais diferentes.

Divisão de números racionais com sinais iguais

Acompanhe as situações a seguir.

Situação 1

Joaquim é costureiro. Ele comprou 10,8 m de tecido para produzir uma encomenda e dividiu o comprimento desse tecido em 4 pedaços de mesmo tamanho para poder começar o trabalho. Cada pedaço ficou com quantos metros de medida de comprimento?

Para responder a essa questão, podemos calcular 10,8 : 4. Observe como podemos calcular o resultado dessa divisão de duas maneiras diferentes.

1ª maneira: Usando o algoritmo usual.

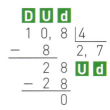

2ª maneira: Transformando os números em frações.

$$10,8 = \frac{108}{10} \quad e \quad 4 = \frac{4}{1}$$

Existe um método prático para dividir duas frações: basta multiplicar a primeira fração pelo inverso da segunda fração. Assim, temos:

$$10,8 : 4 = \frac{108}{10} : \frac{4}{1} = \frac{108}{10} \cdot \frac{1}{4} = \frac{108 \cdot 1}{10 \cdot 4} = \frac{108}{40} = 2,7$$

Portanto, cada pedaço de tecido ficou com 2,7 m de medida de comprimento.

Situação 2

Rodrigo comprou 6 kg de carne em uma promoção. Ele vai dividir essa quantidade de carne em pacotes menores, de 1,5 kg, para congelá-la. Quantos pacotes Rodrigo usará para embalar essa quantidade de carne?

Podemos responder a essa pergunta efetuando a divisão 6 : 1,5. Observe como fazer esse cálculo transformando os números em frações.

$$6 : 1,5 = \frac{6}{1} : \frac{15}{10} = \frac{6}{1} \cdot \frac{10}{15} = \frac{6 \cdot 10}{1 \cdot 15} = \frac{60}{15} = 4$$

Portanto, Rodrigo usará 4 pacotes para embalar a carne.

Situação 3

Fernanda foi jogar boliche com os amigos. Eles jogaram por 2 horas e meia e pagaram R$ 237,50 pelo aluguel da pista. Qual é o valor do aluguel de uma hora nessa pista?

Para responder a essa questão, podemos calcular 237,50 : 2,5. Observe como podemos calcular essa divisão de duas maneiras diferentes.

1ª maneira: Usando o algoritmo usual.

Antes de fazer o cálculo com o algoritmo usual, podemos multiplicar o dividendo e o divisor por 10 para suprimir a vírgula.

$$237,5 : 2,5$$
$$\cdot 10 \quad \cdot 10$$
$$2\,375 : 25$$

Agora, efetuamos a divisão com o algoritmo usual.

$$\begin{array}{r|l} 2\,375 & \underline{25} \\ -2\,25 & 95 \\ \hline 0\,125 & \\ -125 & \\ \hline 0 & \end{array}$$

2ª maneira: Transformando os números em frações.

$$237,5 = \frac{2\,375}{10} \quad \text{e} \quad 2,5 = \frac{25}{10}$$

$$237,5 : 2,5 = \frac{2\,375}{10} : \frac{25}{10} = \frac{2\,375}{10} \cdot \frac{10}{25} = \frac{2\,375 \cdot 10}{10 \cdot 25} = \frac{23\,750}{250} = 95$$

Portanto, o valor de uma hora de aluguel nessa pista de boliche é R$ 95,00.

> Para dividir dois números racionais com sinais iguais, em que o divisor é diferente de zero, podemos dividir os módulos desses números, e o sinal do resultado é sempre positivo.

Exemplos

A. $\frac{2}{5} : \frac{7}{10} = +\left(\left|\frac{2}{5}\right| : \left|\frac{7}{10}\right|\right) = +\left(\frac{2}{5} : \frac{7}{10}\right) = +\left(\frac{2}{5} \cdot \frac{10}{7}\right) = +\left(\frac{2 \cdot 10}{5 \cdot 7}\right) =$

$= +\frac{20}{35} = +\frac{4}{7}$

B. $2,7 : \frac{3}{7} = \frac{27}{10} : \frac{3}{7} = +\left(\left|\frac{27}{10}\right| : \left|\frac{3}{7}\right|\right) = +\left(\frac{27}{10} : \frac{3}{7}\right) = +\left(\frac{27}{10} \cdot \frac{7}{3}\right) = +\left(\frac{27 \cdot 7}{10 \cdot 3}\right) =$

$= +\frac{189}{30} = +\frac{63}{10}$

C. $(-3,57) : (-0,7) = +\left(\left|-\frac{357}{100}\right| : \left|-\frac{7}{10}\right|\right) = +\left(\frac{357}{100} : \frac{7}{10}\right) = +\left(\frac{357}{100} \cdot \frac{10}{7}\right) =$

$= +\left(\frac{357 \cdot 10}{100 \cdot 7}\right) = +\left(\frac{3\,570}{700}\right) = +\frac{357}{70}$

D. $\left(-\frac{3}{5}\right) : \left(-\frac{7}{8}\right) = +\left(\left|-\frac{3}{5}\right| : \left|-\frac{7}{8}\right|\right) = +\left(\frac{3}{5} : \frac{7}{8}\right) = +\left(\frac{3}{5} \cdot \frac{8}{7}\right) = +\left(\frac{3 \cdot 8}{5 \cdot 7}\right) = +\frac{24}{35}$

Divisão de números racionais com sinais diferentes

Vamos analisar as situações a seguir.

Situação 1

Podemos efetuar a divisão $-7,5 : 3$ transformando os números em frações.

$$-7,5 : 3 = -\frac{75}{10} : \frac{3}{1} = -\frac{75}{10} \cdot \frac{1}{3} = -\frac{75 \cdot 1}{10 \cdot 3} = -\frac{75}{30} = -2,5$$

Assim, $-7,5 : 3 = -2,5$.

Situação 2

Adolfo vai retirar, no total, R$ 275,25 de sua conta-corrente fazendo 5 retiradas de mesmo valor para atingir a quantia de que precisa. Qual será o valor de cada retirada?

Como se trata de uma retirada, esse valor pode ser representado por $-$R$ 275,25 e, assim, podemos efetuar a divisão $-275,25 : 5$. Observe como fazer essa divisão representando os números na forma fracionária.

$$-275,25 : 5 = -\frac{27\,525}{100} : \frac{5}{1} = -\frac{27\,525}{100} \cdot \frac{1}{5} =$$

$$= -\frac{27\,525 \cdot 1}{100 \cdot 5} = -\frac{27\,525}{500} = -55,05$$

Portanto, o valor de cada retirada será de R$ 55,05, que pode ser representado por $-$R$ 55,05.

> Para dividir dois números racionais com sinais diferentes, em que o divisor é um número diferente de zero, podemos dividir os módulos desses números, e o sinal do resultado é sempre negativo.

Exemplos

A. $\frac{3}{16} : \left(-\frac{3}{12}\right) = -\left(\left|\frac{3}{16}\right| : \left|-\frac{3}{12}\right|\right) = -\left(\frac{3}{16} : \frac{3}{12}\right) = -\left(\frac{3}{16} \cdot \frac{12}{3}\right) = -\left(\frac{3 \cdot 12}{16 \cdot 3}\right) =$

$= -\left(\frac{36}{48}\right) = -0,75$

B. $\frac{28}{5} : (-1,4) = \frac{28}{5} : \left(-\frac{14}{10}\right) = -\left(\left|\frac{28}{5}\right| : \left|-\frac{14}{10}\right|\right) = -\left(\frac{28}{5} : \frac{14}{10}\right) =$

$= -\left(\frac{28}{5} \cdot \frac{10}{14}\right) = -\left(\frac{28 \cdot 10}{5 \cdot 14}\right) = -\left(\frac{280}{70}\right) = -4$

C. $(-6) : 2,4 = \left(-\frac{6}{1}\right) : \frac{24}{10} = -\left(\left|-\frac{6}{1}\right| : \left|\frac{24}{10}\right|\right) = -\left(\frac{6}{1} : \frac{24}{10}\right) = -\left(\frac{6}{1} \cdot \frac{10}{24}\right) =$

$= -\left(\frac{6 \cdot 10}{1 \cdot 24}\right) = -\left(\frac{60}{24}\right) = -2,5$

D. $19,08 : \left(-\frac{53}{10}\right) = \frac{1\,908}{100} : \left(-\frac{53}{10}\right) = -\left(\left|\frac{1\,908}{100}\right| : \left|-\frac{53}{10}\right|\right) = -\left(\frac{1\,908}{100} : \frac{53}{10}\right) =$

$= -\left(\frac{1\,908}{100} \cdot \frac{10}{53}\right) = -\left(\frac{1\,908 \cdot 10}{100 \cdot 53}\right) = -\left(\frac{19\,080}{5\,300}\right) = -(3,6) = -3,6$

Relação fundamental da divisão

Fátima calculou o resultado da divisão 15 : 7 usando o algoritmo usual. Observe.

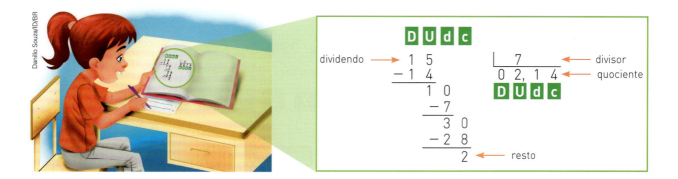

Ao dividir 15 por 7, Fátima obteve quociente 2,14 e resto 0,02.

Para verificar se essa divisão está correta, podemos organizar os termos da divisão de outra maneira. Veja.

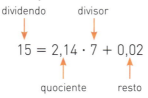

$$15 = 2{,}14 \cdot 7 + 0{,}02$$

Portanto:

$$\text{dividendo} = \text{quociente} \cdot \text{divisor} + \text{resto}$$

Essa é a **relação fundamental da divisão**.

A multiplicação e a divisão são operações inversas.

Exemplos

A. Considere a divisão:
$$52{,}125 : 3 = 17{,}375$$
Pela relação fundamental da divisão, podemos conferir o resultado fazendo:
$$17{,}375 \cdot 3 = 52{,}125$$

B. Considere a divisão:
$$-87 : 6 = -14{,}5$$
Pela relação fundamental da divisão, podemos conferir o resultado fazendo:
$$(-14{,}5) \cdot 6 = -87$$

C. Ao dividir 843,58 por 6, Luiz obteve quociente 140,59 e resto 0,04.

Como a multiplicação é a operação inversa da divisão, podemos conferir o resultado fazendo:
$$140{,}59 \cdot 6 + 0{,}04 = 843{,}58$$

MULTIPLICAÇÃO E DIVISÃO DE NÚMEROS RACIONAIS NA CALCULADORA

Observe como podemos realizar algumas multiplicações e divisões de números racionais usando a calculadora.

Exemplos

A. Acompanhe como efetuar 0,75 · 2,4 na calculadora.

- Apertamos as seguintes teclas na calculadora:

- Aparecerá no visor:

B. Acompanhe como efetuar (−16,5) : 6,6 na calculadora.

- Apertamos as seguintes teclas na calculadora:

- Aparecerá no visor:

C. Acompanhe como efetuar (−2,3) · (−8,4) na calculadora.

- Apertamos as seguintes teclas na calculadora:

- Aparecerá no visor:

D. Acompanhe como efetuar $-\frac{7}{8} : (-3,5)$ na calculadora.

Assim como vimos na adição e na subtração de números racionais com a calculadora, primeiro transformamos as frações em números na forma decimal e, então, efetuamos as operações indicadas.

- Apertamos as seguintes teclas na calculadora:

- Aparecerá no visor:

E. Acompanhe como efetuar $-\frac{3}{4} \cdot \frac{7}{5}$ na calculadora.

- Apertamos as seguintes teclas na calculadora:

- Aparecerá no visor:

ATIVIDADES

Retomar e compreender

9. Determine o produto em cada item.

a) $\dfrac{7}{15} \cdot \left(-\dfrac{9}{21}\right)$

b) $\left(-\dfrac{5}{7}\right) \cdot \left(-\dfrac{3}{8}\right)$

c) $(-3,21) \cdot 6,5$

d) $\dfrac{27}{10} \cdot (-3,1)$

e) $0,75 \cdot 3,24$

f) $(-6,1) \cdot 6,5$

10. Em um restaurante, um quilograma de comida custa R$ 49,00. Quanto custa um prato com 0,450 kg de comida nesse restaurante?

11. Considere este exemplo de números inverso e faça o que se pede.

$$-\dfrac{7}{13} \quad \text{e} \quad -\dfrac{13}{7}$$

a) Que relação existe entre o numerador de uma fração e o denominador da outra?

b) Transforme os números 1,6 e 0,625 para a forma de fração e simplifique-os. A relação observada no item anterior também é válida para esses números?

c) Com base na relação constatada, escreva outros pares de números racionais inversos e mostre que seu produto é igual a 1.

12. Qual número está mais próximo do zero: o inverso de $\dfrac{4}{5}$ ou o inverso de $-\dfrac{7}{6}$?

13. Compare os números a seguir com os respectivos inversos e responda: Qual deles é maior?

a) $\dfrac{5}{9}$

b) $-0,8$

c) $-\dfrac{4}{3}$

d) $6,4$

14. Determine o valor de cada quociente.

a) $\left(-\dfrac{6}{5}\right) : \dfrac{4}{3}$

b) $\left(-5\dfrac{1}{4}\right) : \left(-\dfrac{1}{8}\right)$

c) $(-0,25) : (-0,75)$

d) $\left(3\dfrac{3}{4}\right) : (-0,25)$

e) $3 : (-1,25)$

f) $\dfrac{27}{10} : (-3,1)$

Aplicar

15. Complete o quadro a seguir determinando o produto dos números da primeira coluna pelos números da primeira linha.

×	1,25	3,7	−6,2	−$\dfrac{3}{4}$
−2,63				
−11				
6,893				
$\dfrac{17}{10}$				
−$1\dfrac{1}{5}$				

16. Carlos ganhou R$ 72,90 e quer dividir essa quantia entre seus dois filhos, de modo que um filho receba $\dfrac{2}{3}$ do valor e o outro receba o restante. Quanto cada filho de Carlos deve receber?

17. Complete os quadros a seguir com as informações que estão faltando.

a	−2,6			
b	3,8	0,5		7,6
a · b		0,42	−14,06	

m	−2,6			−7,535
n	2,5	0,5		
m : n		0,42	−13,7	

18. Escreva qual é o número que aparecerá no visor de uma calculadora se apertarmos as teclas a seguir. Depois, confira os resultados usando uma calculadora.

a)

b)

19. Escreva uma multiplicação e uma divisão com números racionais. Em seguida, peça a um colega que resolva, com o auxílio de uma calculadora, as operações que você criou e você resolve as que ele criou.

EXPRESSÕES NUMÉRICAS ENVOLVENDO NÚMEROS RACIONAIS

Para calcular o valor de expressões numéricas com números racionais, utilizamos os mesmos procedimentos adotados para calcular o valor de expressões com números naturais ou inteiros.

- Continuam válidas as propriedades das operações.
- Devemos respeitar a seguinte ordem para efetuar as operações: primeiro, multiplicações e divisões e, por último, adições e subtrações.
- Efetuamos primeiro as operações indicadas entre parênteses, depois as indicadas entre colchetes e, por último, as que estão entre chaves.

Exemplo

$$4{,}2 + 2{,}8 \cdot 3{,}1 - \left\{\left[\left(-\frac{5}{8} + \frac{1}{2}\right) : 2\right] : 2\right\} =$$

$$= 4{,}2 + 8{,}68 - \left\{\left[\left(-\frac{5}{8} + \frac{4}{8}\right) : 2\right] : 2\right\} =$$

$$= 12{,}88 - \left\{\left[\left(-\frac{1}{8}\right) : 2\right] : 2\right\} =$$

$$= 12{,}88 - \left\{\left[\left(-\frac{1}{8}\right) \cdot \frac{1}{2}\right] : 2\right\} =$$

$$= 12{,}88 - \left\{-\frac{1}{16} : 2\right\} =$$

$$= 12{,}88 - \left\{-\frac{1}{16} \cdot \frac{1}{2}\right\} =$$

$$= 12{,}88 - \left\{-\frac{1}{32}\right\} =$$

$$= 12{,}88 + \frac{1}{32} =$$

$$= 12{,}88 + 0{,}03125 = 12{,}91125$$

ATIVIDADES

Retomar e compreender

20. Resolva as expressões numéricas a seguir.

a) $2 - 8 \cdot \left(-\frac{3}{8} - \frac{5}{16} + \frac{6}{4}\right)$

b) $\left[\left(3\frac{1}{2} + \frac{5}{4}\right) : \frac{1}{4}\right] + \frac{1}{2} + 5{,}8 \cdot 1{,}4$

c) $\left\{\left[2 + \left(\frac{1}{4} : 8\right)\right] : 2\right\} \cdot 3 - 5{,}3$

d) $\dfrac{3}{1 + \dfrac{1}{1 + \dfrac{1}{3}}}$

Aplicar

21. Represente a expressão numérica que corresponde a cada sentença a seguir e resolva-a.

a) A soma de um meio positivo com um terço negativo.

b) O quádruplo da soma de um sexto positivo com cinco doze avos negativos.

c) A soma do inverso de dois quintos positivos com um quarto negativo.

d) A soma do dobro do inverso de três quartos com seis décimos.

MAIS ATIVIDADES

Acompanhamento da aprendizagem

Retomar e compreender

1. Veja na tabela a seguir o controle de temperatura feito por um fazendeiro e, depois, responda às questões.

Temperatura ao meio-dia na Fazenda Dourada (MT)

Dia no mês	Dia da semana	Medida
1º mar.	domingo	37,8 °C
2 mar.	segunda-feira	36,7 °C
3 mar.	terça-feira	35,9 °C
4 mar.	quarta-feira	$\frac{81}{2}$ °C
5 mar.	quinta-feira	40,3 °C
6 mar.	sexta-feira	39,8 °C
7 mar.	sábado	38,8 °C

Dados obtidos pelo fazendeiro.

a) Na quarta-feira, a medida foi representada de modo diferente. Essa representação é prática? Comente com um colega.

b) Em qual dia da semana foi registrada a maior medida de temperatura?

c) Em qual dia da semana foi registrada a menor medida de temperatura?

2. Dê exemplos:

a) das propriedades comutativa e do elemento neutro em relação à adição utilizando números racionais na forma fracionária;

b) das propriedades associativa e distributiva em relação à multiplicação utilizando números racionais na forma decimal.

3. Romeu juntou dinheiro para pagar uma dívida de R$ 83,87 e a conta de energia elétrica no valor de R$ 112,98. Após realizar esses pagamentos, porém, seu saldo bancário ficou negativo em R$ 9,10.

a) Quantos reais Romeu tinha antes de fazer esses pagamentos?

b) Compare o resultado que você encontrou com o de um colega. Vocês chegaram ao mesmo valor? Quais estratégias utilizaram para chegar a esse resultado?

Aplicar

4. Leonardo confeccionou 54 enfeites para vender. Luana comprou metade dos enfeites mais 12, e Renata comprou os que sobraram. Quantos enfeites Renata comprou? Escreva uma expressão numérica que represente esse problema e resolva-a.

5. Responda às questões a seguir.

a) Que número devemos multiplicar por 8 para obter 5?

b) Que número devemos multiplicar por 3 para obter 7?

c) Que número devemos multiplicar por 6 para obter 9?

d) Que número devemos multiplicar por 4 para obter 13?

6. Coloque em ordem crescente os números que você encontrou nos itens da atividade anterior.

7. Ricardo leu um livro em três semanas. Veja como ele distribuiu a leitura:

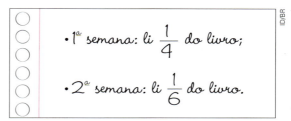

• 1ª semana: li $\frac{1}{4}$ do livro;

• 2ª semana: li $\frac{1}{6}$ do livro.

a) Que fração do livro Ricardo leu nas duas primeiras semanas?

b) Que fração do livro Ricardo leu na terceira semana?

8. Variação de temperatura é a diferença entre a maior e a menor temperatura registradas. Em áreas desérticas há grande variação de temperatura: durante o dia faz muito calor e à noite faz muito frio. Essa grande variação acontece porque nessas regiões há pouca umidade.

Supondo que a temperatura mínima registrada em um dia em uma área desértica seja −1,8 °C e a variação de temperatura nesse dia tenha sido de 39,5 °C, qual foi a temperatura máxima registrada nesse dia?

9. Crie um problema cuja resolução envolva operações com números racionais e dê para um colega resolver.

97

EDUCAÇÃO FINANCEIRA

Na ponta do lápis!

João e Júlia ficaram responsáveis por organizar a compra das camisetas para os times da escola que vão participar de um torneio. Observe a cena ilustrada.

Você deve ter percebido que, para comprar as camisetas, não basta saber a quantidade de uniformes a serem comprados e ter o dinheiro. É preciso ter planejamento. Uma ferramenta muito importante para um planejamento como o de Júlia e João é o **orçamento**. Você sabe o que é um orçamento?

Um orçamento é uma ferramenta – geralmente uma tabela – em que registramos, de um lado, o que ganhamos (receitas) e, do outro, o quanto pretendemos ou precisamos gastar (despesas).

Podemos, por exemplo, dispor de 400 reais (receita) e ter de comprar dez camisetas, uma bola de futebol e uma de handebol (despesas). Será que o dinheiro vai dar? O orçamento deve ser usado como instrumento de reflexão para avaliar o que compramos e como compramos. Assim, podemos decidir da melhor forma como vamos usar melhor o dinheiro que temos.

Há outro tipo de orçamento também muito usado em situações como a de João e Júlia. É o orçamento que solicitamos a um vendedor quando precisamos de um produto ou serviço. Nele, estão inclusos os valores que serão cobrados e a forma e os prazos de pagamento.

João, vamos repassar as nossas tarefas para a compra das camisetas dos times?

Claro, Júlia! Afinal, não basta ir à loja e comprar as camisetas, precisamos ainda dar uma a cada jogador ou jogadora... Vamos lá!

Vamos lá, João! Não basta ser bom na ponta dos pés ou das mãos. É preciso ser bom também na ponta do lápis!

Já temos o item 1 resolvido.... "Bora" resolver os próximos itens, Ju!

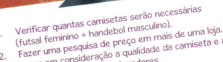

1. Verificar quantas camisetas serão necessárias (futsal feminino + handebol masculino).
2. Fazer uma pesquisa de preço em mais de uma loja. Levar em consideração a qualidade da camiseta e a realidade financeira dos jogadores.
3. Negociar as condições de pagamento.
4. Escolher a melhor loja para o grupo.
5. Informar aos jogadores o preço de cada camiseta.
6. Definir a data-limite em que os jogadores devem pagar pela camiseta e de que forma (todos pagam e depois a compra é feita ou alguém compra e depois todos pagam a essa pessoa).
7. Registrar as entradas de dinheiro à medida que os jogadores forem pagando.
8. Comprar as camisetas na loja, verificando se elas estão em perfeitas condições.
9. Entregar as camisetas aos jogadores.

Para comparar preços e condições de pagamento, podemos solicitar o orçamento de um mesmo produto ou serviço em vários lugares. Desse modo, é possível tomar uma decisão mais adequada às nossas condições financeiras.

Os dois tipos de orçamento nos ajudam a refletir e a nos posicionar diante do que planejamos. Algumas perguntas podem surgir quando fazemos um orçamento, por exemplo: Será que realmente preciso comprar esse produto? Posso comprá-lo? Devo comprá-lo agora?

Mesmo sendo difícil pensar sempre dessa maneira quando precisamos comprar alguma coisa, o exercício dessas ações pode se tornar um hábito que ajudará na organização das finanças pessoais e familiares.

Explorando o tema

1. Qual é a diferença entre o orçamento pessoal ou doméstico e o orçamento que pedimos quando queremos adquirir um produto ou serviço? De que maneira cada um deles pode nos ajudar a tomar decisões financeiras?
2. Apresente uma ou mais situações em que você fez um orçamento ou precisou dos dois tipos de orçamento que trabalhamos nesta seção.
3. Suponha que a turma de Júlia e João precise comprar 10 camisetas para o time de futsal e de 14 camisetas para o time de handebol. Após uma pesquisa em duas lojas, a Sportmais e a Sportshow, Júlia e João precisam decidir qual dos dois orçamentos é o melhor. Observe os orçamentos a seguir e responda às questões.

SPORTMAIS

ATÉ 10 CAMISETAS – 30,00 CADA

DE 11 A 25 CAMISETAS – 25,00 CADA

DE 26 A 50 CAMISETAS – 20,00 CADA

ACIMA DE 50 CAMISETAS – 18,00 CADA

SPORTSHOW

ATÉ 10 CAMISETAS – 30,00 CADA

DE 11 A 20 CAMISETAS – 25,00 CADA

ACIMA DE 20 CAMISETAS – 21,00 CADA

a) Quanto João e Júlia gastariam em cada uma das lojas se comprassem todas as camisetas de que precisam?
b) Em qual das lojas você faria a compra? Justifique.
c) Além do preço, que fatores devem ser considerados na escolha da loja para a compra das camisetas?
d) Que outra estratégia poderia ser utilizada para garantir um bom preço e melhores condições de pagamento? Explique como você pensou.

4. **SABER SER** O que a história de Júlia e João nos ensina em termos de educação financeira? Escreva o que você aprendeu com ela.

ATIVIDADES INTEGRADAS

Aplicar

1. (CMB-DF) Um motorista percorreu $\frac{2}{5}$ da distância entre duas cidades e parou para abastecer. Sabendo-se que $\frac{1}{4}$ da distância que falta para completar o percurso corresponde a 105 km, a distância que separa as duas cidades, em quilômetros, é igual a:
   a) 180.
   b) 252.
   c) 420.
   d) 620.
   e) 700.

2. (Obmep) Sueli resolveu dar uma volta em torno de uma praça quadrada. Ela partiu do vértice P, no sentido indicado pela flecha, e caiu ao atingir $\frac{3}{5}$ do percurso total.

   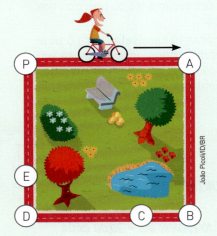

   Qual ponto indica o local em que Sueli caiu?
   a) O ponto A.
   b) O ponto B.
   c) O ponto C.
   d) O ponto D.
   e) O ponto E.

3. (Saresp) Nas Lojas Compre Aqui, um micro-ondas pode ser vendido de duas formas: à vista por R$ 299,00 ou em 12 parcelas iguais de R$ 32,15. As amigas Giovana e Mariana compraram, cada uma, um micro-ondas nessa loja: a primeira, à vista, e a segunda, a prazo. Assinale a alternativa que mostra a quantia que Mariana pagou a mais do que Giovana.
   a) R$ 22,50
   b) R$ 86,80
   c) R$ 129,30
   d) R$ 266,85

4. (UFMG) A soma dos inversos de dois números é 1. Se um deles é $\frac{7}{2}$, o outro é:
   a) $\frac{2}{7}$.
   b) $\frac{5}{7}$.
   c) $\frac{7}{5}$.
   d) $\frac{5}{3}$.
   e) $\frac{7}{2}$.

5. (CMPA-RS) O inverso do valor final da expressão $\left(\frac{3}{5} + \frac{2}{3} \cdot \frac{1}{2}\right) : \left(\frac{3}{7} \cdot \frac{14}{3} - \frac{1}{4}\right)$ é um número entre:
   a) 1 e 2.
   b) 0 e 1.
   c) 4 e 5.
   d) 2 e 3.
   e) 3 e 4.

Veja uma **resolução** para essa atividade. Você a resolveria de outro modo?

6. (OBM) Qual o número racional que devemos multiplicar por $\frac{2}{3}$ para obtermos como resultado o número racional $\frac{4}{5}$?

Analisar e verificar

7. Os produtores de abacaxi classificam seus produtos em classes de acordo com a medida da massa, em quilograma, conforme o quadro a seguir.

Classe ou calibre	Medida da massa (em kg)
1	De 0,900 até 1,200
2	De 1,201 até 1,500
3	De 1,501 até 1,800
4	De 1,801 até 2,100
5	De 2,101 até 2,400
6	A partir de 2,401

Fonte de pesquisa: Faep. Abacaxi. Disponível em: http://www.faep.com.br/comissoes/frutas/cartilhas/frutas/abacaxi.htm. Acesso em: 30 maio 2023.

a) Qual é a classe de um abacaxi cuja medida da massa é 1,600 kg?
b) Entre quais medidas está a massa de dois abacaxis de classe 5?
c) Em sua opinião, por que a tabela apresenta valores como 1,200 e 1,500, escritos com três casas decimais à direita da vírgula, em vez de 1,2 e 1,5? Converse com um colega.

8. Veja a seguir a descrição feita por Aline e, depois, responda à questão.

> No bairro onde moro, $\frac{3}{4}$ das pessoas moram em casas, sendo que $\frac{1}{5}$ delas possui imóveis próprios. As demais pessoas moram em apartamentos e 0,4 delas possui imóveis próprios.

Ana, que mora no mesmo bairro que Aline, chegou à conclusão de que 25% das residências do bairro eram imóveis próprios. Aline discordou e disse que apenas 15% das pessoas do bairro moram em imóveis próprios.

De acordo com a descrição feita por Aline, quem está certa: Ana ou Aline?

9. Uma floricultura recebeu uma encomenda de rosas, margaridas e tulipas para um evento. O pedido foi para que a cada 2 rosas houvesse 3 margaridas e para cada 4 margaridas houvesse 5 tulipas. Sabendo que nesse pedido foram colocadas 120 rosas, quantas margaridas e quantas tulipas foram colocadas?

Criar

10. Leia o problema a seguir, que é baseado em uma passagem do livro *O homem que calculava*, de Malba Tahan. Depois, responda à questão.

O problema dos 35 camelos

Nesta passagem, Beremiz — o homem que calculava — e seu colega de jornada encontraram três homens que discutiam acaloradamente ao pé de um lote de camelos. Entre pragas e impropérios, gritavam, furiosos:

— Não pode ser!

— Isto é um roubo!

— Não aceito!

O inteligente Beremiz procurou informar-se do que se tratava.

— Somos irmãos — esclareceu o mais velho — e recebemos como herança esses 35 camelos. Segundo vontade de nosso pai devo receber a metade, o meu irmão Hamed, uma terça parte, e o mais moço, Harin, deve receber apenas a nona parte do lote de camelos. Contudo, não sabemos como realizar a partilha, visto que ela não é exata.

— É muito simples — falou o homem que calculava. — Encarrego-me de realizar, com justiça, a divisão se me permitirem que junte aos 35 camelos da herança este belo animal, pertencente a meu amigo de jornada, que nos trouxe até aqui.

E assim foi feito.

— Agora — disse Beremiz —, de posse dos 36 animais, farei a divisão justa e exata. Voltando-se para o mais velho dos irmãos, assim falou:

— Deverias receber a metade de 35, ou seja, 17,5. Receberás a metade de 36, portanto, 18. Nada tens a reclamar, pois é claro que saíste lucrando com esta divisão.

E, dirigindo-se ao segundo herdeiro, continuou:

— E tu deverias receber um terço de 35, isto é, 11 e pouco. Vais receber um terço de 36, ou seja, 12. Não poderás protestar, pois tu também saíste com visível lucro na transação.

Por fim, disse ao mais novo:

— Tu, segundo a vontade de teu pai, deverias receber a nona parte de 35, isto é, 3 e tanto. Vais receber uma nona parte de 36, ou seja, 4. Teu lucro foi igualmente notável.

E, concluiu com segurança e serenidade:

— Pela vantajosa divisão realizada, couberam 18 camelos ao primeiro, 12 ao segundo e 4 ao terceiro, o que dá um resultado (18 + 12 + 4) de 34 camelos. Dos 36 camelos, sobraram, portanto, dois. Um pertence a meu amigo de jornada. O outro cabe por direito a mim, por ter resolvido, a contento de todos, o complicado problema da herança!

— Sois inteligente, ó Estrangeiro! — exclamou o mais velho dos irmãos. — Aceitamos a vossa partilha na certeza de que foi feita com justiça e equidade!

[...]

Malba Tahan. *O homem que calculava*. 83. ed. Rio de Janeiro: Record, 2013.

A questão é: Qual é a explicação matemática para a partilha realizada por Beremiz, de tal forma que, além de conceder vantagens aos irmãos, ainda sobrou um camelo para ele?

CIDADANIA GLOBAL
UNIDADE 2

14 VIDA NA ÁGUA

Retomando o tema

Os impactos negativos da poluição nos recursos hídricos do país não prejudicam apenas as espécies marinhas e os ecossistemas marinhos, eles também causam danos à população e à economia. O lixo marinho e a poluição plástica afetam:

- as espécies marinhas, que podem sofrer com a falta de oxigênio na água e com o envenenamento por resíduos tóxicos, além de risco de morte por ingestão de resíduos que não podem ser digeridos ou por asfixia;
- o ser humano, que se alimenta com os frutos do mar;
- a economia global, com prejuízos no turismo e na pesca, por exemplo.

1. Qual é o modo correto de descartar resíduos plásticos?
2. No seu bairro tem coleta seletiva? Na ausência desse serviço, como os resíduos recicláveis podem ser descartados corretamente?
3. Muitas são as organizações governamentais e não governamentais que se mobilizam para criar movimentos em defesa do meio ambiente e, particularmente, da água. Você conhece alguma organização não governamental (ONG) que trabalha para a preservação da vida na água?

Geração da mudança

A responsabilidade socioambiental envolve, além de hábitos e métodos sustentáveis das pessoas em geral, cuidados das empresas e de órgãos do governo.

- Reúna-se com dois colegas. Gravem um pequeno vídeo (*vodcast*) em que vocês proponham ações que os jovens podem promover para ajudar a reduzir a poluição plástica dos oceanos. Depois da apresentação de todos os vídeos à turma, vocês e os colegas vão escolher o que traz a melhor proposta de redução da poluição. O vídeo escolhido poderá ser encaminhado por sua escola para a prefeitura da sua cidade.

Autoavaliação

FIGURAS GEOMÉTRICAS

UNIDADE 3

PRIMEIRAS IDEIAS

1. Em quais situações encontramos e utilizamos ângulos no dia a dia? Cite alguns exemplos.
2. Quando dois ângulos têm a mesma abertura, eles são definidos como ângulos congruentes ou como ângulos adjacentes?
3. Cite alguns objetos do dia a dia cujo formato lembra algum polígono.
4. Quantas diagonais tem um pentágono?

Conhecimentos prévios

Nesta unidade, eu vou...

CAPÍTULO 1 — Ângulos

- Compreender a representação e a medida de ângulos.
- Reconhecer o grau como unidade-padrão para medir ângulos.
- Realizar transformações entre unidades de medida de ângulos.
- Construir ângulos com uso de régua e transferidor.
- Reconhecer o uso de medidas de ângulos, em grau, minuto e segundo, na indicação de coordenadas.
- Realizar operações de adição, subtração, multiplicação e divisão com medidas de ângulos.
- Identificar ângulos congruentes, adjacentes, consecutivos, complementares e suplementares.
- Reconhecer ângulos opostos pelo vértice.
- Classificar ângulos formados por duas retas paralelas cortadas por uma transversal e verificar as relações entre eles.

CAPÍTULO 2 — Polígonos

- Reconhecer polígonos e seus elementos.
- Determinar o número de diagonais de um polígono.
- Relacionar ângulos internos e externos de um polígono.
- Reconhecer a soma das medidas dos ângulos internos e dos ângulos externos de um polígono.
- Utilizar os conhecimentos sobre medida dos ângulos internos de um polígono para a construção de ladrilhamentos.
- Reconhecer a rigidez geométrica dos triângulos.
- Classificar os triângulos quanto aos lados e aos ângulos.
- Reconhecer a condição de existência do triângulo em relação à medida de seus lados.
- Construir polígonos com o auxílio de régua, compasso e transferidor.
- Descrever por meio de um fluxograma a construção de polígonos.

RESOLVENDO PROBLEMAS

- Utilizar representação esquemática ou mental para resolver um problema.
- Ampliar o repertório de estratégias de resolução de problemas.

CIDADANIA GLOBAL

- Analisar algumas consequências que a pobreza pode trazer na vida das pessoas.

103

LEITURA DA IMAGEM

1. Dizem que o Brasil é um país de contrastes. Que contrastes você observa na imagem?
2. Na cidade onde mora, você conhece ou esteve em algum local no qual pudesse reconhecer contrastes sociais como o apresentado nessa imagem? Se sim, fale sobre ele.
3. Considerando as moradias apresentadas na foto, onde você acha que vivem as pessoas com menor renda *per capita*?
4. Quais elementos da imagem lembram figuras geométricas planas?

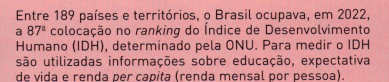

CIDADANIA GLOBAL

1 ERRADICAÇÃO DA POBREZA

Entre 189 países e territórios, o Brasil ocupava, em 2022, a 87ª colocação no *ranking* do Índice de Desenvolvimento Humano (IDH), determinado pela ONU. Para medir o IDH são utilizadas informações sobre educação, expectativa de vida e renda *per capita* (renda mensal por pessoa).

Em 2021, segundo o IBGE, aproximadamente três em cada dez brasileiros viviam com menos de 5,50 dólares por dia, valor considerado por critérios do Banco Mundial como a linha da pobreza. Quase um terço dessas pessoas estavam em situação de extrema pobreza, pois viviam com menos de 1,90 dólar por dia.

SABER SER Quais são as consequências da pobreza?

Ao longo desta unidade, reflita sobre esse questionamento!

 Quais são os obstáculos que impedem que as pessoas saiam da **situação de pobreza**?

Habitações em Recife, Pernambuco. Foto de 2021.

105

CAPÍTULO 1
ÂNGULOS

ÂNGULOS

Você já parou para olhar um bando de aves em voo? Aves migratórias, como os gansos, voam de modo organizado e, por isso, chegam mais longe em até 70% das vezes que viajam, em comparação com a distância percorrida por aves em voos desordenados.

Os gansos organizam-se no momento do voo formando uma imagem que lembra um ângulo e, assim, economizam energia e aumentam a possibilidade de sobrevivência, pois todas as aves do bando, com exceção da que está na ponta – no vértice do ângulo –, podem ver umas às outras.

Quando essas aves se deparam com ventos contrários muito fortes, elas se aproximam, lembrando um ângulo de menor abertura. Quando a ave que comanda a formação cansa, ela vai para a parte de trás da fila e outra ave assume a liderança. Essa troca acontece várias vezes durante o voo.

▼ Bando de gansos em voo com formação organizada.

Você já viu que o **ângulo** é uma figura formada por duas semirretas de mesma origem que determinam em um plano duas regiões. Na figura a seguir, as semirretas $\overrightarrow{BA}$ e $\overrightarrow{BC}$ dividem o plano em duas regiões que as contêm. Cada região formada por essas semirretas representa um ângulo.

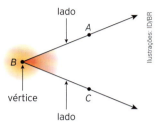

▲ Os ângulos formados nessa figura podem ser indicados por $A\hat{B}C$, $C\hat{B}A$ ou $\hat{B}$. Dizemos que as semirretas $\overrightarrow{BA}$ e $\overrightarrow{BC}$ são os lados desses ângulos e que a origem B é o vértice.

Quando duas semirretas de mesma origem não são coincidentes nem opostas, elas dividem o plano em uma região convexa e outra não convexa. Podemos considerar tanto o ângulo formado pela região convexa como o ângulo formado pela região não convexa. Utilizamos um arco próximo ao vértice do ângulo para indicar qual deles está sendo considerado em cada caso.

▲ A medida de um ângulo pode ser indicada por letras gregas minúsculas: α, β, γ, η, μ, θ, etc.

> **PADRÃO DA COLEÇÃO**
>
> Nesta coleção, quando não for indicado a qual dos dois ângulos determinados por duas semirretas de mesma origem estamos nos referindo, consideraremos o ângulo de menor abertura, ou seja, o correspondente à região convexa.

Medida de um ângulo

A medida de um ângulo está relacionada com sua abertura. A unidade de medida padrão para medir ângulos é o grau, cujo símbolo é °.

O ângulo raso, que corresponde a um giro de meia volta, por definição, mede 180°.

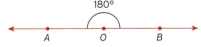

Consequentemente, a medida de 1° corresponde a $\frac{1}{180}$ da medida de um ângulo raso.

Quando não há abertura, as semirretas que formam o ângulo são coincidentes e o ângulo é nulo, ou seja, mede 0°.

Submúltiplos do grau

Muitas vezes, para fabricar objetos que exigem grande precisão ou para traçar rotas aéreas ou navais, são utilizados ângulos cuja medida é expressa com um submúltiplo do grau.

Os submúltiplos do grau são o **minuto** (') e o **segundo** ("). Veja nos quadros a seguir a relação entre essas unidades de medida.

$1° = 60'$ $1' = 60''$ $1° = 60' = 3\,600''$

Exemplos

A. 37° 12' 20"

Lemos: trinta e sete graus, doze minutos e vinte segundos.

B. 53° 15"

Lemos: cinquenta e três graus e quinze segundos.

GRANDEZAS DIFERENTES

Apesar de os submúltiplos do grau serem chamados de minuto e segundo, eles são diferentes dos minutos e dos segundos que medem o tempo. Cada um deles mede uma grandeza diferente. Da mesma maneira, o grau que mede ângulos é diferente do grau que mede temperaturas, como é o caso do grau Celsius.

Transformações das unidades de medida de ângulos

Para transformar as unidades de medida de ângulos, podemos utilizar o seguinte esquema:

Exemplos

A. Vamos transformar 4 520" em graus, minutos e segundos.

Primeiro, é preciso verificar quantos minutos existem em 4 520". Para isso, dividimos 4 520" por 60.

```
4520 |60
 320  75  ← minutos
  20      ← segundos
```

Em seguida, verificamos quantos graus existem em 75'. Para isso, dividimos 75' por 60.

```
            75 |60
minutos →   15  1  ← grau
```

Portanto, 4 520" correspondem a **1° 15' 20"**.

B. Vamos transformar **3° 24' 34"** em segundos.

Primeiro, convertemos **3°** em minutos e adicionamos **24'** ao resultado obtido.

$$3° = 3 \cdot 1° = 3 \cdot 60' = 180'$$
$$180' + 24' = 204'$$

Depois, convertemos **204'** em segundos e adicionamos **34"** ao resultado obtido.

$$204' = 204 \cdot 1' = 204 \cdot 60'' = 12\,240''$$
$$12\,240'' + 34'' = 12\,274''$$

Portanto, 3° 24' 34" correspondem a 12 274".

Como construir um ângulo

O transferidor é um instrumento utilizado para medir ângulos, mas ele também pode ser usado para construir ângulos.

Acompanhe, por exemplo, como construir um ângulo de 70° usando uma régua e um transferidor.

1º passo: Marcamos um ponto *O*, que será o vértice do ângulo e, a partir dele, com o auxílio de uma régua, traçamos uma semirreta, que representará um dos lados do ângulo.

2º passo: Posicionamos o centro do transferidor no ponto *O*, de modo que a linha do transferidor que indica 0° fique alinhada com a semirreta traçada. Marcamos um ponto junto à medida graduada de 70°.

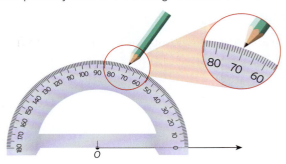

3º passo: Usamos a régua e traçamos uma semirreta unindo o ponto *O* ao ponto marcado. Essa semirreta será o outro lado do ângulo.

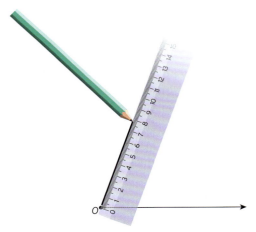

Veja o ângulo construído.

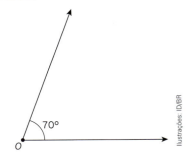

Como usar o transferidor para **medir um ângulo**?

DESCUBRA +

Ângulos na aviação

Na aviação, as medidas de ângulos em grau, minuto e segundo são utilizadas para determinar a localização de aeroportos. No entanto, a necessidade de precisão dos cálculos de rotas é tão importante que encontramos coordenadas na aviação, ou até mesmo de um GPS, com o segundo subdividido em casas até a ordem dos centésimos.

Veja um exemplo de como essas coordenadas aparecem.

23° 30′ 29,93″ S / 046° 38′ 32,90″ W

Indicação de hemisfério (em inglês) em relação à linha do Equador (Norte-Sul).

Indicação de hemisfério (em inglês) em relação ao meridiano de Greenwich (Leste-Oeste).

Observe, nas imagens, a localização das cabeceiras da pista no aeroporto Campo de Marte, em São Paulo (SP). Essas marcações podem ser consideradas para o procedimento de pouso das aeronaves.

▲ Imagens com as coordenadas das cabeceiras da pista, delimitando o local do procedimento de pouso. Nas indicações, S corresponde ao hemisfério Sul (em relação à linha do Equador) – *South*, em inglês – e W corresponde ao hemisfério Oeste (em relação ao meridiano de Greenwich) – *West*, em inglês.

ATIVIDADES

Retomar e compreender

1. Observe a figura.

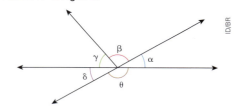

Agora, copie as sentenças a seguir e complete-as usando os símbolos > ou <.

a) β ■ γ   b) γ ■ θ   c) θ ■ α

2. Escreva cada medida a seguir em segundo.
   a) 20′
   b) 8′
   c) 1°
   d) 9° 12′ 5″

3. Responda ao que se pede.
   a) Um ângulo de medida 180° tem quantos minutos?
   b) Um ângulo de 45° tem quantos segundos?
   c) Um ângulo de três mil e seiscentos segundos tem quantos graus?

Aplicar

4. Faça as transformações das unidades de medida indicadas em cada item.
   a) Ângulo de 90° em minutos.
   b) Ângulo de 180° em segundos.
   c) Ângulo de 120° em minutos.

5. Com um transferidor, construa ângulos com as medidas indicadas.
   a) 40°   c) 112°
   b) 85°   d) 230°

OPERAÇÕES COM MEDIDAS DE ÂNGULOS

Agora, vamos estudar como realizar as operações de adição, subtração, e multiplicação por um número natural e divisão por um número natural não nulo, quando essas operações envolvem medidas de ângulos.

Adição

Para adicionar medidas de ângulos, adicionamos segundo com segundo, minuto com minuto e grau com grau.

Quando a soma dos minutos ou dos segundos exceder 60, devemos fazer a conversão de segundo para minuto ou de minuto para grau.

Exemplos

A. Vamos efetuar 42° 51′ 29″ + 21° 20′ 52″.

```
   42° 51′ 29″
+  21° 20′ 52″
           81″
```

Ao adicionar 29″ a 52″, obtemos 81″. Como a soma é um valor maior que 60, fazemos a conversão de 81″ para **minuto**:

81″ = 60″ + 21″ = **1′** + 21″
60″ = 1′

```
        1′
   42° 51′ 29″
+  21° 20′ 52″
       72′ 21″
```

Agora, adicionamos o minuto obtido aos demais minutos, obtendo 72′ (**1′** + 51′ + 20′ = 72′). Como a soma é um valor maior que 60, fazemos a conversão de 72′ para **grau**:

72′ = 60′ + 12′ = **1°** + 12′
60′ = 1°

```
   1°
   42° 51′ 29″
+  21° 20′ 52″
   64° 12′ 21″
```

Por fim, adicionamos o grau obtido aos demais graus, obtendo 64° (**1°** + 42° + 21° = 64°).

Portanto:
42° 51′ 29″ + 21° 20′ 52″ = 64° 12′ 21″

B. Vamos efetuar 63° 11″ + 17° 59′ 51″.

```
   63°      11″
+  17° 59′ 51″
           62″
```

Ao adicionar 11″ a 51″, obtemos 62″. Como a soma é um valor maior que 60, fazemos a conversão de 62″ para **minuto**:

62″ = 60″ + 2″ = **1′** + 2″
60″ = 1′

```
        1′
   63°      11″
+  17° 59′ 51″
       60′  2″
```

Agora, adicionamos o minuto obtido aos demais minutos, obtendo 60′ (**1′** + 59′ = 60′). Como a soma é exatamente 60, fazemos a conversão de 60′ para **grau**:

60′ = **1°**

```
   1°
   63°      11″
+  17° 59′ 51″
   81°  0′  2″
```

Por fim, adicionamos o grau obtido aos demais graus, obtendo 81° (**1°** + 63° + 17° = 81°).

Portanto:
63° 11″ + 17° 59′ 51″ = 81° 2″

ATIVIDADE

Aplicar

6. Efetue as adições a seguir.
a) 26° 45′ 9″ + 40° 11′ 27″
b) 40° 12′ 13″ + 58° 20′ 40″
c) 72° 13′ 40″ + 36° 12′ 20″
d) 75° 23′ 10″ + 16° 30′

111

Subtração

Na subtração de medidas de ângulos, algumas vezes é necessário transformar previamente as unidades.

Exemplos

A. Vamos efetuar 72° 15′ 28″ − 35° 37′ 51″.

$$\begin{array}{r} 72° \ 15′ \ 28″ \\ -\ 35° \ 37′ \ 51″ \\ \hline 37″ \end{array}$$

Não é possível subtrair 51″ de 28″. Então, escrevemos 15′ como 14′ 60″, pois:
15′ = 14′ + 1′ = **14′** + **60″**

Depois, adicionamos os 60″ aos 28″:
28″ + 60″ = **88″**

Ao subtrair 51″ de 88″, obtemos 37″.

$$\begin{array}{r} 72° \ \mathbf{14′} \ \mathbf{88″} \\ -\ 35° \ 37′ \ 51″ \\ \hline 37′ \ 37″ \end{array}$$

Agora, subtraímos os minutos. Não é possível subtrair 37′ de 14′. Então, escrevemos 72° como 71° 60′, pois:
72° = 71° + 1° = **71°** + **60′**

Depois, adicionamos os 60′ aos 14′:
14′ + 60′ = **74′**

Ao subtrair 37′ de 74′, obtemos 37′.

$$\begin{array}{r} \mathbf{71°} \ \mathbf{74′} \ 88″ \\ -\ 35° \ 37′ \ 51″ \\ \hline 36° \ 37′ \ 37″ \end{array}$$

Por fim, subtraímos os graus:
71° − 35° = 36°

Portanto:
72° 15′ 28″ − 35° 37′ 51″ =
= 36° 37′ 37″

B. Vamos calcular 47° 35′ − 15° 40′ 20″.

$$\begin{array}{r} 47° \ 35′ \ \ 0″ \\ -\ 15° \ 40′ \ 20″ \\ \hline 40″ \end{array}$$

Não é possível subtrair 20″ de 0″. Então, escrevemos 35′ como 34′ 60″, pois:
35′ = 34′ + 1′ = **34′** + **60″**

Depois, adicionamos os 60″ aos 0″:
0″ + 60″ = **60″**

Ao subtrair 20″ de 60″, obtemos 40″.

$$\begin{array}{r} 47° \ \mathbf{34′} \ \mathbf{60″} \\ -\ 15° \ 40′ \ 20″ \\ \hline 54′ \ 40″ \end{array}$$

Agora, subtraímos os minutos. Não é possível subtrair 40′ de 34′. Então, escrevemos 47° como 46° 60′, pois:
47° = 46° + 1° = **46°** + **60′**

Depois, adicionamos os 60′ aos 34′:
34′ + 60′ = **94′**

Ao subtrair 40′ de 94′, obtemos 54′.

$$\begin{array}{r} \mathbf{46°} \ \mathbf{94′} \ 60″ \\ -\ 15° \ 40′ \ 20″ \\ \hline 31° \ 54′ \ 40″ \end{array}$$

Por fim, subtraímos os graus:
46° − 15° = 31°

Portanto:
47° 35′ − 15° 40′ 20″ =
= 31° 54′ 40″

ATIVIDADE

Aplicar

7. Efetue as subtrações a seguir.

a) 60° 30′ 15″ − 40° 20′ 10″
b) 50° 12′ − 36° 10′ 20″
c) 22° 32′ 28″ − 7° 36′ 23″
d) 43° 39′ 18″ − 27° 41′ 53″
e) 23° 45′ 50″ − 10° 36′ 30″
f) 80° − 35° 49′ 46″
g) 172° 15″ − 40° 20′ 7″
h) 66° 33′ 17″ − 52° 45′ 36″

Multiplicação de um número natural pela medida de um ângulo

Para multiplicar um número natural pela medida de um ângulo, devemos multiplicar esse número natural pelos graus, pelos minutos e pelos segundos dessa medida.

> Se a quantidade de segundos ou de minutos resultante for maior que ou igual a 60, é necessário fazer a conversão da unidade de medida: segundos para minutos e minutos para graus.

Exemplos

A. Vamos calcular 4 · (40° 18′ 20″).

```
        40°       18'       20"
    ×                         4
    ─────────────────────────────
      4 · 40°   4 · 18'   4 · 20"
       160°      72'       80"
       160°      73'       20"       80" = 60" + 20" = 1' + 20"
                                     1' + 72' = 73'
       161°      13'       20"       73' = 60' + 13' = 1° + 13'
                                     1° + 160° = 161°
```

Portanto: 4 · (40° 18′ 20″) = 161° 13′ 20″

B. Vamos calcular 7 · (13° 32″).

```
        13°       0'       32"
    ×                        7
    ─────────────────────────────
      7 · 13°   7 · 0'   7 · 32"
       91°       0'       224"
                                    224" = 60" + 60" + 60" + 44" = 3' + 44"
       91°       3'       44"
```

Portanto: 7 · (13° 32″) = 91° 3′ 44″

ATIVIDADES

Aplicar

8. Efetue as multiplicações a seguir.
   a) 4 · (7° 16′ 31″)   b) 5 · (25° 14′ 20″)   c) 3 · (15° 20′ 24″)   d) 8 · (7° 43′ 58″)

9. Responda às questões a seguir.
   a) Qual é o dobro de 23° 12′ 15″?
   b) Qual é o triplo de 13° 32″?
   c) O triplo de 2° 24′ tem quantos segundos?

10. Pedro e Samanta estavam estudando operações com ângulos. Uma das tarefas que eles deveriam realizar era efetuar 6 · (17° 52′ 44″). Pedro encontrou o resultado 107° 16′ 24″ e Samanta, 102° 312′ 264″. Eles obtiveram resultados diferentes para a mesma multiplicação? O que pode ter ocorrido?

Divisão da medida de um ângulo por um número natural não nulo

Na divisão de uma medida de um ângulo por um número natural não nulo, devemos dividir os graus, os minutos e os segundos, nessa ordem, pelo número natural.

Em alguns casos, primeiro é necessário fazer a conversão das unidades de medida e, então, realizar a divisão.

Exemplos

A. Vamos calcular (42° 30′ 4″) : 4.

42° 30′ 4″	4
− 40°	10°
2°	

42° **30′** 4″	4
150′	10° 37′
− 120′	
30′	
− 28′	
2′	

42° 30′ **4″**	4
124″	10° 37′ 31″
− 120″	
4″	
− 4″	
0″	

Dividimos 42° por 4. Obtemos 10° e sobram **2°**. Convertemos os graus restantes em minutos:
2° = 2 · 1° = 2 · 60′ = = **120′**

Depois, adicionamos os **120′** aos **30′**, obtendo **150′** (120′ + 30′ = 150′). Em seguida, dividimos 150′ por 4. Obtemos 37′ e sobram **2′**. Convertemos os minutos restantes em segundos:
2′ = 2 · 1′ = 2 · 60″ = **120″**

Por fim, adicionamos os **120″** aos **4″**, obtendo **124″** (120″ + 4″ = 124″). Dividimos 124″ por 4. Obtemos 31″ e resto 0″.

Portanto: (42° 30′ 4″) : 4 = 10° 37′ 31″

B. Vamos calcular (53° 18″) : 3.

53° 0′ 18″	3
2°	17°

53° 0′ 18″	3
120′	17° 40′
0′	

53° 0′ 18″	3
0″	17° 40′ 6″

Dividimos 53° por 3. Obtemos 17° e sobram **2°**. Convertemos os graus restantes em minutos:
2° = 2 · 1° = 2 · 60′ = = **120′**

Depois, dividimos os **120′** por 3. Obtemos 40′ e resto 0′. Como o resto da divisão de 120′ por 3 resulta em 0′, passamos para a divisão dos segundos.

Por fim, dividimos 18″ por 3. Obtemos 6″ e resto 0″.

Portanto: (53° 18″) : 3 = 17° 40′ 6″

ATIVIDADE

Aplicar

11. Efetue as divisões a seguir.

a) 15° : 3
b) 15° : 8
c) (45° 20′) : 4
d) (63° 3′ 20″) : 5
e) (120° 36′ 42″) : 6
f) (74° 15′ 2″) : 7
g) (84° 16′) : 8
h) (55° 12′ 9″) : 9
i) (82° 42′ 30″) : 10

ÂNGULOS CONGRUENTES

Observe os ângulos $P\hat{Q}R$ e $S\hat{T}U$. Vamos deslocar o ângulo $S\hat{T}U$ até que o vértice T coincida com Q e as semirretas $\overrightarrow{QR}$ e $\overrightarrow{TU}$ também coincidam.

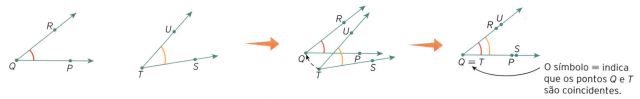

O símbolo ≡ indica que os pontos Q e T são coincidentes.

Você percebeu que as semirretas $\overrightarrow{QP}$ e $\overrightarrow{TS}$ também coincidiram? E que os ângulos $P\hat{Q}R$ e $S\hat{T}U$ têm a mesma abertura?

Quando dois ângulos apresentam a mesma abertura, dizemos que eles são **congruentes**.

Assim, dizemos que $P\hat{Q}R$ e $S\hat{T}U$ são congruentes e indicamos $P\hat{Q}R \cong S\hat{T}U$. O símbolo $\cong$ indica congruência.

ÂNGULOS ADJACENTES

Veja a figura a seguir.

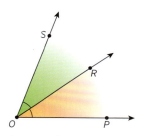

Observe que os ângulos $P\hat{O}R$ e $R\hat{O}S$ têm apenas um lado em comum: a semirreta $\overrightarrow{OR}$. Além disso, as regiões convexas determinadas por esses ângulos não têm pontos em comum, exceto os pontos pertencentes ao lado em comum. Por essas características, dizemos que os ângulos $P\hat{O}R$ e $R\hat{O}S$ são **ângulos adjacentes**.

Dois ângulos são **adjacentes** se apresentarem apenas um lado em comum e se as regiões convexas determinadas por eles não tiverem outros pontos em comum, exceto os pertencentes ao lado comum.

Agora, observe os ângulos $P\hat{O}R$ e $P\hat{O}S$ dessa figura. Eles são adjacentes? Explique.

Observação

Ângulos consecutivos são ângulos que têm um lado em comum, podendo ser ou não ângulos adjacentes. Veja os exemplos.

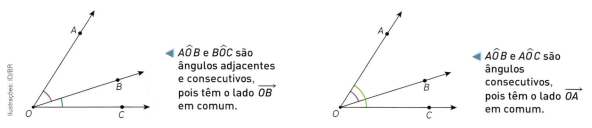

◀ $A\hat{O}B$ e $B\hat{O}C$ são ângulos adjacentes e consecutivos, pois têm o lado $\overrightarrow{OB}$ em comum.

◀ $A\hat{O}B$ e $A\hat{O}C$ são ângulos consecutivos, pois têm o lado $\overrightarrow{OA}$ em comum.

ÂNGULOS COMPLEMENTARES

Observe os ângulos representados a seguir.

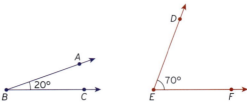

Qual é a soma das medidas dos ângulos $C\hat{B}A$ e $F\hat{E}D$?

Quando a soma das medidas de dois ângulos resulta na medida de um ângulo reto (90°), dizemos que eles são **ângulos complementares**.

Assim, os ângulos $C\hat{B}A$ e $F\hat{E}D$ dessas figuras são complementares, pois 20° + 70° = 90°. Dizemos que $C\hat{B}A$ é o complemento de $F\hat{E}D$ e que $F\hat{E}D$ é o complemento de $C\hat{B}A$.

Ângulos adjacentes complementares

Na figura a seguir, $P\hat{O}N$ e $N\hat{O}M$ são ângulos adjacentes, pois a semirreta $\overrightarrow{ON}$ é lado comum dos dois ângulos, e são ângulos complementares, pois 23° + 67° = 90°.

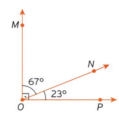

Quando dois ângulos são adjacentes e complementares, os lados não comuns formam o ângulo reto. Nesse caso, $P\hat{O}M$ é ângulo reto.

ÂNGULOS SUPLEMENTARES

Observe os ângulos representados a seguir.

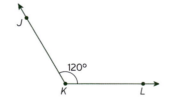 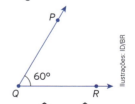

Qual é a soma das medidas dos ângulos $J\hat{K}L$ e $P\hat{Q}R$?

Quando a soma das medidas de dois ângulos resulta na medida do ângulo raso (180°), dizemos que eles são ângulos **suplementares**.

Assim, os ângulos $J\hat{K}L$ e $P\hat{Q}R$ dessas figuras são suplementares, pois 120° + 60° = 180°. Dizemos que $J\hat{K}L$ é o suplemento de $P\hat{Q}R$ e que $P\hat{Q}R$ é o suplemento de $J\hat{K}L$.

CLASSIFICAÇÃO DOS ÂNGULOS

Ângulo nulo: É o ângulo de medida 0°.

Ângulo agudo: É o ângulo cuja medida está entre 0° e 90°.

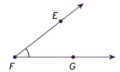

Ângulo reto: É o ângulo de medida 90°.

Ângulo obtuso: É o ângulo cuja medida está entre 90° e 180°.

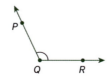

Ângulo raso: É o ângulo de medida 180°.

Ângulos adjacentes suplementares

Na figura a seguir, $F\hat{E}P$ e $P\hat{E}D$ são ângulos adjacentes, pois a semirreta $\overrightarrow{EP}$ é lado comum dos dois ângulos, e suplementares, pois 144° + 36° = 180°.

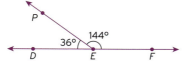

Quando dois ângulos são adjacentes e suplementares, os lados não comuns formam um ângulo raso. Nesse caso, $F\hat{E}D$ é um ângulo raso.

ÂNGULOS OPOSTOS PELO VÉRTICE (O.P.V.)

Quando duas retas são concorrentes, elas determinam quatro ângulos. Observe que, na figura a seguir, as retas r e s são concorrentes e determinam os ângulos de medidas α, β, θ e δ.

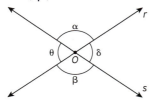

Observe que os lados do ângulo $\hat{\alpha}$ são semirretas opostas aos lados do ângulo $\hat{\beta}$ e que os lados do ângulo $\hat{\theta}$ são semirretas opostas aos lados do ângulo $\hat{\delta}$. Dizemos, então, que os pares de ângulos $\hat{\alpha}$ e $\hat{\beta}$ e $\hat{\theta}$ e $\hat{\delta}$ são **ângulos opostos pelo vértice (o.p.v.)**.

Para mostrar a relação entre os ângulos o.p.v., Camila reproduziu essa figura em uma folha de papel vegetal e, depois, dobrou o desenho verticalmente ao meio.

Camila percebeu que os ângulos $\hat{\delta}$ e $\hat{\theta}$ ficaram sobrepostos e que, por isso, eles tinham a mesma medida. Depois, ela desdobrou o papel e o dobrou novamente ao meio, mas dessa vez, horizontalmente.

Camila percebeu que os ângulos $\hat{\alpha}$ e $\hat{\beta}$ também ficaram sobrepostos e que, portanto, tinham a mesma medida.

Realizando essa experiência, Camila notou que os ângulos opostos pelo vértice são congruentes.

ATIVIDADES

Retomar e compreender

12. Nas figuras a seguir há três pares de ângulos congruentes. Encontre-os.

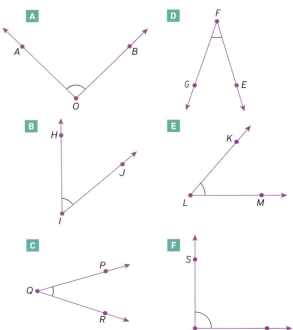

13. Na figura a seguir estão representados ângulos congruentes.

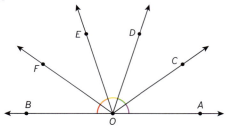

Com base na figura e na informação do enunciado, classifique cada sentença a seguir em verdadeira ou falsa.
a) $A\hat{O}C \cong B\hat{O}F$
b) $A\hat{O}C \cong D\hat{O}E$
c) $A\hat{O}D \cong D\hat{O}B$
d) $A\hat{O}E \cong C\hat{O}F$
e) $C\hat{O}E \cong C\hat{O}A$
f) $B\hat{O}F \cong E\hat{O}D$

14. Complete o quadro a seguir.

Medida do ângulo	Medida do complemento	Medida do suplemento
70°		
		114°
	0°	
	45°	

15. Com base na figura a seguir, avalie cada uma das afirmações como verdadeira ou falsa.

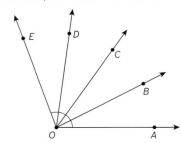

a) $A\hat{O}C$ é consecutivo a $A\hat{O}B$.
b) $A\hat{O}D$ é adjacente a $A\hat{O}B$.
c) $A\hat{O}B$ é adjacente a $B\hat{O}C$.
d) $A\hat{O}B$ é consecutivo a $B\hat{O}C$.
e) $A\hat{O}E$ é consecutivo a $B\hat{O}D$.
f) $D\hat{O}E$ é adjacente a $C\hat{O}D$.

16. Classifique as afirmações a seguir em verdadeiras ou falsas e corrija as falsas.
a) O complemento do ângulo de medida 47° mede 43°.
b) O suplemento do complemento do ângulo de medida 23° mede 103°.
c) O complementar do complementar do ângulo de medida 53° mede 53°.
d) O suplementar do suplementar do ângulo de medida 75° mede 105°.

Aplicar

17. Observe a figura a seguir. As retas *r* e *s* são concorrentes e se cruzam no ponto O. A medida do ângulo $A\hat{O}B$ é 135°.

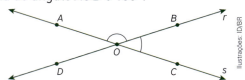

a) Quais são os pares de ângulos que são opostos pelo vértice?
b) Determine as medidas dos ângulos $A\hat{O}D$, $B\hat{O}C$ e $C\hat{O}D$.

18. Dado um ângulo de medida 32°, determine a medida:
a) de seu complemento;
b) de seu suplemento;
c) do dobro do seu suplemento;
d) do complemento de sua quarta parte.

ÂNGULOS FORMADOS POR DUAS RETAS PARALELAS CORTADAS POR UMA TRANSVERSAL

Observe, na figura a seguir, os oito ângulos formados pelas retas paralelas *r* e *s* e pela reta *t*, concorrente a *r* e a *s*. A reta *t* é uma reta transversal a *r* e a *s*.

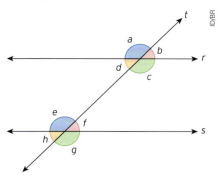

Os ângulos formados por duas retas paralelas e uma transversal podem ser classificados em **internos** ou **externos**, de acordo com a posição que ocupam.

Considerando a figura anterior, chamamos de ângulos internos os ângulos que estão entre as paralelas *r* e *s*. São eles:

$$\hat{c} \quad \hat{d} \quad \hat{e} \quad \hat{f}$$

Os demais são denominados ângulos externos:

$$\hat{a} \quad \hat{b} \quad \hat{g} \quad \hat{h}$$

Alguns dos pares de ângulos da figura recebem nomes especiais. Veja.

- Ângulos alternos externos: $\hat{a}$ e $\hat{g}$, $\hat{b}$ e $\hat{h}$.
- Ângulos alternos internos: $\hat{c}$ e $\hat{e}$, $\hat{d}$ e $\hat{f}$.
- Ângulos colaterais internos: $\hat{c}$ e $\hat{f}$, $\hat{d}$ e $\hat{e}$.
- Ângulos colaterais externos: $\hat{a}$ e $\hat{h}$, $\hat{b}$ e $\hat{g}$.
- Ângulos correspondentes: $\hat{a}$ e $\hat{e}$, $\hat{b}$ e $\hat{f}$, $\hat{c}$ e $\hat{g}$, $\hat{d}$ e $\hat{h}$.

Agora, com o auxílio de um transferidor, meça os ângulos $\hat{b}$ e $\hat{f}$. A medida que você obtém para esses ângulos é a mesma? Repita as medições para os demais ângulos da figura e verifique quais outros pares de ângulos dela são congruentes.

De modo geral, temos:

> Ângulos correspondentes formados por duas retas paralelas e uma transversal são congruentes.

Observação

Chamamos de reta transversal a reta que corta duas ou mais retas em pontos distintos.

PARE E REFLITA

Reúna-se com um colega. Juntos, descrevam os ângulos:
- alternos internos;
- alternos externos;
- colaterais internos;
- colaterais externos;
- correspondentes.

LABORATÓRIO DE MATEMÁTICA

Relação entre ângulos formados por duas retas paralelas cortadas por uma transversal

Vimos que os ângulos correspondentes formados por duas retas paralelas e uma transversal são congruentes. Agora, vamos realizar uma atividade para verificar essa relação.

Materiais

- folha de papel vegetal
- lápis
- caderno
- régua
- lápis de cor
- tesoura com pontas arredondadas

Como fazer

1. Observe a figura. Posicione a folha de papel vegetal sobre ela e reproduza-a. Depois, repita esse procedimento, mas reproduza separadamente cada um dos ângulos da figura.
2. Agora, pinte de uma cor diferente cada um dos ângulos que você reproduziu separadamente no passo anterior.
3. Recorte, com cuidado, os ângulos que você coloriu.

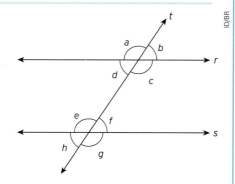

Para concluir

1. Usando os ângulos que você recortou, faça combinações e registre no caderno todos os pares de ângulos que podem ser formados.

2. Quantos pares de ângulos foram formados no total?

3. Observando a figura que você reproduziu, identifique dois pares de ângulos:

   a) adjacentes;
   b) correspondentes;
   c) alternos internos;
   d) alternos externos;
   e) colaterais internos;
   f) colaterais externos.

4. Escolha um par de ângulos alternos internos. Sobreponha o ângulo recortado da reta r com o seu correspondente na reta s da figura que você reproduziu. O que você percebe em relação às suas medidas?

5. Repita o procedimento da atividade anterior para um par de ângulos alternos externos. O que você percebe em relação às suas medidas?

6. Se sobrepusermos pares de ângulos colaterais internos ou colaterais externos como fizemos com os alternos internos e alternos externos, observaremos a mesma relação entre suas medidas?

Verificando as relações entre ângulos alternos e ângulos colaterais

Vamos verificar as relações entre ângulos alternos e ângulos colaterais, com o auxílio de um *software* de geometria dinâmica.

Mas, antes, vamos conhecer algumas das ferramentas comuns nesses *softwares*. Observe a representação dos ícones e seus significados.

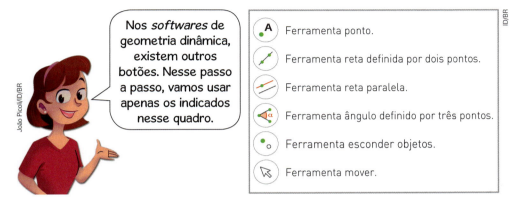

Nos *softwares* de geometria dinâmica, existem outros botões. Nesse passo a passo, vamos usar apenas os indicados nesse quadro.

A — Ferramenta ponto.
Ferramenta reta definida por dois pontos.
Ferramenta reta paralela.
Ferramenta ângulo definido por três pontos.
Ferramenta esconder objetos.
Ferramenta mover.

1º passo: Com a ferramenta ⌀, construa uma reta *f*.

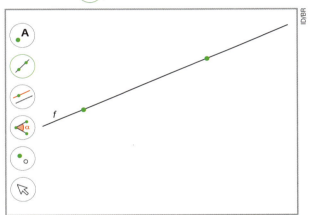

2º passo: Com a ferramenta (A), marque um ponto fora da reta *f* e, com a ferramenta ⌀, construa a reta *g* paralela a *f* (clique sobre o ponto marcado e sobre a reta *f*).

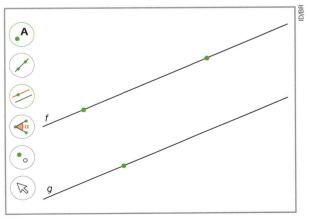

3º passo: Com a ferramenta ⊘, construa a reta *h* transversal às retas paralelas *f* e *g*.

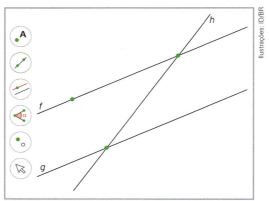

4º passo: Com a ferramenta ⊘, marque um ponto na reta *f* e outro na reta *h*.

Depois, com a ferramenta ⊘, selecione os três pontos para marcar o ângulo.

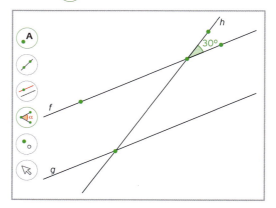

5º passo: Repita o passo anterior, marcando pontos na reta *g* também, até obter uma figura parecida com a figura a seguir (as medidas dos ângulos podem variar). Dica: Use a ferramenta ⊘ para esconder alguns pontos.

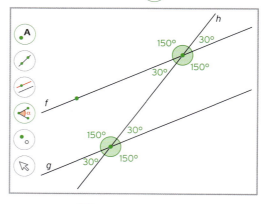

Agora, com a ferramenta ⊘, selecione um dos pontos da reta *f* e mova-o. Faça o mesmo para o outro ponto da reta *f* e, depois, para um ponto da reta *g*. O que acontece com os pares de ângulos alternos internos ou externos? E com os pares de ângulos colaterais internos ou externos?

ATIVIDADES

Retomar e compreender

19. Observe os ângulos formados pelas retas *x*, *y* e *t*, sendo *x* e *y* retas paralelas entre si.

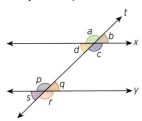

Agora, responda: Quais pares de ângulos são:
a) correspondentes?
b) alternos internos?
c) alternos externos?
d) colaterais internos?
e) colaterais externos?

20. Todas as frases a seguir estão incorretas. Encontre o erro em cada caso e reescreva as frases corretamente.

a) Os ângulos destacados são correspondentes, pois eles são congruentes.

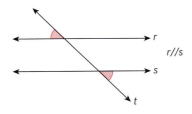

b) Os ângulos destacados são alternos internos e suplementares.

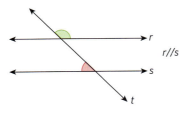

c) Os ângulos destacados são correspondentes, pois estão do mesmo lado da transversal.

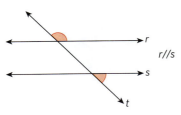

d) Os ângulos destacados são colaterais externos, pois estão do mesmo lado em relação à transversal.

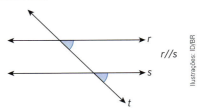

Aplicar

21. Determine a medida dos ângulos indicados pelas letras *c*, *d*, *e* e *f* na figura a seguir.

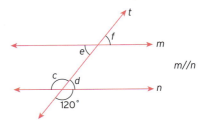

22. Nas figuras a seguir, as retas *r* e *s* são paralelas entre si. Determine a medida, em grau, do ângulo *x*, em cada item.

a)

b)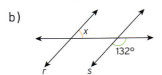

c)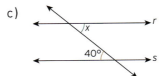

d)

e)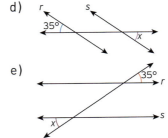

MAIS ATIVIDADES

Retomar e compreender

1. Gustavo está tentando abrir um cofre seguindo as orientações de um roteiro. O último passo para abrir o cofre é dar um giro no sentido anti-horário igual ao triplo de 36° 16′ 56″. Qual é a medida do giro que Gustavo terá de realizar para abrir o cofre?

2. Determine o resultado da adição da metade de 104° 35′ 14″ com um terço de 33° 33′ 33″.

3. Relacione as medidas de ângulos representadas em grau, minuto e segundo com as respectivas medidas em segundo.

   a) 2° 30′ 20″   I) 12 016″
   b) 3° 20′ 16″   II) 23 450″
   c) 4° 38′ 25″   III) 9 020″
   d) 5° 20′ 44″   IV) 16 705″
   e) 6° 30′ 50″   V) 19 244″

4. Leia as frases a seguir e complete-as, substituindo cada ★ pela informação correta.
   a) Se dois ângulos são complementares e um deles mede 36°, então o outro mede ★.
   b) Dois ângulos com medidas 57° e 123° podem ser chamados de ângulos ★.
   c) O suplemento de um ângulo de 86° mede ★.
   d) 33° é a medida do complemento de um ângulo de ★.
   e) O complemento do complemento de um ângulo de 56° é ★.

5. Observe a figura e faça o que se pede.

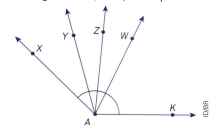

   a) Classifique cada afirmação a seguir em verdadeira ou falsa.
      I) $X\hat{A}Y$ é consecutivo a $W\hat{A}K$.
      II) $Y\hat{A}Z$ é adjacente a $Z\hat{A}W$.
      III) $X\hat{A}Z$ é adjacente a $Z\hat{A}K$.
   b) Com o auxílio de um transferidor, meça os ângulos $X\hat{A}Y$, $Y\hat{A}Z$, $Z\hat{A}W$ e $W\hat{A}K$. Há algum par de ângulos congruentes? Em caso afirmativo, qual ou quais?

Aplicar

6. Qual é o quociente da divisão de 1° por 3? O quociente será diferente se 1° for transformado em minuto ou em segundo?

7. Usando um transferidor, determine as medidas aproximadas dos ângulos destacados em cada bandeira e some-as.

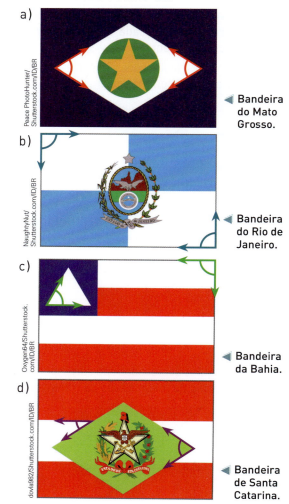

a) Bandeira do Mato Grosso.

b) Bandeira do Rio de Janeiro.

c) Bandeira da Bahia.

d) Bandeira de Santa Catarina.

124

Acompanhamento da aprendizagem

8. Sabendo que as retas r e s são paralelas e que as retas t e u são transversais a elas, determine os valores de x e y, em grau.

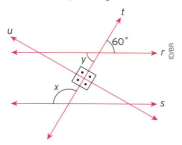

9. Reúna-se com um colega para ler o texto a seguir e fazer o que se pede.

   Dois pedreiros usaram cordas para demarcar uma área em forma de trapézio, como indicado na figura a seguir.

   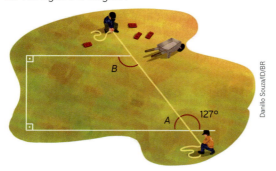

   Determine os valores, em graus, dos ângulos A e B formados pelas cordas.

10. Observe a figura a seguir e determine o valor de a, em grau. Registre como você pensou para chegar a essa conclusão.

    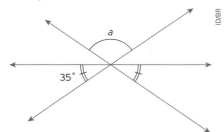

11. Encontre as medidas dos ângulos indicados em cada item a seguir. Justifique suas respostas.

    a)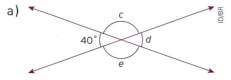

    b)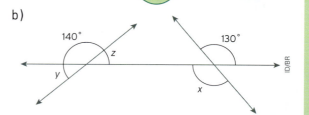

    c)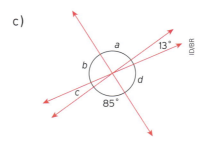

12. A figura a seguir representa três retas concorrentes em um único ponto. Observe essa figura para responder às perguntas.

    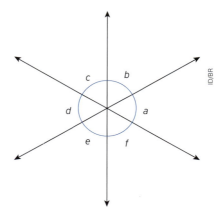

    a) Quais são os pares de ângulos opostos pelo vértice?
    b) Quais trios de ângulos somam 180°?
    c) Você precisou descobrir a medida de cada um dos ângulos representados na figura para responder ao item anterior?
    d) Ao adicionar a medida de quais ângulos obtemos 360°?
    e) Você precisou descobrir a medida de cada um dos ângulos representados na figura para responder ao item anterior?

13. Os ângulos $C\hat{O}D$ e $D\hat{O}E$ são adjacentes, e a medida de $C\hat{O}D$ excede a medida de $D\hat{O}E$ em 26 graus. Sabendo que $D\hat{O}E$ mede 65 graus, calcule a medida de $C\hat{O}E$.

125

CAPÍTULO 2
POLÍGONOS

RETOMANDO A IDEIA DE POLÍGONO

Acredita-se que a primeira pipa surgiu na China 200 anos antes de Cristo. No Brasil, ela foi trazida pelos portugueses por volta de 1596 e hoje é conhecida por diversos nomes: arraia ou raia, papagaio, pandorga, entre outros.

Empinar pipa é uma brincadeira muito praticada em diversas culturas. Seja como brinquedo, seja como objeto artístico ou de ornamentação, as pipas atravessaram séculos de história e, ainda hoje, dançam e colorem o céu com diversas cores e formatos, atraindo muitos olhares.

No entanto, é sempre bom ter muita atenção! Ao empinar pipas é importante seguir as recomendações de segurança, como nunca empiná-las em locais onde há cabos elétricos aéreos, evitando, assim, acidentes.

Agora, observe o formato da pipa da imagem a seguir. Que figura geométrica ela lembra? Apesar de algumas pipas apresentarem partes curvas, de maneira geral o formato delas lembram polígonos.

> Uma figura geométrica plana formada por uma linha poligonal fechada e simples e sua região interna é chamada de **polígono**.

▼ A pipa já teve diversas finalidades. Ela já foi utilizada até em guerras, como um modo de sinalização militar, e serviu de inspiração para a invenção do para-raios.

Agora, considere o polígono a seguir. Vamos rever e aprofundar nossos conhecimentos sobre os elementos de um polígono.

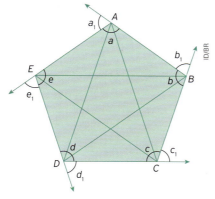

- **Lados:** São os segmentos de reta que formam o polígono. No polígono ABCDE, os lados são: $\overline{AB}$, $\overline{BC}$, $\overline{CD}$, $\overline{DE}$ e $\overline{EA}$.
- **Vértices:** São os pontos de encontro de dois lados consecutivos de um polígono. No polígono ABCDE, os vértices são: A, B, C, D e E.
- **Ângulos internos:** São os ângulos formados por dois lados consecutivos. No polígono ABCDE, os ângulos internos são: $\hat{a}$, $\hat{b}$, $\hat{c}$, $\hat{d}$ e $\hat{e}$.
- **Ângulos externos:** São os ângulos formados por um lado do polígono e pelo prolongamento de outro lado consecutivo. No polígono ABCDE, os ângulos externos são: $\hat{a}_1$, $\hat{b}_1$, $\hat{c}_1$, $\hat{d}_1$ e $\hat{e}_1$.
- **Diagonais:** São os segmentos internos ao polígono que unem dois vértices não consecutivos. No polígono ABCDE, as diagonais são: $\overline{AC}$, $\overline{AD}$, $\overline{BD}$, $\overline{BE}$ e $\overline{CE}$.

POLÍGONOS CONVEXOS E POLÍGONOS NÃO CONVEXOS

Quando, para quaisquer dois pontos X e Y, pertencentes ao interior de um polígono, o segmento $\overline{XY}$ estiver totalmente contido nesse polígono, dizemos que ele é convexo. Caso contrário, dizemos que ele é um polígono não convexo.

Neste capítulo, vamos trabalhar apenas com polígonos convexos, que chamaremos simplesmente de polígonos.

DIAGONAIS DE UM POLÍGONO

Agora, vamos estudar um pouco mais um dos elementos de um polígono: a diagonal.

Considere o polígono ABCDEFGH a seguir.

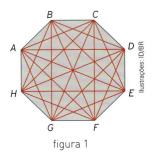

figura 1

Na figura 1, estão traçadas todas as diagonais desse polígono.

Agora, observe que, na figura 2, foram traçadas 5 diagonais a partir do vértice A: $\overline{AC}$, $\overline{AD}$, $\overline{AE}$, $\overline{AF}$ e $\overline{AG}$.

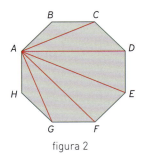

figura 2

Perceba que isso também ocorre com os demais vértices. Nas figuras 3 e 4, veja as 5 diagonais que foram traçadas a partir dos vértices B e C.

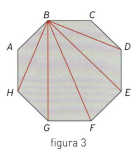

figura 3

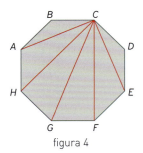

figura 4

O polígono ABCDEFGH é um octógono e tem 8 vértices. Como de cada vértice foram traçadas 5 diagonais, poderíamos concluir que a quantidade de diagonais desse polígono é 40, pois 8 · 5 = 40. Mas, se olharmos novamente para a figura 1 e contarmos, uma a uma, as diagonais traçadas, não obteremos 40. Você sabe por que isso acontece?

Observe, nas figuras 2 e 4, que $\overline{AC}$ e $\overline{CA}$ representam a mesma diagonal.

Assim, ao contar as diagonais traçadas a partir do vértice A e as diagonais traçadas a partir do vértice C, a diagonal $\overline{AC}$ seria contada duas vezes. Note que isso acontece com as demais diagonais do polígono ABCDEFGH. Portanto, dividimos o total de diagonais que calculamos por 2, concluindo que o polígono ABCDEFGH tem 20 diagonais, pois 40 : 2 = 20.

Agora, veja estes outros polígonos, com todas as suas diagonais traçadas.

 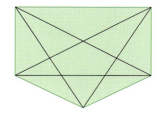 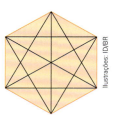

Será que existe alguma relação entre o número de diagonais e o número de lados de cada um desses polígonos? Para verificar, vamos organizar as informações em um quadro.

Polígono	Número de lados	Número de diagonais traçadas a partir de um vértice	Total de diagonais do polígono
Quadrilátero	4	1	2
Pentágono	5	2	5
Hexágono	6	3	9
Octógono	8	5	20

Compare a coluna com o número de lados com a coluna com o número de diagonais traçadas a partir de um vértice. Você observou alguma regularidade?

Perceba que o número de diagonais traçadas a partir de um vértice é o número de lados do polígono menos 3 unidades.

- Quadrilátero: $4 - 3 = 1$
- Pentágono: $5 - 3 = 2$
- Hexágono: $6 - 3 = 3$
- Octógono: $8 - 3 = 5$

Agora, observe a coluna com o total de diagonais do polígono e os procedimentos utilizados na página anterior para obter o total de diagonais do octógono *ABCDEFGH*. Você consegue explicar como obter o número total de diagonais de um polígono qualquer de *n* lados?

O total de vértices de um polígono é igual ao número de lados desse polígono. Assim, para obter o total de diagonais de um polígono, podemos multiplicar o número de lados pelo número de diagonais traçadas a partir de um vértice e dividir o resultado por 2.

Exemplo

Vamos determinar quantas diagonais tem um polígono de 20 lados.
Primeiro, determinamos o número de diagonais traçadas a partir de um vértice. Para isso, basta subtrair 3 do total de lados do polígono.
Assim, temos:
$$20 - 3 = 17$$
Concluímos que, a partir de cada vértice desse polígono, podem ser traçadas 17 diagonais.

Agora, multiplicamos 17 pelo número de lados do polígono, que corresponde ao número de vértices desse polígono, e dividimos o resultado por 2, pois cada uma das diagonais é contada duas vezes.
$$\frac{17 \cdot 20}{2} = \frac{340}{2} = 170$$
Logo, um polígono de 20 lados tem, no total, 170 diagonais.

ÂNGULOS DE UM POLÍGONO

Observe os polígonos representados a seguir. Neles, os ângulos internos foram destacados em azul e os ângulos externos, em lilás.

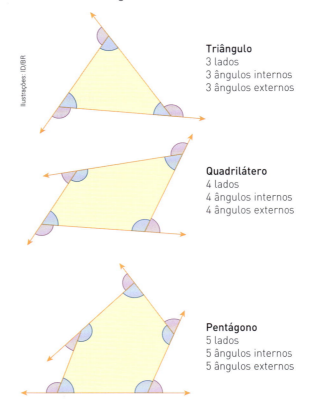

Triângulo
3 lados
3 ângulos internos
3 ângulos externos

Quadrilátero
4 lados
4 ângulos internos
4 ângulos externos

Pentágono
5 lados
5 ângulos internos
5 ângulos externos

Note que, nos polígonos, o número de ângulos internos, o número de ângulos externos e o número de lados são iguais.

Agora, vamos estudar outras relações entre os ângulos de um polígono.

Relação entre os ângulos internos e os ângulos externos

Considere o polígono a seguir.

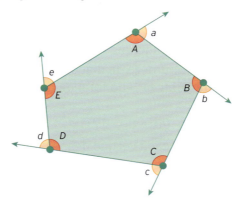

Nesse pentágono, os ângulos internos ($\hat{A}$, $\hat{B}$, $\hat{C}$, $\hat{D}$ e $\hat{E}$) estão destacados em vermelho e os ângulos externos ($\hat{a}$, $\hat{b}$, $\hat{c}$, $\hat{d}$ e $\hat{e}$) estão destacados em laranja. Observando cada par de ângulos interno e externo, o que você nota? Quanto eles medem juntos?

Em cada vértice, a soma da medida do ângulo interno com a medida do ângulo externo é igual a 180°. Assim:

- med($\hat{A}$) + med($\hat{a}$) = 180°
- med($\hat{B}$) + med($\hat{b}$) = 180°
- med($\hat{C}$) + med($\hat{c}$) = 180°
- med($\hat{D}$) + med($\hat{d}$) = 180°
- med($\hat{E}$) + med($\hat{e}$) = 180°

> Em todo polígono convexo, os ângulos internos ($\hat{a}_i$) e os ângulos externos ($\hat{a}_e$) com vértice comum são adjacentes suplementares. Assim:
> $$a_i + a_e = 180°$$

Soma das medidas dos ângulos internos de um triângulo

Os ângulos internos do triângulo a seguir foram destacados em verde.

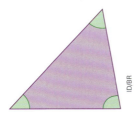

Você saberia dizer, sem utilizar um transferidor, qual é a soma das medidas dos ângulos internos desse triângulo? E de um triângulo qualquer?

Acompanhe como Lia pensou para verificar qual é a soma dos ângulos internos de um triângulo.

Primeiro, ela desenhou um triângulo equilátero em uma folha de papel. Em seguida, pintou os ângulos internos do triângulo com cores diferentes e recortou a figura, como mostrado a seguir.

Depois, Lia separou as partes correspondentes aos três ângulos internos e as juntou de modo que os lados desses ângulos coincidissem.

Observe que, ao juntar os ângulos internos do triângulo, eles formaram um ângulo raso, ou seja, um ângulo de 180°.

Lia repetiu esse procedimento para outros tipos de triângulo e obteve sempre o mesmo resultado.

> A soma das medidas dos ângulos internos de um triângulo é igual a 180°.

Soma das medidas dos ângulos internos de um polígono

Vimos que a soma das medidas dos ângulos internos de um triângulo é 180°. Agora, vamos verificar qual é a soma das medidas dos ângulos internos de um polígono qualquer.

Para isso, considere os polígonos a seguir. Em cada um deles foi escolhido um vértice qualquer e foram traçadas todas as diagonais possíveis que partem desse vértice. Observe que essas diagonais deixaram esses polígonos divididos em triângulos.

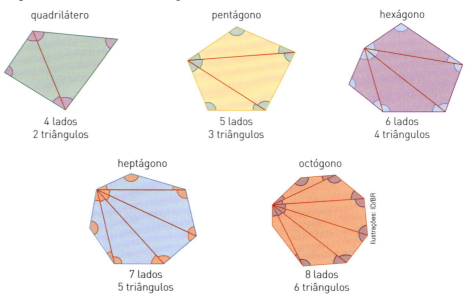

O quadrilátero, por exemplo, foi dividido em dois triângulos. Assim, podemos dizer que a soma das medidas dos ângulos internos do quadrilátero equivale à soma das medidas dos ângulos internos dos dois triângulos que o compõem. Ou seja, essa soma é 360°, pois 2 · 180° = 360°.

Utilizando esse raciocínio, qual é a soma das medidas dos ângulos internos dos demais polígonos? Como você faria para calcular?

Sabendo que a soma das medidas dos ângulos internos de qualquer triângulo é igual a 180°, podemos organizar o seguinte quadro:

Número de lados do polígono	Número de triângulos obtidos na decomposição do polígono	Soma das medidas dos ângulos internos do polígono
4	2	2 · 180° = 360°
5	3	3 · 180° = 540°
6	4	4 · 180° = 720°
7	5	5 · 180° = 900°
8	6	6 · 180° = 1 080°

Observando a primeira e a segunda colunas do quadro, podemos perceber uma relação. Note que o número de triângulos obtidos na decomposição do polígono corresponde ao número de lados do polígono menos 2. Assim, para obter a soma das medidas dos ângulos internos do polígono, basta multiplicar o resultado dessa subtração por 180°.

Soma das medidas dos ângulos externos de um polígono

Agora, acompanhe uma maneira de determinar a soma das medidas dos ângulos externos de um polígono.

1º passo: Desenhamos o polígono ABCDE em uma folha de papel, prolongamos seus lados e marcamos os ângulos externos $\hat{e}_1$, $\hat{e}_2$, $\hat{e}_3$, $\hat{e}_4$ e $\hat{e}_5$.

2º passo: Recortamos os ângulos externos e juntamos todos eles em torno de um ponto, de modo que se tornem adjacentes.

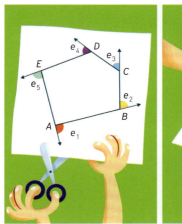

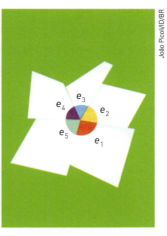

Os ângulos externos desse polígono formaram um ângulo de 360°.

Agora, repita esses procedimentos com um triângulo e com um quadrilátero qualquer. O que você observou?

> A soma das medidas dos ângulos externos de um polígono é igual a 360°.

Ângulos nos polígonos regulares

Podemos classificar os polígonos de acordo com as medidas de seus lados ou de seus ângulos. Um polígono é:

- **equilátero** se todos os lados são congruentes.
- **equiângulo** se todos os ângulos internos são congruentes.
- **regular** se for equilátero e equiângulo.

Como nos polígonos regulares os ângulos internos são congruentes, para encontrar a medida de cada ângulo interno de um polígono regular, basta dividir a soma das medidas de seus ângulos internos pelo número de seus lados. Além disso, sabemos que, em um polígono qualquer, o ângulo interno e o ângulo externo de um mesmo vértice são suplementares.

Com base nessas informações, podemos construir o seguinte quadro:

Número de lados do polígono regular	Soma das medidas dos ângulos internos	Medida de cada ângulo interno	Medida de cada ângulo externo
3	180°	60° (180° : 3 = 60°)	120° (180° − 60° = 120°)
4	360°	90° (360° : 4 = 90°)	90° (180° − 90° = 90°)
5	540°	108° (540° : 5 = 108°)	72° (180° − 108° = 72°)
6	720°	120° (720° : 6 = 120°)	60° (180° − 120° = 60°)

LABORATÓRIO DE MATEMÁTICA

Ladrilhamento

Você já ouviu falar em ladrilhamento? Essa arte consiste em preencher uma superfície utilizando moldes, sem que haja sobreposição ou buracos.

O ladrilhamento teve início quando o ser humano utilizou pedras para revestir o chão e as paredes de sua casa e evoluiu com o uso de cores e ilustrações, o que tornou os ladrilhos objetos decorativos.

Geralmente, os ladrilhos utilizados em um ambiente são iguais e têm formato quadrado ou retangular. Nesta atividade, vamos verificar se é possível ladrilhar uma superfície plana usando ladrilhos com formato de outros polígonos.

Materiais

- lápis
- régua
- papel-cartão colorido
- tesoura com pontas arredondadas
- folha de papel vegetal
- folha de papel avulsa

Como fazer

1 Primeiro, vamos construir os moldes de alguns polígonos. Usando lápis e régua, desenhe na folha de papel vegetal os polígonos regulares a seguir, de modo que os lados de todos eles meçam 3 cm.

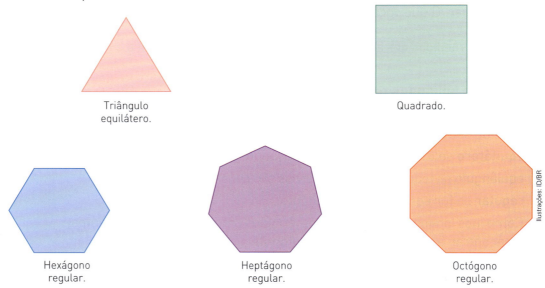

Triângulo equilátero.

Quadrado.

Hexágono regular.

Heptágono regular.

Octógono regular.

Ilustrações: ID/BR

2 Coloque a folha de papel vegetal sobre o papel-cartão e desenhe 10 triângulos, 6 quadrados, 3 hexágonos, 3 heptágonos e 3 octógonos. Você pode diversificar e utilizar uma cor de papel-cartão para cada modelo de polígono.

3 Recorte, com cuidado, cada uma das figuras desenhadas.

4 Considere a folha de papel avulsa a superfície a ser ladrilhada. Sobreponha as figuras que você recortou e explore diversos tipos de ladrilhamento. Mas atenção: não cole as figuras sobre a folha!

Para concluir

1. Veja como Ângelo começou a fazer um ladrilhamento utilizando modelos de quadrados e de octógonos.

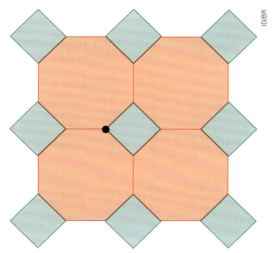

   No ladrilhamento feito por Ângelo foi marcado um ponto. Qual é a soma das medidas de todos os ângulos que estão ao redor desse ponto?

2. Tente ladrilhar a folha de papel avulsa utilizando um único modelo de polígono.
   a) Com quais modelos de polígono isso foi possível?
   b) Marque um ponto em algum vértice de encontro de polígonos do seu ladrilho e some a medida dos ângulos em volta dele.

3. Tente ladrilhar a folha de papel avulsa utilizando dois modelos de polígono.
   a) Com quais modelos de polígono você conseguiu fazer o ladrilhamento?
   b) Marque um ponto em algum vértice de encontro de polígonos do seu ladrilho e some a medida dos ângulos em volta dele.

4. Agora, tente ladrilhar a folha de papel avulsa utilizando três modelos de polígono.
   a) Com quais modelos de polígono isso foi possível?
   b) Marque um ponto em algum vértice de encontro de polígonos do seu ladrilho e some a medida dos ângulos em volta dele.

5. Compare suas respostas das atividades **1** a **4** com as dos colegas. Elas são iguais? Com quais modelos de polígono foi possível fazer o ladrilhamento em cada uma dessas atividades?

6. Agora, reúna-se com um colega para resolver os itens a seguir.
   a) Façam um quadro com as medidas dos ângulos internos e externos de cada um dos modelos de polígono que vocês utilizaram nas atividades.
   b) Analisando as medidas obtidas no item anterior e a soma das medidas dos ângulos em volta de um ponto no ladrilho, o que vocês podem concluir?
   c) Escrevam uma regra geral para fazer ladrilhamento com modelos de polígonos regulares.

7. É hora de colocar a criatividade em ação! Ainda em duplas, montem um ladrilhamento utilizando os modelos de polígonos produzidos. Quando encontrarem uma disposição adequada, colem as peças na folha de papel avulsa e compartilhem com os demais colegas.

ATIVIDADES

Retomar e compreender

1. Observe o polígono ao lado e responda ao que se pede.

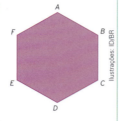

   a) Que polígono é esse?
   b) Quantos vértices tem esse polígono? Quais são eles?
   c) Quantos lados tem esse polígono? Dê os nomes de seus lados.
   d) Qual é o número de ângulos internos desse polígono? E o de ângulos externos?

2. O dodecágono é um polígono que tem 12 lados.
   a) No caderno, desenhe um dodecágono.
   b) Determine o número de diagonais desse polígono.
   c) Explique como você pensou para responder ao item anterior.

Aplicar

3. Calcule a soma, em grau, das medidas dos ângulos internos de um octógono convexo.

4. Um polígono regular tem a medida de cada ângulo interno $a_i = 108°$. Calcule a medida de cada ângulo externo (a_e).

5. Considere o eneágono regular a seguir.

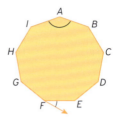

   a) Calcule a medida de cada ângulo interno ($\hat{a}_i$).
   b) Calcule a medida de cada ângulo externo ($\hat{a}_e$).

6. Um polígono regular tem a seguinte medida de cada ângulo externo: $a_e = 36°$. Qual é o nome desse polígono?

TRIÂNGULOS

Em muitas construções e objetos, é frequente o uso de estruturas formadas por triângulos. Isso se deve essencialmente ao fato de que, entre todos os polígonos, o triângulo apresenta uma rigidez geométrica que os outros não têm. Uma vez construído, é impossível modificar a abertura de seus ângulos e formar outro triângulo.

Essa propriedade tem muito valor e é utilizada em diversas áreas. Observe o exemplo a seguir.

PARA EXPLORAR

Com um responsável, faça um passeio pela região onde você mora e observe em quais construções e objetos as estruturas formadas por triângulos foram usadas.

▲ Ponte Hercílio Luz, em Florianópolis (SC). Foto de 2022.

Classificação dos triângulos

Podemos classificar os triângulos seguindo dois critérios.

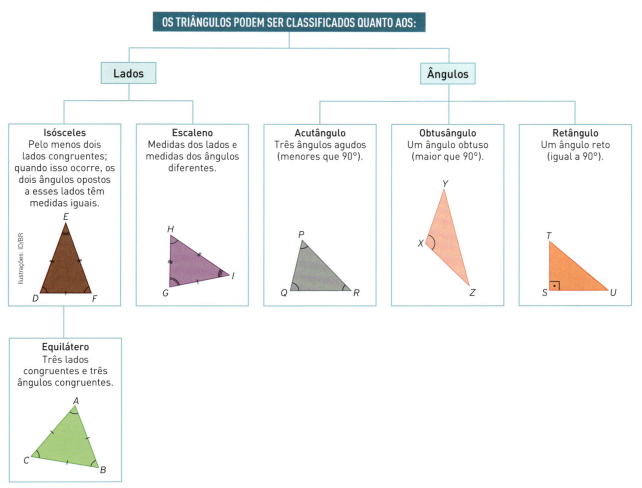

Condição de existência de um triângulo

Leandro cortou três pedaços de barbante com as seguintes medidas de comprimento: 6 cm, 2 cm e 3 cm. Depois, ele tentou construir uma região triangular com eles. Veja o que aconteceu.

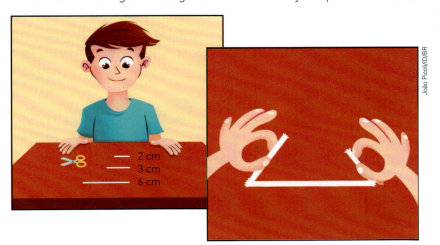

PARA EXPLORAR

Josh Bryan

Leia a reportagem e conheça as obras de arte de Josh Bryan. Utilizando apenas triângulos, esse artista cria retratos de pessoas famosas.

BRYAN, Josh. Retratos super-detalhados feitos à mão usando somente triângulos. *Hypeness*, 25 fev. 2013. Disponível em: https://www.hypeness.com.br/2013/02/retratos-super-detalhados-feitos-a-mao-usando-somente-triangulos/. Acesso em: 3 maio 2023.

Como não conseguiu formar uma região triangular, Leandro pensou em utilizar pedaços de barbante com outros comprimentos. Ele cortou pedaços com as seguintes medidas de comprimento: 6 cm, 5 cm e 4 cm.

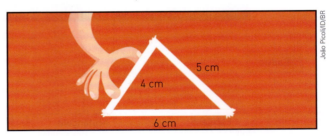

Com esses novos pedaços de barbante, Leandro conseguiu formar uma região triangular. Por que será que isso aconteceu?

Nem sempre é possível formar um triângulo usando três segmentos de reta. Para verificar se três segmentos permitem a construção de um triângulo, podemos aplicar o **teorema da desigualdade triangular** ou a **condição de existência de um triângulo**.

> A medida de comprimento de um lado de um triângulo é menor que a soma das medidas de comprimento dos outros dois lados.

Exemplos

A. Dados três segmentos de reta cujas medidas de comprimento são 5 cm, 1,5 cm e 4 cm, vamos verificar se é possível construir um triângulo.

Para cada um dos segmentos, temos:

- $5 < 4 + 1,5$ ⟶ Verdadeiro, pois $5 < 5,5$.
- $4 < 5 + 1,5$ ⟶ Verdadeiro, pois $4 < 6,5$.
- $1,5 < 4 + 5$ ⟶ Verdadeiro, pois $1,5 < 9$.

Portanto, é possível construir um triângulo com segmentos de reta com medidas de comprimento iguais a 5 cm, 1,5 cm e 4 cm.

B. Dados três segmentos de reta cujas medidas de comprimento são 5 cm, 1,5 cm e 3,5 cm, vamos verificar se é possível construir um triângulo.

Para cada um dos segmentos, temos:

- $5 < 1,5 + 3,5$ ⟶ Falso, pois $5 = 5$.
- $3,5 < 5 + 1,5$ ⟶ Verdadeiro, pois $3,5 < 6,5$.
- $1,5 < 3,5 + 5$ ⟶ Verdadeiro, pois $1,5 < 8,5$.

Portanto, não é possível construir um triângulo com segmentos de reta com medidas de comprimento iguais a 5 cm, 1,5 cm e 3,5 cm.

ATIVIDADES

Retomar e compreender

7. Classifique os triângulos quanto aos lados.

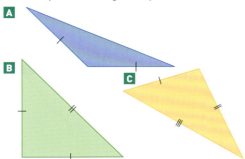

8. Classifique os triângulos quanto aos ângulos internos.

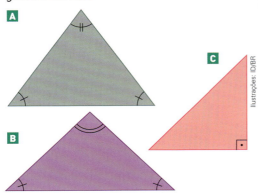

9. Um triângulo tem dois ângulos internos congruentes. O terceiro ângulo mede 46°. Com base nessas informações, responda às questões.

   a) Qual é a medida dos ângulos congruentes?

   b) Como esse triângulo pode ser classificado quanto aos seus ângulos e quanto aos seus lados?

10. Resolva mentalmente: Se as medidas de comprimento de dois lados de um triângulo são 4 cm e 6 cm, qual é a maior medida de comprimento inteira que o outro lado pode ter?

11. Dois lados de um triângulo medem 6 cm e 8 cm. Quais são as medidas de comprimento inteiras, em centímetro, que o terceiro lado desse triângulo pode ter?

12. Qual é a medida de comprimento do terceiro lado de um triângulo isósceles se os outros dois lados têm medidas de comprimento iguais a:

    a) 3 cm e 5 cm?

    b) 2 cm e 5 cm?

CONSTRUÇÃO DE POLÍGONOS COM RÉGUA, COMPASSO E TRANSFERIDOR

A régua, o compasso e o transferidor são instrumentos importantes de desenho. Vamos ver como construir alguns polígonos com o auxílio desses instrumentos.

Construção de triângulos

Acompanhe três exemplos de como construir um triângulo usando régua e compasso.

Usando régua e compasso é possível construir **triângulos** escalenos, isósceles e equiláteros?

Exemplo A

Vamos construir um triângulo escaleno cujas medidas de comprimento dos lados são: med($\overline{AB}$) = 2,5 cm, med($\overline{BC}$) = 3,0 cm e med($\overline{AC}$) = 3,5 cm.

1º passo: Com o auxílio da régua, trace um segmento de reta de medida 2,5 cm.

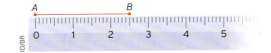

NOTAÇÃO

A notação med($\overline{AB}$) indica a medida do segmento de reta de extremidades A e B. Assim, a notação med($\overline{AB}$) = 2,5 cm indica que a medida de comprimento do segmento $\overline{AB}$ é 2,5 cm.

139

2º passo: Abra o compasso até que a distância entre a ponta-seca e a grafite meça 3,5 cm (medida de comprimento do lado $\overline{AC}$). Use uma régua como auxílio.

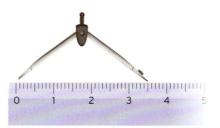

3º passo: Com a ponta-seca do compasso em A e mantendo a distância obtida no passo anterior, faça um arco.

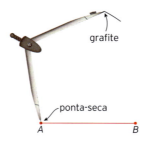

4º passo: Repita o 2º passo considerando a abertura de 3,0 cm, medida de comprimento do segmento $\overline{BC}$. Depois, mantendo essa abertura e com a ponta-seca em B, faça outro arco passando pelo arco já existente. O ponto de encontro dos dois arcos é o ponto C.

5º passo: Utilizando a régua, trace os segmentos de reta $\overline{AC}$ e $\overline{BC}$.

Exemplo B

Acompanhe as etapas para a construção de um triângulo isósceles ABC qualquer.

1º passo: Com a régua, trace uma reta r qualquer e marque nela um ponto A. Depois, com a ponta-seca do compasso em A, marque, com a grafite, um ponto B qualquer na reta r.

2º passo: Deixe entre as pontas do compasso uma distância maior que a metade da medida do segmento $\overline{AB}$. Com a ponta-seca do compasso em A, trace um arco.

3º passo: Com a ponta-seca do compasso em B e a mesma distância entre as pontas do passo anterior, faça outro arco passando pelo arco já existente. O ponto de encontro dos dois arcos é o ponto C.

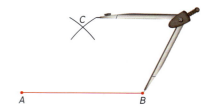

4º passo: Utilizando a régua, trace os segmentos de reta $\overline{AC}$ e $\overline{BC}$.

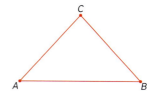

Exemplo C

Vamos construir um triângulo equilátero ABC, sendo ℓ a medida de comprimento do lado.

1º passo: Com a régua, trace uma reta r qualquer e marque um ponto A. Depois, abra o compasso até que a distância entre a ponta-seca e a grafite meça ℓ. Posicione a ponta-seca do compasso em A e marque o ponto B na reta r.

3º passo: Com a ponta-seca do compasso em B e a distância entre as pontas do compasso com medida ℓ, faça outro arco passando pelo arco já existente. O ponto de encontro dos dois arcos é o ponto C.

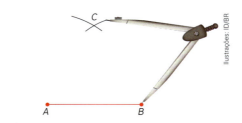

2º passo: Com a ponta-seca do compasso em A e a distância entre as pontas do compasso com medida ℓ, trace um arco.

4º passo: Utilizando a régua, trace os segmentos de reta $\overline{AC}$ e $\overline{BC}$.

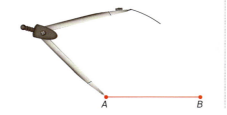
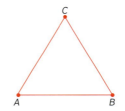

Construindo um triângulo qualquer

As construções dos exemplos anteriores são parecidas. Você percebeu algo em comum entre elas?

O esquema a seguir pode ser usado para construir um triângulo qualquer ABC. Observe.

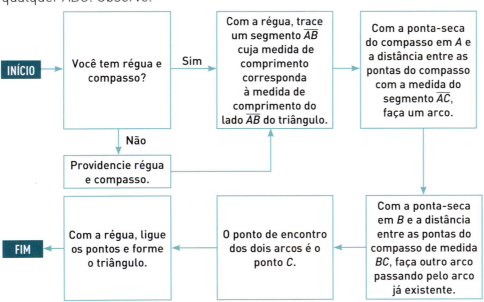

Construção de quadrados

Acompanhe como construir um quadrado utilizando régua e transferidor.

Exemplo

Vamos construir um quadrado com lado medindo 2,5 cm de comprimento.

1º passo: Com a régua, traçamos o segmento $\overline{AD}$ com medida de 2,5 cm de comprimento.

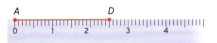

2º passo: No ponto A, construímos um ângulo de 90° com o auxílio do transferidor.

3º passo: Com a régua, traçamos um segmento com medida de 2,5 cm de comprimento perpendicular ao segmento $\overline{AD}$, obtendo o ponto B.

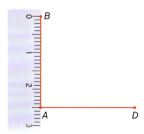

4º passo: Repetimos o 2º e o 3º passos no ponto D, obtendo o ponto C.

Qual propriedade de um **quadrado** justifica a construção do ponto C?

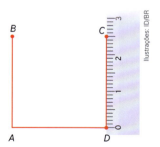

5º passo: Traçamos o segmento $\overline{BC}$ para obter o quadrado *ABCD*.

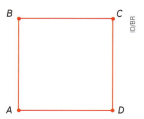

Construção de um polígono regular qualquer

O esquema a seguir pode ser usado para construir um polígono regular de *n* lados, sendo *x* a medida do lado.

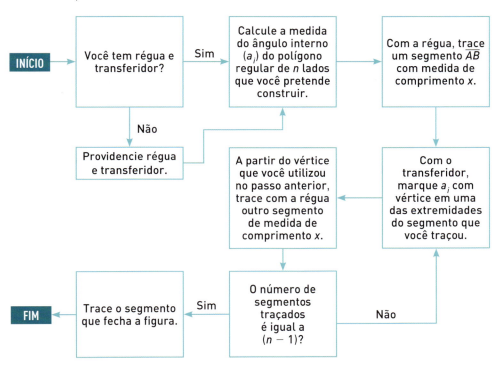

Agora, acompanhe como construir um pentágono regular com lado de 2 cm de medida de comprimento.

Exemplo

Para fazer essa construção, vamos utilizar esse esquema. Assim, temos *n* = 5, pois *n* corresponde ao número de lados do polígono regular, nesse caso um pentágono, e *x* = 2 cm, pois *x* corresponde à medida de comprimento dos lados do polígono.

Considerando que temos régua e transferidor, o primeiro passo é determinar a medida do ângulo interno (a_i) de um pentágono regular. Consultando o quadro da página 133, temos:

$$a_i = 108°$$

Agora, seguimos com os passos para a construção.

143

1º passo: Com a régua, traçamos o segmento $\overline{AB}$ de 2 cm de comprimento.

2º passo: Com o transferidor, marcamos o ângulo de 108° no vértice B.

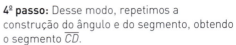

3º passo: Traçamos o segmento $\overline{BC}$ de 2 cm de comprimento.
O número de segmentos não é igual a $(n - 1)$, pois $(n - 1) = (5 - 1) = 4$ e, por enquanto, traçamos 2 segmentos.

4º passo: Desse modo, repetimos a construção do ângulo e do segmento, obtendo o segmento $\overline{CD}$.

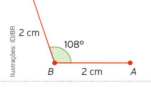
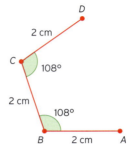

5º passo: Como o número de segmentos traçados é diferente de $(n - 1)$, repetimos a construção do ângulo e do segmento, obtendo o segmento $\overline{DE}$.

6º passo: Como o número de segmentos traçados é igual a $(n - 1)$, traçamos o segmento $\overline{EA}$, que fecha o pentágono regular.

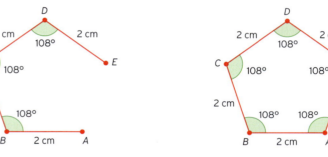

ATIVIDADES

Retomar e compreender

13. Descreva, por escrito e por meio de um esquema, como construir um triângulo DEF cujos lados medem 4,5 cm, 5,5 cm e 6,5 cm de comprimento.

14. A figura a seguir representa uma parte da construção de um octógono regular com lado de 5,5 cm de comprimento. Descreva os passos que faltam para terminar a construção.

15. Elabore um esquema para construir um hexágono regular.

Aplicar

16. Utilizando régua e compasso, verifique, em cada caso, se é possível construir um triângulo cujos lados tenham as seguintes medidas de comprimento:

a) 7 cm, 5 cm e 6 cm;   b) 5 cm, 3 cm e 1 cm.

17. Usando régua, compasso e transferidor, construa os polígonos indicados.

a) Um triângulo equilátero com lados de medida 5 cm de comprimento.

b) Dois triângulos isósceles diferentes, cujos lados medem 2 cm e 3,5 cm de comprimento.

c) Um quadrado com lados que medem 5 cm de comprimento.

d) Um hexágono regular com lados que medem 7 cm de comprimento.

MAIS ATIVIDADES

Acompanhamento da aprendizagem

Retomar e compreender

1. Observe a figura representada ao lado e classifique cada afirmação sobre ela em verdadeira ou falsa. Depois, reescreva as falsas, corrigindo-as.

   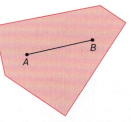

   a) Essa figura tem 5 lados, 6 vértices e 6 ângulos internos.
   b) Essa figura é um polígono, pois é formada por uma linha poligonal fechada e simples.
   c) Como o segmento $\overline{AB}$ está totalmente contido nesse polígono, podemos classificá-lo como polígono não convexo.

2. Observe o polígono ABCDEF e responda às questões a seguir.

   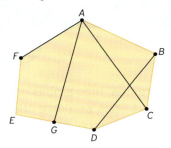

   a) Quais segmentos representados na figura são diagonais desse polígono?
   b) Quantas diagonais esse polígono tem?

3. Qual é a medida, em grau, dos ângulos internos de um triângulo, sabendo que dois de seus ângulos externos medem 100° e 135°?

4. É possível que um quadrilátero tenha ângulos internos de medidas 125°, 22°, 170° e 53°? Explique.

Aplicar

5. Determine as medidas, em grau, dos ângulos $\hat{x}$ e $\hat{y}$ indicados.

   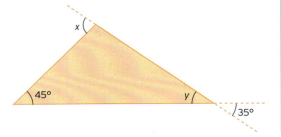

6. Desenhe no caderno duas retas paralelas (r e s). Marque sobre a reta r um ponto A e sobre a reta s dois pontos distintos B e C.

   Trace o triângulo ABC. Pensando em ângulos formados por duas retas paralelas e por uma transversal, verifique se a soma das medidas dos ângulos internos do triângulo é 180°.

7. Os polígonos mostrados a seguir são regulares. Com um colega, determine, em grau, as medidas dos ângulos indicados pelas letras x, u, y, t, z e w.

   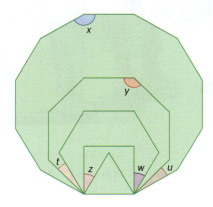

8. Cleiton é artesão e, para produzir o quadro a seguir, ele contornou todos os pregos presos em uma madeira com linha verde e, depois, ligou cada prego aos outros não adjacentes uma única vez usando linha vermelha.

   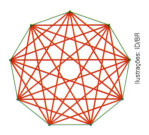

   a) A figura formada pela linha verde lembra que polígono?
   b) Quantas vezes Cleiton ligou um prego a outro usando a linha vermelha?

9. Dois lados de um triângulo medem 10 cm e 28 cm de comprimento. Determine as possíveis medidas de comprimento, em centímetro, do terceiro lado, sabendo que é um número múltiplo de 7.

145

RESOLVENDO PROBLEMAS

Conhecendo o problema

Na cidade em que Marta e Carlos moram, há uma tradicional festa à fantasia que eles não perdem por nada! Neste ano, a festa será realizada em um local que possui diversas entradas.

Chegou o dia festa!

Marta e Carlos chegaram por entradas diferentes, mas ambos estão a 1,2 km do ponto em que combinaram de se encontrar. Carlos percorre 100 metros por minuto e Marta percorre 150 metros nesse mesmo tempo. Se eles chegaram ao local do evento no mesmo horário, quanto tempo Marta ficará esperando no ponto de encontro até Carlos chegar?

Compreensão do problema

1. O que o problema pede?
2. Quantos metros Marta percorre em um minuto? E Carlos?
3. Um quilômetro equivale a quantos metros?
4. Quanto mede, em metro, a distância entre os locais em que Marta e em que Carlos estão e o ponto de encontro?
5. Como é possível deduzir que Marta é quem ficará esperando Carlos, e não o contrário?

Resolução do problema

1. Complete o quadro com a medida da distância percorrida por Marta e Carlos.

Tempo (em minuto)	0	1	2	3	4	5	6	7	8	9	10	11	12
Distância percorrida por Carlos (em metro)	0	100	200										
Distância percorrida por Marta (em metro)	0	150	300										

2. Observe no quadro a linha referente às distâncias percorridas por Carlos. A sequência desses números corresponde à sequência dos múltiplos de que número?

146

3. Agora, observe a linha referente às distâncias percorridas por Marta. A sequência desses números corresponde à sequência dos múltiplos de que número?
4. Em quanto tempo Carlos percorreu 1 200 metros? E Marta?
5. Considerando a sequência dos múltiplos de 100 e a sequência dos múltiplos de 150, o que um número em comum representa?
6. Sabendo que Carlos saiu de sua casa 6 minutos depois que Marta tinha deixado a casa dela, quantos minutos Marta vai esperar por Carlos no local da festa?
7. Quanto tempo Carlos terá de sair antes que Marta para chegarem juntos?

Reflexão sobre o problema

1. Você gostou de resolver esse problema? Por quê?
2. Você encontrou dificuldades para resolver esse problema? Se encontrou, quais foram elas?
3. Você desenhou alguma figura para ajudá-lo a compreender o problema?
4. Qual estratégia você usou para resolver esse problema?
5. Seus colegas utilizaram estratégias diferentes da sua? Se sim, quais?
6. Você pode apresentar outra maneira de resolver esse mesmo problema? Em caso afirmativo, qual?

Aplicando a estratégia

1. Karina vai mudar para outra cidade e, mesmo relutando em organizar sua coleção de selos, percebeu que essa seria a única maneira de levá-la consigo sem danificá-los. Então, começou a separá-los em montes de acordo com a origem deles. Seis montes foram montados. Ao contar quantos selos havia em cada monte, percebeu que as quantidades de selos em cada um deles correspondiam aos seis primeiros múltiplos positivos de 4. Ela riu sozinha, pois lembrou que estava estudando justamente os múltiplos e os divisores em suas aulas de Matemática. Quantos selos há na coleção de Karina?

2. Luís estava na estrada, à noite, voltando para casa com sua família. De repente, os carros da frente ligaram os pisca-alertas, pois era necessário parar. Ele ficou observando dois carros à frente, um vermelho e um azul, e percebeu que, em dado momento, os pisca-alertas dos dois carros piscavam juntos. Então, ficou interessado em saber quando as luzes de pisca-alerta dos dois carros piscariam juntas novamente. Observou que o pisca-alerta do carro vermelho piscava de 15 em 15 segundos e o do carro azul, de 12 em 12 segundos.

   a) De quantos em quantos segundos os pisca-alertas dos dois carros piscam juntos?

   b) Quantas piscadas dá cada pisca-alerta antes de eles piscarem juntos novamente?

3. A distância entre as cidades de Astromélias e Gérberas mede 120 quilômetros. Considere ponto zero a cidade de Astromélias e ponto 120 a cidade de Gérberas, como mostrado no esquema a seguir. Matheus saiu de Astromélias em sentido a Gérberas a uma velocidade de 60 km/h, enquanto Lúcia saiu no sentido contrário a uma velocidade de 40 km/h. Em qual ponto da estrada eles se encontrarão?

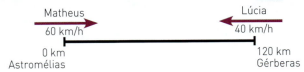

147

ATIVIDADES INTEGRADAS

Aplicar

1. Por meio de estimativas, associe cada ângulo a uma das seguintes medidas:

   I. 15°   **II.** 135°   **III.** 180°   **IV.** 60°

   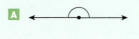

2. Calcule mentalmente:
   a) a terça parte de 54°;
   b) a metade de 48° 50′ 26″;
   c) a quinta parte de 70° 55′ 35″;
   d) um décimo de 90° 20′ 40″.

Analisar e verificar

3. Reúna-se com um colega. Juntos, reflitam para responder à atividade a seguir.

   É possível medir o ângulo $A\hat{O}B$ representado ao lado sem que a linha que indica 0° do transferidor fique alinhada com um dos lados do ângulo? Justifiquem.

4. Um objeto desloca-se 15° em torno de um eixo a cada 30 minutos. Quanto tempo esse objeto gastará para se deslocar 90°?

5. Observe como Carolina subtraiu 29° 57′ 13″ de 43° 33′ 12″.

   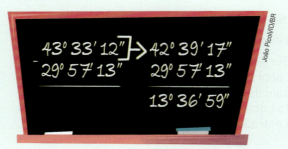

   A maneira como Carolina efetuou a subtração está correta? Se não estiver, corrija-a no caderno e explique como você resolveu a operação.

6. A diferença entre as medidas de dois ângulos suplementares é 40°. Quanto mede cada ângulo?

7. Observe a figura a seguir e determine a medida do ângulo indicado em cada item. Considere o ângulo de menor abertura.

   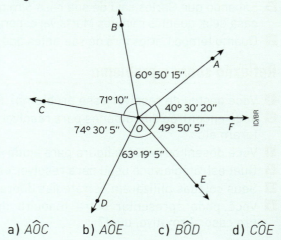

   a) $A\hat{O}C$ b) $A\hat{O}E$ c) $B\hat{O}D$ d) $C\hat{O}E$

   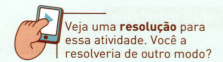
   Veja uma **resolução** para essa atividade. Você a resolveria de outro modo?

8. (Saresp) Com quatro triângulos iguais ao da figura [a seguir], Gustavo montou um losango. A soma das medidas dos ângulos internos do losango de Gustavo é:

   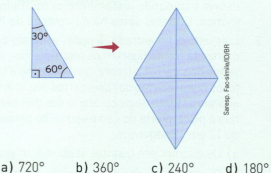

   a) 720°   b) 360°   c) 240°   d) 180°

9. (Saresp) Pode-se calcular a medida do ângulo indicado por *x* na figura sem necessidade de uso do transferidor.

   Sua medida é igual a:

   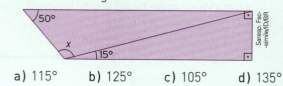

   a) 115°   b) 125°   c) 105°   d) 135°

Acompanhamento da aprendizagem

10. Observe os polígonos representados a seguir.

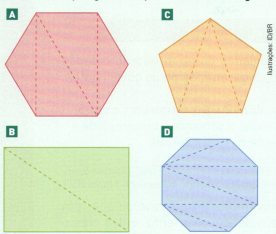

a) Qual é o nome de cada polígono?

b) Quais desses polígonos são regulares? Como você chegou a essa conclusão? Foi preciso utilizar régua e transferidor?

c) Observe que esses polígonos foram divididos em triângulos. Em qual deles a soma das medidas dos ângulos internos é igual a 540°?

11. Leia a dica de Gabriela e, depois, resolva a atividade.

Tente prolongar os lados da figura para resolver a questão.

(Saresp) Assinale a alternativa que mostra corretamente a medida do ângulo α desenhado na figura abaixo:

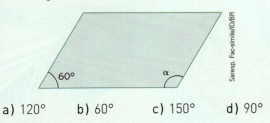

a) 120°   b) 60°   c) 150°   d) 90°

12. Registre a alternativa correta.

Considerando um decágono convexo não regular, é possível afirmar que:

a) os ângulos internos desse polígono têm a mesma medida.

b) esse polígono possui 12 lados.

c) esse polígono possui 135 diagonais.

d) a soma das medidas de seus ângulos internos é 180°.

e) a soma das medidas de seus ângulos externos é 360°.

13. (Faap-SP) A medida mais próxima de cada ângulo externo do heptágono regular da moeda de R$ 0,25 é:

a) 60°   d) 83°
b) 45°   e) 51°
c) 36°

14. Reúna-se com um colega. Juntos, pensem em como resolver a atividade a seguir. Depois, registrem a alternativa correta.

(Unifesp) Pentágonos regulares congruentes podem ser conectados, lado a lado, formando uma estrela de cinco pontas, conforme destacado na figura.

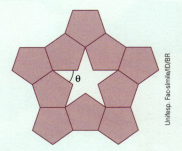

Nestas condições, o ângulo θ mede:
a) 108°   d) 36°
b) 72°   e) 18°
c) 54°

149

CIDADANIA GLOBAL
UNIDADE 3

Retomando o tema

Algumas das consequências da pobreza são indicadas como direito do cidadão pela Constituição brasileira, porém não costumam ser garantidas pelos governantes.

> Art. 6º: São direitos sociais a educação, a saúde, a alimentação, o trabalho, a moradia, o transporte, o lazer, a segurança, a previdência social, a proteção à maternidade e à infância, a assistência aos desamparados, na forma desta Constituição.

Constituição da República Federativa do Brasil de 1988. Disponível em: https://www.planalto.gov.br/ccivil_03/constituicao/constituicao.htm. Acesso em: 3 maio 2023.

O Programa das Nações Unidas para o Desenvolvimento (Pnud) revelou que, em 2021, cerca de 1,3 bilhão de pessoas nos países em desenvolvimento, entre eles o Brasil, vivem na pobreza multidimensional. O índice de pobreza multidimensional considera, além da renda *per capta*, como essas pessoas vivem, levando em conta o acesso a educação, saúde, moradia, água potável, saneamento e eletricidade.

1. No Brasil, uma pessoa em extrema pobreza dispõe de que valor, em real, para viver por dia? E por mês?
2. Você acha que esse valor, considerado parâmetro, é suficiente para que uma pessoa tenha uma vida digna?

Geração da mudança

- Em grupo, organizem uma campanha com ações que podem ser adotadas para auxiliar na redução do número de pessoas que vivem em condição de extrema pobreza. Façam um levantamento com ações que dependem de órgãos governamentais e ações que cada cidadão pode realizar. Em conjunto com os outros grupos, indiquem quais ações devem ser priorizadas na campanha e podem ser assumidas por sua turma como um compromisso social.

Autoavaliação

INTRODUÇÃO À ÁLGEBRA

UNIDADE 4

PRIMEIRAS IDEIAS

1. Qual é o número cujo dobro é 5?
2. Como você representaria o dobro de um número qualquer?
3. O que é uma igualdade? Qual é o símbolo utilizado para representar uma igualdade?
4. Em que situações você utiliza os símbolos < e >?

Conhecimentos prévios

Nesta unidade, eu vou...

CAPÍTULO 1 — Expressões algébricas

- Compreender a ideia de variável e de incógnita.
- Descrever algebricamente regularidades em sequências numéricas.
- Reconhecer os termos de uma expressão algébrica e classificá-los em algébricos ou numéricos.
- Reconhecer expressões algébricas equivalentes.
- Simplificar expressões algébricas.
- Classificar regras de sequências em recursivas ou não recursivas e compreender que a recursão está presente em outras áreas de conhecimento além da Matemática.

CAPÍTULO 2 — Equações

- Compreender o que é uma equação.
- Verificar se determinado número é raiz (ou solução) de uma equação.
- Utilizar equações polinomiais do 1º grau para resolver problemas.
- Resolver equações polinomiais do 1º grau do tipo $ax + b = c$.
- Analisar o conjunto universo e determinar o conjunto solução de uma equação.
- Reconhecer equações com duas incógnitas e determinar suas soluções.
- Conhecer os principais problemas da mobilidade urbana no Brasil.
- Refletir sobre os impactos de ter uma frota de automóveis tão grande no Brasil.

CAPÍTULO 3 — Inequações

- Compreender o que é uma inequação.
- Verificar se determinado número é raiz (ou solução) de uma inequação.
- Analisar o conjunto universo e determinar o conjunto solução de uma inequação.
- Utilizar inequações para resolver problemas.
- Resolver inequações com uma incógnita.

EDUCAÇÃO FINANCEIRA

- Compreender a importância de ter um orçamento equilibrado.

INVESTIGAR

- Realizar uma pesquisa bibliográfica.
- Conhecer como alguns arquitetos utilizaram conceitos de Geometria em suas obras.

CIDADANIA GLOBAL

- Compreender como algumas atividades humanas afetam a mudança climática global.

151

LEITURA DA IMAGEM

1. Você já viu estações de bicicletas como essa? Sabe como elas funcionam?
2. É possível ver alguma cabine de pagamento pelo aluguel das bicicletas? Como é possível efetuar o pagamento pela locação de uma dessas bicicletas? Será que esse valor é fixo ou varia de acordo com algum fator?
3. As normas de circulação e conduta para os ciclistas estão previstas no Código de Trânsito Brasileiro (CTB). De acordo com o CTB, os ciclistas devem circular preferencialmente por uma ciclovia ou ciclofaixa. Você consegue ver algum desses elementos na imagem? Como os usuários que alugassem essas bicicletas circulariam no ambiente retratado?

CIDADANIA GLOBAL
13 AÇÃO CONTRA A MUDANÇA GLOBAL DO CLIMA

Imagine que um dos integrantes de uma família optou por usar a bicicleta em vez do carro e que, nesse ano, a família reduziu o orçamento consideravelmente.

■ A decisão dessa família, além de contribuir para a redução do orçamento, também teve outros impactos. Quais podem ser os possíveis aspectos que foram afetados com essa decisão?

Ao longo dos estudos com esta unidade, reflita sobre esse questionamento!

O aumento da frota de veículos em circulação, além de prejudicar a mobilidade nos grandes centros urbanos, acentua o problema da **poluição ambiental**. O uso de bicicletas é uma alternativa que contribui para amenizar esse problema. Que outra estratégia também contribui para minimizar o problema da poluição gerada por veículos à combustão?

As primeiras estações compartilhadas de bicicletas surgiram no Brasil em 2008. Estação de compartilhamento de bicicletas em Salvador (BA). Foto de 2020.

153

CAPÍTULO 1
EXPRESSÕES ALGÉBRICAS

INTRODUÇÃO ÀS EXPRESSÕES ALGÉBRICAS

Como você faria para determinar a quantidade de pessoas em um evento de grande porte? Seria viável contar pessoa por pessoa? Dependendo do evento, essa seria uma tarefa trabalhosa e demandaria muito tempo.

Existem alguns métodos que possibilitam estimar o tamanho de uma multidão densa, como a mostrada na imagem abaixo. Um desses métodos é o de Jacobs, que leva o nome de seu criador, Herbert Jacobs (1903-1987). Esse método permite estimar a quantidade de pessoas de uma multidão, relacionando o número de pessoas por metro quadrado e a medida da área total ocupada por elas.

Após algumas observações, Jacobs concluiu que nas multidões mais densas há cerca de 5 pessoas por metro quadrado. Assim, por exemplo, em uma área de medida igual a 100 m² haveria cerca de 500 pessoas, pois $5 \cdot 100 = 500$. Do mesmo modo, em 1 000 m² haveria cerca de 5 000 pessoas, pois $5 \cdot 1\,000 = 5\,000$.

▼ Nesta foto, é possível ver um exemplo de multidão densa. São Paulo (SP). Foto de 2023.

Então, sendo A a medida da área ocupada pela multidão densa, em metro quadrado, podemos estimar a quantidade de pessoas presentes usando a seguinte expressão:

$$5 \cdot A \quad \text{ou} \quad 5A$$

Dizemos que a expressão $5A$ é uma **expressão algébrica**.

> Expressões matemáticas formadas por números e letras ou somente por letras são chamadas de expressões algébricas e podem ser usadas para representar diversas situações.

Exemplos

A. Para a produção do concreto, é preciso misturar cimento, areia e brita na seguinte proporção: 1 parte de cimento (c), 2 partes de areia (a) e 3 partes de brita (b). Podemos representar a mistura para a produção do concreto com a seguinte expressão algébrica:

$$1c + 2a + 3b$$

B. Para calcular a diferença entre o dobro de um número x e o triplo de um número n, podemos usar a seguinte expressão algébrica:

$$2x - 3n$$

As letras que utilizamos nas expressões algébricas desta página representam números quaisquer, ou seja, o valor dessas letras pode variar. Por isso, tais letras são chamadas de **variáveis**. Utilizamos variáveis em generalizações.

Agora, veja o quadro a seguir.

Expressão algébrica	Variáveis	O que está sendo generalizado	Valores que as variáveis podem assumir
$5A$	A	A quantidade de pessoas em certa medida de área.	Qualquer número racional maior que zero.
$1c + 2a + 3b$	c, a e b	A quantidade de material a ser usado para produzir concreto.	Qualquer número racional maior que zero.
$2x - 3n$	x e n	A diferença entre o dobro de x e o triplo de n.	Qualquer número.

As letras também podem ser utilizadas em situações que envolvem números desconhecidos. Nesse caso, são chamadas de **incógnitas**.

Por exemplo, imagine que você queira determinar o número n cujo quádruplo, ou seja, $4n$, é 600.

Para determinar esse número, você deve descobrir o número n de modo que $4n = 600$.

O número n é o 150, pois: $4 \cdot 150 = 600$

Nessa situação, n é uma incógnita, pois representa o número a ser determinado.

155

Termos de uma expressão algébrica

Considere a expressão algébrica $-9 + 7wy^3$.

Observe que essa expressão é formada por partes. Cada uma dessas partes é chamada de **termo**.

Agora, veja como classificamos os termos dessa expressão.

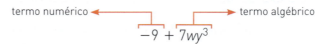

Os termos numéricos de uma expressão algébrica não apresentam letras. Já os termos algébricos correspondem ao produto entre um número, chamado de **coeficiente**, e uma **parte literal** (que contém letras). No exemplo anterior, temos:

Exemplos

A. $-3xw^2$ — coeficiente: -3; parte literal: xw^2

B. $\dfrac{y}{2}$ — coeficiente: $\dfrac{1}{2}$; parte literal: y

ATIVIDADES

Retomar e compreender

1. Represente as quantidades mencionadas em cada item usando uma expressão algébrica.
   a) O valor de determinado número.
   b) A diferença entre dois números.
   c) A metade da diferença entre dois números.
   d) O dobro de um número mais sete.
   e) Um número adicionado à sua terça parte.
   f) Um número adicionado ao quadrado de seu sucessor.
   g) O quadrado do produto entre dois números.

2. Identifique os termos das expressões a seguir. Depois, para cada termo algébrico, indique o coeficiente e a parte literal.
   a) $x + y$
   b) $2k + 3 + \dfrac{1}{3}k$
   c) $mn^2 + 7n$
   d) $10 - 20t$
   e) $b^2 + 2ax$
   f) $x + y + \dfrac{1}{2}z^2$
   g) $-4x + 7$
   h) $a^2 - 2ab + b^2$

3. Escreva uma expressão algébrica para representar a fala de cada uma das crianças. Use as letras a e b para representar os números desconhecidos.
   a) A metade da soma entre dois números.
   b) Um número adicionado ao cubo de seu antecessor.
   c) A diferença entre o dobro de um número e a metade de outro.

Simplificação de uma expressão algébrica

Algumas expressões algébricas contêm **termos semelhantes**, isto é, termos que apresentam a parte literal igual. Quando uma expressão apresenta termos semelhantes, podemos simplificá-la.

Exemplo A

Vamos simplificar a expressão a seguir.

$$4 + 2t + 5wx - a + 1 + wx + 3a^2 - 2 - 2t - a^2$$

Primeiro, verificamos se a expressão apresenta termos semelhantes. Depois de identificar os termos semelhantes e os termos numéricos, podemos destacá-los com cores iguais para facilitar a simplificação.

$$\mathbf{4} + \mathbf{2t} + \mathbf{5wx} - a + \mathbf{1} + wx + \mathbf{3a^2} - \mathbf{2} - \mathbf{2t} - a^2$$

Agora, agrupamos os termos semelhantes e usamos a propriedade distributiva da multiplicação em relação à adição para simplificar a expressão. Acompanhe.

> **PROPRIEDADE DISTRIBUTIVA**
> A propriedade distributiva da multiplicação em relação à adição também pode ser usada para a subtração. Veja dois exemplos.
> - $2r + 4r = (2 + 4) \cdot r = 6r$
> - $2r - 4r = (2 - 4) \cdot r = -2r$

$$4 + 1 - 2 + 2t - 2t + 5wx + wx + 3a^2 - a^2 - a =$$

$+2t - 2t = 2 \cdot t - 2 \cdot t = (2 - 2) \cdot t = 0 \cdot t = \mathbf{0}$

$$= \quad 4 + 1 - 2 + 0 + 5wx + wx + 3a^2 - a^2 - a =$$

$+5wx + wx = 5 \cdot wx + 1 \cdot wx = (5 + 1) \cdot wx = +6wx$

$$= \quad 4 + 1 - 2 + 0 + 6wx + 3a^2 - a^2 - a =$$

$+3a^2 - a^2 = 3 \cdot a^2 - 1 \cdot a^2 = (3 - 1) \cdot a^2 = +2a^2$

$$= \quad 4 + 1 - 2 + 0 + 6wx + 2a^2 - a$$

Por fim, simplificamos os termos numéricos.

$$4 + 1 - 2 + 0 + 6wx + 2a^2 - a =$$

$4 + 1 - 2 + 0 = 5 - 2 + 0 = 3 + 0 = 3$

$$= \quad 3 + 6wx + 2a^2 - a$$

Observe que, depois da simplificação, a expressão ficou com apenas quatro termos e que não há mais termos semelhantes. Além disso, o termo $-a$ não foi alterado, pois não havia na expressão inicial nenhum termo semelhante a ele.

Exemplo B

Vamos simplificar a expressão $\frac{3}{2}y + \frac{7}{5}y + 8y$. Acompanhe.

$\frac{3}{2}y + \frac{7}{5}y + 8y =$

$= \left(\frac{3}{2} + \frac{7}{5} + 8\right)y =$ mmc(2, 5, 1) = 10

$= \left(\frac{15}{10} + \frac{14}{10} + \frac{80}{10}\right)y =$

$= \left(\frac{15 + 14 + 80}{10}\right)y =$

$= \frac{109}{10}y$

$\frac{3}{2} = \frac{15}{10}$ $\quad \frac{7}{5} = \frac{14}{10} \quad \frac{8}{1} = \frac{80}{10}$

Quando simplificamos uma expressão algébrica, obtemos uma **expressão equivalente** à expressão dada. Assim, dos exemplos anteriores, temos que:

- no exemplo **A**, a expressão $4 + 2t + 5wx - a + 1 + wx + 3a^2 - 2 - 2t - a^2$ é equivalente à expressão $3 + 6wx + 2a^2 - a$;

- no exemplo **B**, a expressão $\frac{3}{2}y + \frac{7}{5}y + 8y$ é equivalente à expressão $\frac{109}{10}y$.

ATIVIDADES

Retomar e compreender

4. Identifique os pares de termos semelhantes.

a)	$3x^2$		I)	$3y^2$
b)	$4xy$		II)	$-2ab$
c)	ab		III)	$-xy$
d)	$-y^2$		IV)	$8x^2$

5. Associe cada expressão à respectiva expressão equivalente.

a)	$3x(x - 2y)$		I)	$3a^2x + 3axy$
b)	$2y(x - 3y)$		II)	$4a^2 + 4ab$
c)	$2a(a^2 + 2ab)$		III)	$3x^2 - 6xy$
d)	$4a(a + b)$		IV)	$2a^3 + 4a^2b$
e)	$3ax(a + y)$		V)	$-6y^2 + 2xy$

6. Simplifique as expressões a seguir.
a) $3ab + 2ab$
b) $4,2x + 5,3x$
c) $\frac{r}{3} - 2r$
d) $\frac{5y}{2} + \frac{3y}{5} - \frac{y}{3}$
e) $6,1a - 0,8b + 1,7b - 4a$
f) $\frac{1}{2}t^2 - \frac{1}{3}t^2 + 2$
g) $\frac{1}{4}w + z - w + 1 + \frac{z}{2}$
h) $\frac{5u + 15}{5} + 3u$

Aplicar

7. Identifique quais das expressões a seguir são iguais quando simplificadas.
a) $12a^2 - x + 7 + 5x - 4a + 1 - a^2$
b) $a - 3 + 4a^2 + 1 + 5x + 3a + 11 - 6a^2$
c) $7a^2 - a + 5x + 9 - 9a^2 + 5a$
d) $6a^2 + x + 10 - 4a + 5a^2 + 3x - 2$

- Agora, escreva outra expressão equivalente a cada par de expressões encontrado.

SEQUÊNCIAS E EXPRESSÕES ALGÉBRICAS

Sequência é uma lista ordenada de elementos. Cada elemento de uma sequência é chamado de termo. Assim, por exemplo, a sequência (7, 8, 9) é diferente da sequência (9, 8, 7), pois os termos estão ordenados de maneiras diferentes.

Agora, observe a sequência a seguir.

Você consegue perceber algum padrão nessa sequência? Qual deve ser o próximo termo dessa sequência?

Veja como Jane pensou para responder a essas perguntas.

RETICÊNCIAS (...)
As reticências são utilizadas para indicar que a sequência continua indefinidamente.

Considerando o que Jane percebeu, podemos numerar as posições de cada quadrado. Veja.

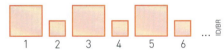

Agora, observando novamente a sequência, como poderíamos determinar a figura do 10º termo? E a do 83º termo?

Perceba que, de acordo com o raciocínio de Jane, o 10º termo seria ▢ e o 83º termo, ▢.

PARE E REFLITA
Se tivéssemos considerado o par de quadrados um único termo, qual seria o 10º termo? E o 83º termo?

Usando letras na representação de padrões

Vimos que podemos utilizar expressões algébricas para representar diversas situações. Agora, veremos que também podemos utilizá-las para representar padrões de sequências. Como exemplo, acompanhe a situação a seguir.

Francisco começou a desenhar uma sequência. Observe:

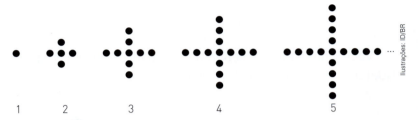

Como você desenharia a 6ª figura dessa sequência? Qual foi o padrão utilizado por Francisco?

Podemos pensar de duas maneiras para descrever o padrão da sequência formada pelo número de pontinhos em cada figura.

- **1ª maneira:** A cada figura, adicionamos 4 pontinhos à figura anterior.

Posição	1	2	3	4	5	...
Quantidade de pontinhos	1	5	9	13	17	...

+4 +4 +4 +4

- **2ª maneira:** Sendo p a posição do termo, poderíamos pensar na seguinte expressão: $1 + (p - 1) \cdot 4$

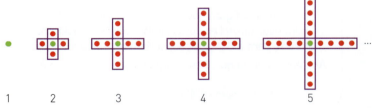

Você percebeu que, para determinar o número de pontinhos de uma posição usando a 1ª maneira, é preciso conhecer o número de pontinhos da posição anterior e que na 2ª maneira é preciso conhecer apenas a posição?

Dizemos que a primeira maneira é **recursiva**, pois precisamos de informações dos termos anteriores da sequência para determinar o termo de uma posição. Já a segunda maneira é chamada de **não recursiva**, pois depende apenas da posição do termo na sequência.

Agora, imagine que Francisco precisa determinar o número de pontinhos da figura que ocupa a 103ª posição. Qual das duas maneiras seria melhor ele utilizar?

> **PARE E REFLITA**
>
> Reúna-se com um colega para determinar outra expressão algébrica que possibilite obter o número de pontinhos das figuras da sequência desenhada por Francisco. A expressão encontrada por vocês é equivalente à expressão apresentada na 2ª maneira?

Acompanhe outros exemplos que envolvem sequências e expressões algébricas.

Exemplos

A. Mário escreveu a sequência a seguir e pediu a dois colegas, Juliana e Édson, que descobrissem o padrão e escrevessem uma regra para determinar os termos dessa sequência.

$$3, 5, 7, 9, \ldots$$

Utilizando a letra p para indicar a posição dos termos da sequência, cada um dos amigos escreveu uma regra.

- Juliana: $2p + 1$
- Édson: $\dfrac{4p + 2}{2}$

Vamos verificar se as duas regras são válidas.

Juliana
- 1º termo: $2p + 1 = 2 \cdot 1 + 1 = 2 + 1 = 3$
- 2º termo: $2p + 1 = 2 \cdot 2 + 1 = 4 + 1 = 5$
- 3º termo: $2p + 1 = 2 \cdot 3 + 1 = 6 + 1 = 7$
- 4º termo: $2p + 1 = 2 \cdot 4 + 1 = 8 + 1 = 9$

Édson
- 1º termo: $\dfrac{4p + 2}{2} = \dfrac{4 \cdot 1 + 2}{2} = \dfrac{4 + 2}{2} = \dfrac{6}{2} = 3$
- 2º termo: $\dfrac{4p + 2}{2} = \dfrac{4 \cdot 2 + 2}{2} = \dfrac{8 + 2}{2} = \dfrac{10}{2} = 5$
- 3º termo: $\dfrac{4p + 2}{2} = \dfrac{4 \cdot 3 + 2}{2} = \dfrac{12 + 2}{2} = \dfrac{14}{2} = 7$
- 4º termo: $\dfrac{4p + 2}{2} = \dfrac{4 \cdot 4 + 2}{2} = \dfrac{16 + 2}{2} = \dfrac{18}{2} = 9$

Perceba que tanto a expressão utilizada por Juliana como a expressão utilizada por Édson são válidas. Isso acontece porque as expressões algébricas encontradas por eles são equivalentes.

Observe que, ao simplificar a expressão encontrada por Édson, obtemos a expressão escrita por Juliana.

$$\dfrac{4p + 2}{2} = \dfrac{4p}{2} + \dfrac{2}{2} = 2p + 1$$

B. Considere a sequência a seguir.

Ângela e Marco encontraram regras não recursivas para determinar a quantidade de flores em cada posição. Eles utilizaram a letra p para indicar a posição. Veja.

- Ângela: $p + (p - 1)$
- Marco: $2p - 1$

Note que as expressões encontradas são diferentes, mas ambas estão corretas. Isso acontece porque as expressões são equivalentes.

$$p + (p - 1) = p + p - 1 = 2p - 1$$

161

DESCUBRA +

Recursão em outras áreas

Você conhece ou já ouviu falar de fractais?

Os fractais são figuras que contêm em si reproduções menores da figura original. Essas reproduções, por sua vez, contêm cópias ainda menores, e assim sucessivamente. Os fractais podem ser encontrados com frequência na natureza e em representações artísticas.

> Por que a **recursividade** é tão usada na área da computação?

Um dos fractais mais conhecidos é a curva de Koch, que lembra um floco de neve. Acompanhe como podemos construir a curva de Koch.

1 Considera-se um segmento de reta.

2 Divide-se o segmento de reta em três segmentos de mesmo comprimento.

3 Substitui-se o segmento do meio por dois lados de um triângulo equilátero, fazendo um ângulo de 60° nos pontos das extremidades do segmento retirado.

4 Repetem-se os procedimentos 1, 2 e 3 para cada um dos segmentos da figura, e assim sucessivamente.

Ilustrações: ID/BR

Você percebeu que, para obter uma figura da curva de Koch, precisamos conhecer a figura anterior? Por esse motivo, dizemos que a recursão está presente nos fractais.

ATIVIDADES

Retomar e compreender

8. Considere as sequências a seguir e faça o que se pede em cada item.

> I. 1, 10, 100, 1 000, 10 000, 100 000, ...
> II. 2, 4, 8, 16, 32, 64, ...
> III. 4, 7, 10, 13, 16, 19, ...
> IV. −7, −4, −1, 2, 5, 8, ...

a) Escreva uma regra para o padrão de cada sequência.
b) As regras que você escreveu no item **a** são recursivas ou não recursivas? Como você pensou para fazer essa classificação?
c) Compare as regras que você criou com as de um colega. Elas são iguais? Verifique se as duas são válidas.

9. Dois amigos escreveram expressões diferentes para determinar o padrão de algumas sequências. Depois de analisar as expressões, o professor deles disse que ambos escreveram expressões corretas.

Relacione as expressões de cada coluna e verifique quais podem ser as regras que os dois amigos criaram para a mesma sequência.

a) $2n + 10$ I) $4(n - 2)$
b) $(8 - 4n) : 4$ II) $2(n + 5)$
c) $2(2n - 4)$ III) $3(5n + 1)$
d) $15n + 3$ IV) $2 - n$

162

MAIS ATIVIDADES

Acompanhamento da aprendizagem

Retomar e compreender

1. Resolva os itens a seguir, considerando que o preço, em real, de uma camiseta seja x.

a) Escreva a expressão algébrica que representa o preço de cada produto a seguir.
- A calça custa o triplo do valor da camiseta.
- A luva custa metade do valor da camiseta.
- O casaco custa R$ 20,00 a mais que a camiseta.

b) Se o preço da camiseta for R$ 36,00, quanto custará a calça? E a luva? E o casaco?

2. Escreva uma expressão algébrica para representar cada sentença.
a) 10% de um número.
b) A metade de 25% de um número.

3. Represente com expressões algébricas o que se pede em cada item.
a) A medida do perímetro do hexágono regular, sabendo que a medida do comprimento de cada lado é h.
b) Um terço da medida do perímetro do pentágono regular, sabendo que a medida do comprimento de cada lado é d.

4. Identifique cada sentença como verdadeira ou falsa e, depois, corrija as falsas.
a) Na expressão algébrica $xy - 4 + 3x$, o termo numérico é -4.
b) O termo algébrico é composto de duas partes: a parte numérica, denominada coeficiente, e a parte literal, que contém as letras.
c) -7 é o coeficiente de x^2 na expressão $7x^2 + 2x - \frac{6}{5}$.

Aplicar

5. Para calcular o valor de uma corrida, um taxista cobra R$ 5,90 pela bandeirada mais R$ 2,90 por quilômetro percorrido.

a) A expressão algébrica a seguir pode ser usada para calcular o valor de uma viagem?

$$5{,}90 + 2{,}90 \cdot q$$

b) O que o número 5,90 representa nessa expressão algébrica? E o número 2,90?
c) O que representa a letra q?
d) Se duas pessoas compartilharem uma corrida nesse táxi, qual é a expressão que indica o valor que cada pessoa deverá pagar, considerando que elas pagarão quantias iguais?
e) Além de economizar dinheiro, que outros benefícios compartilhamentos como esse podem trazer?

6. Sabendo que, em certo estabelecimento, cada maçã custa R$ 2,90, escreva:
a) quantos reais são necessários para comprar 2, 3, 4 e 5 maçãs;
b) a expressão algébrica que representa o valor a ser pago por uma quantidade x de maçãs.

7. Joana e Marcos estão jogando *videogame* e descobriram uma maneira de passar direto para a última fase: eles precisam digitar três números, que são o 23º, o 35º e o 50º números da sequência:

$$4, 7, 10, 13, \ldots$$

Identifique os números que Joana e Marcos devem digitar para passar direto para a última fase.

8. Reúna-se com um colega. Observem a sequência a seguir e, depois, façam o que se pede.

$$9, 13, 17, 21, 25, 29, \ldots$$

a) Escrevam uma regra recursiva e uma regra não recursiva para essa sequência.
b) Qual é o próximo número dessa sequência?
c) As expressões criadas por vocês são equivalentes?

163

CAPÍTULO 2
EQUAÇÕES

INTRODUÇÃO ÀS EQUAÇÕES

Você já parou para pensar como um comerciante estabelece o preço de um produto? De modo geral, o comerciante chega a esse valor não de maneira arbitrária, mas com base em alguns fatores.

Geralmente, o preço estabelecido para a venda corresponde à soma do preço de custo (preço que o comerciante pagou pelo produto ou quanto ele gastou na fabricação do produto) com o valor dos impostos a serem pagos ao governo e com o valor do lucro esperado (valor que o comerciante ganhará com a venda do produto).

Assim, podemos pensar na seguinte igualdade:

$$P = C + I + L$$

em que P é a soma do preço de custo (C) com o valor dos impostos (I) e com o valor do lucro (L).

▼ O preço de um produto é estipulado pelo comerciante e fiscalizado por órgãos do governo.

Considerando a igualdade $P = C + I + L$, para calcular o preço P de um produto cujo custo é R$ 10,00, o imposto é R$ 2,00 e o lucro é a metade de P, podemos utilizar a seguinte sentença:

$$P = 10 + 2 + \frac{P}{2}$$

Essa sentença é chamada de **equação**.

> Sentenças matemáticas expressas por uma igualdade que contém pelo menos uma incógnita são chamadas de equações. As incógnitas representam números desconhecidos. Nesta coleção, vamos usar letras para representar as incógnitas.

No nosso dia a dia, podemos representar diversas situações utilizando equações. Observe que o símbolo utilizado para indicar uma igualdade é o sinal de igual (=).

Agora, acompanhe outra situação que pode ser representada utilizando uma igualdade.

Qual é a idade de uma pessoa 12 anos mais nova que outra, sabendo que a pessoa mais velha tem 25 anos?

Se representarmos a idade da pessoa mais nova por x, podemos representar a idade da pessoa mais velha por $x + 12$. Para incluir a informação de que a pessoa mais velha tem 25 anos, podemos recorrer a uma igualdade. Veja.

$$x + 12 = 25$$

Em uma equação, a expressão à esquerda do sinal de igual é chamada de **1º membro**, e a expressão à direita do sinal de igual é chamada de **2º membro**.

Exemplos

A. $4z + 2 = z$
- incógnita: z
- 1º membro: $4z + 2$
- 2º membro: z

B. $12y^2 - 7 = \frac{x}{3} + 4$
- incógnitas: y e x
- 1º membro: $12y^2 - 7$
- 2º membro: $\frac{x}{3} + 4$

Observação

$2 + 9 = 11$ é uma igualdade, mas não é uma equação, pois em nenhum dos membros há uma incógnita.

PARA EXPLORAR

Equação: o idioma da Álgebra, de Oscar Guelli. São Paulo: Ática, 1999 (Coleção Contando a História da Matemática).

Muitas vezes, para resolver problemas de Matemática, o melhor caminho é traduzi-los para a linguagem da Álgebra. Esse livro conta a história do desenvolvimento dessa linguagem em várias épocas e culturas.

165

SOLUÇÃO OU RAIZ DE UMA EQUAÇÃO

As incógnitas de uma equação podem ser substituídas por diversos números, mas apenas alguns deles tornam a igualdade verdadeira.

Por exemplo, vamos considerar a equação $x + 12 = 25$ e substituir a incógnita x pelos números 10 e 13.

- Para $x = 10$, temos:
  $x + 12 = 25$
  $10 + 12 = 25$
  $22 = 25$ ← falsa

- Para $x = 13$, temos:
  $x + 12 = 25$
  $13 + 12 = 25$
  $25 = 25$ ← verdadeira

Observe que o número 13 torna a sentença verdadeira, mas o número 10, não. Dizemos que o número 13 é solução ou raiz da equação $x + 12 = 25$.

> **Raiz** ou **solução** de uma equação é todo número pelo qual a incógnita é substituída e que torna a sentença verdadeira.

Exemplo

Vamos verificar se 1 é raiz da equação $y^2 + 3 = 2 - \frac{1}{4}y$.

Para isso, substituímos y por 1 na equação dada.

$$y^2 + 3 = 2 - \frac{1}{4}y$$
$$1^2 + 3 = 2 - \frac{1}{4} \cdot 1$$
$$1 + 3 = 2 - \frac{1}{4}$$
$$4 = \frac{8}{4} - \frac{1}{4}$$
$$4 = \frac{7}{4} \text{ ← falsa}$$

Portanto, 1 não é solução da equação.

Para resolver uma equação, devemos pensar em um número que, ao substituir a incógnita, mantém a sentença verdadeira.

Leia como Clara pensou para resolver a equação $2n + 2 = 6$.

Para resolver essa equação, pensei em um número cujo dobro, adicionado a 2, resultasse em 6. Esse número é o 2, pois o dobro de 2 é 4 e $4 + 2 = 6$.

Perceba que o número 2 torna a sentença $2n + 2 = 6$ verdadeira e, portanto, é solução dessa equação.

$$2n + 2 = 6$$
$$2 \cdot 2 + 2 = 6$$
$$4 + 2 = 6$$
$$6 = 6 \text{ ← verdadeira}$$

ATIVIDADES

Retomar e compreender

1. Quais das sentenças a seguir são equações?
   a) $2 - 7 = 5 - 10$
   b) $2x^2 + 1\frac{12}{7} \geq 10$
   c) $\sqrt{2} - 4 = \frac{x}{2}$
   d) $10 + x^3 = -1$
   e) $3a - 2b = 5$
   f) $5m - \frac{m}{3} < 1$

2. Considere a equação a seguir.

   $$8y + (x - 2) = 9 + y$$

   Qual é o primeiro membro dessa igualdade? E qual é o segundo membro?

3. Nos itens a seguir, são apresentadas equações e valores para as incógnitas. Verifique se os valores fornecidos são raízes dessas equações.
   a) $5 \cdot (c + 4) - (c - 1) = 40$, $c = 6$.
   b) $-3 \cdot (-t^2) + 4 = 16$, $t = -2$.
   c) $\frac{x^2}{2} + 3x - 4 = 0$, $x = -\frac{1}{2}$.
   d) $3k^3 - 12 = 0$, $k = 3$.
   e) $\frac{w^3}{3} + 6 = 0$, $w = -3$.
   f) $3y^2 - 3(y + 12) = 0$, $y = -3$.
   g) $b^3 + 3b^2 + 3b + 7 = 0$, $b = 1$.
   h) $a^3 + a^2 = 1$, $a = -1$.

4. Verifique se os números -2, -1, 0, 1 e 2 são raízes da equação $x^2 - x = 2$.

5. Verifique se os números -2, $-\frac{2}{3}$, 0, $\frac{2}{3}$ e 2 são raízes da equação $\frac{a}{2} + 1 = 2a$.

6. O número 4 é solução de algumas das equações a seguir. Verifique quais são elas.
   a) $5y + 7 = 27$
   b) $x^2 - 2x - 15 = 0$
   c) $\sqrt{1 + 2t} = 3$
   d) $\frac{a}{10} - 2(a + 7) = \frac{3}{2}$

7. A quarta parte da soma de um número natural com 2 é igual à terça parte desse número.
   a) Qual das equações a seguir representa corretamente essa situação?

   I) $\frac{x}{4} + 2 = \frac{x}{3}$ II) $\frac{x + 2}{4} = \frac{x}{3}$

   b) Verifique se 8 é raiz dessa equação.

8. Escreva uma equação para representar a situação a seguir.

   Os objetos sobre essa balança têm massas diferentes: a medida da massa da esfera é duas vezes a medida da massa do cubo, e a medida da massa da pirâmide é um quinto da medida da massa da esfera.

9. Observe a carta e, depois, faça o que se pede.

   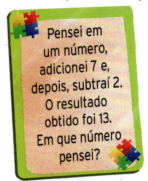

   Pensei em um número, adicionei 7 e, depois, subtraí 2. O resultado obtido foi 13. Em que número pensei?

   a) Escreva uma equação que represente a questão proposta na carta.
   b) Agora, determine a raiz da equação que você escreveu.

10. No Dia dos Professores, Tamires presenteou nove professores com caixas idênticas de bombons. No total, ela distribuiu 63 bombons.

    a) Tamires usou uma equação para representar a quantidade de bombons em cada caixa. Escreva uma possível equação que ela pode ter utilizado.
    b) Resolva, mentalmente, a equação que você escreveu no item anterior e, depois, registre o valor encontrado para a incógnita.

CIDADANIA GLOBAL

MOBILIDADE URBANA

A mobilidade urbana é o conjunto das condições que possibilitam o deslocamento de pessoas por uma cidade. Apesar de parecer uma ideia simples, analisar, estudar e viabilizar as soluções de mobilidade é bastante complexo. De acordo com o Instituto Brasileiro de Geografia e Estatística (IBGE), até 2022, a frota de automóveis em circulação no Brasil ultrapassava a marca de 100 milhões.

1. Busque informações sobre os principais problemas da mobilidade urbana no Brasil.
2. Em sua opinião, quais são os impactos de se ter uma frota de automóveis tão grande?

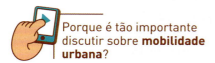

Porque é tão importante discutir sobre **mobilidade urbana**?

Conjunto universo e conjunto solução de uma equação

O conjunto formado por todos os valores possíveis que a incógnita pode assumir em uma equação é chamado de **conjunto universo (U)**. Já o conjunto formado pelos valores de U, que, ao substituírem as incógnitas, tornam a sentença verdadeira, é chamado **conjunto solução (S)**.

Resolver uma equação consiste em determinar seu conjunto solução. Como exemplo, acompanhe a situação a seguir.

Clarice é uma artista plástica e está trabalhando em um projeto que tem como base a seguinte reflexão: "Os automóveis da sua cidade ocupam quanto de espaço?". Para expor sua obra, ela precisa construir um cercado quadrado, de lado medindo 3,3 metros de comprimento. Clarice vai utilizar peças que medem 1,1 metro de comprimento. Para determinar a quantidade q de peças necessárias, ela precisa encontrar a raiz da seguinte equação:

$$1{,}1q = 3{,}3 \cdot 4$$

Antes de encontrar o valor de q, vamos analisar a situação para determinar o conjunto universo (U). Como a incógnita q se refere à quantidade de peças, ela pode ser qualquer número natural, com exceção do zero. Representamos esse conjunto universo do seguinte modo:

$$U = \mathbb{N}^*$$

Clarice pensou no possível valor de q que tornaria a sentença $1{,}1q = 3{,}3 \cdot 4$ verdadeira e concluiu que esse valor é 12.

$$1{,}1 \cdot 12 = 3{,}3 \cdot 4$$
$$13{,}2 = 13{,}2$$

O valor que Clarice encontrou está correto, pois torna a sentença verdadeira e pertence ao conjunto universo. Nessa situação, o conjunto solução é:

$$S = \{12\}$$

O que aconteceria se Clarice tivesse obtido um valor que não pertencesse ao conjunto universo?

ATIVIDADE

Retomar e compreender

11. Associe cada equação ao conjunto solução correspondente.

a) $3x - 3 = 6$, com $U = \mathbb{N}$.

b) $8 - m = 11$, com $U = \mathbb{Z}$.

c) $-4a + 8 = 0$, com $U = \mathbb{Z}$.

d) $b + \dfrac{1}{6} = 0$, com $U = \mathbb{Q}$.

I) $S = \left\{-\dfrac{1}{6}\right\}$

II) $S = \{3\}$

III) $S = \{-3\}$

IV) $S = \{2\}$

168

Equações equivalentes

Sendo $U = \mathbb{Q}$, considere as seguintes equações:

I) $x + 3 = 7$ **II)** $3x = 16 - x$ **III)** $0{,}5x + 1 = 3$

Observe que 4 é raiz de todas elas.

I)	II)	III)
$x + 3 = 7$	$3x = 16 - x$	$0{,}5x + 1 = 3$
$4 + 3 = 7$	$3 \cdot 4 = 16 - 4$	$0{,}5 \cdot 4 + 1 = 3$
$7 = 7$	$12 = 12$	$2 + 1 = 3$
		$3 = 3$

Em um mesmo conjunto universo, equações que apresentam o mesmo conjunto solução (não vazio) são chamadas **equações equivalentes**.

Assim, dizemos que as equações **I**, **II** e **III** são equivalentes.

Para obter equações equivalentes mais simples que as equações dadas, podemos aplicar os princípios de equivalência das igualdades, que estudaremos a seguir.

Princípio aditivo da igualdade

Ao adicionar um mesmo número aos dois membros de uma equação ou ao subtrair um mesmo número dos dois membros de uma equação, obtemos uma equação equivalente à primeira.

Exemplos

Considere $U = \mathbb{Q}$.

A. $x - 4 = 8$
$x - 4 + 4 = 8 + 4$
$x = 12$
As equações $x - 4 = 8$ e $x = 12$ são equivalentes.

B. $w + 8 = 21{,}5$
$w + 8 - 8 = 21{,}5 - 8$
$w = 13{,}5$
As equações $w + 8 = 21{,}5$ e $w = 13{,}5$ são equivalentes.

Princípio multiplicativo da igualdade

Ao multiplicar os dois membros de uma equação ou ao dividir os dois membros de uma equação por um mesmo número diferente de zero, obtemos uma equação equivalente à primeira.

Exemplos

Considere $U = \mathbb{Q}$.

A. $\dfrac{x}{2} = 5$
$\dfrac{x}{2} \cdot 2 = 5 \cdot 2$
$x = 10$
As equações $\dfrac{x}{2} = 5$ e $x = 10$ são equivalentes.

B. $3w = -87$
$(3w) : 3 = -87 : 3$
$w = -29$
As equações $3w = -87$ e $w = -29$ são equivalentes.

EQUAÇÕES DO 1º GRAU COM UMA INCÓGNITA

Agora, vamos estudar as equações do 1º grau com uma incógnita.

> Uma **equação do 1º grau com uma incógnita** é qualquer equação que pode ser escrita na forma $ax + b = 0$, em que x é a incógnita e os coeficientes a e b são números racionais, com $a \neq 0$.

Exemplos

A. $2x - 4 = 0$ é uma equação do 1º grau com incógnita x e coeficientes $a = 2$ e $b = -4$.

B. $-\dfrac{h}{7} + 1,5 = 0$ é uma equação do 1º grau com incógnita h e coeficientes $a = -\dfrac{1}{7}$ e $b = 1,5$.

C. $2 + 3t - 5t = 8$ é uma equação do 1º grau, pois podemos escrevê-la na forma $-2t - 6 = 0$, com incógnita t e coeficientes $a = -2$ e $b = -6$.

Perceba que equações desse tipo apresentam apenas uma incógnita, com expoente igual a 1.

Fique atento! Nem toda equação é do 1º grau com uma incógnita. Por exemplo:

- $w^2 - 4 = 0$ não é uma equação do 1º grau com uma incógnita, pois o expoente da incógnita w é diferente de 1.
- $0y - 1 = 0$ não é uma equação do 1º grau com uma incógnita, pois o coeficiente a é igual a zero.

DESCUBRA +

Papiro de Rhind (ou de Ahmes)

Registrado por volta de 1650 a.C., o papiro de Rhind (ou de Ahmes) é um documento histórico, considerado a principal fonte sobre a matemática egípcia antiga. Ele foi assim denominado em homenagem a Ahmes (escriba que o copiou de um trabalho mais antigo) e a Henry Rhind (antiquário escocês que o adquiriu no Egito em 1858). Atualmente, esse papiro pertence ao Museu Britânico (Londres, Inglaterra), mas alguns de seus fragmentos estão no Museu do Brooklyn (Nova York, Estados Unidos).

O papiro de Rhind tem cerca de 0,30 m de medida de altura e 5 m de medida de comprimento e é escrito na forma de manual prático, com cerca de 80 problemas. Nesse manual, os egípcios buscavam soluções para situações cotidianas.

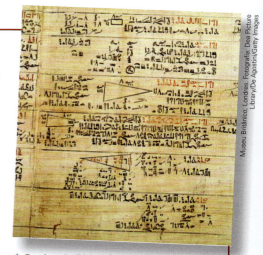

▲ Papiro de Rhind (ou de Ahmes).

Atualmente, alguns dos problemas do papiro de Rhind são considerados problemas algébricos, pois para solucioná-los é preciso realizar operações com quantidades desconhecidas. Diferentemente do que consta nos livros modernos, os egípcios resolviam esses problemas experimentando valores para aha (nome que davam ao número desconhecido), tirando a prova em seguida.

Fontes de pesquisa: Carl B. Boyer; Uta C. Merzbach. *História da matemática*. 3. ed. Tradução: Helena Castro. São Paulo: Blucher, 2012; Howard Eves. *Introdução à história da matemática*. 5. ed. Tradução: Hygino H. Domingues. Campinas: Ed. da Unicamp, 2011.

Resolução de equações do 1º grau com uma incógnita

Resolver uma equação do 1º grau com uma incógnita significa determinar o número pelo qual a incógnita é substituída e que torna a sentença verdadeira. Podemos usar o que vimos sobre equações equivalentes e princípios de equivalência de igualdades para resolver equações desse tipo.

Situação 1

Vamos comparar uma equação a uma balança de pratos em equilíbrio. O ponto de equilíbrio é associado ao sinal de igualdade, e cada membro da equação é composto dos objetos colocados em cada prato da balança, medidos em quilograma.

Na balança a seguir, cada lata com a indicação x tem a mesma medida de massa.

Como podemos relacionar uma **balança de pratos** com uma equação? Jogue e descubra!

Como essa balança está em equilíbrio, podemos representar a situação usando a seguinte equação:

$$x + x + x + 5 = x + 8 + 8 + 5$$

Agrupando os termos semelhantes e os termos numéricos em cada membro, temos:

$$3x + 5 = x + 21$$

Para determinar a medida da massa de uma lata com a indicação x, podemos retirar ou colocar latas de medidas de massas iguais nos dois pratos da balança de modo que ela permaneça em equilíbrio.

Começamos retirando uma lata de medida de massa 5 kg dos dois pratos da balança.

Em seguida, vamos representar essa situação na equação.

$$3x + 5 = x + 21$$
$$3x + 5 - 5 = x + 21 - 5 \quad \text{princípio aditivo da igualdade}$$
$$3x = x + 16$$

Agora, vamos retirar uma lata, com a indicação x, de cada prato.

Representando essa situação na equação, temos:

$$3x = x + 16$$ ← princípio aditivo da igualdade
$$3x - x = x + 16 - x$$
$$2x = 16$$

Observe que a medida de massa das duas latas com indicação x, representada no primeiro membro da equação, corresponde a 16 kg. Assim, para determinar a medida da massa de uma lata com a indicação x, podemos utilizar o princípio multiplicativo da igualdade.

$$2x = 16$$ ← princípio multiplicativo da igualdade
$$2x : 2 = 16 : 2$$
$$x = 8$$

Portanto, cada lata com a indicação x tem a medida de massa igual a 8 kg. Representamos a solução da equação $3x + 5 = x + 21$ da seguinte maneira:

$$S = \{8\}$$

OBSERVAÇÃO

Nesta coleção, quando não for informado o conjunto universo, considere o conjunto dos números racionais.

Situação 2

A diferença entre um número e 17 é 35. Que número é esse?

Sendo n o número desconhecido, temos:
$$n - 17 = 35$$

Assim:

$$n - 17 = 35$$ ← princípio aditivo da igualdade
$$n - 17 + 17 = 35 + 17$$
$$n = 52$$

Note que podemos excluir o termo -17 do primeiro membro e adicionar 17 apenas ao segundo membro, pois a soma $(-17 + 17)$ no primeiro membro é nula e, por isso, não é necessário deixá-la indicada. Veja:

$$n - 17 = 35$$
$$n = 35 + 17$$
$$n = 52$$

Portanto, o número procurado é 52.

Representamos a solução da equação $n - 17 = 35$ por:

$$S = \{52\}$$

Situação 3

A metade de um número adicionada a 2 é igual a um terço desse número adicionado a 3. Que número é esse?

Sendo p o número desconhecido, podemos representar essa situação usando a seguinte equação:

$$\frac{p}{2} + 2 = \frac{p}{3} + 3$$

Agora, vamos resolver a equação $\frac{p}{2} + 2 = \frac{p}{3} + 3$.

$\frac{p}{2} + 2 = \frac{p}{3} + 3$

$6 \cdot \left(\frac{p}{2} + 2\right) = 6 \cdot \left(\frac{p}{3} + 3\right)$ ← Para simplificar as frações, multiplicamos cada membro da igualdade por 6, que é o mínimo múltiplo comum de 2 e 3 (mmc(2, 3) = 6). Depois, aplicamos a propriedade distributiva em relação à adição.

$\frac{6p}{2} + 12 = \frac{6p}{3} + 18$

$3p + 12 = 2p + 18$

$3p = 2p + 18 - 12$ ← Usando os princípios de equivalência das igualdades, subtraímos 12 nos dois membros da equação: $3p + 12 - 12 = 2p + 18 - 12$

$3p = 2p + 6$

$3p - 2p = 6$ ← Usando os princípios de equivalência das igualdades, subtraímos $2p$ nos dois membros da equação: $3p - 2p = 2p + 6 - 2p$

$p = 6$

Assim, o número procurado é 6.

Representamos a solução dessa equação por:

$$S = \{6\}$$

TESTANDO SOLUÇÕES

Após resolver uma equação, pode-se verificar o resultado obtido. Para isso, basta substituir a incógnita pela solução e verificar se a sentença obtida é verdadeira.

ATIVIDADES

Retomar e compreender

12. Escreva uma equação do 1º grau com uma incógnita e peça a um colega que escreva uma equação equivalente a ela.

13. Determine uma equação equivalente em cada um dos itens a seguir, de modo que um dos membros não apresente parte literal.

a) $x + y + 7 = 3x - 2y + 9$

b) $2y - x = 36x + 38 - y$

c) $5a + 2ab - 7 = 8 - ab$

d) $3x - \frac{y}{3} = 2 + \frac{x}{2} + 19$

14. Determine a solução das equações a seguir, considerando $\mathbb{Q}$ o conjunto universo.

a) $x + 7 = 21$

b) $3x - 12 = -87$

c) $17 + 2x = 25$

d) $2 \cdot (6x - 4) = 3 \cdot (3x - 1)$

e) $\frac{x}{5} - \frac{4}{3} = \frac{5}{2} - \left(\frac{-x + 8}{3}\right)$

f) $\frac{2x - 3}{4} - 1 = -2 + \frac{x + 3}{6}$

15. Em cada item, escreva uma equação que represente o problema apresentado. Em seguida, determine o valor da incógnita.

a) Somando-se 7 ao resultado da multiplicação de um número por 3, obtém-se 13.

b) Somando-se um número ao seu triplo, o resultado é 32.

c) A metade de um número adicionada a 5 é igual a 14.

Aplicar

16. Os pratos da balança representada a seguir estão em equilíbrio.

a) Considerando que os valores estampados indicam a respectiva medida da massa, em quilograma, de cada objeto, escreva uma equação que represente esse equilíbrio.

b) A equação que você usou é do 1º grau com uma incógnita? Justifique.

c) Qual é a medida da massa de cada lata com a indicação x, em quilograma?

173

Resolvendo situações-problema com a ajuda das equações

Muitas situações-problema podem ser resolvidas por meio de equações. Acompanhe a seguir algumas situações resolvidas com base nesse recurso e fique atento às etapas envolvidas.

Situação 1

André realizou um salto triplo e alcançou 6 metros no total. A medida da distância atingida no segundo salto foi 1 metro menor que a medida da distância atingida no primeiro salto; e a medida da distância atingida no terceiro salto foi um terço da medida da distância atingida no primeiro salto. Quantos metros André atingiu em cada um dos três saltos?

1 Identificar o valor desconhecido (incógnita) e montar a equação

Vamos estabelecer que o valor desconhecido corresponde à medida da distância atingida por André no primeiro salto (mas poderia ser de qualquer outro salto). Vamos representá-lo pela letra s.

Para facilitar a escrita da equação que representa essa situação, podemos fazer um esquema.

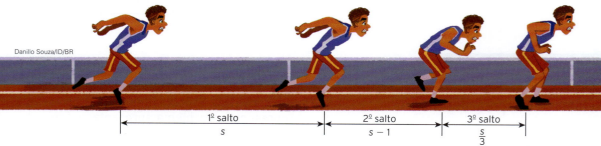

A equação que representa a situação-problema é: $s + (s - 1) + \frac{s}{3} = 6$

2 Determinar as condições para a incógnita (o conjunto universo)

O valor de s deve ser racional positivo, pois representa a medida de uma distância ($U = \mathbb{Q}_+$).

3 Resolver a equação

$$s + (s - 1) + \frac{s}{3} = 6$$ — Multiplicamos cada membro da igualdade por 3.
$$3s + 3 \cdot (s - 1) + \frac{3s}{3} = 18$$ — Aplicamos a propriedade distributiva em relação à subtração.
$$3s + 3s - 3 + s = 18$$
$$7s - 3 = 18$$ — Adicionamos 3 a cada um dos termos da equação:
$$7s - 3 + 3 = 18 + 3$$
$$7s = 21$$ — Dividimos cada membro da igualdade por 7:
$$s = 3$$ — $\frac{7s}{7} = \frac{21}{7}$

4 Verificar se o resultado obtido confere com a situação proposta

- 1º salto: $s = 3$
- 2º salto: $s - 1 = 3 - 1 = 2$
- 3º salto: $\frac{s}{3} = \frac{3}{3} = 1$

$3 + 2 + 1 = 6$ (confere com a situação proposta)

Portanto, André atingiu 3 metros no 1º salto, 2 metros no 2º salto e 1 metro no 3º salto.

Situação 2

Paulo trabalha como motorista particular. Do valor do seu salário, ele gasta a terça parte com alimentação, um quarto com transporte e um sexto com contas de água, luz e telefone. Com isso, ainda lhe restam R$ 1 200,00. Quanto Paulo gasta com cada uma dessas despesas?

1 Identificar o valor desconhecido (incógnita) e montar a equação

O valor desconhecido corresponde ao salário de Paulo. Vamos representá-lo pela letra y. Para escrever a equação que representa a situação-problema, podemos fazer um esquema.

alimentação	transporte	água, luz e telefone	
$\frac{y}{3}$	$\frac{y}{4}$	$\frac{y}{6}$	R$ 1 200,00

A equação que representa a situação-problema é: $\frac{y}{3} + \frac{y}{4} + \frac{y}{6} + 1\,200 = y$

2 Determinar as condições para a incógnita (o conjunto universo)

O valor de y deve ser um número racional positivo ($U = \mathbb{Q}_+$).

3 Resolver a equação

$$\frac{y}{3} + \frac{y}{4} + \frac{y}{6} + 1\,200 = y$$

$$\frac{4y}{12} + \frac{3y}{12} + \frac{2y}{12} + \frac{14\,400}{12} = \frac{12y}{12}$$

$$4y + 3y + 2y + 14\,400 = 12y$$

$$9y + 14\,400 = 12y$$

$$14\,400 = 3y$$

$$y = 4\,800$$

Para simplificar as frações, multiplicamos cada membro da igualdade por 12, que é o mínimo múltiplo comum de 3, 4 e 6 (mmc(3, 4, 6) = 12). Depois, aplicamos a propriedade distributiva em relação à adição.

Subtraímos $9y$ em cada termo da equação:
$9y + 14\,400 - 9y = 12y - 9y$

4 Verificar se o resultado confere com a situação proposta

- Gasto com alimentação:
$\frac{y}{3} = \frac{4\,800}{3} = 1\,600$

- Gasto com transporte:
$\frac{y}{4} = \frac{4\,800}{4} = 1\,200$

- Gasto com água, luz e telefone:
$\frac{y}{6} = \frac{4\,800}{6} = 800$

$1\,600 + 1\,200 + 800 + 1\,200 = 4\,800$

Portanto, Paulo gasta R$ 1 600,00 com alimentação, R$ 1 200,00 com transporte e R$ 800,00 com as contas de água, luz e telefone.

Situação 3

Além da escala Celsius (°C), há outras escalas utilizadas para medir temperaturas. A escala Fahrenheit, representada por °F, é um exemplo de outra escala termométrica.

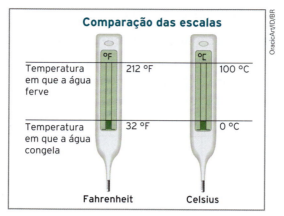

Para converter uma medida de temperatura que está na escala Celsius para a escala Fahrenheit, usamos a seguinte relação:

$$C = \frac{5 \cdot (F - 32)}{9}$$

em que C é a medida de temperatura em grau Celsius e F é a medida de temperatura em grau Fahrenheit.

Agora, imagine a seguinte situação: Uma pessoa está levando alguns alimentos em uma viagem aos Estados Unidos. Na embalagem de um desses alimentos, consta que a medida de temperatura de conservação deve ser, no mínimo, −5 °C. Qual é a medida de temperatura mínima, em grau Fahrenheit, a que esse alimento deve ser conservado?

1 **Identificar os valores desconhecidos (incógnitas) e montar as equações**

O valor desconhecido corresponde à medida de temperatura mínima para a conservação do alimento. Vamos representá-lo por F.

A equação que representa essa situação é:

$$-5 = \frac{5 \cdot (F - 32)}{9}$$

2 **Determinar as condições para a incógnita (o conjunto universo)**

Os valores de F devem ser números racionais.

3 **Resolver a equação**

$$-5 = \frac{5 \cdot (F - 32)}{9}$$
$$-5 \cdot \frac{9}{5} = \frac{5 \cdot (F - 32)}{9} \cdot \frac{9}{5}$$
$$-9 = F - 32$$
$$-9 + 32 = F - 32 + 32$$
$$23 = F$$

Portanto, a medida de temperatura mínima para a conservação desse alimento é 23 °F.

ATIVIDADES

Retomar e compreender

17. Resolva os problemas a seguir, registrando as etapas indicadas no quadro.

> I. Identifique o valor desconhecido e represente-o por uma incógnita.
> II. Determine o conjunto universo.
> III. Escreva uma equação que represente o problema.
> IV. Resolva a equação.
> V. Verifique se a solução encontrada está correta.
> VI. Responda à pergunta do problema.

a) Renata é dois anos mais nova que sua irmã Aline. Há dez anos, a soma da idade delas era 46 anos. Quantos anos tem cada uma das irmãs?

b) Adilson foi comprar leite e frutas. Da quantia que havia reservado para gastar, ele usou metade com frutas, um quinto com leite e sobraram R$ 15,00. Quanto Adilson tinha reservado para fazer as compras?

c) Em uma festa, compareceram cinco crianças a mais que a quantidade de adultos. Quantas crianças estavam na festa, sabendo que o total de adultos e de crianças era 49?

d) Júlia gastou R$ 52,00 na compra de um caderno, uma caixa de lápis de cor e uma cola em bastão. A caixa de lápis de cor custou R$ 10,00 a menos que o caderno, e a cola custou R$ 5,00. Quanto custou a caixa de lápis de cor?

e) Na chácara de Joaquim, a produção de ovos nos últimos três dias foi a seguinte: no segundo dia, uma dúzia de ovos a mais que no primeiro dia e, no terceiro dia, duas dúzias a mais que no segundo dia. Sabendo que, após os três dias, a produção total foi de cinco dúzias, quantos ovos foram produzidos no terceiro dia?

18. O dobro de um número é adicionado à sua terça parte. Retira-se dessa soma a metade do número inicial, resultando em 22.

a) Que equação representa esse problema?
b) Verifique se 5 é raiz dessa equação.
c) Determine o valor que a incógnita representa.

19. Pedro comprou uma bermuda e uma camiseta e gastou R$ 180,00. A bermuda custou o dobro da camiseta. Quanto Pedro pagou pela bermuda?

Aplicar

20. O pai de Lúcia faz doces para vender e complementar a renda da família. Para uma nova remessa de doces, ele comprou $2n$ dúzias de ovos vermelhos e n dúzias de ovos brancos, gastando R$ 50,00. Veja, a seguir, quanto ele pagou nas dúzias dos ovos.

R$ 9,00 A DÚZIA — R$ 7,00 A DÚZIA

a) Identifique os valores desconhecidos dessa situação e escreva uma equação que relacione a quantidade de dúzias de ovos que o pai de Lúcia comprou e o total pago por ele.
b) Determine o valor de n.
c) Verifique se o valor encontrado para n confere com a situação proposta.
d) Quantos ovos vermelhos e quantos ovos brancos o pai de Lúcia comprou?

21. Um grupo de estudantes decidiu comprar um presente de despedida para um professor. O valor do presente é R$ 120,00, e ficou combinado que cada estudante contribuiria com R$ 5,00. Na última hora, porém, quatro estudantes desistiram de participar do rateio. Com quantos reais cada um dos estudantes restantes deverá contribuir para que eles possam comprar esse presente?

22. Uma loja vende calças e camisas pelo mesmo preço. Caio pediu um desconto, e o gerente da loja conseguiu reduzir R$ 10,00 no preço da camisa e R$ 20,00 no preço da calça. Com isso, Caio levou três calças e quatro camisas, e o valor total da sua compra foi R$ 250,00. Qual era o preço da calça antes do desconto? Qual passou a ser o preço da calça depois do desconto?

EQUAÇÕES COM DUAS INCÓGNITAS

Muitas vezes, para representar uma situação e resolver um problema, uma equação com apenas uma incógnita não é suficiente. Então, podemos usar mais de uma incógnita. Nesse momento, vamos estudar equações com duas incógnitas.

Exemplos

A. $x^2 + y = 5$, em que x e y são as incógnitas.

B. $\frac{w}{5} + 5k = \frac{3}{7}$, em que w e k são as incógnitas.

C. $a + b = 5$, em que a e b são as incógnitas.

Agora, acompanhe a situação a seguir.

A escola em que Camila estuda vai formar um time misto de vôlei com os estudantes do 7º ano para participar de um campeonato.

Na inscrição para a seletiva, Camila perguntou ao técnico quantos meninos e quantas meninas fariam parte do time titular.

Sabendo que um time titular de vôlei tem 6 atletas, se representarmos por x a quantidade de meninos e por y a quantidade de meninas do time titular, podemos representar essa situação da seguinte maneira:

$$x + y = 6$$

Como x e y representam números naturais e devem satisfazer a equação $x + y = 6$, as possibilidades de formação do time titular são as apresentadas no quadro.

Quantidade de meninos x	Quantidade de meninas y	Formação do time titular $x + y = 6$
1	5	$1 + 5 = 6$
2	4	$2 + 4 = 6$
3	3	$3 + 3 = 6$
4	2	$4 + 2 = 6$
5	1	$5 + 1 = 6$

Observe que as possibilidades de formação para o time titular correspondem às soluções da equação $x + y = 6$ e podem ser escritas na forma de pares ordenados (x, y): (1, 5); (2, 4); (3, 3); (4, 2); e (5, 1).

Nesse caso, temos:

(x, y)
- quantidade de meninos no time titular
- quantidade de meninas no time titular

◀ Uma equipe de vôlei sentado, assim como no vôlei disputado em pé, é formada por 6 atletas. Podem participar da modalidade atletas com algum tipo de deficiência locomotora, como amputações ou lesões na coluna vertebral.
Partida de vôlei sentado entre Brasil e Canadá nos Jogos Paraolímpicos de Tóquio 2020, no Japão. Foto de 2021.

Soluções de uma equação com duas incógnitas

Vimos que as soluções de uma equação com duas incógnitas são os pares ordenados que tornam a sentença verdadeira. A quantidade de pares ordenados que são solução de uma equação com duas incógnitas está relacionada com o conjunto universo considerado.

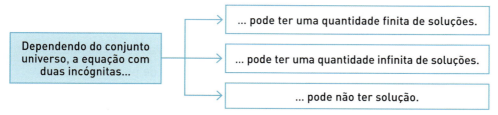

Um modo para determinar um par ordenado que seja solução de uma equação com duas incógnitas é analisar o conjunto universo, atribuir um valor a uma das incógnitas e, então, determinar o valor da outra incógnita, resolvendo a equação obtida.

Veja, a seguir, dois pares ordenados (h, b) que são soluções da equação com duas incógnitas $h^2 + 3b = 12$, em que h e b são números racionais.

- Para $h = 2$, temos:
$$2^2 + 3b = 12$$
$$4 + 3b = 12$$
$$3b = 12 - 4$$
$$3b = 8$$
$$b = \frac{8}{3}$$

- Para $b = 4$, temos:
$$h^2 + 3 \cdot 4 = 12$$
$$h^2 + 12 = 12$$
$$h^2 = 12 - 12$$
$$h^2 = 0$$
$$h = 0$$

Os pares $\left(2, \frac{8}{3}\right)$ e $(0, 4)$ são soluções da equação $h^2 + 3b = 12$, mas há diversos outros pares ordenados que também são soluções. Verifique, por exemplo, se o par $(0, 1)$ é uma possível solução.

ATIVIDADES

Retomar e compreender

23. Indique quais das equações a seguir têm exatamente duas incógnitas.

a) $x^2 + y^2 + z = 8$ d) $\frac{2x + 3}{3} = \frac{5}{3}$

b) $2x - 3x^3 = 9$ e) $x = 3 - 4 \cdot 2$

c) $\frac{x}{y} = 1$ f) $x + y = 55$

24. Verifique de quais destas equações com duas incógnitas o par ordenado $(3, 6)$ é uma solução.

a) $x - y = -3$ c) $2x + 3y = 4y$

b) $2x - \frac{y}{3} = 2$ d) $y^2 + x^3 = 21 \cdot 7$

25. Associe os itens das colunas, sabendo que cada par ordenado (z, u) é solução de uma das equações.

a) $(0, -1)$ I) $\frac{z}{2} + 5u + 3{,}6 = 4{,}4$

b) $(1{,}6; 0)$ II) $\frac{z^3}{5} + u^3 = -1$

c) $(1{,}5; 3)$ III) $2 \cdot z + u^2 = 12$

26. Determine pelo menos três soluções distintas para cada uma das seguintes equações:

a) $5x - 3y = 5$ c) $2x + y = 20$

b) $\frac{x}{2} + \frac{y}{4} = \frac{7}{8}$ d) $2x - 4y = 12$

MAIS ATIVIDADES

Retomar e compreender

1. Marcela recebe o salário uma vez por mês, investe a terça parte, reserva um sexto para pagar as contas e lhe restam R$ 1 500,00.
   a) Faça um esquema que represente essa situação.
   b) Monte uma equação que represente a distribuição do salário de Marcela.
   c) Determine quanto, por mês, Marcela investe e quanto ela utiliza para pagar as contas.

2. Uma escola no centro da cidade tem três turmas do 7º ano. No próximo fim de semana, todos os estudantes do 7º ano participarão de um campeonato esportivo. Cada estudante vai jogar apenas uma modalidade, entre futebol, vôlei, handebol e basquete. Os estudantes se distribuíram da seguinte maneira: um sexto dos estudantes jogará vôlei, metade jogará futebol, um nono jogará handebol e 24 estudantes jogarão basquete.
   a) Monte um esquema que represente o total de estudantes distribuídos pelas modalidades.
   b) Escreva uma equação que represente a situação.
   c) Qual é o conjunto universo a ser considerado para essa situação? Justifique.
   d) Determine quantos estudantes participarão de cada modalidade durante o campeonato.

3. Para construir uma piscina em formato de hexágono regular (todos os lados com a mesma medida de comprimento) com 14,4 m de medida de perímetro, um engenheiro precisa calcular a medida do comprimento dos lados do hexágono.

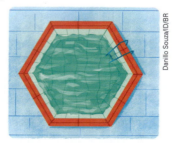

Escreva a equação que representa a medida do perímetro dessa piscina e determine a medida do comprimento dos seus lados.

4. Carla está treinando para bater seu recorde em um jogo de *videogame* de três fases. No seu último treino, ela fez 110 pontos, distribuídos entre as fases do seguinte modo:
   - 1ª fase: 40 pontos a mais que na 2ª fase;
   - 2ª fase: 10 pontos a menos que na 3ª fase;
   - 3ª fase: a metade de pontos da 1ª fase.

   Escreva uma equação para representar essa situação e, depois, determine quantos pontos Carla marcou em cada fase.

5. Considere as medidas dos comprimentos das arestas indicadas no poliedro representado na figura a seguir.

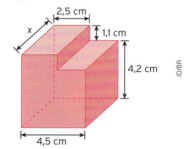

Sabendo que a soma de todas as medidas das arestas desse poliedro é 62 cm, determine x, em centímetro.

6. Em seu último jogo, o time de basquete da escola de Luís fez apenas cestas de 2 e 3 pontos. No total, o time marcou 72 pontos.
   a) Sendo d a quantidade de cestas de 2 pontos e t a quantidade de cestas de 3 pontos marcadas pelo time de Luís, qual das equações a seguir estabelece uma relação entre a quantidade de cestas de cada tipo e o total de pontos marcados?

   I. $5(d + t) = 72$ III. $2d + 3t = 72$
   II. $3d + 2t = 72$ IV. $dt(2 + 3) = 72$

   b) Verifique se o par (9, 18) é solução da equação que você indicou no item anterior.

7. Assinale a alternativa que apresenta a equação que relaciona os valores dos pares p e q que estão no quadro.

p	-2	0	1	5
q	-3	1	3	11

a) $q = 2p - 1$ c) $q = 2p + 1$
b) $q = p - 2$ d) $q = 3p - 1$

Acompanhamento da aprendizagem

8. Considere a equação a seguir.

$$x + 2y = 12$$

a) Determine três pares ordenados que são soluções dessa equação.

b) Verifique se o par ordenado $\left(-7, \dfrac{19}{2}\right)$ é uma solução dessa equação.

9. Você sabia que existe uma relação entre o número do calçado e o comprimento do pé de uma pessoa? Sendo S o número do sapato que ela calça e P a medida do comprimento do pé, em centímetro, temos a seguinte relação: $S = \dfrac{5P + 28}{4}$. Qual é a medida do comprimento do pé de uma pessoa que calça sapato número 37?

10. (OBM) Gastei $\dfrac{3}{7}$ do meu dinheiro. Depois gastei R$ 70,00 e fiquei com $\dfrac{1}{3}$ do que tinha no início, menos R$ 10,00. Quanto dinheiro eu tinha?

11. (Obmep) As balanças (1) e (2) da figura dada estão em equilíbrio. Sabe-se que todos os triângulos têm a mesma massa, bem como todos os quadrados e também todos os círculos.

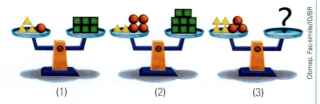

(1) (2) (3)

Quantos quadrados devem ser colocados no prato direito da balança (3) para que ela também fique equilibrada?

a) 7   d) 10
b) 8   e) 12
c) 9

12. (EPCAr-MG) A quantia de R$ 2 100,00 foi distribuída entre 4 pessoas do seguinte modo: a segunda recebeu metade do que a primeira recebeu; a terceira recebeu metade da soma do que recebeu a primeira com a segunda; a quarta, metade do que a terceira recebeu. Quanto recebeu a segunda pessoa?

Aplicar

13. O professor de Camila escreveu a seguinte equação na lousa:

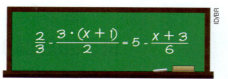

Veja como Camila resolveu essa equação.

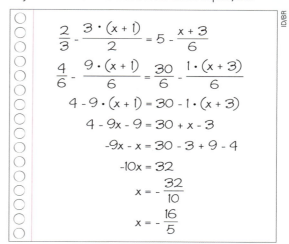

Há um erro nessa resolução. Com um colega, identifique o erro e refaça a resolução dessa equação, corrigindo-a.

14. As equações $x + 4 = 6$ e $x + 5 = 7$ são exemplos de equações equivalentes em que 2 é a raiz. Para cada raiz a seguir, escreva duas equações equivalentes.

a) 3   b) 5   c) 0   d) -2

15. Elabore um problema usando os elementos da figura a seguir, de modo que ele possa ser resolvido por meio de uma equação do 1º grau.

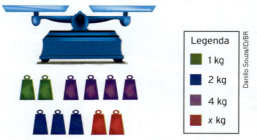

Legenda
■ 1 kg
■ 2 kg
■ 4 kg
■ x kg

Depois, troque de caderno com um colega e resolva o problema criado por ele, enquanto ele resolve o que você criou.

CAPÍTULO 3
INEQUAÇÕES

DESIGUALDADES E INEQUAÇÕES

Nos Jogos Olímpicos de Tóquio 2020, o sueco Armand Duplantis saltou 6,02 m para ganhar a medalha de ouro no salto com vara. O estadunidense Christopher Nielsen alcançou a marca de 5,97 m e recebeu a medalha de prata. Já a medalha de bronze ficou com o brasileiro Thiago Braz, que alcançou 5,87 m.

A altura que o sueco saltou tem medida **maior que** a da altura que o estadunidense saltou, pois 6,02 m > 5,97 m. Já a medida da altura que o brasileiro alcançou é **menor que** a da que o sueco alcançou, pois 5,87 m < 6,02 m.

Nas comparações entre as medidas das alturas alcançadas por esses atletas, observamos duas **desigualdades**.

Os símbolos utilizados para representar desigualdades são:

diferente de	menor que	maior que	menor ou igual a	maior ou igual a
≠	<	>	≤	≥

Por exemplo, para que o estadunidense ganhasse a medalha de ouro, ele precisaria transpor o sarrafo a uma altura, cuja medida vamos chamar de a, maior que 6,02 m — medida alcançada pelo sueco. Podemos representar essa situação das seguintes maneiras:

$$a > 6{,}02 \quad \text{ou} \quad 6{,}02 < a$$

▼ Armand Duplantis foi o campeão dos Jogos Olímpicos de Tóquio 2020 no salto com vara ao atingir a marca de 6,02 m.

Cada uma dessas sentenças é chamada de **inequação**.

> Inequação é toda sentença matemática em que aparece um sinal de desigualdade e que contém pelo menos uma variável ou incógnita.

Nas inequações desta coleção, vamos utilizar letras para representar as incógnitas e as variáveis.

Assim como nas equações, em uma inequação, a expressão à esquerda do sinal da desigualdade é chamada de **1º membro**, e a expressão à direita é chamada de **2º membro**.

Exemplos

A. Um número adicionado a 10 é menor que 32.

Sendo x o número desconhecido, ou seja, a incógnita, podemos representar essa situação da seguinte maneira:

$$x + 10 < 32 \quad \begin{cases} \text{incógnita: } x \\ \text{1º membro: } x + 10 \\ \text{2º membro: } 32 \end{cases}$$

B. Os pratos da balança ao lado estão desequilibrados. Para representar essa situação, podemos usar uma inequação. A ilustração indica que o bloco do prato da esquerda, por estar mais elevado, possui medida de massa menor que a do bloco do prato da direita. Portanto, podemos representar essa situação com a seguinte inequação:

$$x + 15 < y + 3 \quad \begin{cases} \text{incógnitas: } x \text{ e } y \\ \text{1º membro: } x + 15 \\ \text{2º membro: } y + 3 \end{cases}$$

C. Em uma apresentação, a soma do tempo que Sandra tem para cantar com o tempo disponibilizado para Rodrigo pode ser de, no máximo, 30 minutos. Considerando S o tempo de Sandra e R o tempo de Rodrigo, podemos representar essa situação da seguinte maneira:

$$S + R \leq 30 \quad \begin{cases} \text{incógnitas: } S \text{ e } R \\ \text{1º membro: } S + R \\ \text{2º membro: } 30 \end{cases}$$

Soluções de uma inequação

As **soluções** de uma inequação são os números que, ao substituírem a incógnita, tornam a sentença verdadeira.

Por exemplo, considere a inequação $h + 9 \leq 21$.

O número 8 é solução dessa inequação, pois $8 + 9 = 17$, e $17 \leq 21$. Entretanto, existem outros números que também são soluções dessa inequação, como o 3, pois $3 + 9 = 12$, e $12 \leq 21$; e o 12, pois $12 + 9 = 21$, e $21 \leq 21$. Já o número 15 não é solução dessa inequação, pois $15 + 9 = 24$, e $24 \leq 21$ é uma sentença falsa.

Agora, observe o que ocorre quando o sinal de $\leq$ é substituído pelo sinal de $=$, tornando a sentença uma equação: $h + 9 = 21$. Nesse caso, apenas o número 12 é solução.

Princípios de equivalência das desigualdades

Os princípios de equivalência das desigualdades estabelecem algumas regras para adicionar, subtrair, multiplicar ou dividir os membros de uma desigualdade do tipo >, <, ⩾ ou ⩽.

Princípio aditivo da desigualdade

Ao adicionar a (ou subtrair de) ambos os membros de uma desigualdade um mesmo número, a desigualdade permanece verdadeira. Esse é o **princípio aditivo da desigualdade**.

> **MESMO SENTIDO E SENTIDOS OPOSTOS**
>
> Observe as relações entre os sinais usados para expressar uma desigualdade.
> - \> e > têm o mesmo sentido.
> - < e < têm o mesmo sentido.
> - \> e < têm sentidos opostos.
> - < e > têm sentidos opostos.
>
> Essas relações também são válidas para os sinais ⩾ e ⩽.

Exemplos

A. $5 < 6$
$5 + 8 < 6 + 8$
$13 < 14$

B. $-3 > -7$
$-3 - 5 > -7 - 5$
$-8 > -12$

C. $3x \geqslant 7$
$3x + 3 \geqslant 7 + 3$
$3x + 3 \geqslant 10$

D. $-17y + 8 \leqslant 5b - 3$
$-17y + 8 - 5b + 3 \leqslant 5b - 3 - 5b + 3$
$-17y - 5b + 11 \leqslant 0$

Princípio multiplicativo da desigualdade

Para que uma desigualdade permaneça verdadeira ao multiplicar (ou dividir) ambos os membros por um mesmo número não nulo:

- **positivo**, devemos **manter** o sinal da desigualdade;
- **negativo**, devemos **inverter** o sinal da desigualdade.

Esse é o **princípio multiplicativo da desigualdade**.

Exemplos

A. $5 < 6$
$5 \cdot \dfrac{5}{2} < 6 \cdot \dfrac{5}{2}$
$12,5 < 15$

B. $-3 > -7$
$-3 : 8 > -7 : 8$
$-\dfrac{3}{8} > -\dfrac{7}{8}$

C. $3x \geqslant 7$
$3x \cdot (-3) \leqslant 7 \cdot (-3)$
$-x \leqslant -\dfrac{7}{3}$

D. $-17y + 8 \leqslant 5b - 3$
$(-17y + 8) : (-5) \geqslant (5b - 3) : (-5)$
$3,4y - 1,6 \geqslant -b + 0,6$

ATIVIDADES

Retomar e compreender

1. Represente cada situação com uma inequação.
   a) A metade de 185 adicionada a um número x é menor que 102.
   b) A diferença entre o preço y de uma camiseta e o preço z de um caderno é maior que 2 reais.
   c) A medida da altura a de uma cortina acrescida de 20 cm não pode ultrapassar 2,5 m.
   d) Um número n é maior que o dobro do seu consecutivo.
   e) A terça parte de um número h subtraída de 10 é maior que esse número.

2. Escreva a inequação que pode representar a situação mostrada em cada balança. Em cada bloco está indicada a medida de massa.

   a)

   b)

3. Por que 8 é solução da inequação $3x + 2 > 25$ e 10 não é solução da inequação $2x \leq 15$?

4. Identifique quais dos números do quadro a seguir são soluções da inequação $y + 1 \geq 3$.

   | −3 | 3,5 | 7 | 0 | −1 | 2 |

5. Considere os seguintes números.

   | −5 | $\frac{1}{2}$ | 4 | −7 | $-\frac{15}{2}$ |

   a) Quais deles são soluções da inequação $\frac{5x - 2}{4} > x - 2$?
   b) Quais deles são soluções da inequação $\frac{3x + 1}{4} < \frac{x + 12}{2}$?

Aplicar

6. A idade de Maria (M) adicionada à idade de Pedro (P) é maior que 35 anos. Qual das sentenças a seguir representa essa situação?
   a) $M + P < 35$
   b) $M + P = 35$
   c) $M + P \geq 35$
   d) $M + P > 35$

7. Use o princípio aditivo da desigualdade para completar cada sentença a seguir com um sinal que indica corretamente a desigualdade.
   a) $4 < 5$
   $4 + 7 \blacksquare 5 + 7$
   b) $6 > 2$
   $6 + (-3) \blacksquare 2 + (-3)$
   c) $-3 < 1$
   $-3 + 3 \blacksquare 1 + 3$

8. Considerando que nos itens abaixo foi usado o princípio multiplicativo da desigualdade, descubra um fator que torna cada sentença verdadeira.
   a) $12 > 9$
   $12 \cdot \blacksquare > 9 \cdot \blacksquare$
   b) $0 < 3$
   $0 \cdot \blacksquare < 3 \cdot \blacksquare$
   c) $-\frac{1}{4} < \frac{1}{2}$
   $-\frac{1}{4} \cdot \blacksquare > \frac{1}{2} \cdot \blacksquare$
   $\frac{1}{2} > -1$

9. Identifique as sentenças como verdadeiras ou falsas. Depois, corrija as falsas de modo que se tornem verdadeiras.
   a) Se $x > -3$, então $x + 1 > -2$.
   b) Se $3a \geq -3$, então $9a \leq -9$.
   c) Se $-2b < -1$, então $2b > 1$.
   d) Se $y \leq 5$, então $y - 4 \leq 1$.

10. Observe a balança de pratos a seguir.

    a) Represente a situação com uma inequação.
    b) Se adicionarmos 2 kg em cada prato da balança, como será a nova inequação?

185

INEQUAÇÕES DO 1º GRAU COM UMA INCÓGNITA

Agora, vamos estudar as inequações do 1º grau com uma incógnita.

> Uma **inequação do 1º grau com uma incógnita** é qualquer inequação que pode ser escrita de uma das seguintes formas:
> - $ax > b$
> - $ax < b$
> - $ax \geq b$
> - $ax \leq b$
>
> em que x é a incógnita, e os coeficientes a e b são números racionais, com $a \neq 0$.

Exemplos

A. $2x > -1$ é uma inequação do 1º grau com uma incógnita, em que x é a incógnita.

B. $-\dfrac{y}{4} - \dfrac{2y}{4} \leq \dfrac{2}{7}$ é uma inequação do 1º grau com uma incógnita, pois podemos escrevê-la na forma $-\dfrac{3}{4}y \leq \dfrac{2}{7}$, em que y é a incógnita.

C. $z^2 \leq z + 3$ não é uma inequação do 1º grau com uma incógnita, pois, no primeiro membro, o expoente da incógnita z é 2.

Observe que inequações do 1º grau com uma incógnita apresentam apenas uma incógnita, com expoente igual a 1.

Resolvendo inequações do 1º grau com uma incógnita

Vimos que, ao resolver as equações do 1º grau com uma incógnita, apenas um valor numérico pode tornar a sentença verdadeira. Ao resolver as inequações do 1º grau com uma incógnita, veremos que a incógnita pode assumir um ou diversos valores que tornam a sentença verdadeira.

Além disso, assim como nas equações, quando resolvemos uma inequação, precisamos analisar o conjunto universo.

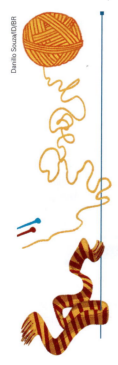

Exemplos

A. Luana comprou um novelo de lã de 180 gramas para fazer um cachecol. Para fazer as franjas, ela precisa reservar 20 gramas. Sabendo disso, quantos gramas do novelo, no máximo, Luana poderá usar para fazer o restante do cachecol?

Dos 180 gramas do novelo de lã, Luana poderá usar, no máximo, n gramas para fazer o cachecol, de modo que ainda restem 20 gramas para fazer as franjas. Usando uma inequação, podemos representar essa situação da seguinte maneira: $180 - n \geq 20$

Agora, vamos resolvê-la:

$$180 - n \geq 20$$
$$180 - n - 180 \geq 20 - 180 \quad \leftarrow \text{princípio aditivo da desigualdade}$$
$$-n \geq -160$$
$$-n \cdot (-1) \leq -160 \cdot (-1) \quad \leftarrow \text{princípio multiplicativo da desigualdade}$$
$$n \leq 160$$

Portanto, Luana poderá usar, no máximo, 160 gramas do novelo de lã para fazer o restante do cachecol.

186

B. Daniel quer cercar um jardim retangular, como o indicado a seguir. Por uma norma do condomínio, as medidas da largura e do comprimento devem ser números naturais. Quais são as possíveis medidas das dimensões do jardim, se o perímetro pode medir, no máximo, 34 metros?

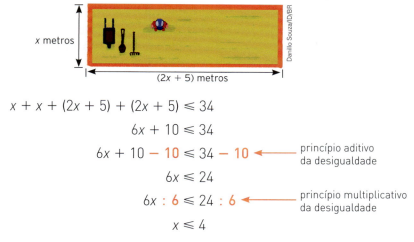

$$x + x + (2x + 5) + (2x + 5) \leq 34$$
$$6x + 10 \leq 34$$
$$6x + 10 - 10 \leq 34 - 10 \quad \leftarrow \text{princípio aditivo da desigualdade}$$
$$6x \leq 24$$
$$6x : 6 \leq 24 : 6 \quad \leftarrow \text{princípio multiplicativo da desigualdade}$$
$$x \leq 4$$

Agora, vamos voltar ao enunciado. Como as medidas das dimensões do jardim devem ser números naturais diferentes de zero, a incógnita x pode assumir os valores 1, 2, 3 ou 4. Assim, podemos representar a solução dessa inequação por:

$$S = \{x \in \mathbb{N}^* \mid x \leq 4\}$$

Lemos: x pertence ao conjunto dos números naturais, com exceção do zero, tal que x é menor que ou igual a 4.

Portanto, as medidas das dimensões do jardim podem ser 1 e 7 metros, 2 e 9 metros, 3 e 11 metros e 4 e 13 metros.

C. A diferença entre o número $\frac{3}{4}$ e o dobro de um número inteiro não nulo é maior que ou igual a $-\frac{2}{5}$. Qual é o maior valor possível desse número?

Representando o número desconhecido por a, temos:

$$\frac{3}{4} - 2a \geq -\frac{2}{5}$$
$$-2a \geq -\frac{2}{5} - \frac{3}{4}$$
$$-2a \geq \frac{-8 - 15}{20}$$
$$-2a \geq -\frac{23}{20}$$
$$a \leq -\frac{23}{20} : (-2)$$
$$a \leq \frac{23}{40} = 0{,}575$$

Como a é um número inteiro, diferente de zero e menor que ou igual a 0,575, o maior valor possível para a é -1.

> Em quais passagens dessa resolução são utilizados o **princípio aditivo e o multiplicativo da desigualdade**?

ATIVIDADES

Retomar e compreender

11. Determine os números racionais que são soluções das seguintes inequações.

a) $3 - 2 \cdot (x + 4) \geqslant 3x + 5 \cdot (2x - 2)$

b) $\dfrac{x}{2} - \dfrac{x + 1}{3} < \dfrac{x}{4}$

c) $\dfrac{2x - 1}{3} \leqslant 1 - \dfrac{3x + 1}{2}$

12. Considere a inequação $a + 3 < 10$, em que a é um número racional, e classifique as sentenças em verdadeiras ou falsas. Justifique as sentenças falsas.

a) O número 6 é uma solução dessa inequação.

b) Apenas o número 6 é solução dessa inequação.

c) A inequação tem infinitas soluções.

d) Os números racionais que são soluções da inequação são menores do que 7.

13. Resolva as inequações e determine os números naturais que são soluções de cada uma.

a) $4k - 6 \leqslant 3k + 7$

b) $\dfrac{y}{2} - 1 > 2$

c) $36 > 2m - 6$

d) $4x > 2x + 10$

14. Resolva mentalmente os problemas a seguir.

a) Quais números naturais são solução da inequação $g + 2 < 8$?

b) Quais números racionais são solução da inequação $\dfrac{x}{2} < 4$?

Aplicar

15. Considere a inequação do quadro a seguir.

$$-3x + 2 \cdot (2 - x) < 1 - x$$

Agora, responda ao que se pede em cada item.

a) Qual é o menor número natural que satisfaz a inequação?

b) Qual é o menor número inteiro que satisfaz a inequação?

c) É possível determinar o menor número racional que satisfaz essa inequação? Por quê?

16. Uma empresa de táxi cobra R$ 9,20 a bandeirada e R$ 4,50 o quilômetro rodado. Mariana pretende usar um táxi dessa empresa para ir de sua casa ao trabalho e gastar, no máximo, R$ 40,00.

a) Considerando x a medida da distância da casa de Mariana ao trabalho, escreva uma inequação que represente essa situação.

b) O trajeto casa-trabalho de Mariana tem 5 quilômetros. De acordo com o item **a**, ela conseguirá pagar a corrida com R$ 40,00?

17. Carlos vai comprar um terreno retangular para construir sua casa. Para executar o projeto que ele escolheu, esse terreno deverá ter, no mínimo, 330 m², com uma frente de 15 m de medida de comprimento.

a) Faça um esboço do terreno que Carlos deve comprar para conseguir executar o projeto que escolheu.

b) Carlos deve comprar um terreno com uma largura mínima medindo quantos metros?

18. Célia recebeu uma proposta de emprego. Com o salário oferecido, ela pretende se organizar da seguinte maneira:

- Gastar $\dfrac{1}{4}$ com alimentação.

- Gastar $\dfrac{2}{5}$ com a parcela do financiamento da casa.

- Reservar R$ 800,00 para lazer e roupas.

- Investir, no mínimo, R$ 488,00.

Para que Célia se organize dessa maneira, quanto, no mínimo, deve ser o novo salário?

19. Em um campeonato amador de basquete, cada time joga dez partidas. Para cada vitória, o time ganha 5 pontos, e, para cada derrota, perde 3 pontos. Não há empate pelas regras desse campeonato. Além disso, para serem classificados para a segunda fase, os times devem ter um mínimo de 26 pontos. Qual é o menor número de vitórias que um time deve obter para se classificar para a segunda fase?

20. Para fabricar x unidades de um produto, o preço de custo é $(2\,400,00 + 3,60x)$ reais, e o preço de venda de cada unidade é 10 reais. Quantas unidades precisam ser fabricadas e vendidas para que a fábrica obtenha lucro?

Retomar e compreender

1. Identifique quais das situações a seguir podem ser representadas por equações e quais podem ser representadas por inequações.

   a) Em certo município, o valor mínimo cobrado na conta de água em uma residência é R$ 95,00.

   b) A velocidade máxima que um veículo pode trafegar em uma via é 120 km/h.

   c) O preço de três pacotes de figurinhas é equivalente ao preço do álbum.

   d) O preço de quatro embalagens de 500 mL de amaciante é menor que o preço de uma embalagem com 2 L.

   e) A quantidade de lápis e de borrachas em uma prateleira é a mesma.

2. Quais são as principais diferenças e semelhanças entre as equações e as inequações do 1º grau com uma incógnita?

Aplicar

3. Cláudio junta latinhas de alumínio para reciclagem. Hoje, ele conseguiu juntar 35 latinhas. Adicionando a quantidade de latinhas que juntou nos dias anteriores, Cláudio conseguiu menos de 200 latinhas.

   a) Representando a quantidade de latinhas que Cláudio juntou nos dias anteriores por x, escreva uma sentença que represente essa situação.

   b) Podemos afirmar que a incógnita x só pode representar números naturais? Justifique.

   c) Resolva a inequação que você obteve no item a e determine quantas latinhas Cláudio pode ter juntado nos dias anteriores.

4. Observe a placa de indicação de capacidade máxima de um elevador.

Agora, faça o que se pede.

   a) Represente a capacidade desse elevador com uma inequação.

   b) Qual é a medida da massa média possível de um passageiro desse elevador?

5. Um edifício tem três pavimentos de garagem no subsolo, numerados por -3, -2 e -1. O térreo recebe o número 0 e os treze andares acima do térreo são numerados de 1 a 13, conforme mostra o esquema a seguir.

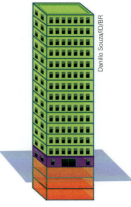

■ Andares de números 1 ao 13
■ Térreo
■ Andares do subsolo

O elevador desse edifício partiu de determinado andar, subiu cinco andares e parou em algum andar abaixo do andar número 9.

   a) Representando por y o número do andar em que o elevador estava antes do deslocamento, escreva uma inequação que represente essa situação.

   b) Quais números podem ser soluções dessa inequação?

   c) Em qual andar esse elevador poderia estar antes de subir os cinco andares?

6. Eric viajou para Porto Alegre. Chegando lá, resolveu alugar um carro por dois dias para conhecer melhor a cidade. Ele consultou o preço do aluguel de um carro da mesma categoria em duas locadoras.

   Veja o preço do aluguel do carro em cada locadora:

   - Locadora A: R$ 50,00 por dia, mais R$ 1,25 por quilômetro rodado.
   - Locadora B: R$ 100,00 por dia, com quilometragem livre.

   a) Na locadora B, Eric gastaria R$ 200,00 pelos dois dias. Na locadora A, quanto ele pagaria se rodasse um total de x quilômetros nos dois dias?

   b) Em que situação alugar o carro na locadora A é mais vantajoso que alugá-lo na locadora B?

EDUCAÇÃO FINANCEIRA

Vivendo na corda bamba

Muitas pessoas lidam com o dinheiro como se estivessem em uma corda bamba, ou seja, gastando mais do que ganham, não poupando para realizar sonhos ou para se proteger de imprevistos e endividando-se para alimentar um consumismo por vezes irresponsável e prejudicial à sua vida, à de suas famílias e até mesmo ao meio ambiente.

Um orçamento bem-feito pode nos ajudar a saber realmente quanto se gasta e como se gasta, a identificar desperdícios – como compras equivocadas ou desnecessárias –, a redefinir prioridades e a estudar a viabilidade de adotar novos hábitos de consumo, como trocar de marcas, entre outros.

O orçamento bem-feito também possibilita avaliar o impacto do aumento dos preços e dos salários nas finanças pessoais e da família. Quando, por exemplo, o aumento percentual das tarifas de energia elétrica, de água e esgoto, de telefone ou de transporte é maior que o aumento percentual dos salários da família, isso significa que a família vai passar a gastar um percentual maior do total que ganha. Assim, se sobrava algum dinheiro, agora talvez não sobre mais. E, se o dinheiro era suficiente, não será mais, caso a família mantenha os mesmos hábitos de consumo. Conhecer a diferença entre os percentuais de aumento do salário e dos preços é fundamental para ter um orçamento equilibrado, no qual a receita é maior ou igual às despesas.

Lembre-se! Um orçamento não faz milagres, mas a análise dele elucida muitas questões ao fornecer uma espécie de mapa das finanças.

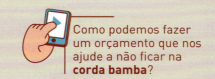

Como podemos fazer um orçamento que nos ajude a não ficar na **corda bamba**?

Explorando o tema

1. Observe a situação ilustrada e explique, com as suas palavras, o que a expressão "andar na corda bamba" tem a ver com Educação Financeira.

2. Um orçamento desequilibrado pode ter consequências ruins na vida de muitas pessoas. A Pesquisa de Endividamento e Inadimplência do Consumidor (Peic) traz dados sobre esse assunto. Veja alguns deles no quadro a seguir.

Percentual do total – Média anual / Ano	2016	2017	2018	2019	2020	2021
Famílias endividadas	60,2%	60,8%	60,3%	63,6%	66,5%	70,9%
Famílias com conta em atraso	24,2%	25,4%	24,0%	24,0%	25,5%	25,2%
Famílias sem condições de pagar as dívidas em atraso	9,2%	10,2%	9,7%	9,6%	11,0%	10,5%

Fonte de pesquisa: O perfil do endividamento das famílias brasileiras em 2021. Pesquisa CNC. Disponível em: https://static.poder360.com.br/2022/01/peic-cnc-2021.pdf. Acesso em: 16 mar. 2023.

a) Quais motivos podem levar famílias a atingirem as condições retratadas no quadro? Que relação pode existir entre os dados apresentados e orçamento familiar?

b) Supondo que, em 2021, tenha havido 12 milhões de famílias endividadas, quantas famílias brasileiras estavam, nesse mesmo ano, sem condições de pagar as dívidas em atraso, segundo os dados do quadro?

3. Considere que uma família tinha uma renda de R$ 2 000,00 por mês e gastava R$ 1 800,00, poupando R$ 200,00. Em um ano, os salários aumentaram 5% e os gastos, 10%, devido a vários aumentos de preço, como o de aluguel, de alimentação, de transporte e das tarifas de energia elétrica, água, telefone e gás. Que porcentagem do salário a família conseguia poupar antes dos aumentos? E depois?

4. **SABER SER** Muitas vezes, ter dívidas impacta não só a saúde financeira. Você já escutou falar que "quem está devendo perde o sono"? Além da insônia, o endividamento pode afetar o humor e causar outros transtornos. Junte-se a um colega e conversem sobre como esses problemas podem ser evitados.

191

INVESTIGAR

Arquitetura e Geometria

Para começar

Você costuma prestar atenção nas edificações de seu bairro? Já percebeu que em muitas construções é possível notar figuras geométricas, algumas consideradas obras de arte?

Nesta seção, você e os colegas vão fazer uma pesquisa sobre arquitetos que usam a Geometria em suas obras. Depois, a turma vai organizar uma exposição fotográfica, na escola, desses profissionais e as respectivas obras.

O problema

- Quais arquitetos têm o estilo marcado pelo destaque dado às formas e pelo uso das figuras geométricas em suas obras? Quais são essas obras?

A investigação

- **Prática de pesquisa:** pesquisa bibliográfica.
- **Instrumento de coleta:** levantamento de referências teóricas (livros, revistas e *sites*).

Materiais

- caderno e lápis
- livros e revistas
- canetas hidrográficas
- máquina fotográfica (pode ser de telefone celular)
- cartolina
- computador com acesso à internet e impressora

Procedimentos

Parte I – Planejamento

1. Faça uma busca sobre os arquitetos que dão destaque às figuras geométricas em suas obras.
2. No dia combinado com o professor e com os colegas, traga para a sala de aula a relação dos nomes de arquitetos que você encontrou. O professor vai escrevê-los na lousa e selecionar os mais citados.
3. A turma vai ser organizada em grupos. O professor fará um sorteio do nome de um arquiteto para cada grupo, que vai pesquisar mais informações sobre esse profissional.

Parte II – Coleta de dados

1. Cada grupo deve pesquisar, em livros, revistas e *sites,* a biografia do arquiteto, as principais características e as imagens de suas obras.
2. É importante que as fontes de pesquisa sejam confiáveis e que vocês:
    - verifiquem se o autor do texto é especializado no assunto;
    - priorizem os *sites* de instituições como museus e universidades e os do próprio arquiteto pesquisado.
3. Os integrantes do grupo devem anotar ou reproduzir todas as informações relevantes que encontrarem para a confecção de um cartaz.
4. No caso das fotografias, além de reproduzi-las, deve-se anotar o máximo de informações sobre cada uma: onde foi encontrada, nome e local da obra arquitetônica, ano da fotografia, nome do fotógrafo, etc.

Parte III – Organização e seleção de dados

1. Organizem os dados coletados pelo grupo, discutam o que encontraram sobre o arquiteto e elaborem itens com as principais informações sobre ele.

2. No caso das fotografias:
   - selecionem as que estão reproduzidas com maior qualidade, descartando as repetidas, as que não estiverem em bom estado e as que forem muito pequenas;
   - entre as imagens selecionadas, identifiquem e anotem as figuras geométricas que estão em evidência nas obras e se há proporção entre elas;
   - pesquisem se há alguma obra desse arquiteto no município onde moram. Se houver, verifiquem a possibilidade de observá-la e fotografá-la, acompanhados de um responsável.

Parte IV – Preparação da exposição

1. Digitem e reproduzam os dados biográficos e a lista com as principais características das obras do arquiteto que pesquisaram. Lembrem que o tamanho da fonte não deve ser pequeno, pois esse texto deve ser facilmente lido pelo público da exposição. Além disso, o texto deve ser atraente e não muito extenso, para facilitar a leitura e sobrar espaço na cartolina para as imagens e suas legendas.

2. Separem as fotografias selecionadas e escrevam as legendas. Em cada legenda, devem constar os dados da imagem e da obra e as figuras geométricas que a compõem.

3. Colem as fotografias das obras com as respectivas legendas na cartolina, abaixo do nome do arquiteto que as projetou. Em outro lugar, escrevam o nome dos integrantes do grupo e a respectiva turma.

Camila Anselme/ID/BR

Questões para discussão

1. Você teve dificuldade de encontrar fotos de obras arquitetônicas que dão destaque às figuras geométricas? Justifique.

2. Além das pesquisas bibliográfica e biográfica, você realizou a de campo? Em caso afirmativo, conte à turma como foi essa experiência.

3. Você sabia da relação entre arquitetura e Matemática ou se surpreendeu durante a pesquisa? Explique.

Comunicação dos resultados

Exposição fotográfica

Organizem o espaço da exposição de acordo com a quantidade de grupos. Cada grupo deve colar seu cartaz no espaço reservado para ele. A exposição deve conter a biografia do autor, a lista com as características da obra dele e as figuras geométricas representadas nela, no espaço indicado.

No dia da exposição, vocês vão falar aos visitantes sobre a pesquisa que realizaram. Agora, mãos à obra e boa exposição!

ATIVIDADES INTEGRADAS

Aplicar

1. As corridas de revezamento são provas realizadas geralmente por equipes com quatro integrantes que se revezam em trechos de um circuito.

   Quatro amigos vão participar de uma corrida de revezamento para atletas amadores. Como eles não possuem o mesmo condicionamento físico, decidiram correr trechos com distâncias diferentes. João correrá $\frac{1}{3}$ da prova, Pedro correrá $\frac{1}{5}$ da prova, Vítor correrá 3 quilômetros e Rafael correrá os 4 quilômetros restantes da prova.

   a) Represente essa situação usando os conhecimentos que você adquiriu nesta unidade.
   b) Qual é a medida do comprimento total do percurso?
   c) Quantos quilômetros João e Pedro terão de correr?

2. (Cesgranrio-RJ) José viaja 350 quilômetros para ir de carro de sua casa à cidade onde moram seus pais. Numa dessas viagens, após alguns quilômetros, ele parou para um cafezinho. A seguir, percorreu o triplo da quantidade de quilômetros que havia percorrido antes de parar. Quantos quilômetros ele percorreu após o café?

   a) 87,5   c) 262,5   e) 272,0
   b) 125,6   d) 267,5

Analisar e verificar

3. Veja como Lia fez para determinar um número desconhecido.

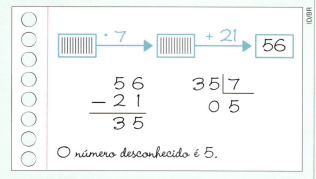

   Ao ver a resolução de Lia, um colega afirmou que é possível registrar, com equações, os cálculos feitos por ela. Observe como ele fez.

   Situação inicial: $n \cdot 7 + 21 = 56$

   Para determinar o valor do número multiplicado por 7, subtraí 21 de 56:
   $$n \cdot 7 = 56 - 21$$

   Logo: $n \cdot 7 = 35$

   Depois, para determinar o valor desconhecido, dividi 35 por 7:
   $$n = 35 : 7$$

   Logo: $n = 5$

   a) Compare os dois procedimentos e indique o que existe de parecido e de diferente entre eles.
   b) Qual dos dois métodos você escolheria para resolver a situação apresentada?

4. Leia o trecho da música a seguir.

   A velha a fiar

   Estava a velha em seu lugar
   Veio a mosca lhe fazer mal
   A mosca na velha e a velha a fiar

   Estava a mosca em seu lugar
   Veio a aranha lhe fazer mal
   A aranha na mosca, a mosca na velha
   e a velha a fiar

   Estava a aranha em seu lugar
   Veio o rato lhe fazer mal
   O rato na aranha, a aranha na mosca,
   a mosca na velha e a velha a fiar

   Estava o rato em seu lugar
   Veio o gato lhe fazer mal
   O gato no rato, o rato na aranha, a aranha na mosca, a mosca na velha e a velha a fiar

   Domínio público.

   A recursão é um conceito que não está presente apenas na Matemática, mas também em outras áreas do conhecimento. Com um colega, conversem e tentem identificar como a recursão está presente na letra dessa música.

Acompanhamento da aprendizagem

5. O problema a seguir é um conhecido desafio que deixa muitas pessoas intrigadas.

> Três amigas foram a um restaurante e gastaram, no total, R$ 30,00. Para facilitar o pagamento, cada uma delas deu uma nota de R$ 10,00. O garçom levou o dinheiro até o caixa, e o dono do restaurante disse o seguinte:
> — Como essas três moças são clientes antigas do restaurante, vou devolver a elas R$ 5,00.
> Então, o caixa entregou ao garçom cinco moedas de R$ 1,00, sendo duas moedas para o garçom e três para as moças. O garçom entregou uma moeda para cada moça. No final, cada uma das amigas pagou o seguinte:
> R$ 10,00 − R$ 1,00 = R$ 9,00
> Depois de ver quanto havia gastado, uma das amigas pensou:
> — Se cada uma de nós gastou R$ 9,00, o que nós três gastamos juntas foi R$ 27,00. Se o garçom ficou com R$ 2,00, temos:
> - Amigas: R$ 27,00
> - Garçom: R$ 2,00
> - Total: R$ 29,00
> Então, onde foi parar R$ 1,00?

Agora, tente solucionar esse desafio.

Veja uma **resolução** para essa atividade. Você a resolveria de outro modo?

6. (Enem) Um grupo de 50 pessoas fez um orçamento inicial para organizar uma festa, que seria dividido entre elas em cotas iguais. Verificou-se ao final que, para arcar com todas as despesas, faltavam R$ 510,00, e que 5 novas pessoas haviam ingressado no grupo. No acerto foi decidido que a despesa total seria dividida em partes iguais pelas 55 pessoas. Quem não havia ainda contribuído pagaria a sua parte, e cada uma das 50 pessoas do grupo inicial deveria contribuir com mais R$ 7,00. De acordo com essas informações, qual foi o valor da cota calculada no acerto final para cada uma das 55 pessoas?

a) R$ 14,00
b) R$ 17,00
c) R$ 22,00
d) R$ 32,00
e) R$ 57,00

7. O professor de Marcos pediu a ele que determinasse a única solução racional da seguinte equação:

$$\frac{5x - 4}{2x^2 + x + 2} = \frac{5x - 4}{x^2 + x + 1}$$

Para começar a resolver a equação, Marcos pensou o seguinte:
"Se as duas frações são iguais e os numeradores são iguais, então seus denominadores também são iguais".
Assim, Marcos igualou os denominadores e resolveu a equação da seguinte maneira:

$$2x^2 + x + 2 = x^2 + x + 1$$
$$2x^2 - x^2 + x - x = 1 - 2$$
$$x^2 = -1$$

Ao terminar, ele notou que a equação não tinha uma solução racional, como o professor havia dito.
Depois de apresentar sua resolução, o professor disse a Marcos que ele havia cometido um engano no desenvolvimento e que a equação tinha, sim, uma única solução racional.

Identifique onde está a falha no desenvolvimento de Marcos e justifique.

Criar

8. Em cada item a seguir, faça o que se pede.

a) Construa uma reta numérica horizontal e localize os números 3 e 8.
b) Os pontos que representam esses números estão localizados à direita ou à esquerda da origem?
c) Utilizando os sinais < e >, compare os números 3 e 8.
d) Multiplique esses números por −1 e localize os produtos na mesma reta numérica.
e) Os pontos que representam esses números estão localizados à direita ou à esquerda da origem?
f) Utilizando os sinais < e >, compare os números −3 e −8.
g) Observando a comparação entre 3 e 8 e entre −3 e −8, explique por que, ao multiplicar uma desigualdade ou uma inequação por um número negativo, seu sinal deve ser invertido.

CIDADANIA GLOBAL

UNIDADE 4

13 AÇÃO CONTRA A MUDANÇA GLOBAL DO CLIMA

Retomando o tema

Nesta unidade, você explorou algumas ideias que mostram como a escolha do meio de transporte que utilizamos pode contribuir para evitar a emissão de gases poluentes e, consequentemente, a mudança global do clima.

1. Retome a reflexão proposta na abertura desta unidade e faça uma lista com os possíveis aspectos que foram afetados com a decisão na família citada. Depois, verifique, no gráfico a seguir, a estimativa das taxas de gases poluentes evitadas no período de um ano pelo universo de ciclistas brasileiros, considerando a intensidade equivalente a automóveis particulares.

CO (monóxido de carbono)	NO (óxido nítrico)	NMHC (hidrocarbonetos não metanos)	MP (material particulado)	CH4 gás metano	CO_2 gás carbônico	RHCO aldeídos
E 36 608	E 4 992	E 832	E 1 664	E 832	E 1 879 488	E 832

E: taxa anual total de emissão do gás poluente evitada (tonelada/ano)

Fonte de pesquisa: *A economia da bicicleta no Brasil*. Inventário de Emissões Atmosféricas do Transporte Rodoviário de Passageiros no Município de São Paulo. Disponível em: https://observatoriodabicicleta.org.br/uploads/2020/01/Economia-da-Bicicleta-no-BR-Alian%C3%A7a-Bike-1.pdf. Acesso em: 16 mar. 2023.

2. Quando o gráfico acima foi elaborado, eram cerca de 8 320 000 ciclistas no Brasil. Considerando um único ciclista, quanto de CO_2 ele evitaria que fosse emitido em cinco anos?

Geração da mudança

Junte-se a dois colegas para buscar outros dados que os ajudem a analisar diferentes cenários de mudanças climáticas com relação a suas consequências. Depois, com os demais colegas da turma, organizem uma campanha de conscientização na escola. Usem como base as reflexões a seguir.

- Como a redução de gases poluentes afeta a saúde pública nacional?
- Quais atitudes o grupo pode tomar no dia a dia para contribuir para a redução dos gases do efeito estufa?

Autoavaliação

PROPORCIONALIDADE E PORCENTAGEM

UNIDADE 5

PRIMEIRAS IDEIAS

1. Você já ouviu falar de razão? E de proporção?
2. Foram feitas duas limonadas. A primeira, com 5 limões para 7 copos de água, e a segunda, com 10 limões para 14 copos de água. Qual delas ficou mais forte? Justifique.
3. Como você faria para calcular 60% de um valor?

Conhecimentos prévios

Nesta unidade, eu vou...

CAPÍTULO 1 — Razão e proporção

- Compreender o conceito de razão entre dois números.
- Conhecer o conceito de proporção e suas propriedades.
- Resolver e elaborar problemas que envolvam a ideia de números e grandezas diretamente ou inversamente proporcionais.
- Utilizar sentenças algébricas para expressar a relação de proporcionalidade entre duas grandezas.
- Compreender a ideia de variável, representada por letra, para expressar a relação entre duas grandezas e ser capaz de diferenciar a ideia de variável da ideia de incógnita.
- Reconhecer e utilizar a regra de três simples como estratégia para a resolução de situações-problema que envolvam proporcionalidade.
- Reconhecer alternativas sustentáveis de consumo de roupas para crianças e adolescentes.

CAPÍTULO 2 — Porcentagem

- Reconhecer porcentagem como a razão entre um número racional qualquer e 100.
- Resolver e elaborar problemas que envolvam porcentagens em diferentes contextos utilizando diversas estratégias.
- Reconhecer que alguns cuidados podem aumentar a durabilidade de um calçado, reduzindo o consumo.

EDUCAÇÃO FINANCEIRA

- Compreender as ideias de juro e de taxa de juro em situações de empréstimo de dinheiro.
- Relacionar o conceito de juro ao consumo responsável e ao planejamento estratégico.

CIDADANIA GLOBAL

- Compreender que a economia circular e a moda sustentável podem reduzir os impactos da indústria da moda no meio ambiente.

LEITURA DA IMAGEM

1. Você percebe algo de curioso na imagem?
2. Que termo podemos usar para comparar a medida do pé da criança com a medida do tênis que ela está usando?
3. Você já ouviu a expressão "fora de proporção"? O que acha que ela significa? Será que ela poderia se relacionar com a situação retratada pela fotografia?

CIDADANIA GLOBAL

12 CONSUMO E PRODUÇÃO RESPONSÁVEIS

A indústria da moda é uma das que mais geram resíduos e uma das mais poluentes do mundo. No Brasil, cerca de 4 milhões de toneladas de lixo têxtil são descartados nos lixões e aterros sanitários todos os anos, como roupas velhas, retalhos das indústrias de confecção e resíduos de móveis.

- Como podemos reduzir os impactos negativos da indústria da moda?

Ao longo desta unidade, reflita sobre esse questionamento!

O que podemos fazer para contribuir para a redução do **descarte de tecidos**?

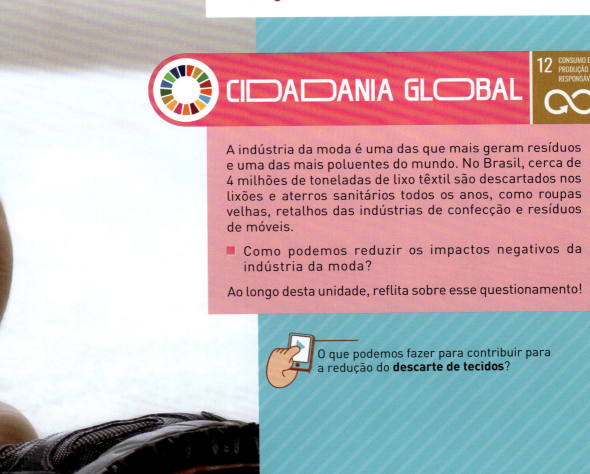

Criança usando tênis e boné de um adulto.

CAPÍTULO 1
RAZÃO E PROPORÇÃO

RAZÃO

Nas Olimpíadas de Tóquio 2020 foram distribuídas 1 080 medalhas. O Brasil ficou na 12ª colocação entre os países participantes, obtendo 21 medalhas no total, distribuídas da seguinte maneira:

 7 de ouro   6 de prata   8 de bronze

Veja como podemos comparar a quantidade de medalhas conquistadas pelo Brasil em relação ao total de medalhas distribuídas.

total de medalhas conquistadas pelo Brasil ⟶ $\dfrac{21}{1\,080}$ ⟵ total de medalhas distribuídas

▼ Cerimônia de abertura dos Jogos Olímpicos de Tóquio 2020, no Japão. Foto de 2021.

Quando comparamos dois números por meio de uma divisão, o quociente dessa divisão é chamado de **razão**. Assim, dizemos que a razão entre o número total de medalhas conquistadas pelo Brasil em relação ao número total de medalhas distribuídas nas Olimpíadas de 2020 é $\frac{21}{1\,080}$.

> A razão entre dois números a e b, com $b \neq 0$, nessa ordem, é o quociente de a por b. Essa razão é indicada por $\frac{a}{b}$ ou $a : b$ (lê-se: "razão de a para b" ou "a para b").

Uma razão pode ser expressa usando números na forma fracionária ou na forma decimal.

O primeiro termo de uma razão é chamado de **antecedente**, e o segundo termo é chamado de **consequente**. Veja um exemplo.

antecedente ⟶ $\frac{3}{4}$ ⟵ consequente

Exemplo

Na turma de Marcos, 18 dos 24 estudantes moram no mesmo bairro da escola. Podemos comparar a quantidade de estudantes que moram no mesmo bairro da escola em relação ao total de estudantes por meio de uma razão.

número de estudantes da turma que moram no mesmo bairro da escola ⟶ $\frac{18}{24}$ ⟵ total de estudantes da turma

Podemos escrever uma fração equivalente a esta.

$$\frac{18}{24} \xrightarrow{:6} \frac{3}{4}$$

Também podemos escrever essa razão na forma decimal.

$$\frac{3}{4} = 3 : 4 = 0{,}75$$

Assim, a razão entre a quantidade de estudantes da turma que moram no mesmo bairro da escola e o total de estudantes da turma é $\frac{18}{24}$ ou $\frac{3}{4}$ ou, ainda, 0,75.

ATIVIDADES

Retomar e compreender

1. Determine a razão entre o primeiro e o segundo números na forma fracionária e na forma decimal.
   a) 1 e 2
   b) 5 e 4
   c) 3 e 9
   d) 10 e 40

2. Escreva como se leem as razões a seguir.
   a) $\frac{2}{3}$
   b) $\frac{3}{5}$
   c) $\frac{1}{10}$
   d) $\frac{8}{85}$

3. Identifique o antecedente e o consequente das razões a seguir. Depois, escreva as razões na forma decimal.
   a) $\frac{6}{8}$
   b) $\frac{21}{14}$
   c) $\frac{16}{40}$
   d) $\frac{36}{72}$
   e) $\frac{17}{68}$
   f) $\frac{21}{105}$
   g) $\frac{55}{110}$
   h) $\frac{81}{216}$
   i) $\frac{50}{20}$

PROPORÇÃO

Daniel e Maria participaram de um jogo de basquete. Daniel acertou 6 dos 10 arremessos que fez e Maria acertou 9 dos 15 arremessos que fez.

Vamos calcular a razão entre a quantidade de acertos e a quantidade total de arremessos dos dois amigos.

- Daniel

$$\frac{\text{quantidade de acertos}}{\text{quantidade total de arremessos}} = \frac{6}{10} = \frac{3}{5}$$

(: 2)

- Maria

$$\frac{\text{quantidade de acertos}}{\text{quantidade total de arremessos}} = \frac{9}{15} = \frac{3}{5}$$

(: 3)

Observe que, ao simplificar as razões, obtivemos a mesma fração: $\frac{3}{5}$. Assim, dizemos que as razões $\frac{6}{10}$ e $\frac{9}{15}$ formam uma **proporção**.

> Quatro números não nulos a, b, c e d, nessa ordem, formam uma proporção quando:
>
> $$\frac{a}{b} = \frac{c}{d}$$
>
> Lê-se: "a está para b, assim como c está para d".
>
> Também podemos representar a proporção $\frac{a}{b} = \frac{c}{d}$ por $a : b = c : d$.

Exemplo

O professor Antônio escreveu as razões $\frac{12}{15}$ e $\frac{4}{3}$ na lousa e pediu a Renato que verificasse se essas razões formam uma proporção. Depois, escreveu as razões $\frac{4}{3}$ e $\frac{12}{9}$ e pediu a Débora que verificasse se essas razões formam uma proporção. Veja como eles fizeram para verificar.

Simplifiquei a fração $\frac{12}{15}$ e comparei com a fração $\frac{4}{3}$.

$$\frac{12}{15} = \frac{4}{5}$$

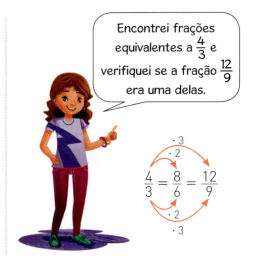

Encontrei frações equivalentes a $\frac{4}{3}$ e verifiquei se a fração $\frac{12}{9}$ era uma delas.

$$\frac{4}{3} = \frac{8}{6} = \frac{12}{9}$$

$\frac{4}{5} \neq \frac{4}{3}$

Então, as razões $\frac{12}{15}$ e $\frac{4}{3}$ não formam uma proporção.

$\frac{4}{3} = \frac{12}{9}$

Então, as razões $\frac{4}{3}$ e $\frac{12}{9}$ formam uma proporção.

Qual é a diferença entre os conceitos de **razão** e **proporção**?

Em uma proporção do tipo $\frac{a}{b} = \frac{c}{d}$, com a, b, c e d não nulos, os números a e d são denominados **extremos** da proporção, e os números b e c são denominados **meios** da proporção.

$$\frac{a}{b} = \frac{c}{d} \quad \text{ou} \quad a:b = c:d$$

Propriedade fundamental das proporções

Considere quatro números não nulos a, b, c e d, de modo que eles formem a proporção $\frac{a}{b} = \frac{c}{d}$. Vamos verificar uma relação nessa proporção.

$$\frac{a}{b} = \frac{c}{d}$$

$$\frac{a}{b} \cdot bd = \frac{c}{d} \cdot bd \quad \text{multiplicamos os dois lados da igualdade por } bd$$

$$ad = bc$$

Observe que o produto dos extremos (ad) é igual ao produto dos meios (bc). Isso ocorre em todas as proporções.

> Em toda proporção, o produto dos extremos é igual ao produto dos meios. Ou seja, dados quatro números a, b, c e d não nulos, de modo que eles formem a proporção $\frac{a}{b} = \frac{c}{d}$, temos:
> $$a \cdot d = b \cdot c$$
> Essa propriedade é chamada de **propriedade fundamental das proporções**.

Exemplos

A. Vamos verificar se as razões $\frac{2}{10}$ e $\frac{3}{15}$ formam uma proporção.

Utilizando a propriedade fundamental das proporções, temos:

$$\frac{2}{10} = \frac{3}{15} \qquad 2 \cdot 15 = 3 \cdot 10$$
$$30 = 30$$

Como o produto dos extremos é igual ao produto dos meios, dizemos que as razões $\frac{2}{10}$ e $\frac{3}{15}$ formam uma proporção.

B. Vamos determinar o valor de y na proporção $\frac{3}{2} = \frac{y}{46}$.

$$\frac{3}{2} = \frac{y}{46} \quad \text{propriedade fundamental das proporções}$$
$$3 \cdot 46 = 2 \cdot y$$
$$138 = 2y$$
$$\frac{138}{2} = y$$
$$69 = y$$

C. Alfredo contratou 6 pedreiros para construir um muro de 34 m². Se todos os pedreiros trabalham no mesmo ritmo, de quantos pedreiros ele vai precisar para construir um muro de 102 m² no mesmo prazo?

Como os pedreiros trabalham no mesmo ritmo, a razão entre o número de pedreiros e a quantidade de muro que eles constroem no mesmo prazo é constante. Assim, podemos escrever a seguinte proporção:

$$\frac{6}{34} = \frac{x}{102} \quad \text{propriedade fundamental das proporções}$$
$$6 \cdot 102 = 34 \cdot x$$
$$612 = 34x$$
$$\frac{612}{34} = x$$
$$18 = x$$

Portanto, Alfredo precisará de 18 pedreiros para construir um muro de 102 m² no mesmo prazo.

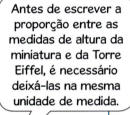

Antes de escrever a proporção entre as medidas de altura da miniatura e da Torre Eiffel, é necessário deixá-las na mesma unidade de medida.

D. A Torre Eiffel, em Paris, na França, tem cerca de 320 metros de medida de altura. Juliana montou uma miniatura da Torre Eiffel de modo que cada 1 centímetro da miniatura corresponda a 800 centímetros da Torre Eiffel. Qual é a medida da altura da miniatura?

As medidas da altura da Torre Eiffel e da altura da miniatura (x) devem ser proporcionais. Como 320 m corresponde a 32 000 cm, temos:

$$\frac{1}{800} = \frac{\text{medida da altura da miniatura}}{\text{medida da altura da Torre Eiffel}}$$

$$\frac{1}{800} = \frac{x}{32\,000} \quad \text{propriedade fundamental das proporções}$$
$$800 \cdot x = 1 \cdot 32\,000$$
$$800 \cdot x = 32\,000$$
$$x = \frac{32\,000}{800}$$
$$x = 40$$

Portanto, a medida da altura da miniatura é 40 cm.

ATIVIDADES

Retomar e compreender

4. Escreva como se lê cada proporção a seguir e identifique seus extremos e seus meios.

a) $\frac{2}{5} = \frac{4}{10}$ c) $\frac{4}{3} = \frac{20}{15}$

b) $\frac{1}{7} = \frac{3}{21}$ d) $\frac{10}{25} = \frac{6}{15}$

5. Verifique se as razões a seguir formam uma proporção.

a) $\frac{9}{3}$ e $\frac{12}{4}$ c) $\frac{0,5}{0,4}$ e $\frac{2}{4}$

b) $\frac{15}{8}$ e $\frac{18}{6}$ d) $\frac{50}{30}$ e $\frac{15}{9}$

6. Determine o valor desconhecido nas proporções a seguir.

a) $\frac{3,4}{1,7} = \frac{80}{n}$ c) $\frac{2x}{5} = \frac{16}{5}$

b) $\frac{m}{35} = \frac{70}{5}$ d) $\frac{2a - 6}{2,3 - a} = \frac{4}{6}$

7. Em quais das proporções a seguir o valor de x é 7?

a) $\frac{1}{3} = \frac{x}{21}$ c) $\frac{x}{10} = \frac{70}{100}$

b) $\frac{2}{5} = \frac{x}{20}$ d) $\frac{x}{8} = \frac{49}{56}$

Outras propriedades das proporções

Vamos estudar outras duas propriedades das proporções.

1ª propriedade

Dados a, b, c e d não nulos, temos que:
- se $\frac{a}{b} = \frac{c}{d}$, então: $\frac{a+b}{a} = \frac{c+d}{c}$ e $\frac{a+b}{b} = \frac{c+d}{d}$
- se $\frac{a}{b} = \frac{c}{d}$, então: $\frac{a-b}{a} = \frac{c-d}{c}$ e $\frac{a-b}{b} = \frac{c-d}{d}$

PARA EXPLORAR

Matemática na cozinha. Série *Matemática em toda parte*, da TV Escola. O vídeo mostra como as receitas são pensadas, usando a quantidade correta de ingredientes. Além disso, discute termos como razão e proporção. Disponível em: https://www.youtube.com/watch?v=gbb1hS4rQLE. Acesso em: 10 maio 2023.

Exemplo

André prepara suco concentrado na seguinte razão: para cada 6 partes de água, acrescenta 1 parte de suco concentrado. O reservatório que armazena o suco pronto tem capacidade para 84 litros e está completamente cheio. Quantos litros de água há no reservatório?

Indicando por x a quantidade de litros de suco concentrado e por y a quantidade de litros de água no reservatório, temos $x + y = 84$ (volume total de suco pronto no reservatório).

Escrevendo a razão entre a quantidade de litros de suco concentrado e a quantidade de litros de água nesse reservatório e igualando as duas razões para formar uma proporção, temos:

$$\frac{x}{y} = \frac{1}{6}$$

Como sabemos o valor de $x + y$, podemos encontrar o valor de y aplicando a 1ª propriedade das proporções:

$$\frac{x}{y} = \frac{1}{6}$$
$$\frac{x+y}{y} = \frac{1+6}{6} \quad \text{— 1ª propriedade das proporções}$$
$$\frac{84}{y} = \frac{7}{6} \quad \text{— propriedade fundamental das proporções}$$
$$y \cdot 7 = 84 \cdot 6$$
$$y \cdot 7 = 504$$
$$y = \frac{504}{7}$$
$$y = 72$$

Portanto, do total de 84 litros de suco no reservatório, há 72 litros de água.

ATIVIDADES

Retomar e compreender

8. Se $\frac{a}{b} = \frac{2}{3}$, calcule as razões a seguir.

   a) $\frac{a+b}{a}$
   b) $\frac{a+b}{b}$
   c) $\frac{a-b}{a}$
   d) $\frac{a-b}{b}$

Aplicar

9. Sabendo que $x + y = 15$, determine x e y na proporção $\frac{x}{y} = \frac{3}{6}$.

2ª propriedade

Dados a, b, c e d não nulos, temos que:

- se $\dfrac{a}{b} = \dfrac{c}{d}$, então: $\dfrac{a+c}{b+d} = \dfrac{a}{b} = \dfrac{c}{d}$
- se $\dfrac{a}{b} = \dfrac{c}{d}$, então: $\dfrac{a-c}{b-d} = \dfrac{a}{b} = \dfrac{c}{d}$

Exemplo

Antônio, Bruno e Camila abriram juntos uma empresa e investiram R$ 5 000,00, R$ 7 000,00 e R$ 8 000,00, respectivamente. Depois de certo tempo, eles obtiveram um lucro de R$ 4 200,00. A cada sócio coube uma parte do lucro proporcional ao investimento. Quanto cada um deles recebeu do lucro?

Indicando por a o valor que Antônio recebeu, por b o valor que Bruno recebeu e por c o valor que Camila recebeu, temos a seguinte proporção:

$$\frac{a}{5\,000} = \frac{b}{7\,000} = \frac{c}{8\,000}$$

Como sabemos que $a + b + c = 4\,200$, podemos aplicar a 2ª propriedade das proporções:

$$\frac{a}{5\,000} = \frac{b}{7\,000} = \frac{c}{8\,000} = \frac{a+b+c}{5\,000+7\,000+8\,000}$$

$$\frac{a}{5\,000} = \frac{b}{7\,000} = \frac{c}{8\,000} = \frac{4\,200}{20\,000} = \frac{21}{100}$$

Assim:

- Antônio

  $\dfrac{a}{5\,000} = \dfrac{21}{100}$

  $a \cdot 100 = 5\,000 \cdot 21$

  $100a = 105\,000$

  $a = \dfrac{105\,000}{100}$

  $a = 1\,050$

- Bruno

  $\dfrac{b}{7\,000} = \dfrac{21}{100}$

  $b \cdot 100 = 7\,000 \cdot 21$

  $100b = 147\,000$

  $b = \dfrac{147\,000}{100}$

  $b = 1\,470$

- Camila

  $\dfrac{c}{8\,000} = \dfrac{21}{100}$

  $c \cdot 100 = 8\,000 \cdot 21$

  $100c = 168\,000$

  $c = \dfrac{168\,000}{100}$

  $c = 1\,680$

Antônio recebeu R$ 1 050,00; Bruno, R$ 1 470,00; e Camila, R$ 1 680,00.

ATIVIDADES

Retomar e compreender

10. Use as informações para determinar os valores de a e b em cada item.

a) $a + b = 28$; $\dfrac{a}{5} = \dfrac{b}{3} = \dfrac{a+b}{5+3}$

b) $a - b = 182$; $\dfrac{a}{10} = \dfrac{b}{3} = \dfrac{a-b}{10-3}$

Aplicar

11. Ana, Lucas e Liz investiram em uma sociedade R$ 6 000,00, R$ 10 000,00 e R$ 4 000,00, respectivamente. Com a decisão de encerrar a sociedade, resolveram distribuir proporcionalmente o prejuízo de R$ 4 000,00 entre os sócios. Qual foi o prejuízo de cada sócio após o encerramento da sociedade? Com quanto dinheiro cada um ficou depois que a sociedade foi desfeita?

SEQUÊNCIAS DIRETAMENTE OU INVERSAMENTE PROPORCIONAIS

Considere as sequências a seguir.

$$2, 3, 4 \qquad 4, 6, 8$$

Veja como podemos calcular as razões entre os termos correspondentes nas duas sequências.

$$\frac{2}{4} = \frac{1}{2} \qquad \frac{3}{6} = \frac{1}{2} \qquad \frac{4}{8} = \frac{1}{2}$$

Como as razões entre os termos correspondentes nas duas sequências são sempre iguais, dizemos que os termos da primeira sequência são **diretamente proporcionais** aos termos da segunda sequência. A razão entre os termos correspondentes nas duas sequências é chamada de **razão** ou **fator de proporcionalidade**. Nesse exemplo, dizemos que $\frac{1}{2}$ é a razão de proporcionalidade.

> Os números não nulos da sequência $(a_1, a_2, ..., a_n)$ são **diretamente proporcionais** aos números não nulos correspondentes da sequência $(b_1, b_2, ..., b_n)$ quando:
> $$\frac{a_1}{b_1} = \frac{a_2}{b_2} = ... = \frac{a_n}{b_n} = k$$
> em que k é a razão ou o fator de proporcionalidade.

Agora, considere estas outras sequências.

$$1, 2, 4 \qquad 8, 4, 2$$

Ao calcular as razões entre um termo da primeira sequência e o inverso do termo correspondente na segunda sequência, obtemos sempre o mesmo valor. Veja.

$$\frac{1}{\frac{1}{8}} = 8 \qquad \frac{2}{\frac{1}{4}} = 8 \qquad \frac{4}{\frac{1}{2}} = 8$$

Dizemos que os termos da primeira sequência são **inversamente proporcionais** aos termos da segunda sequência. A razão entre os termos da primeira sequência e os inversos dos termos correspondentes da segunda sequência é chamada de **razão** ou **fator de proporcionalidade**. Nesse exemplo, dizemos que 8 é a razão de proporcionalidade.

Observe que o produto dos termos correspondentes nas duas sequências também é sempre o mesmo.

$$1 \cdot 8 = 8 \qquad 2 \cdot 4 = 8 \qquad 4 \cdot 2 = 8$$

> Os números não nulos da sequência $(a_1, a_2, ..., a_n)$ são **inversamente proporcionais** aos números não nulos correspondentes da sequência $(b_1, b_2, ..., b_n)$ quando:
> $$\frac{a_1}{\frac{1}{b_1}} = \frac{a_2}{\frac{1}{b_2}} = ... = \frac{a_n}{\frac{1}{b_n}} = k \quad \text{ou} \quad a_1 \cdot b_1 = a_2 \cdot b_2 = ... = a_n \cdot b_n = k$$
> em que k é a razão ou o fator de proporcionalidade.

GRANDEZAS DIRETAMENTE OU INVERSAMENTE PROPORCIONAIS

Grandeza é tudo o que pode ser medido ou contado. Massa, comprimento, tempo, área, volume, velocidade e temperatura são alguns exemplos de grandezas.

No dia a dia, são frequentes as situações que envolvem duas ou mais grandezas, e algumas vezes é possível perceber relações entre os valores dessas grandezas.

Acompanhe as situações a seguir, nas quais vamos investigar algumas dessas relações.

Situação 1

Uma impressora imprime 100 folhas em 5 minutos. Considerando que o rendimento dessa impressora se mantenha constante, ela imprimirá 200 folhas em 10 minutos, 300 folhas em 15 minutos, 400 folhas em 20 minutos, e assim por diante.

Dizemos que essas grandezas são **diretamente proporcionais**, pois, ao dobrar a quantidade de folhas a serem impressas, a medida de tempo também dobra; ao triplicar a quantidade de folhas a serem impressas, a medida de tempo também triplica; e assim por diante.

Note que a razão entre os valores correspondentes de cada uma das grandezas é sempre a mesma.

$$\frac{\text{quantidade de folhas}}{\text{tempo gasto}} = \frac{100}{5} = \frac{200}{10} = \frac{300}{15} = \frac{400}{20} = 20$$

Desse modo, sendo x o valor correspondente à quantidade de folhas e y o valor correspondente à medida de tempo, podemos escrever:

$$\frac{x}{y} = 20 \quad \text{ou} \quad x = 20y$$

Observe que utilizamos as letras x e y para expressar a relação entre as duas grandezas. Além disso, perceba que essas variáveis dependem uma da outra. Ou seja, ao atribuir um valor para uma delas, conseguimos determinar o valor da outra.

> Duas grandezas são **diretamente proporcionais** quando a razão entre os valores correspondentes das duas grandezas é sempre a mesma.

Situação 2

Um trem com velocidade de 100 quilômetros por hora leva 12 horas para percorrer certa distância. Se a velocidade do trem fosse de 200 quilômetros por hora, ele levaria 6 horas para percorrer a mesma distância; se fosse de 300 quilômetros por hora, levaria 4 horas; se fosse de 400 quilômetros por hora, levaria 3 horas; e assim por diante.

Dizemos que essas grandezas são **inversamente proporcionais**, pois, ao dobrarmos a medida da velocidade, a medida do tempo diminui pela metade; ao triplicarmos a medida da velocidade, a medida do tempo será reduzida à terça parte; e assim sucessivamente.

Medida da velocidade (em quilômetro por hora)	100	200	300	400
Medida do tempo (em hora)	12	6	4	3

Note que a razão entre a medida de uma das grandezas e o inverso da medida correspondente da outra grandeza é sempre a mesma.

$$\frac{\text{velocidade}}{\frac{1}{\text{tempo}}} = \frac{100}{\frac{1}{12}} = \frac{200}{\frac{1}{6}} = \frac{300}{\frac{1}{4}} = \frac{400}{\frac{1}{3}} = 1\,200$$

Assim, sendo x a medida correspondente à grandeza velocidade e y a medida correspondente à grandeza tempo, temos:

$$\frac{x}{\frac{1}{y}} = 1\,200 \quad \text{ou} \quad x = 1\,200 \cdot \frac{1}{y} \quad \text{ou} \quad x = \frac{1\,200}{y}$$

> Duas grandezas são **inversamente proporcionais** quando a razão entre os valores da primeira grandeza e os inversos dos valores correspondentes da segunda grandeza é sempre a mesma.

Situação 3

De acordo com a Organização Mundial da Saúde (OMS), um menino de 6 anos mede, em média, 116,0 cm de altura; um menino de 7 anos, 121,7 cm; e um menino de 8 anos, 127,3 cm.

Ao observar as medidas das grandezas idade e altura, é possível notar que ambas aumentam. Mas será que esse aumento é diretamente proporcional? Vamos verificar.

$$\frac{6}{116,0} \ne \frac{7}{121,7} \ne \frac{8}{127,3} \qquad 0,051... \ne 0,057... \ne 0,062...$$

Como a razão entre as medidas correspondentes de cada uma das grandezas não é sempre a mesma, as grandezas idade e altura não são proporcionais.

CIDADANIA GLOBAL

ESTIRÃO NA PUBERDADE

O início e a velocidade do crescimento variam de indivíduo para indivíduo. Mas nos meninos ocorre em média entre 9 e 14 anos (fase intermediária da puberdade), quando eles crescem de 10 a 12 cm ao ano. Nas meninas, entre 8 e 13 anos (fase inicial da puberdade), o crescimento é de 8 a 10 cm por ano.

Daniela Dariano. O que é o estirão do crescimento e por que as consultas médicas precisam ser mais frequentes na puberdade. *Extra*, Rio de Janeiro, 17 nov. 2020. Disponível em: https://extra.globo.com/mulher/resenhando-mae-de-adolescente/o-que-o-estirao-do-crescimento-por-que-as-consultas-medicas-precisam-ser-mais-frequentes-na-puberdade-24735811.html. Acesso em: 10 maio 2023.

- Como praticar o consumo sustentável de roupas durante o desenvolvimento de crianças e adolescentes?

Situação 4

Veja a sequência de quadrados a seguir.

  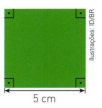

2 cm   3 cm   5 cm

O quadro a seguir relaciona a medida dos lados de cada quadrado à medida de sua área.

Medida do lado (em cm)	Medida da área (em cm²)
2	4
3	9
5	25

Observe que as medidas das duas grandezas aumentam de uma linha para a outra. Mas será que esse aumento é proporcional? Vamos calcular as razões entre a medida do lado do quadrado e a medida de sua área e verificar o que acontece.

$$\frac{2}{4} \neq \frac{3}{9} \neq \frac{5}{25} \qquad 0,5 \neq 0,333... \neq 0,2$$

Portanto, a medida do lado de um quadrado e a medida de sua área não são proporcionais.

PARE E REFLITA

Reúna-se com um colega. Usando as figuras da situação **4**, verifiquem se a medida do lado do quadrado e a medida de seu perímetro são proporcionais.

ATIVIDADES

Retomar e compreender

12. Verifique se os números da primeira sequência são direta ou inversamente proporcionais aos números da segunda sequência. Depois, determine a constante de proporcionalidade.

a) (1, 3, 5, 7) e (20, 60, 100, 140).
b) (2, 3, 7, 9) e (63, 42, 18, 14).
c) (5, 8, 10, 11) e (88, 55, 44, 40).
d) (1,5; 3,0; 4,5) e (3, 6, 9).

13. Identifique qual par de grandezas a seguir é inversamente proporcional.

a) O tempo para colher frutas em um pomar e o número de pessoas que farão a colheita, todas as pessoas com a mesma produtividade.
b) A quantidade de farinha para fazer um bolo e a quantidade de bolos.
c) A quantidade de músicos tocando uma mesma música e o tempo gasto para tocar a música.

Aplicar

14. A fábrica em que Diego trabalha produz 400 barras de chocolate em 5 horas. Considerando que o rendimento da produção seja constante:

a) quanto tempo será necessário para produzir 600 barras?
b) quantas barras de chocolate serão produzidas em duas horas?
c) o tempo e o número de barras de chocolate são direta ou inversamente proporcionais? Explique como você chegou a essa conclusão.

15. Um concurso ofereceu um prêmio no valor de R$ 2 600,00 para os três primeiros candidatos que conseguissem resolver um desafio. O prêmio foi dividido entre os vencedores em partes inversamente proporcionais ao tempo que cada um deles gastou para solucionar o desafio. Com um colega, calculem o prêmio que coube a cada um dos vencedores, sabendo que o primeiro colocado levou 8 minutos para resolver o desafio; o segundo, 12 minutos; e o terceiro, 16 minutos.

REGRA DE TRÊS

Muitas situações que envolvem grandezas diretamente ou inversamente proporcionais podem ser resolvidas de maneira prática com um procedimento chamado **regra de três.**

Esse procedimento é, na verdade, um processo prático para resolver problemas de proporcionalidade que envolvem quatro valores, dos quais conhecemos apenas três. O outro valor, a incógnita, é determinado com base nos outros três já conhecidos.

As situações a seguir foram resolvidas usando esse procedimento. Vamos analisá-las.

Situação 1

Para a reforma de sua casa, Otávio comprou 12 metros de fio por R$ 25,00. Alguns dias depois, voltou à loja de materiais de construção para comprar mais 42 metros desse fio. Sabendo que o preço do metro do fio não teve alteração, quanto Otávio gastou na segunda compra?

A quantidade de fio e o preço a ser pago são grandezas diretamente proporcionais, pois a quantidade de fio comprada e o preço a ser pago por essa quantidade variam na mesma razão.

Indicando por x o preço a ser pago por 42 metros de fio, podemos organizar as informações da situação em um quadro. Veja.

	Quantidade de fio (em metro)	Preço a ser pago (em real)
primeira compra →	12	25
segunda compra →	42	x

Como as grandezas são diretamente proporcionais, podemos escrever a seguinte proporção:

$$\frac{12}{42} = \frac{25}{x}$$

razão entre as quantidades de fios — razão entre os preços

De acordo com a propriedade fundamental das proporções, temos:

$$\frac{12}{42} = \frac{25}{x}$$
$$12 \cdot x = 42 \cdot 25$$
$$12x = 1050$$
$$x = \frac{1050}{12}$$
$$x = 87,5$$

Portanto, Otávio gastou R$ 87,50 na segunda compra.

211

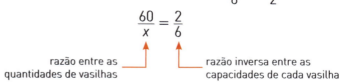

Reservatório a ser enchido
Vasilha de 6 litros
Vasilha de 2 litros

Situação 2

Para encher um reservatório, são necessárias 60 vasilhas de 6 litros cada uma. Se forem usadas vasilhas de 2 litros cada uma, quantas delas serão necessárias para encher esse mesmo reservatório?

A quantidade de vasilhas necessárias para encher o reservatório e a capacidade de cada uma delas são grandezas inversamente proporcionais, pois a quantidade de vasilhas e a medida da capacidade de cada vasilha variam na razão inversa.

Indicando por *x* a quantidade de vasilhas, podemos construir o seguinte quadro:

Quantidade de vasilhas	Medida da capacidade de cada vasilha (em litro)
60	6
x	2

Como as grandezas são inversamente proporcionais, podemos escrever a seguinte proporção:

$$\frac{60}{\frac{1}{6}} = \frac{x}{\frac{1}{2}}$$

Agora, usamos a propriedade fundamental das proporções para resolver a equação:

$$60 \cdot \frac{1}{2} = \frac{1}{6} \cdot x$$

$$30 = \frac{x}{6}$$

$$30 \cdot 6 = x$$

$$180 = x$$

Outra maneira de escrever a proporção $\frac{60}{\frac{1}{6}} = \frac{x}{\frac{1}{2}}$ é:

$$\frac{60}{x} = \frac{2}{6}$$

razão entre as quantidades de vasilhas — razão inversa entre as capacidades de cada vasilha

Nesse caso, de acordo com a propriedade fundamental das proporções, temos:

$$60 \cdot 6 = x \cdot 2$$

$$360 = 2x$$

$$\frac{360}{2} = x$$

$$180 = x$$

Portanto, serão necessárias 180 vasilhas de 2 litros para encher o reservatório.

> **PARA EXPLORAR**
>
> ***Uma proporção ecológica***, de Luzia Faraco Ramos. São Paulo: Ática, 2008 (Coleção A Descoberta da Matemática).
>
> Por meio do tema reciclagem, esse livro trabalha com os conceitos de razão, proporção, regra de três e porcentagem.

Você percebeu que para resolver as situações anteriores seguimos praticamente os mesmos passos?

- Construímos um quadro agrupando as grandezas de mesma espécie nas mesmas colunas e mantivemos na mesma linha as grandezas de espécies diferentes correspondentes.
- Analisamos a situação para verificar se ela trata de uma situação direta ou inversamente proporcional.
- Para finalizar, escrevemos a proporção e, utilizando a propriedade fundamental das proporções, resolvemos a equação.

ATIVIDADES

Aplicar

16. Na época da copa do mundo, Joaquim comprou figurinhas para colar em seu álbum. Na banca de jornal perto da casa dele, 6 pacotes de figurinhas custavam R$ 24,00. Quanto Joaquim pagou ao comprar 14 pacotes do mesmo tipo?

17. Carol é artesã de uma comunidade quilombola e produz 15 peças iguais de cerâmica a cada semana trabalhada. Com base nessas informações e sabendo que a produção se manteve constante, faça o que se pede em cada item.

a) Complete o quadro a seguir.

Quantidade de semanas trabalhadas	Quantidade de peças produzidas
1	15
2	
3	
4	
5	
7	

b) As grandezas representadas nesse quadro são direta ou inversamente proporcionais?

c) Quantas semanas serão necessárias para Carol produzir 300 peças?

d) Quantas peças Carol consegue produzir em 12 semanas?

18. Adriano preparou um churrasco para 40 pessoas e verificou, com base em sua experiência, que a comida era suficiente para 6 horas de festa. No entanto, chegaram 8 pessoas a mais que o previsto. Determine quantas horas durará a comida, supondo que todas as pessoas consumam a mesma quantidade de comida.

19. A tripulação de um navio é composta de 800 marinheiros. Para essa quantidade de pessoas, o estoque de alimentos dura 45 dias. Em determinada viagem, foi necessário ter mais 100 marinheiros. Ajude o cozinheiro do navio com a dúvida dele.

20. O quadro a seguir mostra a quantia em dinheiro que cada vencedor de um prêmio receberia, conforme a quantidade total de vencedores.

Quantidade de vencedores	Prêmio para cada vencedor (em real)
2	30 mil
4	15 mil
12	y
x	4 mil

a) As grandezas apresentadas são direta ou inversamente proporcionais?

b) Qual é o valor de x? E qual é o valor de y?

c) Qual é o valor total do prêmio?

d) Se fossem 120 vencedores, que quantia cada um deles receberia?

MAIS ATIVIDADES

Retomar e compreender

1. Em uma empresa trabalham 60 mulheres e 40 homens. De acordo com esses dados, qual das afirmações é falsa?

    I. De cada cinco funcionários dessa empresa, três são mulheres.

    II. Do total de funcionários dessa empresa, $\frac{2}{5}$ são homens.

    III. A razão entre a quantidade de homens e a de mulheres dessa empresa é $\frac{2}{3}$.

    IV. De cada cinco funcionários dessa empresa, dois são mulheres.

    V. A razão entre a quantidade de mulheres e o total de funcionários dessa empresa é $\frac{3}{5}$.

2. A razão entre a idade de Marcela e a de Renata é $\frac{4}{5}$. Sabendo que Renata tem 35 anos, qual é a idade de Marcela?

3. Cecília observou que a planta baixa de sua casa indica a escala 1 : 50. A escala de uma planta baixa, ou de um desenho, é a razão entre uma medida de comprimento no desenho e a medida real correspondente. Ao medir com uma régua o comprimento da sala na planta baixa da sua casa, Cecília obteve 6 cm. Qual é a medida do comprimento real, em metro, dessa sala?

4. Considerando que com 10 kg de grãos de trigo fazemos 5 kg de farinha, faça o que se pede.

    a) Escreva a razão entre a quantidade de trigo e a quantidade de farinha produzida.

    b) Para fazer 20 kg de farinha, quantos quilogramas de trigo são necessários?

5. O desempenho médio de um automóvel é a razão entre a quantidade de quilômetros rodados e a quantidade de combustível consumida. Por exemplo, determinado modelo de carro anda, em média, 104 km com 8 litros de combustível, logo seu desempenho médio é $\frac{104 \text{ km}}{8 \text{ L}} = 13$ km/L.

    Qual é o desempenho médio de um carro que anda 144 quilômetros, em média, consumindo 9 litros de combustível?

6. A escola em que Caio estuda está realizando um campeonato de conhecimentos gerais entre os estudantes. Ao verificar seu desempenho na prova de Matemática, composta de 50 questões, Caio observou que a razão entre a quantidade de questões que ele acertou e a quantidade total de questões da prova foi de 7 para 10. Quantas questões Caio acertou? E quantas ele errou?

Aplicar

7. Rita recebe R$ 1 800,00 por 10 dias de trabalho. Quanto ela receberia por 12 dias de trabalho?

8. Marília mora com os pais e ajuda nas despesas mensais da casa. Ela fez as contas e verificou que, mensalmente, a razão entre a quantia que ela gasta com o aluguel e o salário mensal que ela recebe, de R$ 3 600,00, é de 7 para 25. Depois de pagar o aluguel, ela gasta $\frac{3}{25}$ do que resta do salário com lazer. Quantos reais Marília gasta com lazer por mês?

9. A tabela a seguir mostra a quantidade de vagas e a quantidade de inscritos para algumas carreiras no vestibular da Fuvest (Fundação Universitária para o Vestibular) em 2023.

Quantidade de vagas e de inscritos por carreira na Fuvest 2023		
Carreira	**Quantidade de vagas**	**Quantidade de inscritos**
Relações Internacionais (São Paulo)	42	2 299
Medicina (São Paulo)	122	14 401
Ciências Biológicas (São Paulo)	84	1 267
Computação	247	5 612
Música (Ribeirão Preto)	30	74
Psicologia (São Paulo)	49	3 457
Engenharia Elétrica e de Computação (São Carlos)	114	1 271
Química Bacharelado e Licenciatura (São Paulo)	84	539
Filosofia (São Paulo)	119	638

Fonte de pesquisa: Fuvest 2023. Disponível em: https://acervo.fuvest.br/fuvest/. Acesso em: 10 maio 2023.

a) Quantos candidatos há por vaga para cada uma dessas carreiras? Utilize uma calculadora para efetuar os cálculos.

b) Qual é a carreira mais concorrida? E qual é a menos concorrida?

10. Na padaria de Renato, a razão entre o número de pessoas que compram pão integral e o das que compram pão recheado é de 2 para 3. Se durante um mês 360 pessoas compraram pães recheados nessa padaria, quantas pessoas compraram pão integral?

11. Verifique se há ou não proporcionalidade entre as grandezas envolvidas nos itens a seguir. Nos casos em que houver, indique se ela é direta ou inversamente proporcional.

a) Carla levou 3 horas para construir 2 m^2 de muro. Para construir 4 m^2 de muro, ela levará 6 horas.

b) Lucas nasceu com 49,5 cm e 3,3 kg. Após um mês, ele tinha 54,7 cm e 4,5 kg e, em 2 meses, 58,4 cm e 5,5 kg.

c) Uma fábrica de meias tem 25 funcionários e produz determinada quantidade de pares de meias em 10 horas. Se o número de funcionários passar para 50 e for mantida a mesma produção, então elas serão produzidas em 5 horas.

12. Milena confeccionou bermudas e quer distribuí-las em diferentes lojas, de modo que cada loja receba quantidades iguais de bermudas.

a) As grandezas quantidade de lojas e quantidade de bermudas que cada loja receberá são grandezas direta ou inversamente proporcionais?

b) Se Milena distribuir as 240 bermudas que confeccionou entre 4 lojas, quantas bermudas cada loja receberá?

c) Para que cada loja receba 40 das 240 bermudas que Milena produziu, entre quantas lojas as bermudas precisam ser distribuídas?

13. Para o aniversário de seu filho, Kelly fez sanduíches. Ela utilizou 6 pacotes de pão de forma e fez 126 sanduíches. Quantos pacotes do mesmo pão de forma Kelly vai usar para fazer 210 sanduíches?

14. Maria precisa fazer compras para repor o estoque de um supermercado. Ela dispõe de uma quantia fixa de dinheiro para comprar escovas de dentes. Com o dinheiro disponível, é possível comprar de um fornecedor 24 escovas de dentes a R$ 7,00 cada uma. Ela pesquisou os preços de outros fornecedores e anotou as informações no quadro a seguir. Complete o quadro e descubra qual foi o menor preço encontrado por Maria.

Preço de uma escova de dentes (R$)	Quantidade de escovas de dentes
7,00	24
6,00	
8,00	
	84
12,00	
	336
21,00	

15. Determinada quantidade de ração alimenta 24 porcos durante 5 dias. Quantos porcos devem ser vendidos para que essa ração dure 6 dias?

16. Elabore um problema que envolva grandezas diretamente proporcionais e um problema que envolva grandezas inversamente proporcionais. Em seguida, peça a um colega que resolva os problemas criados por você, enquanto você resolve os problemas que ele criou. Por fim, conversem sobre como pensaram tanto para elaborar os problemas como para resolvê-los.

CAPÍTULO 2
PORCENTAGEM

RETOMANDO A IDEIA DE PORCENTAGEM

Para aumentar as vendas em determinados períodos do ano, geralmente as lojas fazem grandes remarcações de preços: são as famosas liquidações. Nesses períodos, é comum ver o símbolo de porcentagem (%) estampado nas vitrines.

A porcentagem ou taxa percentual é uma razão entre um número racional qualquer e 100. Ela pode ser indicada por uma fração ou por um número na forma decimal. Por exemplo, 60% (lemos: sessenta por cento) é a razão de 60 para 100. Assim:

$$60\% = \frac{60}{100} = 0{,}60$$

▼ Ao olhar para vitrines com anúncios de promoções, é comum ver o símbolo de porcentagem estampado.

As porcentagens são usadas em diferentes situações do dia a dia: para calcular descontos, aumentos, taxas, entre outros.

A seguir, apresentamos algumas situações em que esse conceito está presente e como calcular porcentagens.

Situação 1

Um tênis que custava R$ 200,00 está com desconto de 60%. Quanto representa, em real, esse desconto?

Acompanhe como podemos determinar essa quantia de quatro maneiras diferentes.

1ª maneira: Usando fração.

Para obter 60% de R$ 200,00 usando fração, primeiro representamos essa porcentagem na forma de fração. Veja.

$$60\% = \frac{60}{100}$$

Agora, calculando $\frac{60}{100}$ de 200, temos:

$$\frac{60}{100} \cdot 200 = \frac{60 \cdot 200}{100} = \frac{12\,000}{100} = 120$$

2ª maneira: Usando números na forma decimal.

Para determinar quanto é 60% de R$ 200,00 usando números na forma decimal, primeiro representamos essa porcentagem na forma decimal. Veja.

$$60\% = 0{,}60$$

Calculando 0,60 de 200, temos:

$$0{,}60 \cdot 200 = 120$$

3ª maneira: Usando cálculo mental.

Sabemos que 60% corresponde a 6 · 10% e que calcular 10% de uma quantia é o mesmo que dividi-la por 10, pois $10\% = \frac{10}{100} = \frac{1}{10}$.

Assim, para obter 60% de 200, basta calcular 10% desse valor e, depois, multiplicar o resultado por 6.

$$\frac{200}{10} \cdot 6 = 20 \cdot 6 = 120$$

4ª maneira: Usando uma calculadora.

Para calcular 60% de 200 usando uma calculadora, podemos apertar as seguintes teclas:

Aparecerá no visor:

Logo, o desconto de 60% de R$ 200,00 representa R$ 120,00.

CIDADANIA GLOBAL

OLHA A PROMOÇÃO!

Muitas vezes, as pessoas compram produtos que estão em promoção sem refletir sobre a real necessidade de obtê-los. Pare e pense! Você avalia se realmente precisa de um produto no momento de comprá-lo?

Uma percepção mais atenta sobre os produtos que consumimos pode evidenciar que, muitas vezes, o que compramos é fruto de uma ilusão de necessidade, de um hábito de consumo criado pela cultura do consumismo e dos bens descartáveis.

Para que um produto não seja descartado prematuramente, precisamos ter alguns cuidados para aumentar sua durabilidade. Atitudes simples, como desatar o nó do cadarço de um tênis ao calçá-lo e descalçá-lo, podem aumentar o tempo de vida desse produto.

1. Reúna-se com um colega e reflitam sobre ações que podemos adotar para aumentar a vida útil de produtos, como os calçados.
2. O que é logística reversa e como ela pode reduzir o impacto ambiental no descarte de calçados?

PARE E REFLITA

Observe que o valor calculado em todas as maneiras é o valor do desconto, e não quanto será pago pelo tênis. Se quiséssemos saber esse valor, como poderíamos calculá-lo?

Situação 2

Carla tem 40 anos de idade e morou no Canadá até os 10 anos, depois 8 anos na China e então veio para o Brasil, onde mora até hoje. Qual é a porcentagem que representa o tempo que ela mora no Brasil?

A idade de Carla corresponde a 100% de sua vida. Assim, podemos descobrir quanto de sua vida representa o tempo que ela morou no Canadá e o tempo que ela morou na China e subtrair esses valores de 100% para obter o tempo que ela mora no Brasil.

- Canadá

  10 dos 40 anos de Carla representam 25% de sua vida, pois:

  $$\frac{10}{40} = \frac{1}{4} = \frac{25}{100} = 25\%$$

- China

  8 dos 40 anos de Carla representam 20% de sua vida, pois:

  $$\frac{8}{40} = \frac{1}{5} = \frac{20}{100} = 20\%$$

Logo, como a idade atual de Carla (40 anos) representa 100% da vida dela, temos:

$$100\% - 25\% - 20\% = 55\%$$

Portanto, 55% é a porcentagem que representa o tempo que Carla mora no Brasil.

Situação 3

A casa em que Romeu mora é alugada. Ele recebeu um aviso de que, no próximo mês, o valor do aluguel passará de R$ 800,00 para R$ 848,00. Qual será o percentual de aumento do aluguel?

Para determinar o percentual de aumento, precisamos, primeiro, encontrar o valor (em real) do aumento. Para isso, subtraímos do novo valor do aluguel o valor antigo.

$$R\$\ 848{,}00 - R\$\ 800{,}00 = R\$\ 48{,}00$$

Agora, precisamos descobrir quanto R$ 48,00 representam de R$ 800,00. Veja uma possível maneira de obter essa porcentagem:

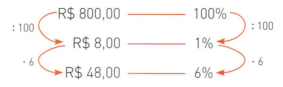

A fração $\frac{48}{800}$ também representa esse aumento e, para determiná-lo na forma de porcentagem, basta fazer:

$$\frac{48}{800} = 0{,}06 = \frac{6}{100} = 6\%$$

Portanto, o percentual de aumento do aluguel será de 6%.

Pratique o cálculo mental de uma **porcentagem** usando o modo apresentado nessa situação. Você prefere fazer os cálculos de outro modo?

Situação 4

Mário vai viajar e precisa comprar uma mala. Ele foi até uma loja e gostou de uma que custa R$ 380,00. O vendedor lhe informou que, se quisesse comprar a mala em prestações, o valor final seria 15% maior. Se Mário escolheu comprar a mala em prestações, quanto vai pagar por ela?

Veja como podemos resolver essa situação de três maneiras diferentes.

1ª maneira

Primeiro, vamos calcular 15% de R$ 380,00 para saber quanto a mais Mário vai pagar pela mala.

$$\frac{15}{100} \cdot 380 = \frac{15 \cdot 380}{100} = \frac{5\,700}{100} = 57$$

Agora, para descobrir quanto Mário vai pagar pela mala, adicionamos o valor do acréscimo ao preço inicial da mala.

$$R\$\ 57,00 + R\$\ 380,00 = R\$\ 437,00$$

2ª maneira

Podemos resolver essa situação usando cálculo mental.

Calcular 15% de um valor é o mesmo que calcular 10% desse valor, depois 5% desse valor e, então, adicionar as quantias obtidas.

Assim, podemos resolver esse problema calculando inicialmente 10% de 380, pois sabemos que, para isso, basta dividir 380 por 10. Ao fazer essa divisão, obtemos 38 como resultado.

Como o acréscimo é de 15%, falta calcular 5% de 380. Sabendo que 10% de 380 é 38, para determinar 5% de 380 basta dividir 38 por 2, obtendo 19 como resultado.

Portanto, o valor total do acréscimo será de:

$$R\$\ 38,00 + R\$\ 19,00 = 57,00$$

Adicionando o valor do acréscimo ao preço da mala, temos:

$$R\$\ 57,00 + R\$\ 380,00 = 437,00$$

3ª maneira

O valor da mala, R$ 380,00, corresponde a 100%. Como o acréscimo será de 15% no valor da mala, podemos dizer que Mário vai pagar 115% do valor da mala, pois:

$$100\% + 15\% = 115\%$$

Assim, temos que calcular 115% de R$ 380,00.

$$\frac{115}{100} \cdot 380 = \frac{115 \cdot 380}{100} = 437$$

Portanto, Mário vai pagar R$ 437,00 pela mala.

Situação 5

Isabela juntou dinheiro para comprar um apartamento. Ela escolheu um apartamento que custa R$ 195 000,00. Conversando com o corretor, ela conseguiu um desconto de 5% para o pagamento à vista. Considerando que Isabela escolha pagar à vista, quanto ela pagará pelo apartamento?

Acompanhe três maneiras de resolver esse problema.

1ª maneira

Primeiro, vamos calcular 5% de R$ 195 000,00 para saber qual será o desconto que Isabela terá se pagar à vista.

$$\frac{5}{100} \cdot 195\,000 = \frac{5 \cdot 195\,000}{100} = \frac{975\,000}{100} = 9\,750$$

Para determinar o preço final que Isabela pagará pelo apartamento, vamos subtrair do valor do apartamento o valor do desconto.

R$ 195 000,00 − R$ 9 750,00 = R$ 185 250,00

2ª maneira

Podemos resolver essa situação calculando mentalmente. Calcular 5% de um valor é o mesmo que calcular 10% desse valor e, depois, dividir o resultado por 2, pois 10% : 2 = 5%.

Sabendo que calcular 10% de um valor é o mesmo que dividi-lo por 10, temos que 10% de R$ 195 000,00 é R$ 19 500,00.

Para calcular 5% desse valor, devemos determinar a metade de R$ 19 500,00. Ou seja, R$ 9 750,00.

Por fim, subtraímos do valor inicial do apartamento o valor do desconto.

R$ 195 000,00 − R$ 9 750,00 = R$ 185 250,00

3ª maneira

O valor do apartamento, R$ 195 000,00, corresponde a 100%. Como o desconto será de 5% no valor do apartamento, podemos dizer que Isaura vai pagar 95% do valor do apartamento, pois:

$$100\% - 5\% = 95\%$$

Assim, temos de calcular 95% de R$ 195 000,00.

$$\frac{95}{100} \cdot 195\,000 = \frac{95 \cdot 195\,000}{100} = 185\,250$$

Portanto, Isabela pagará R$ 185 250,00 pelo apartamento.

Situação 6

Manoel recebeu R$ 875,00 de hora extra e decidiu investir essa quantia. Depois de um ano, ao resgatar o dinheiro, ele descobriu que a ação em que ele investiu caiu 3%. Quanto Manoel resgatou?

PARA EXPLORAR

Vimos que as porcentagens são utilizadas nos mais diversos contextos. Com um responsável, faça um passeio pelo comércio da região em que você mora e observe como as porcentagens estão presentes em anúncios comerciais e em vitrines. Anote ou fotografe suas observações e compartilhe-as com os colegas e o professor.

Vamos resolver essa situação de duas maneiras diferentes usando uma calculadora.

1ª maneira

Subtraímos a porcentagem correspondente ao prejuízo que Manoel teve do valor que ele investiu apertando as seguintes teclas:

Aparecerá no visor:

2ª maneira

Como o valor que Manoel vai resgatar será de 97% (100% − 3%), vamos calcular 97% do valor que ele investiu. Para isso, convertemos 97% para a forma decimal e apertamos as seguintes teclas:

Aparecerá no visor:

Portanto, Manoel resgatou R$ 848,75.

Situação 7

O preço da gasolina subiu 7,47% no final de janeiro de 2023. Se o litro da gasolina custava, na bomba, R$ 5,199 antes do aumento, quanto ela passou a custar?

Vamos resolver esse problema de duas maneiras diferentes com o auxílio de uma calculadora.

1ª maneira

Digitamos o preço do litro da gasolina e adicionamos a porcentagem de aumento. Para isso, apertamos as seguintes teclas:

Aparecerá no visor:

5.5873653

2ª maneira

Como o valor final do preço da gasolina será de 107,47% (100% + 7,47%), vamos calcular 107,47% do preço do litro da gasolina. Para isso, convertemos 107,47% para a forma decimal e apertamos as seguintes teclas:

Aparecerá no visor:

5.5873653

Portanto, a gasolina passou a custar R$ 5,587 o litro.

ATIVIDADES

Retomar e compreender

1. Represente as porcentagens a seguir na forma fracionária e na forma decimal.
   a) 20%
   b) 5%
   c) 130%
   d) 18,6%
   e) 2,25%
   f) 0,54%

2. Represente as frações a seguir na forma de porcentagem.
   a) $\frac{1}{10}$
   b) $\frac{3}{25}$
   c) $\frac{33}{75}$
   d) $\frac{14}{56}$
   e) $\frac{3}{2}$
   f) $\frac{17}{40}$

3. Calcule mentalmente:
   a) 10% de 20 000;
   b) 25% de 20 000;
   c) 40% de 20 000;
   d) 75% de 20 000.

4. Com o auxílio de uma calculadora, calcule:
   a) 30% de 320;
   b) 18% de 50;
   c) 13% de 2 400;
   d) 0,8% de 1 100.

Aplicar

5. Calcule o que se pede em cada item.
   a) 1 872 corresponde a quanto por cento de 31 200?
   b) 912,5 corresponde a quanto por cento de 73 000?

6. Armando é proprietário de uma loja de eletrodomésticos. Ele comprou, diretamente do fabricante, um aparelho de som e pagou R$ 240,00 por ele. Para vender o mesmo aparelho em sua loja, ele aumentou esse valor em 20%. Qual é o valor que Armando está cobrando pelo aparelho de som em sua loja?

7. No dia 1º de junho, um celular estava sendo vendido por R$ 800,00. No dia 10 do mesmo mês, o preço desse produto sofreu uma redução de 50%.
   a) No dia 1º de junho, o produto estava mais barato que no dia 10?
   b) No dia 10 de junho, o produto estava mais caro ou mais barato que no dia 1º?
   c) Quantos reais representam a redução de 50% no preço do produto?
   d) Qual era o novo preço desse celular no dia 10 de junho?

8. Rosana comprou uma saia e, como pagou em dinheiro, recebeu um desconto de 10%. Se essa saia custava R$ 120,00, qual foi o valor que Rosana pagou por ela?

9. Com o auxílio de uma calculadora, descubra qual é o novo valor de um produto que custava:
   a) R$ 15,00 e teve um aumento de 38%;
   b) R$ 3 428,00 e teve um desconto de 69%;
   c) R$ 100,00 e teve um desconto de 23,4%.

10. Eliana esqueceu de pagar a conta de luz do mês de julho, no valor de R$ 60,00. Na conta de agosto, havia a cobrança de multa de 12,5% sobre o valor da conta do mês anterior mais o consumo do mês de agosto, que foi de R$ 63,00.
    a) Qual é o valor que Eliana pagará na conta de agosto?
    b) O consumo do mês de agosto representa qual porcentagem do consumo do mês de julho?

11. Responda aos itens a seguir, considerando que um produto custa R$ 6 400,00.
    a) Na liquidação, esse produto estava com 15% de desconto. Quanto passou a ser o preço do produto?
    b) Uma pessoa pediu 10% de desconto sobre o valor da liquidação. Quanto essa pessoa queria pagar?
    c) Calcule o preço do produto com desconto de 25% e compare-o com o valor obtido no item anterior.
    d) Analisando esse problema, concluímos que descontos sucessivos de 15% e 10% não geram um único desconto de 25%. Por quê?

12. Elabore um problema com base na ilustração a seguir. Depois, peça a um colega que resolva o problema criado por você, enquanto você resolve o dele.

MAIS ATIVIDADES

Acompanhamento da aprendizagem

Retomar e compreender

1. Em uma promoção de Natal, uma camiseta que custava R$ 80,00 estava com desconto de 15%. Qual era o preço dessa camiseta nessa promoção?

2. Em bares, restaurantes e lanchonetes, é comum a conta vir com um acréscimo de 10% sobre o valor total gasto, que é a comissão paga ao garçom. Essa cobrança é válida, mas o pagamento pelo consumidor é opcional.

   Após jantar com seus pais em um restaurante, Juliana viu que o valor do consumo foi de R$ 160,00. Ela sabia que pagar 10% sobre esse valor era opcional. Caso eles tenham optado por pagar essa comissão ao garçom, qual foi o valor total da conta?

3. A estagiária Carina foi efetivada e teve seu pagamento reajustado, com um aumento de 35%. Qual é sua nova remuneração, se ela ganhava R$ 2 100,00 mensais como estagiária?

4. Solange é secretária e foi contratada com um salário de R$ 2 000,00. Após seis meses, houve um aumento de 2% para todos os funcionários do setor de Solange.

   a) De quantos reais foi o aumento que Solange recebeu?

   b) Qual é o valor do salário de Solange com esse aumento?

5. Um fogão cujo preço era R$ 900,00 está em promoção, com 25% de desconto. Por quanto está sendo vendido esse fogão?

6. No final de ano, é comum as lojas fazerem promoções. Observando a ilustração a seguir e sabendo que em janeiro o valor do computador estará 22% mais caro, qual será o preço do computador depois do reajuste?

Aplicar

7. Observe a situação a seguir.

   Se o preço do celular, sem desconto, era de R$ 800,00, qual foi a taxa de desconto que a compradora recebeu?

8. Uma geladeira pode ser comprada à vista por R$ 2 300,00. Se for paga em três prestações iguais, haverá um acréscimo de 8% sobre o valor à vista. Qual é o valor de cada prestação na compra a prazo?

9. Pedro comprou um tênis à vista e recebeu um desconto, economizando, assim, R$ 48,00. Quanto Pedro pagou pelo tênis?

10. A partir de 1º de janeiro de 2023, passou a valer no Brasil o salário mínimo de R$ 1 302,00. No entanto, segundo o Departamento Intersindical de Estatística e Estudos Socioeconômicos (Dieese), para suprir as necessidades básicas da população brasileira, no início de 2023, o salário mínimo deveria ser cerca de 510% desse valor. Quanto deveria ser o salário mínimo necessário? Utilize uma calculadora para realizar os cálculos.

11. Joaquim colocou a casa dele à venda pelo valor de R$ 240 000,00. Sabendo que essa casa valoriza 6% ao ano, determine o valor dessa casa após:

    a) 1 ano;   b) 3 anos.

223

EDUCAÇÃO FINANCEIRA

Juros vorazes

Todos nós estamos sujeitos a imprevistos, ou seja, a problemas pelos quais não esperávamos. E muitos desses problemas exigem soluções rápidas e que necessitam de dinheiro. Precisamos resolver o problema, mas não temos o dinheiro. E agora?

Uma possibilidade é pedir um empréstimo do valor que precisamos, recorrendo a amigos e parentes ou a uma instituição financeira. A instituição empresta à pessoa a quantia e, na hora de devolver, a pessoa paga essa quantia e mais um valor chamado **juro**.

Os juros são cobrados por diversos motivos, como: remuneração pelo dinheiro emprestado – uma espécie de "aluguel" do dinheiro que a pessoa pegou e vai usar; inflação, que desvaloriza o dinheiro que foi emprestado; lucro pela operação do empréstimo; risco de calote – quando a dívida não é paga. Mas, muitas vezes, os juros envolvem outras causas, como a ganância dos detentores do dinheiro, que cobram juros abusivos; falta de conhecimento de muitos que pagam juros altos e que, com planejamento e orçamento, poderiam buscar e obter juros menores ou até mesmo, em alguns casos, não recorrer a um empréstimo, entre outros fatores.

Outra forma de empréstimo é o cartão de crédito, cujos juros, aqui no Brasil, são um dos mais altos do mundo. Isso pode gerar um endividamento tão grande que a pessoa pode levar anos para pagar o que deve, incluindo os juros cobrados, prejudicando financeiramente projetos futuros; sem contar outros problemas, como não poder comprar por ter o nome no SPC.

O SPC é o Sistema de Proteção ao Crédito. Esse sistema monitora quem não paga por um bem adquirido ou por um empréstimo feito. As instituições financeiras fornecem ao SPC o nome das pessoas e das empresas não pagadoras, de maneira que outras lojas, bancos, etc. tomem conhecimento de quem são os devedores e, com isso, não realizem negócios com quem já está devendo.

Qual é **a melhor opção**?

MARÇO
VALOR DO INVESTIMENTO
R$ 2 000,00

TV NOVA!
R$ 2 100,00
à vista
ou parcelamento EM 6 VEZES
com juros baixíssimos

Minha televisão está bem velha, já foi para o conserto duas vezes. Preciso trocá-la... E agora? Compro uma a prazo ou invisto R$ 2 000,00 agora e compro a televisão à vista em agosto?

MARÇO
R$ 370,00
1ª PRESTAÇÃO

Precisamos aprender a fazer um planejamento e um orçamento responsável, e isso inclui aprender a se proteger das armadilhas dos juros altos, exigindo medidas das autoridades públicas responsáveis, para que essas taxas não sejam abusivas.

Entretanto, podemos ver o empréstimo e as taxas de juros de outra maneira. Muitas pessoas costumam emprestar parte da sua rentabilidade às instituições financeiras. Um exemplo disso é a **poupança**. A pessoa empresta um montante de dinheiro ao banco e, após um tempo, recebe o dinheiro de volta acrescido de juros. Assim como podemos pagar juros, também podemos receber juros. É possível emprestar dinheiro aos bancos de diversas formas, além da poupança, como fazer **investimentos**. As pessoas que fazem isso abrem mão de gastar e de usufruir parte do dinheiro hoje para ter uma reserva no futuro e, assim, poder realizar diferentes projetos, como adquirir um imóvel, viajar, doar a instituições que ajudam pessoas mais necessitadas, etc.

Explorando o tema

1. Com base no que você leu, por que as instituições financeiras cobram juros?

2. SABER SER Observe a cena. Qual opção você escolheria? Justifique.

3. Os irmãos João e Maria se envolveram em empréstimos no valor de R$ 10 000,00 cada um no mesmo banco. João pediu R$ 10 000,00 emprestado a uma taxa de 50% de juros ao ano. Já Maria emprestou R$ 10 000,00 ao mesmo banco, aplicando o dinheiro na poupança, a uma taxa de juros de 8% ao ano. Ao final de um ano, João pagou tudo o que devia e Maria recebeu tudo a que tinha direito.

   a) Quanto João pagou? E Maria, quanto recebeu?
   b) Qual foi a diferença entre o juro pago powr João e o recebido por Maria?
   c) Você acha que os valores envolvidos nessa situação são justos? Por que os bancos agem dessa forma? Explique.

225

ATIVIDADES INTEGRADAS

Aplicar

1. Os números 4 e 7 são diretamente proporcionais aos números 6 e *x*, nessa ordem. Veja como Pedro determinou corretamente o valor de *x*.

$$\frac{4}{6} = \frac{7}{x}$$

$$4x = 7 \cdot 6$$

$$4x = 42$$

$$x = \frac{42}{4}$$

$$x = 10,5$$

Logo, $x = 10,5$.

a) Se os números 5 e *x* são diretamente proporcionais aos números 3 e 9, nessa ordem, qual é o valor de *x*?

b) Sabendo que os números 2 e 7 são, nessa ordem, proporcionais a 9 e *x*, qual é o valor de *x*?

2. Um jornalista recebeu a tabela a seguir com a conclusão de uma pesquisa em relação ao consumo alimentar de dois produtos.

Consumo alimentar	
Opção de consumo	Quantidade de pessoas
Consome somente o produto A	350
Consome somente o produto B	400
Não consome nenhum dos dois produtos	250

Dados obtidos pela empresa de pesquisa.

De acordo com os dados, o jornalista listou três opções de título para sua reportagem.

- Opção 1: Pesquisa revela que, de cada cinco pessoas entrevistadas, duas consomem apenas o produto B.
- Opção 2: Pesquisa revela que 50% dos entrevistados consomem apenas o produto B.
- Opção 3: Pesquisa revela que um em cada quatro entrevistados não consome nem o produto A nem o B.

Quais opções de título o jornalista pode utilizar? Justifique sua resposta.

3. Observe o gráfico a seguir, que apresenta o percentual de tempo que um adolescente gasta em suas atividades durante um dia.

Dados fictícios.

Com base no gráfico, podemos afirmar que o tempo destinado por um adolescente para ver televisão diariamente é de:

a) 12 horas.
b) 1,2 hora.
c) 2 horas.
d) 2,1 horas.
e) 28,8 horas.

4. Ao planejar uma viagem para os Estados Unidos em janeiro, uma família pesquisou a cotação do dólar e verificou que US$ 1 estava cotado a R$ 5,10. A viagem, porém, teve de ser adiada, e uma nova data foi marcada. Da data da pesquisa até o dia da viagem, a moeda americana sofreu um aumento de 9,4% e estava sendo vendida com valores diferentes em cinco casas de câmbio. Veja o quadro a seguir.

Cotação da moeda americana (em real) na data da viagem						
Casa de câmbio	A	B	C	D	E
Valor (R$)	5,10	5,36	5,60	5,45	5,20

Entre as cinco casas de câmbio apresentadas, a que estava vendendo o dólar pelo valor mais próximo do aumento de 9,4% é a casa de câmbio:

a) A.   b) B.   c) C.   d) D.   e) E.

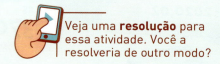

Veja uma **resolução** para essa atividade. Você a resolveria de outro modo?

226

5. João e Valquíria ganharam R$ 3 000,00 em uma loteria e decidiram que o prêmio seria proporcional ao valor com que cada um deles contribuiu para a realização da aposta. Se João deu R$ 30,00 e Valquíria, R$ 20,00, quanto cada um deve receber?

6. (Enem) Cinco marcas de pão integral apresentam as seguintes concentrações de fibras (massa de fibra por massa de pão):

- Marca A: 2 g de fibras a cada 50 g de pão;
- Marca B: 5 g de fibras a cada 40 g de pão;
- Marca C: 5 g de fibras a cada 100 g de pão;
- Marca D: 6 g de fibras a cada 90 g de pão;
- Marca E: 7 g de fibras a cada 70 g de pão.

Recomenda-se a ingestão do pão que possui a maior concentração de fibras.

Disponível em: www.blog.saude.gov.br. Acesso em: 25 fev. 2013.

A marca a ser escolhida é:

a) A   c) C   e) E
b) B   d) D

Analisar e verificar

7. (OBM) Em uma certa cidade, a razão entre o número de homens e mulheres é 2 : 3 e entre o número de mulheres e crianças é 8 : 1. A razão entre o número de adultos e crianças é:

a) 5 : 1.   c) 12 : 1.   e) 13 : 1.
b) 16 : 1.   d) 40 : 3.

8. Leia, com um colega, a atividade a seguir e, juntos, resolvam-na.

(OBM) Em um tanque há 4 000 bolinhas de pingue-pongue. Um menino começou a retirá-las, uma por uma, com velocidade constante, quando eram 10 h. Após 6 horas, havia no tanque 3 520 bolinhas. Se o menino continuasse no mesmo ritmo, quando o tanque ficaria com 2 000 bolinhas?

a) Às 11 h do dia seguinte.
b) Às 23 h do dia seguinte.
c) Às 4 h do dia seguinte.
d) Às 7 h do dia seguinte.
e) Às 9 h do dia seguinte.

9. (OBM) Anita imaginou que levaria 12 minutos para terminar sua viagem, enquanto dirigia à velocidade constante de 80 km/h, numa certa rodovia. Para sua surpresa, levou 15 minutos. Com qual velocidade constante essa previsão teria se realizado?

a) 90 km/h   d) 110 km/h
b) 95 km/h   e) 120 km/h
c) 100 km/h

10. (Obmep) Um trabalho de Matemática tem 30 questões de Aritmética e 50 de Geometria. Júlia acertou 70% das questões de Aritmética e 80% do total de questões. Qual o percentual das questões de Geometria que ela acertou?

a) 43%   d) 75%
b) 54%   e) 86%
c) 58%

11. (Saresp) A razão entre o número de vértices de um prisma de base pentagonal e o número de vértices de uma pirâmide também de base pentagonal é:

a) 2   c) $\frac{3}{2}$
b) $\frac{5}{3}$ d) 4

Criar

12. No último dia do mês de julho, uma academia de natação contabilizou a quantidade de faltas de seus clientes no primeiro semestre. Laura, Mônica, Patrícia e Aline foram as que menos faltaram e tiveram, respectivamente, as seguintes faltas no primeiro semestre: 2, 4, 6 e 8. Com base nessas informações, elabore um problema envolvendo grandezas inversamente proporcionais. Depois, peça a um colega que resolva o problema criado por você, enquanto você resolve o dele.

CIDADANIA GLOBAL
UNIDADE 5

12 CONSUMO E PRODUÇÃO RESPONSÁVEIS

Retomando o tema

A economia circular é um processo que visa ao consumo sustentável e responsável a partir de princípios como reduzir, reciclar, reutilizar e reparar.

Na moda, a circularidade busca, sobretudo, a garantia da longevidade das peças, reduzindo o consumo descontrolado, incentivado pelo modelo de moda rápida, e, com isso, o descarte de resíduos e os danos causados ao meio ambiente. [...]

> Benefícios da moda sustentável para o meio ambiente. Sema, 28 fev. 2022.
> Disponível em: https://www3.sema.ma.gov.br/p12805/. Acesso em: 10 maio 2023.

1. Que hábitos você e sua família podem adotar para desenvolver práticas de moda sustentável?
2. Quais são os benefícios que a moda sustentável pode gerar no meio ambiente?
3. Como os retalhos têxteis podem ser reutilizados?

Geração da mudança

Muitas pessoas têm roupas guardadas que não são usadas há muito tempo. Por que será que isso acontece? Quantas pessoas poderiam ser beneficiadas com essas roupas?

- Com o professor, organizem uma campanha de doação de roupas na sua escola. Façam cartazes indicando a data da campanha e o local de entrega das roupas. Enfeitem uma caixa grande para que seja feita a coleta das peças. Depois, busquem uma ou mais instituições na região em que a escola fica para receber essas doações.

Autoavaliação

228

CIRCUNFERÊNCIA, CÍRCULO E TRANSFORMAÇÕES GEOMÉTRICAS

UNIDADE 6

PRIMEIRAS IDEIAS

1. Cite objetos utilizados no dia a dia cuja forma lembra um círculo ou uma circunferência.
2. Quais são os elementos de uma circunferência?
3. Você já ouviu falar de translação, rotação e reflexão? Você sabe o que são esses processos? Cite alguns exemplos.

Conhecimentos prévios

Nesta unidade, eu vou...

CAPÍTULO 1 Circunferência e círculo

- Conhecer os elementos da circunferência e do círculo.
- Compreender o π como a razão entre as medidas do comprimento e do diâmetro da circunferência.
- Identificar posições relativas que envolvem circunferências.
- Reconhecer que a educação pode contribuir para a preservação do meio ambiente.

CAPÍTULO 2 Transformações geométricas

- Reconhecer simetria e transformações geométricas.
- Determinar eixos de simetria por meio de dobraduras.
- Construir figuras simétricas utilizando régua, esquadro, transferidor, compasso e *software* de geometria dinâmica.

RESOLVENDO PROBLEMAS

- Resolver um problema transformando as informações da situação para a linguagem algébrica.
- Compartilhar com os colegas as estratégias utilizadas e desenvolver a prática da argumentação.

CIDADANIA GLOBAL

- Compreender que a educação pode contribuir para a transformação do mundo.

LEITURA DA IMAGEM

1. Que cores você identifica na foto?
2. Há mais de 10 pessoas nessa instalação?
3. Você conhece um caleidoscópio? Se sim, já utilizou um? Conte aos colegas como foi essa experiência.
4. Caleidoscópio é um instrumento que produz padrões de imagens a partir de uma imagem original refletida em um sistema de espelhos. O padrão da reflexão depende da quantidade de espelhos e da posição em que eles são justapostos uns aos outros. Quantas faces espelhadas há nessa instalação?

CIDADANIA GLOBAL

4 EDUCAÇÃO DE QUALIDADE

Educação não transforma o mundo. Educação muda as pessoas. Pessoas transformam o mundo.

Esta é uma frase muito conhecida de Paulo Freire (1921-1997), educador e filósofo brasileiro reconhecido mundialmente, que destaca o papel transformador da educação para os indivíduos, para as sociedades e para o mundo.

- Como as pessoas podem transformar o mundo?

Ao longo desta unidade, reflita sobre esse questionamento!

O que é ser um **cientista**?

Maior caleidoscópio do mundo, fruto do avanço tecnológico que fez com que os visitantes vivessem uma experiência única, caminhando por um túnel de espelhos, painéis de LED e imagens projetadas com efeitos digitais. Instalação na cidade de Riyadh, Arábia Saudita. Foto de 2022.

CAPÍTULO 1
CIRCUNFERÊNCIA E CÍRCULO

CIRCUNFERÊNCIA

Ao longo de sua vida, as árvores crescem e se desenvolvem tanto em altura quanto em espessura. O crescimento em espessura é o aumento do diâmetro do tronco, por meio de camadas que vão se formando ao redor dele, com o passar do tempo, de dentro para fora.

Essas camadas são chamadas de anéis de crescimento, e cada par de anéis (claro e escuro) corresponde a um ano de vida da árvore. As árvores costumam crescer em períodos mais quentes e chuvosos. Em regiões com melhores condições climáticas, os anéis de crescimento são mais largos.

Para determinar a idade de uma árvore, verifica-se o número de duplas de anéis aparentes em uma secção transversal de seu tronco.

Qual é a importância de se conhecer a **idade de uma árvore**?

Ecologista medindo o comprimento da circunferência do tronco de uma árvore durante pesquisa na Floresta Nacional do Tapajós, no Pará. Foto de 2019.

Tradicionalmente, o método de datação de árvores mais usado era o processo de contagem dos anéis de crescimento. Esse procedimento, além de danificar as árvores, tinha algumas limitações, pois árvores muito velhas sofrem degradação na parte interna do tronco, ficando ocas. Por isso, professores e pesquisadores da Universidade de Trás-os-Montes e Alto Douro (Utad), em Portugal, desenvolveram um método de datação com base em padrões de crescimento, que não danifica os espécimes. Segundo essa metodologia, a idade das árvores é estimada por um modelo que relaciona medidas do raio, do diâmetro e do perímetro do tronco de determinado exemplar de uma espécie de acordo com a idade. Com esse modelo, é possível datar qualquer outra árvore da mesma espécie e região. Essa técnica permite a datação de uma árvore sem necessidade de causar alguma lesão a ela. Além disso, é possível determinar a idade de árvores ocas.

O texto anterior menciona termos como "raio" e "diâmetro". Esses termos estão relacionados a uma figura geométrica chamada circunferência.

Circunferência é conjunto de todos os pontos de um plano que estão a uma mesma distância de um ponto fixo nesse plano.

> ### CIDADANIA GLOBAL
> **TRANSFORMAÇÃO DO MUNDO**
> Os ecologistas desempenham um importante papel de transformação do mundo, protegendo e estudando o meio ambiente.
> - Qual é a importância de se estudar uma nova técnica que permite determinar a idade de uma árvore sem a necessidade de causar alguma lesão a ela?

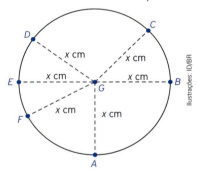

> ### LUGAR GEOMÉTRICO
> Lugar geométrico é o conjunto de todos os pontos que têm uma propriedade em comum.
> A circunferência é um lugar geométrico.

O ponto fixo do plano chama-se **centro** da circunferência. Observe que ele não pertence à circunferência.

Elementos da circunferência

Vamos conhecer alguns elementos da circunferência.

Raio

Raio é qualquer segmento de reta cujas extremidades são o centro da circunferência e um ponto qualquer dela.

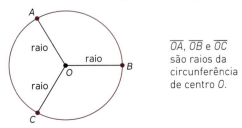

$\overline{OA}$, $\overline{OB}$ e $\overline{OC}$ são raios da circunferência de centro O.

A distância de qualquer ponto da circunferência ao centro é a medida do raio, que indicaremos por r.

233

Corda

É qualquer segmento de reta cujas extremidades são dois pontos quaisquer da circunferência.

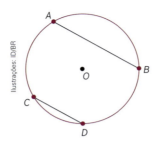

$\overline{AB}$ e $\overline{CD}$ são cordas da circunferência de centro O.

Diâmetro

Diâmetro é qualquer corda que passe pelo centro da circunferência.

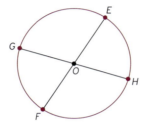

$\overline{EF}$ e $\overline{GH}$ são diâmetros da circunferência de centro O.

> **PARE E REFLITA**
>
> Meça o diâmetro e o raio da circunferência ao lado. O que você percebe?

Arcos de circunferência

Observe as imagens a seguir.

▲ Arcos da Lapa, no Rio de Janeiro (RJ). Foto de 2020.

▲ Arco do Triunfo, em Paris, França. Foto de 2020.

Os elementos destacados em vermelho lembram arcos de circunferência. Agora, veja a circunferência a seguir.

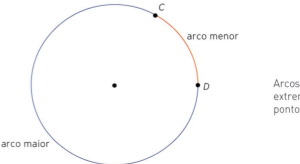

Arcos com extremidades nos pontos C e D.

Perceba que os dois pontos distintos C e D, que pertencem à circunferência, dividem-na em duas partes. Cada uma dessas partes é chamada de **arco de circunferência**.

Para diferenciar a indicação do arco de maior medida da indicação do arco de menor medida, escolhemos um ponto em um dos arcos e os representamos da seguinte maneira:

- Arco de maior medida, por $\widehat{CMD}$.
- Arco de menor medida, por $\widehat{CD}$.

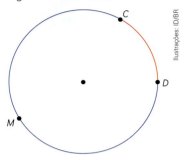

Quando dois pontos dividem a circunferência em dois arcos de mesma medida de comprimento, chamamos cada um dos arcos de **semicircunferência**.

Ângulo central

Um ângulo cujo vértice é o centro de uma circunferência e cujos lados contêm raios da circunferência é denominado **ângulo central**.

Cada ângulo central está associado a um arco de circunferência e vice-versa. Nas circunferências a seguir, o arco $\widehat{CE}$ está associado ao ângulo de menor abertura $C\hat{O}E$, e o arco $\widehat{CDE}$ está associado ao ângulo de maior abertura $C\hat{O}E$.

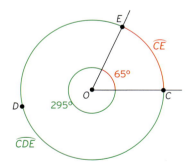

A **medida angular** de um arco de circunferência é definida como a medida do ângulo central associado a ele.

O ângulo central da circunferência mede 360°.

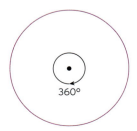

> **PARE E REFLITA**
> A medida de um ângulo central se altera caso a medida do raio da circunferência seja modificada?

235

Construindo circunferências com compasso

O compasso é formado por duas hastes: em uma delas, há a ponta-seca e, na outra, a grafite. Veja um modelo a seguir.

Acompanhe os passos a seguir para verificar como utilizar um compasso para construir uma circunferência.

1º passo: Com um lápis, marque um ponto qualquer em uma folha de papel avulsa. Esse ponto será o centro da circunferência.

2º passo: Abra o compasso na medida de raio desejada. Por exemplo, 2 cm.

3º passo: Coloque a ponta-seca no ponto marcado, segure o cabeçote do compasso e trace a circunferência com a grafite, girando o compasso até completar uma volta.

Pronto! Desse modo, traçamos uma circunferência cujo raio mede 2 cm de comprimento.

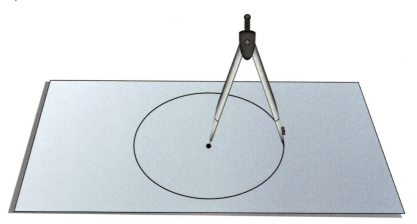

ATIVIDADES

Retomar e compreender

1. Observe a circunferência de centro O a seguir e, depois, responda às questões.

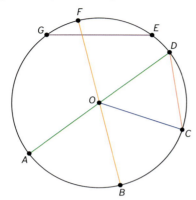

Quais dos segmentos representam:
a) os raios?
b) as cordas?
c) os diâmetros?

2. Qual é a medida do diâmetro de uma circunferência cujo raio mede 6,5 cm?

3. Qual é a medida do raio de uma circunferência cujo diâmetro mede 21 cm?

4. Uma circunferência tem quantos raios? E quantos diâmetros?

5. Considere uma circunferência de 30,3 cm de medida de raio. Quanto mede a maior corda dessa circunferência?

Aplicar

6. Observe a figura a seguir e determine a medida, em grau, do arco $\widehat{AMB}$.

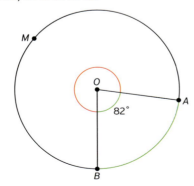

7. Qual é a medida, em grau, do ângulo central associado a uma semicircunferência?

8. Determine as menores medidas, em grau, dos arcos $\widehat{AD}$, $\widehat{DC}$ e $\widehat{CB}$.

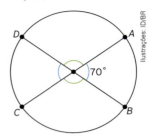

9. Verifique se as afirmações a seguir são verdadeiras ou falsas.
   a) Se dois ângulos centrais de uma circunferência são congruentes, os arcos correspondentes a esses ângulos centrais são congruentes entre si.
   b) Dois ângulos que têm vértice no centro de uma circunferência são congruentes.
   c) Um ângulo central de medida x determina dois arcos na circunferência: um arco de medida x e outro arco de medida $(180° - x)$.

10. Considere duas circunferências, A e B. Sabendo que a medida do raio de A é o triplo da medida do diâmetro de B e que a medida do raio de B é igual a 7 cm, quanto mede o diâmetro de A?

11. A medida do raio e a medida do diâmetro de uma circunferência são expressas como $(4x - 2)$ cm e $(x + 10)$ cm, respectivamente. Quanto mede o raio dessa circunferência?

12. Desenhe uma circunferência com:
    a) 3 cm de medida de raio.
    b) 2,5 cm de medida de raio.
    c) 8 cm de medida de diâmetro.
    d) 9 cm de medida de diâmetro.

13. Determine a menor medida, em grau, do arco $\widehat{AB}$ nos casos a seguir.

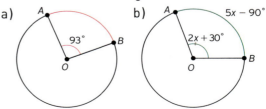

LABORATÓRIO DE MATEMÁTICA

Uma razão especial

Vimos que uma circunferência é o conjunto de todos os pontos de um plano que estão a uma mesma distância de um ponto fixo nesse plano. Você também já refletiu sobre a relação entre a medida do diâmetro e a medida do raio de uma circunferência. Agora, vamos investigar outra característica da circunferência.

Material

- calculadora simples
- papel para anotações
- lápis ou caneta
- objetos circulares com raios de medidas diferentes (forma de bolo, tampa de panela, latas, etc.)
- fita métrica

Como fazer

1 Construa um quadro como o mostrado a seguir. Ele será utilizado para organizar as informações dos itens 2 a 5.

Objeto	Medida do comprimento da circunferência (em cm)	Medida do diâmetro da circunferência (em cm)	Razão entre a medida do comprimento e a medida do diâmetro da circunferência

2 Contorne toda a parte externa circular do objeto com a fita métrica. Ajuste-a ao objeto e verifique o valor medido. Anote no quadro a medida do comprimento da circunferência.

3 Agora, meça o diâmetro do objeto. A fita métrica deve passar pelo centro da circunferência. Anote no quadro a medida do diâmetro obtida.

4 Repita o procedimento de obtenção das medidas para todos os objetos circulares e anote as medidas no quadro.

5 Com a calculadora, divida a medida do comprimento de cada circunferência pela correspondente medida do diâmetro. Registre esses valores na última coluna do quadro.

Para concluir

1. Observe as medidas do comprimento e do diâmetro da circunferência de cada objeto. Elas variaram de objeto para objeto?

2. Observe o que você preencheu na coluna *Razão entre a medida do comprimento e a medida do diâmetro da circunferência* do quadro da página anterior. O que você percebeu?

3. O número que se obtém ao dividir a medida do comprimento de uma circunferência pela medida do diâmetro é representado pela letra grega π (pi) e tem o valor racional aproximado:

    3,14159265

    Compare esse número com os quocientes obtidos na última coluna do quadro da página anterior.

4. Se a razão entre a medida do comprimento da circunferência e a medida do seu diâmetro é constante e vale, aproximadamente, 3,14, isso significa que podemos calcular a medida do comprimento de uma circunferência multiplicando a medida do seu diâmetro por 3,14. Se quisermos calcular a medida do diâmetro, sabendo a medida do comprimento, o que podemos fazer?

DESCUBRA +

O cálculo de π

A busca de um valor exato para a razão entre a medida do comprimento da circunferência e a medida de seu diâmetro constituiu-se, certamente, em um dos problemas geométricos mais antigos da história. Na Antiguidade, os egípcios acreditavam que essa razão valia, aproximadamente, $\frac{256}{81}$. Na Mesopotâmia, os antigos babilônios usavam a fração $\frac{25}{8}$. Por volta do século II, em Alexandria, o filósofo grego Ptolomeu aproximou o valor de π da fração $\frac{377}{120}$. Porém, uma das primeiras tentativas de se calcular rigorosamente o comprimento da circunferência e o valor de π é atribuída a Arquimedes (287-212 a.C.).

Em sua obra *As medidas do círculo*, Arquimedes desenvolveu um método de aproximações para cálculo do comprimento da circunferência. Ele obteve um valor para π entre 3,1408 e 3,1428, uma aproximação excelente para a época.

Com a invenção do computador, o cálculo do valor de π evoluiu de tal maneira que, em 2002, os pesquisadores japoneses Kanada e Takahashi conseguiram obter um valor com mais de 1 trilhão de casas decimais.

Fonte de pesquisa: São Paulo (Estado). Secretaria da Educação. *Material de apoio ao currículo do Estado de São Paulo*: caderno do professor – Matemática, Ensino Fundamental – anos finais, 8ª série/9º ano. São Paulo: SE/CENP, 2014.

Agora é com você! Faça uma pesquisa para descobrir se os cálculos do número π evoluíram após 2002. Depois, exponha oralmente para a turma o que descobriu.

POSIÇÕES RELATIVAS ENTRE PONTO E CIRCUNFERÊNCIA

Podemos determinar a posição de um ponto P em relação a uma circunferência ao comparar a medida do raio r da circunferência com a medida da distância d entre o centro da circunferência e o ponto P.

Ponto interno à circunferência

Quando a medida da distância do centro O a um ponto P é menor que a medida do raio da circunferência, o ponto P é **interno** à circunferência.

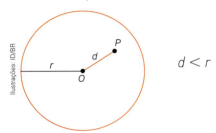

Reciprocamente, quando um ponto P é interno à circunferência, a medida da distância do ponto P ao centro da circunferência é menor que a medida do raio.

Ponto pertencente à circunferência

Quando a medida da distância do centro O a um ponto P é igual à medida do raio da circunferência, o ponto P **pertence** à circunferência.

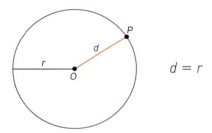

Reciprocamente, quando um ponto P pertence à circunferência, a medida da distância do ponto P ao centro da circunferência é igual à medida do raio.

Ponto externo à circunferência

Quando a medida da distância do centro O a um ponto P é maior que a medida do raio da circunferência, o ponto P é **externo** à circunferência.

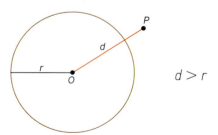

Reciprocamente, quando um ponto P é externo à circunferência, a medida da distância do ponto P ao centro da circunferência é maior que a medida do raio.

POSIÇÕES RELATIVAS ENTRE RETA E CIRCUNFERÊNCIA

Podemos determinar a posição de uma reta t em relação a uma circunferência ao comparar a medida do raio r da circunferência com a medida da distância d entre o centro da circunferência e a reta t.

Reta externa à circunferência

Uma reta t é externa a uma circunferência quando a reta t e a circunferência não têm nenhum ponto em comum.

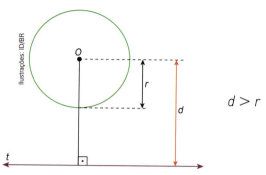

Nesse caso, a medida da distância d entre o centro da circunferência e a reta t é maior que a medida do raio r.

Reta tangente à circunferência

Uma reta t é tangente a uma circunferência quando a reta t e a circunferência têm um único ponto em comum.

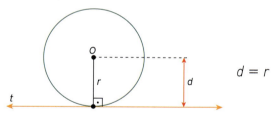

Nesse caso, a medida da distância d entre o centro da circunferência e a reta t é igual à medida do raio r.

A reta tangente a uma circunferência é perpendicular ao raio no ponto de tangência.

Reta secante à circunferência

Uma reta t é secante a uma circunferência quando a reta t intersecta a circunferência em dois pontos distintos.

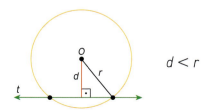

Nesse caso, a medida da distância d entre o centro da circunferência e a reta t é menor que a medida do raio r.

POSIÇÕES RELATIVAS ENTRE DUAS CIRCUNFERÊNCIAS

Considere duas circunferências, uma maior, cujo raio mede R, e outra menor, cujo raio mede r, e a medida da distância d entre os seus centros. As relações entre essas medidas determinam a posição relativa entre as circunferências.

Circunferências sem nenhum ponto em comum

Duas circunferências que não têm nenhum ponto em comum podem ser circunferências externas ou internas. O que distingue uma da outra é a medida da distância d entre seus centros.

Circunferências externas

Uma circunferência é externa a outra quando a medida da distância d entre os centros das circunferências é sempre maior que a soma das medidas dos raios $(r + R)$.

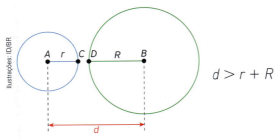

$$d > r + R$$

Circunferência interna

Uma circunferência é interna a outra quando a medida da distância d entre os centros das circunferências é menor que a diferença entre as medidas dos raios $(R - r)$.

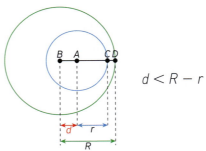

$$d < R - r$$

Um caso particular dessa situação ocorre quando a medida da distância é zero, ou seja, quando as circunferências são concêntricas (isto é, têm o mesmo centro).

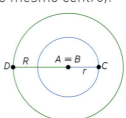

> **SÍMBOLO ≡**
>
> O símbolo ≡ significa "coincidente".
> Por exemplo: $A \equiv B$.
> Lemos "o ponto A coincide com o ponto B".

> **COROA CIRCULAR**
>
> Região limitada por duas circunferências concêntricas de raios não congruentes.

Circunferências com um ponto em comum

Duas circunferências que têm apenas um ponto em comum são denominadas circunferências **tangentes**. Elas podem ser tangentes externas ou tangentes internas.

Circunferências tangentes externas

Duas circunferências são tangentes externas quando a medida da distância d entre os centros das circunferências é igual à soma das medidas dos raios $(R + r)$.

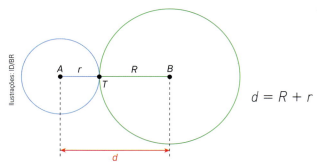

$$d = R + r$$

Circunferências tangentes internas

Duas circunferências são tangentes internas quando a medida da distância d entre os centros das circunferências é igual à diferença entre as medidas dos raios $(R - r)$.

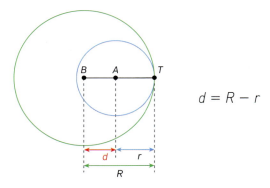

$$d = R - r$$

Propriedade das circunferências tangentes

Se duas circunferências são tangentes internas ou externas, o centro de cada uma delas e o ponto de contato entre elas pertencem à mesma reta.

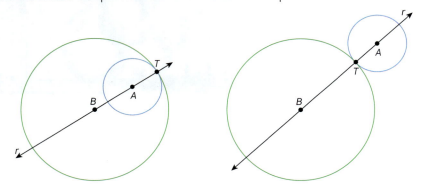

Circunferências com dois pontos em comum

Duas circunferências que têm dois pontos em comum são chamadas de secantes.

Uma circunferência é **secante** a outra quando a medida da distância d entre os centros das circunferências é menor que a soma das medidas dos raios $(r + R)$ e maior que a diferença entre a medida deles $(R - r)$.

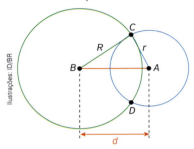

$$R - r < d < r + R$$

Propriedade das circunferências secantes

A corda comum a duas circunferências secantes é perpendicular à reta que passa pelos centros das circunferências.

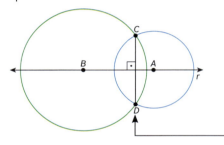

A corda comum às circunferências secantes é o segmento cujas extremidades são os dois pontos da intersecção das duas circunferências. Neste exemplo, a corda comum às duas circunferências secantes é o segmento $\overline{CD}$.

> **DESCUBRA +**
>
> [...] Nas cores azul, amarelo, preto, verde e vermelho, interligados sobre um fundo branco, os aros olímpicos foram idealizados em 1914, pelo Barão Pierre de Coubertin. Os aros representam a união dos cinco continentes e pelo menos uma de suas cinco cores está presente na bandeira de cada um dos Comitês Olímpicos Nacionais vinculados ao COI. É a principal representação gráfica dos Jogos Olímpicos e a marca do próprio Comitê Olímpico Internacional. [...]
>
> Símbolos olímpicos. Comitê Olímpico do Brasil. Disponível em: https://www.cob.org.br/pt/cob/movimento-olimpico/simbolos-olimpicos. Acesso em: 30 maio 2023.
>
> Faltando duas semanas para o início dos Jogos Olímpicos Rio 2016, uma escultura de 3 metros de altura e 6 metros de comprimento dos arcos olímpicos foi instalada [...] na Praia de Copacabana, na zona sul do Rio de Janeiro. A obra, da artista plástica Elisa Brasil, foi feita com plástico reciclado.
>
> Para a peça, foram usados 65 quilos de material reciclado coletado por uma organização não governamental (ONG) em vários pontos da cidade do Rio de Janeiro.
>
>
>
> ▲ Escultura dos arcos olímpicos na praia de Copacabana, Rio de Janeiro (RJ). Foto de 2016.
>
> Vitor Abdala. Copacabana ganha escultura de arcos olímpicos a duas semanas dos jogos. *Agência Brasil*, 21 jul. 2016. Disponível em: https://agenciabrasil.ebc.com.br/rio-2016/noticia/2016-07/copacabana-ganha-escultura-de-arcos-olimpicos-duas-semanas-dos-jogos. Acesso em: 30 maio 2023.

ATIVIDADES

Retomar e compreender

14. Em cada item a seguir são dadas as medidas do raio r de uma circunferência e da distância d entre um ponto P e o centro dessa circunferência. Responda se o ponto P é interno, externo ou pertencente à circunferência.

a) $r = 6$ cm e $d = 12$ cm

b) $r = 9$ cm e $d = 4$ cm

c) $r = 31$ cm e $d = 31$ cm

15. Na figura a seguir, qual é a classificação que cada reta recebe em relação à circunferência?

16. Supondo que a medida do raio da circunferência de centro O, a seguir, seja igual a 15 cm, copie os itens substituindo os ■ pelos sinais <, > ou = para comparar d_1, d_2 e d_3 com a medida do raio da circunferência.

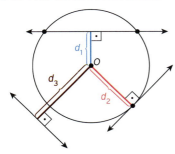

a) d_1 ■ 15 cm

b) d_2 ■ 15 cm

c) d_3 ■ 15 cm

17. Considere:
- uma circunferência de 15 cm de medida de raio;
- uma reta s;
- a medida da distância d do centro da circunferência à reta s.

Escreva a posição de s em relação à circunferência nos seguintes casos:

a) $d = 8$ cm

b) $d = 16$ cm

c) $d = 15$ cm

18. Quais são as posições relativas entre as duas circunferências em cada item?

a)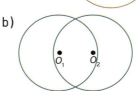

b)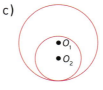

c)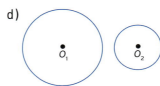

d)

19. Sendo r_1 e r_2 as medidas dos raios de duas circunferências e d a medida da distância entre os centros delas, indique a posição relativa em cada caso.

a) $r_1 = 4$ cm, $r_2 = 2$ cm e $d = 2$ cm

b) $r_1 = 3$ cm, $r_2 = 10$ cm e $d = 4$ cm

c) $r_1 = 6$ cm, $r_2 = 4$ cm e $d = 9$ cm

Aplicar

20. Considere um ponto A distante 8 cm do centro O de uma circunferência de 6 cm de medida de raio. Construa essa figura em uma folha avulsa e trace uma reta passando por A que seja:

a) externa à circunferência.

b) tangente à circunferência.

c) secante à circunferência.

21. O segmento determinado por um ponto P, externo a uma circunferência, e o centro dessa circunferência corta a circunferência em um ponto Q pertencente a ela. Determine a medida do raio dessa circunferência, sabendo que a distância entre P e o centro da circunferência mede 25 cm e que $PQ = 15$ cm.

CIRCUNFERÊNCIAS E ARTE

Vamos desenhar uma rosácea de seis pétalas usando circunferências. Para isso, realize os passos a seguir.

1º passo: Em uma folha de papel avulsa e com um compasso, trace uma circunferência.

3º passo: Mantenha a mesma abertura do compasso e, com a ponta-seca na intersecção das duas circunferências anteriores, trace uma nova circunferência.

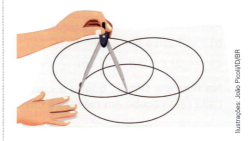

2º passo: Com a ponta-seca em um ponto qualquer da circunferência e mantendo a mesma abertura do compasso, trace uma nova circunferência.

4º passo: Repita o terceiro passo até obter seis circunferências em torno da circunferência inicial. Observe que a circunferência inicial foi dividida em seis partes congruentes, dando origem a um hexágono regular.

Ilustrações: João Picoli/ID/BR

Depois de construir a rosácea, você pode pintá-la do jeito que preferir. Veja os exemplos a seguir.

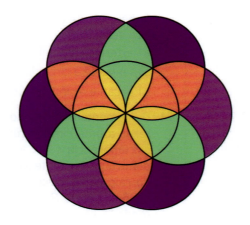

Que tal construir uma rosácea com **circunferências e arte**?

CÍRCULO

Veja os desenhos que Ana fez.

Você consegue perceber a diferença entre os desenhos feitos por Ana?

A circunferência divide o plano em duas regiões: uma região interna e uma região externa. Observe.

O **círculo** é a região do plano formada por uma circunferência e sua região interna.

Setor circular

De maneira semelhante ao que vimos nas circunferências, em um plano, um ângulo cujo vértice é o centro de um círculo é denominado **ângulo central**.

Todo ângulo central de um círculo divide esse círculo em duas partes. Cada uma dessas partes é chamada de **setor circular**. Para distinguir cada uma dessas partes, vamos chamar de setor circular menor o setor que apresenta o ângulo central de menor medida e de setor circular maior o setor que apresenta o ângulo central de maior medida.

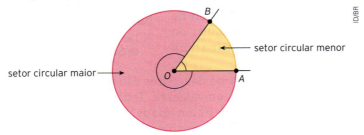

Observação

A medida da área do setor circular é diretamente proporcional à medida do ângulo central que o determina.

ATIVIDADES

Retomar e compreender

22. Escreva o nome da figura geométrica (círculo ou circunferência) que pode ser relacionada a cada item.

a) Anel.
b) Moeda.
c) Bambolê.
d) Tampo de uma mesa redonda.

23. A parte destacada da figura a seguir mostra um setor circular.

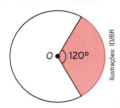

Quantos setores como esse são necessários para completar um círculo?

24. Calcule mentalmente.

a) Qual é a medida do setor circular que cabe exatamente duas vezes no círculo?
b) Qual é a medida do setor circular que cabe exatamente cinco vezes no círculo?

Aplicar

25. Com o auxílio de uma régua, de um compasso e de um transferidor, construa as seguintes figuras em uma folha avulsa:

a) um círculo com 2 cm de medida de raio.
b) um setor circular cujo ângulo central mede 75°.

26. Calcule o valor de x, em grau, em cada um dos itens.

a)
b)

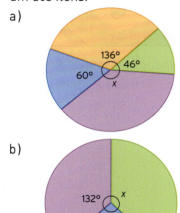

DESCUBRA +

Por que as tampas de bueiros são redondas?

Se você tem o hábito de olhar para baixo enquanto anda, já deve ter notado aquelas tampas de bueiros redondas que ficam no meio das ruas ou nas calçadas. Mas você já se perguntou por que o formato arredondado foi o escolhido para as tampas?

[...] os bueiros são redondos porque é o melhor formato para a compressão da terra ao redor dele. Além disso, coisas em formatos redondos são mais fáceis de serem feitas do que coisas em formato retangular ou quadrado. O formato redondo também facilita (na hora de mover) os bueiros e suas tampas [...].

▲ Tampa de galeria de água no centro de São Paulo (SP). Foto de 2022.

Mas talvez a maior razão pela qual as tampas de bueiros são redondas é porque tampas redondas não caem em buracos circulares equivalentes. Todo bueiro redondo tem uma borda também arredondada que segura a tampa, e com isso as tampas não podem cair dentro dos bueiros. Tampas quadradas, retangulares ou ovais poderiam cair nos bueiros se fossem colocadas na diagonal, o que seria péssimo para os pedestres e motoristas desavisados.

Por que as tampas de bueiros são redondas? *Fatos Desconhecidos*, 7 jul. 2015. Disponível em: https://www.fatosdesconhecidos.com.br/por-que-as-tampas-de-bueiros-sao-redondas. Acesso em: 31 maio 2023.

MAIS ATIVIDADES

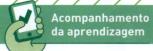

Aplicar

1. Considerando que a corda máxima de uma circunferência mede 2,60 m, quanto mede:
   a) o diâmetro dessa circunferência?
   b) o raio dessa circunferência?

2. Quanto mede a distância entre o centro de uma circunferência de 13,3 cm de medida de raio e uma reta tangente a essa circunferência?

3. Determinada antena emite um sinal eletromagnético que bloqueia o funcionamento de telefones celulares em um raio de 100 m de medida de comprimento. Uma pessoa que esteja a 80 m da base dessa antena consegue usar telefone celular?

4. Sabendo que a medida do raio das circunferências a seguir é igual a 5 cm e que os pontos P, Q e R são os centros das circunferências, qual é a medida do perímetro do triângulo PQR?

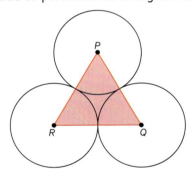

5. Duas circunferências são tangentes internamente uma à outra, e a soma das medidas de seus raios é 23 cm. Determine as medidas dos raios das duas circunferências, sabendo que a distância entre os centros mede 9 cm.

6. A figura a seguir mostra o esboço de um brinquedo formado por duas rodas. A menor delas gira dentro da maior.

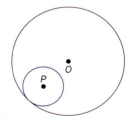

Se a medida do diâmetro da roda maior é 22 cm e a medida do diâmetro da roda menor é 8 cm, quanto mede a distância entre os centros das rodas?

7. Observe a figura.

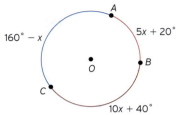

Quantos graus mede o arco $\widehat{ABC}$?

8. Três circunferências são mutuamente tangentes, e as medidas das distâncias entre seus centros são $AB = 22$ cm, $AC = 35$ cm e $BC = 31$ cm. Sabendo que o raio da menor circunferência mede 9 cm, determine a medida do raio das outras duas circunferências.

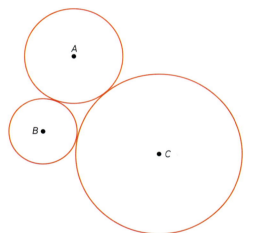

9. Veja a figura que Rose construiu dividindo a circunferência em seis partes iguais.

Reúna-se com um colega para fazer uma figura parecida com a de Rose.

10. Uma farmácia e mais três edifícios (escola, estádio e *shopping*) serão construídos num local de modo que a medida da distância percorrida no deslocamento da farmácia a cada um dos outros edifícios seja a mesma, ou seja, quem sair da farmácia percorrerá a mesma distância para ir à escola, ao estádio ou ao *shopping*. Qual é o local mais adequado para construir a farmácia, levando em conta apenas esse critério de deslocamento?

249

CAPÍTULO 2
TRANSFORMAÇÕES GEOMÉTRICAS

RECONHECENDO A SIMETRIA

Ao olhar algumas imagens de paisagens, de rostos de pessoas ou de algumas figuras geométricas, podemos ter a impressão de que essas imagens têm metades repetidas ou até mesmo acreditar que a imagem inteira está duplicada. Para entender melhor essas ocorrências, vamos estudar a simetria.

A imagem desta página mostra o Wat Benchamabophit Dusitvanaram, ou Templo de Mármore, localizado em Bangcoc, na Tailândia. É um dos templos mais conhecidos de Bangcoc, considerado uma grande atração turística. Ele foi construído em 1899 e é um exemplo de arquitetura tailandesa tradicional.

Observe na fotografia a representação plana do Templo de Mármore. Ela dá a ideia de simetria, e a linha vertical tracejada indica o eixo de simetria. Você consegue perceber que obtemos duas partes praticamente iguais?

Se dobrarmos uma imagem ao meio e as duas partes coincidirem, diremos que a imagem apresenta **simetria** em relação à linha de dobra, que chamamos de **eixo de simetria**.

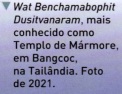

▼ *Wat Benchamabophit Dusitvanaram*, mais conhecido como Templo de Mármore, em Bangcoc, na Tailândia. Foto de 2021.

As imagens a seguir apresentam simetria, pois, ao dobrá-las ao meio, as duas partes se sobrepõem e coincidem.

A linha vermelha desenhada em cada uma dessas imagens indica o eixo de simetria que divide a imagem em duas partes simétricas.

Algumas figuras geométricas também apresentam simetria, pois podemos representar nelas um ou mais eixos de simetria.

Veja alguns exemplos.

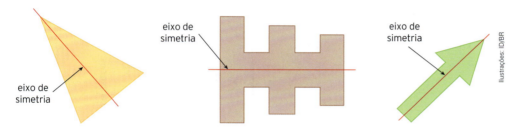

Existem figuras que não apresentam simetria, isto é, não é possível desenhar uma linha que as divida em duas partes simétricas.

Você acha que podemos traçar um eixo de simetria em um triângulo escaleno?

Simetria no cotidiano

Podemos perceber a simetria em nosso cotidiano tanto na natureza quanto em objetos produzidos pelo ser humano. Observe as representações planas de uma folha de videira e de um cocar e veja que ambas apresentam a ideia de simetria.

▲ Folha de videira.   ▲ Cocar indígena.

251

FIGURAS COM MAIS DE UM EIXO DE SIMETRIA

Em algumas figuras geométricas, podemos traçar mais de um eixo de simetria. Observe o triângulo a seguir. Em cada imagem, temos a representação do mesmo triângulo, mas destacamos um eixo de simetria diferente.

Destacando todos os eixos de simetria em uma única representação do triângulo, obtemos a seguinte figura:

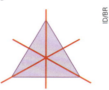

SIMÉTRICA DE UMA FIGURA

Observe as figuras a seguir.

 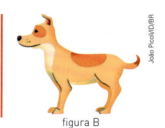

figura A   figura B

Repare que a figura A e a figura B formam um par de figuras simétricas em relação à linha vermelha, ou seja, ambas têm mesmo tamanho e forma e estão à mesma distância da linha vermelha, porém em lados opostos dessa linha. Podemos dizer, então, que a figura A é **simétrica** à figura B em relação à linha vermelha, que é o eixo de simetria.

ATIVIDADES

Retomar e compreender

1. Verifique, em cada caso, se a linha vermelha representa um eixo de simetria da figura.

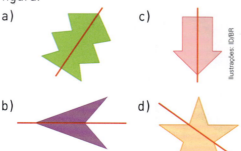

2. Observe a imagem a seguir trace os eixos de simetria que ela pode ter.

252

LABORATÓRIO DE MATEMÁTICA

Verificando eixos de simetria por meio de dobradura

Podemos dobrar uma folha de papel para determinar os eixos de simetria da figura representada por essa folha.

Material

- 1 folha de papel quadrada
- lápis
- régua

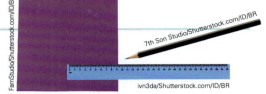

(Representações sem proporção de tamanho entre si)

Como fazer

1 Dobre a folha de papel de acordo com as instruções a seguir.

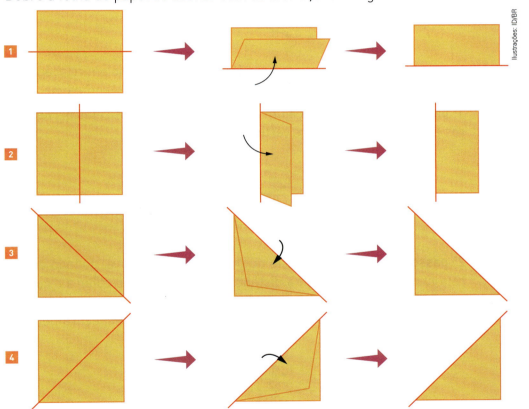

2 Com o lápis e a régua, trace um eixo em cada marca de dobra que ficou no papel.

Para concluir

1. Os eixos que você traçou em cima das marcas de dobra da folha representam os eixos de simetria da figura representada por essa folha?

2. Você acha que há outros eixos de simetria no quadrado além dos que você traçou na folha de papel? Por quê?

3. Como você faria para determinar os eixos de simetria de um hexágono regular representado em uma folha de papel?

253

TRANSFORMAÇÕES GEOMÉTRICAS

Para movimentar ou realizar transformações de figuras no plano, podemos utilizar as transformações geométricas. Vamos conhecer algumas delas.

Reflexão

Na reflexão em relação a uma reta, cada ponto é transformado em seu simétrico em relação a essa reta. Uma figura geométrica refletida pode ser perfeitamente sobreposta à original tomando-se essa reta como referência. Assim, a forma e o tamanho da figura são mantidos, mas ela aparece invertida, como em um espelho.

Considere o polígono *ABCDE* e a reta *r* a seguir.

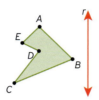

Vamos construir o polígono simétrico desse polígono em relação à reta *r*. Para isso, podemos utilizar uma régua e um esquadro. Acompanhe.

1º passo: Com uma régua e um esquadro, construímos retas perpendiculares à reta *r* passando pelos vértices do polígono.

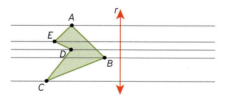

2º passo: Medimos a distância do ponto *A* até a reta *r* e, do lado direito da reta *r*, marcamos a mesma distância na reta perpendicular a *r* que passa pelo ponto *A*, obtendo o ponto *A'*. Repetindo o mesmo procedimento para os pontos *B*, *C*, *D* e *E*, obtemos os pontos *B'*, *C'*, *D'* e *E'*, respectivamente.

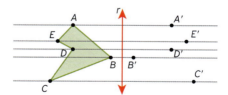

3º passo: Unindo os pontos *A'*, *B'*, *C'*, *D'* e *E'*, como mostra a figura a seguir, obtemos o polígono simétrico a *ABCDE* em relação à reta *r*. Observe que, se dois pontos da figura original estão unidos por um segmento de reta, seus simétricos também estão unidos por um segmento de reta.

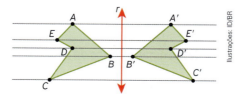

Reflexão no plano cartesiano

Observe o plano cartesiano a seguir.

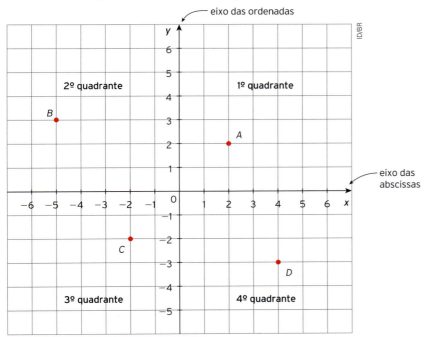

O plano está dividido em quatro quadrantes:

- o 1º quadrante está acima do eixo das abscissas e do lado direito do eixo das ordenadas;
- o 2º quadrante está acima do eixo das abscissas e do lado esquerdo do eixo das ordenadas;
- o 3º quadrante está abaixo do eixo das abscissas e do lado esquerdo do eixo das ordenadas; e
- o 4º quadrante está abaixo do eixo das abscissas e do lado direito do eixo das ordenadas.

Os dois números que localizam um ponto no plano, ou seja, o par ordenado, são chamados de **coordenadas cartesianas**. O primeiro número é a abscissa do ponto e o segundo, a ordenada do ponto. Podemos representar um ponto qualquer do plano por (x, y).

Observe que o ponto A, localizado no 1º quadrante, tem coordenadas $(2, 2)$, o ponto B, no 2º quadrante, tem coordenadas $(-5, 3)$, o ponto C, no 3º quadrante, tem coordenadas $(-2, -2)$ e o ponto D, no 4º quadrante, tem coordenadas $(4, -3)$.

Podemos dizer que qualquer ponto pertencente ao 1º quadrante tem abscissas e ordenadas positivas e qualquer ponto pertencente ao 2º quadrante tem abscissas negativas e ordenadas positivas.

Os pontos que estão sobre os eixos cartesianos não pertencem a nenhum dos quadrantes.

PARE E REFLITA

As abscissas e as ordenadas dos pontos pertencentes ao 3º quadrante são positivas ou negativas? E as abscissas e as ordenadas dos pontos que pertencem ao 4º quadrante?

Acompanhe alguns exemplos de como podemos obter uma figura usando a simetria de reflexão no plano cartesiano.

Exemplos

A. Considere os triângulos ABC e A'B'C'.

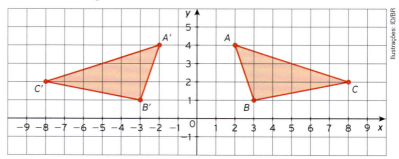

As coordenadas cartesianas dos vértices do triângulo ABC são A(2, 4), B(3, 1) e C(8, 2) e as do triângulo A'B'C' são A'(−2, 4), B'(−3, 1) e C'(−8, 2). Observe que as ordenadas dos pontos A, B e C são iguais às ordenadas dos pontos correspondentes (A', B' e C'). Para obter as abscissas dos pontos A', B' e C', multiplicamos as abscissas dos pontos A, B e C por −1, respectivamente.

Dizemos que o triângulo A'B'C' é uma reflexão do triângulo ABC em relação ao eixo y. Além disso, podemos dizer que, em relação ao eixo y, os pontos A', B' e C' são simétricos aos pontos A, B e C, respectivamente.

B. Observe agora os triângulos ABC e A''B''C''.

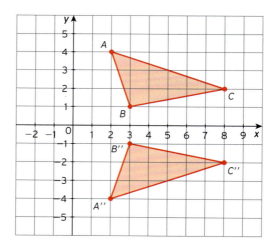

Note que as abscissas dos pontos A, B e C são iguais às abscissas dos pontos correspondentes (A'', B'' e C''). Para obter as ordenadas dos pontos A'', B'' e C'', multiplicamos as ordenadas dos pontos A, B e C por −1, respectivamente.

Dizemos que o triângulo A''B''C'' é uma reflexão do triângulo ABC em relação ao eixo x. Além disso, podemos dizer que, em relação ao eixo x, os pontos A'', B'' e C'' são simétricos aos pontos A, B e C, respectivamente.

C. Considere os triângulos ABC e A'''B'''C'''.

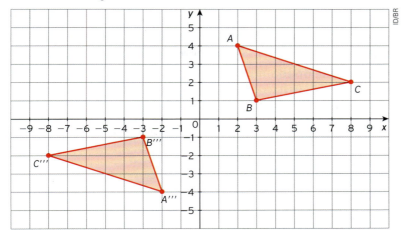

Observe que, nesse caso, para obter a ordenada e a abscissa dos pontos A''', B''' e C''', multiplicamos as ordenadas e as abscissas dos pontos A, B e C por −1, respectivamente.

Dizemos que o triângulo A'''B'''C''' é uma reflexão do triângulo ABC em relação à origem do plano cartesiano. Além disso, podemos dizer que, em relação à origem, os pontos A''', B''' e C''' são simétricos aos pontos A, B e C, respectivamente.

ATIVIDADES

Aplicar

3. Copie as figuras e as retas em uma folha de papel avulsa. Depois, com o auxílio de uma régua e de esquadros, construa a simétrica da figura em relação à reta r em cada caso.

a)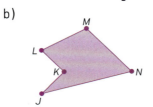

b)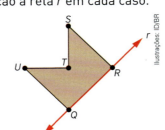

c)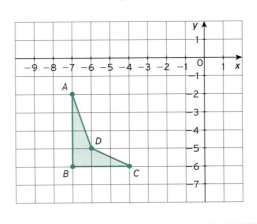

4. Copie o plano cartesiano e a figura ABCD ao lado em uma malha quadriculada e construa a simétrica da figura ABCD:

   a) em relação ao eixo x e escreva as coordenadas cartesianas de cada vértice da figura que você construiu.

   b) em relação ao eixo y e escreva as coordenadas cartesianas de cada vértice da figura que você construiu.

   c) em relação à origem e escreva as coordenadas cartesianas de cada vértice da figura que você construiu.

Rotação

A rotação de uma figura é uma transformação da figura obtida por meio de um giro. O giro pode ser no sentido horário ou anti-horário. O esquema a seguir mostra uma figura sendo rotacionada no sentido horário.

 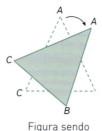 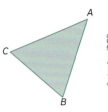

Posição inicial. Figura sendo rotacionada. Figura rotacionada.

Para realizar uma rotação, precisamos determinar um ponto (que será o vértice do ângulo de rotação), a medida do ângulo de rotação e o sentido da rotação.

Agora, acompanhe como podemos realizar a rotação de um triângulo *ABC* em torno de um ponto *O*, segundo um ângulo de 70° no sentido anti-horário, utilizando régua, transferidor e compasso.

> **MEDIDA DE ÂNGULOS**
>
> Geralmente, medidas positivas de ângulos são usadas para indicar rotações no sentido anti-horário.
>
>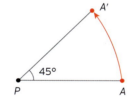
>
> Já medidas negativas de ângulos são usadas para indicar rotações no sentido horário.
>
>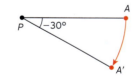

1º passo: Com a ponta-seca do compasso em *O* e raio $\overline{OA}$, traçamos um arco de circunferência no sentido anti-horário. Repetimos o procedimento com a ponta-seca do compasso em *O* e raio $\overline{OB}$. Em seguida, repetimos o procedimento com a ponta-seca do compasso em *O* e raio $\overline{OC}$.

2º passo: Colocamos o centro do transferidor no centro de rotação, que, nesse caso, é o ponto *O*. Alinhamos a marcação 0° do transferidor com o segmento $\overline{OA}$ e assinalamos o ponto *O'* correspondente a 70°. A intersecção da semirreta $\overrightarrow{OO'}$ com o arco que passa por *A* é o vértice *A'* do triângulo rotacionado.

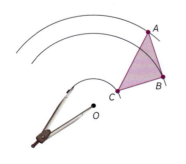 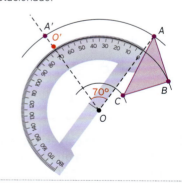

3º passo: Repetindo o passo anterior para os pontos *B* e *C*, obtemos os pontos *B'* e *C'*. Unindo *A'*, *B'* e *C'*, obtemos um triângulo que é imagem do triângulo *ABC*, por uma rotação de 70° em torno do ponto *O* no sentido anti-horário.

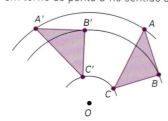

Translação

Outra transformação geométrica que podemos usar é a translação. Essa transformação consiste no deslocamento de todos os pontos da figura em uma mesma direção, um mesmo sentido e uma mesma distância.

Para fazer uma translação, escolhemos a distância, a direção e o sentido em que queremos que a figura se desloque. Essas características podem ser representadas por um **vetor**, que é uma seta cujo comprimento representa a medida da distância escolhida e que aponta para a direção e o sentido escolhidos. Depois, transportamos cada ponto da figura de acordo com a distância, a direção e o sentido do deslocamento.

> **ISOMETRIAS**
>
> A reflexão, a rotação e a translação são transformações geométricas que preservam a congruência das figuras, ou seja, em cada uma delas, a figura transformada é sempre congruente à figura original. Por não deformar a figura original, essas três transformações são chamadas de **movimentos rígidos** ou de **isometrias** (*iso*: "mesma"; *metria*: "medida").

Exemplo

Considere o triângulo *ABC* e o vetor de deslocamento, em azul.

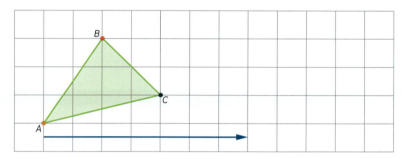

O vetor indica que o deslocamento terá uma medida de distância de 7 lados de quadradinhos da malha, direção horizontal e sentido para a direita.

Ou seja, temos de deslocar cada ponto do triângulo *ABC* de acordo com essas informações.

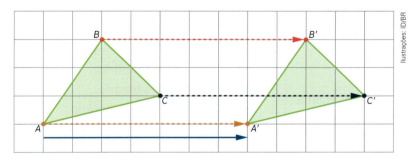

Note que cada ponto do triângulo *ABC* foi deslocado seguindo a mesma medida de distância, a mesma direção e o mesmo sentido do vetor, obtendo-se os pontos *A'*, *B'* e *C'*.

Unindo os pontos *A'*, *B'* e *C'*, formamos o triângulo *A'B'C'*. Dizemos que o triângulo *A'B'C'* foi obtido a partir da translação do triângulo *ABC*.

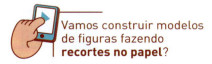

Vamos construir modelos de figuras fazendo **recortes no papel**?

Outra maneira de realizar a translação de uma figura é com o auxílio de um *software* de geometria dinâmica. Veja como podemos fazer a translação de um triângulo retângulo.

1º passo: Com a ferramenta *Polígono*, desenhe um triângulo retângulo.

2º passo: Com a ferramenta *Vetor*, desenhe um vetor.

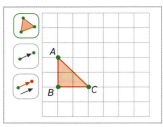
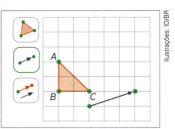

3º passo: Selecione a ferramenta *Translação por um vetor*. Clique na figura e, depois, no vetor para que a translação seja realizada.

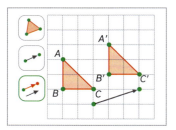

PARE E REFLITA
O que acontece com o triângulo ABC se movimentarmos uma das extremidades do vetor?

ATIVIDADES

Retomar e compreender

5. Verifique nos itens a seguir quais figuras podem ser obtidas por uma rotação desta figura.

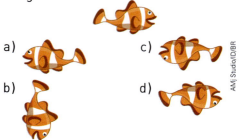

Aplicar

6. Copie as figuras a seguir em uma malha quadriculada. Depois, desenhe-as segundo uma rotação de 90° em torno do ponto O no sentido anti-horário.

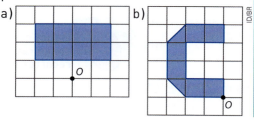

7. Reproduza a figura a seguir em uma folha de papel quadriculado. Depois, desenhe-a com rotação de centro O de acordo com os ângulos dados em cada item.

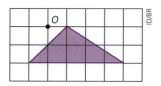

a) 90° no sentido horário.
b) 90° no sentido anti-horário.
c) 180° no sentido horário.
d) 270° no sentido horário.
e) 270° no sentido anti-horário.

8. Desenhe, em uma malha quadriculada, um retângulo de 2 unidades por 4 unidades. Depois, translade-o 7 unidades para cima. (Considere unidade o lado do quadrado da malha.)

9. Utilizando um *software* de geometria dinâmica, desenhe um polígono qualquer. Depois, translade-o 5 unidades para a esquerda na horizontal.

Outras transformações geométricas

Além de modificar a posição das figuras, as transformações geométricas podem alterar o tamanho e a forma delas também.

Acompanhe as situações seguir.

Situação 1

Tatiana desenhou o quadrado *ABCD* no plano cartesiano e multiplicou as abscissas e as ordenadas de cada vértice do quadrado por 2, obtendo uma nova figura, cujos vértices correspondentes são os pontos *A'*, *B'*, *C'* e *D'*. Observe a figura original e a figura obtida por essa transformação.

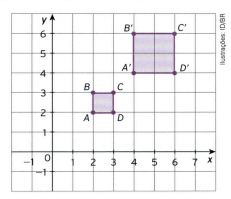

A figura obtida após a transformação se manteve no 1º quadrante, conservando a forma da figura original, e as medidas dos lados correspondentes foram dobradas.

Como a forma da figura original foi mantida e as medidas dos lados correspondentes são proporcionais, podemos dizer que o quadrado *A'B'C'D'* é uma **ampliação** do quadrado *ABCD*.

Situação 2

Hugo desenhou o quadrado *ABCD* no plano cartesiano. Para obter uma nova figura, ele multiplicou apenas as abscissas de cada vértice por −2. Observe a figura original e a figura obtida por essa transformação.

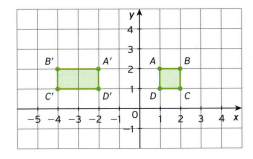

Note que a figura original estava no 1º quadrante e a figura obtida está no 2º quadrante. Além disso, sua forma foi alterada (a partir do quadrado da figura original foi obtido um retângulo). O que podemos observar sobre as medidas dos lados das duas figuras?

Quando realizamos uma transformação em uma figura e sua forma não se mantém, dizemos que houve uma **deformação** da figura original.

Situação 3

Amélia desenhou o quadrado ABCD no plano cartesiano e, para obter uma nova figura, multiplicou apenas as ordenadas de cada vértice por −2. Observe a seguir a figura original e a figura obtida após a transformação.

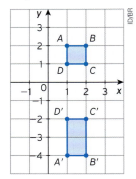

PARE E REFLITA
O que você acha que aconteceria com o quadrado ABCD se Amélia multiplicasse as abscissas e as ordenadas de cada vértice por −2?

Note que a figura original estava no 1º quadrante e a figura obtida está no 4º quadrante e teve sua forma alterada.

ATIVIDADES

Retomar e compreender

10. Observe a figura a seguir.

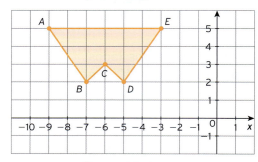

Figura original.

Agora, descreva como a figura a seguir pode ser obtida a partir da figura original.

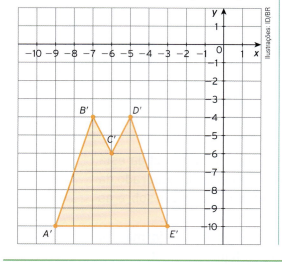

Aplicar

11. Veja o trapézio ABCD desenhado no plano cartesiano.

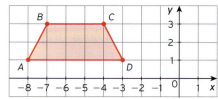

a) Escreva as coordenadas dos vértices do trapézio ABCD. Depois, multiplique apenas as ordenadas de cada vértice por 3 e obtenha os vértices do trapézio A'B'C'D'.

b) Agora, desenhe um plano cartesiano em uma malha quadriculada e localize os trapézios ABCD e A'B'C'D'.

c) O que aconteceu com o trapézio original?

12. Desenhe em uma malha quadriculada um plano cartesiano e nele o retângulo MNOP cujos vértices têm coordenadas M(4, −2), N(10, −2), O(10, −5) e P(4, −5).

a) O que acontecerá com o retângulo se a abscissa de cada vértice for multiplicada por −3?

b) O que acontecerá com o retângulo se a ordenada de cada vértice for multiplicada por −2?

c) O que acontecerá com o retângulo se as duas coordenadas de cada vértice forem multiplicadas por −4?

MAIS ATIVIDADES

Acompanhamento da aprendizagem

Retomar e compreender

1. Quantos eixos de simetria há em cada uma das figuras a seguir?

   a)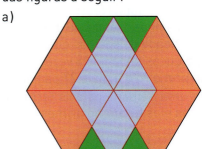

   b)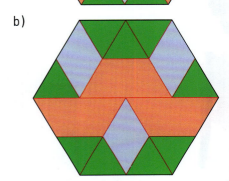

2. Observe as figuras representadas na malha quadriculada a seguir e, depois, responda às questões.

   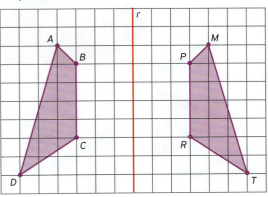

   a) Escreva os pontos simétricos dos pontos P, M, T e R em relação à reta r.
   b) Escreva os lados simétricos relativos aos lados $\overline{AB}$, $\overline{BC}$, $\overline{CD}$ e $\overline{DA}$.
   c) Se o segmento $\overline{DA}$ mede 5 cm, quanto mede o segmento $\overline{TM}$? Explique a um colega como você pensou.
   d) Quanto mede o ângulo formado pelo eixo de simetria r e o segmento $\overline{CR}$?

Aplicar

3. Desenhe uma figura que tenha três eixos de simetria.

4. Reproduza em uma malha quadriculada as figuras a seguir e desenhe o vetor que determina a translação da figura A para a figura B.

   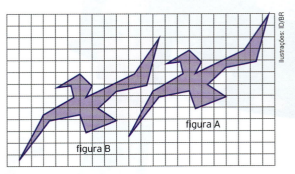

5. Reproduza em uma malha quadriculada as imagens a seguir. Depois, construa a imagem de cada uma delas segundo a translação indicada pelo vetor.

   a) 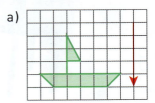   b)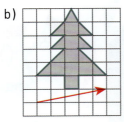

6. Desenhe um plano cartesiano em uma malha quadriculada. Represente um polígono qualquer de cinco lados no 4º quadrante dele. Em seguida, faça o que se pede.

   a) Multiplique apenas a coordenada x de cada vértice por −3 e desenhe a nova figura.
   b) Multiplique apenas a coordenada y de cada vértice por −3 e desenhe a nova figura.
   c) Amplie o polígono original de modo que ele fique no 2º quadrante.

7. M. C. Escher foi um conhecido artista plástico holandês. Reúna-se com três colegas para fazer uma pesquisa sobre ele: datas de nascimento e de morte, nacionalidade, formação, influências que recebeu, etc. Relacionem o trabalho desse artista com as transformações geométricas e apresentem sua pesquisa aos demais colegas da turma.

263

RESOLVENDO PROBLEMAS

Conhecendo o problema

Júlia e Lucas começaram a ler na segunda-feira um livro que o professor indicou na sala de aula. Nesse dia, os dois leram a mesma quantidade de páginas. Depois de uma semana, Júlia tinha lido 9 vezes a quantidade de páginas que leu no primeiro dia mais 15 páginas, e Lucas tinha lido 8 vezes a quantidade de páginas que leu no primeiro dia mais 27 páginas.

Sabendo que depois de uma semana os dois terminaram de ler o livro, quantas páginas eles leram no primeiro dia?

264

Compreensão do problema

1 Sem fazer nenhuma conta, é possível obter do enunciado do problema a quantidade de páginas que Júlia e Lucas leram, cada um, no primeiro dia?

2 Depois de uma semana, Júlia tinha lido quantas páginas? E Lucas?

3 A quantidade total de páginas que Júlia e Lucas leram foi a mesma?

Resolução de problema

1 Escolha uma incógnita para representar a quantidade de páginas lida no primeiro dia de leitura.

2 Como a quantidade de páginas que Júlia e Lucas leram em uma semana pode ser representada algebricamente? Utilize a incógnita escolhida na questão anterior.

3 É possível encontrar o valor da incógnita a partir da relação representada na questão anterior? Se sim, como podemos fazer isso?

4 Então, quantas páginas Júlia e Lucas leram, cada um, no primeiro dia?

Reflexão sobre o problema

1 Você gostou de resolver esse problema? Por quê?

2 **SABER SER** Você encontrou dificuldades para resolver esse problema? Em caso afirmativo, quais foram as dificuldades? Justifique sua resposta.

3 Você fez anotações dos dados do problema para ajudar a compreendê-lo?

4 Que estratégia você adotou para resolver o problema?

5 Os colegas utilizaram estratégias diferentes da sua? Se sim, quais?

6 É possível apresentar outra maneira de resolver esse mesmo problema? Em caso afirmativo, qual?

Aplicando a estratégia

1. Alberto fez um orçamento em duas empresas de transporte para realizar uma mudança. Uma das empresas cobra um valor fixo de R$ 240,00 mais R$ 12,00 por quilômetro rodado, e a outra empresa cobra um valor fixo de R$ 250,00 mais R$ 10,00 por quilômetro rodado. Sabendo que o valor final nas duas empresas é o mesmo para fazer a mudança que Alberto precisa, qual é a medida da distância entre os dois endereços?

2. Duas irmãs, Bruna e Camila, ganharam da avó a mesma quantia em dinheiro e foram a uma loja comprar alguns jogos de *videogame*. Bruna queria comprar cinco jogos, mas percebeu que para isso ainda faltavam R$ 4,00. Já Camila conseguiu comprar os três jogos que queria e ainda ficou com R$ 10,00. Sabendo que todos os jogos têm o mesmo valor, qual é o preço de cada jogo?

3. Fernanda e Priscila precisavam fazer panfletos para divulgar os respectivos negócios. Fernanda tem uma escola de natação, e Priscila tem uma loja de cosméticos. Elas fizeram panfletos em gráficas diferentes, mas pagaram o mesmo valor. Sabendo que Fernanda deu um terço do valor como sinal mais R$ 160,00 e que Priscila deu três quartos do valor como sinal mais R$ 60,00, qual foi o valor que Fernanda e Priscila pagaram pelos panfletos?

ATIVIDADES INTEGRADAS

Aplicar

1. (Enem) Um programa de edição de imagens possibilita transformar figuras em outras mais complexas. Deseja-se construir uma nova figura a partir da original. A nova figura deve apresentar simetria em relação ao ponto O.

Figura original

A imagem que representa a nova figura é:

a)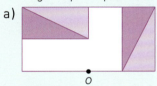

b)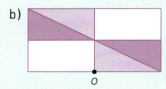

c)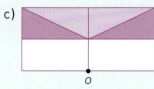

d)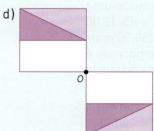

e)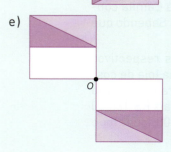

2. Observe as circunferências a seguir.

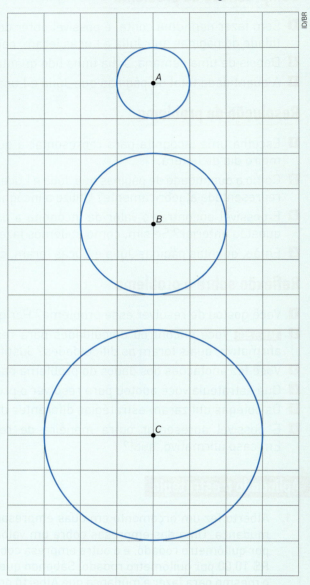

a) Meça o diâmetro de cada circunferência e registre as medidas.
b) Pergunte ao professor como é possível medir o comprimento de uma circunferência. Depois, meça o comprimento das circunferências desta atividade e registre as medidas.
c) O que acontece com a medida do comprimento da circunferência quando duplicamos a medida do seu diâmetro? E quando triplicamos essa medida?

266

Acompanhamento da aprendizagem

3. (Uniube-MG) KLAUSS, um lindo menininho de 7 anos, ficou desconcertado quando, ao chegar em frente ao espelho de seu armário, vestindo uma blusa onde havia seu nome escrito, viu a seguinte imagem do seu nome:

   a) K L A U S S
   b) ꓘ ⅃ A U S S
   c) ꙄꙄ U A ⅃ ꓘ
   d) ꙄꙄ U A ⅃ ꓘ

4. Reproduza na malha quadriculada a figura a seguir.

   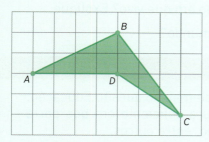

   a) Construa a figura $A'B'C'D'$ fazendo a translação da figura original em 8 unidades para a direita na direção horizontal.
   b) Usando régua, transferidor e compasso, construa a figura $A''B''C''D''$ fazendo a rotação de 100° da figura $A'B'C'D'$ no sentido horário em torno do ponto C'.

   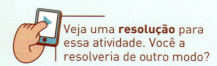

   Veja uma **resolução** para essa atividade. Você a resolveria de outro modo?

5. Observe esta figura no plano cartesiano.

   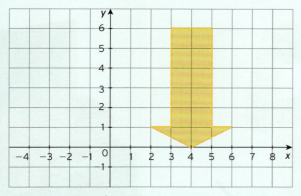

   a) Reproduza o plano cartesiano e a seta amarela em malha quadriculada e desenhe a simétrica dessa seta em relação à origem.
   b) Determine as coordenadas dos vértices da figura que você obteve no item anterior.

Analisar e verificar

6. Observe a imagem a seguir.

   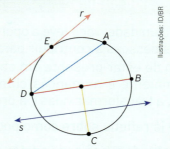

   Qual destas afirmações é a correta?

   a) $\overline{AE}$ representa um arco.
   b) $\overline{BD}$ representa o raio.
   c) $\overline{DA}$ representa o diâmetro.
   d) s é uma reta tangente à circunferência.
   e) r é uma reta tangente à circunferência.

7. Ana disse a Lia que havia desenhado duas circunferências tangentes: uma de centro A e 6 cm de medida de raio e outra de centro B e 14 cm de medida de raio. Ana perguntou a Lia qual seria a medida do raio de uma circunferência com centro em B que tangenciasse a circunferência de centro A. Lia deu as possíveis três respostas corretas. Quais foram as respostas de Lia? Converse com um colega sobre esse problema.

Criar

8. Verifique se as afirmações a seguir são verdadeiras ou falsas. Reescreva as falsas, corrigindo-as.

   a) Uma figura obtida por rotação mantém a mesma forma que a figura original, porém não com as mesmas medidas.
   b) Se duas figuras são simétricas em relação a uma reta, então elas são congruentes.
   c) Um ponto A é refletido em relação a uma reta r, obtendo-se um ponto A'; então, a distância de A a r é igual à distância de A' a r.
   d) Se uma figura $A'B'C'$ é obtida através de uma translação da figura ABC, então ABC e $A'B'C'$ são congruentes.
   e) Uma figura obtida por reflexão mantém a mesma forma, o mesmo tamanho e a mesma posição que a figura original.

CIDADANIA GLOBAL
UNIDADE 6

4 EDUCAÇÃO DE QUALIDADE

Retomando o tema

Nesta unidade, você teve a oportunidade de refletir sobre como a educação pode ajudar as pessoas a contribuir para a transformação do mundo.

Além de estar presente em objetivos relacionados a saúde, sustentabilidade, meio ambiente e mudanças climáticas, a educação pode ajudar a erradicar a pobreza, a transformar vidas e a promover avanços tecnológicos.

1. Você já refletiu sobre como pode melhorar o mundo em que vive? Explique.
2. Que atitudes você pode adotar para transformar o mundo?

Geração da mudança

O Brasil ainda é um país que enfrenta grandes problemas no quesito Educação: analfabetismo e analfabetismo funcional, infraestrutura deficiente em boa parte das escolas públicas, a evasão escolar no Ensino Médio, entre outros.

Esses problemas apresentam uma relação direta com as desigualdades sociais que vemos no país.

- Reúna-se com três colegas e observem a escola, a vizinhança, o bairro ou a cidade em que vocês vivem para identificar problemas que dificultem o desenvolvimento da educação no Brasil. Depois, listem possíveis soluções para resolver ou minimizar esses problemas.

Autoavaliação

PROBABILIDADE E ESTATÍSTICA

UNIDADE 7

PRIMEIRAS IDEIAS

1. Quais são os números que podem ser obtidos no lançamento de um dado? Qual é a probabilidade de se obter cada um desses números?
2. O que você entende por pesquisa estatística?
3. Em sua opinião, no período eleitoral, os institutos de pesquisa entrevistam todos os eleitores para saber a intenção de voto deles em um candidato?
4. O que significa dizer que algo está na moda?

Conhecimentos prévios

Nesta unidade, eu vou...

CAPÍTULO 1 — Probabilidade

- Ampliar e consolidar os conceitos de experimento aleatório, espaço amostral, evento e probabilidade.
- Calcular a probabilidade de um evento e expressá-la por meio de fração ou porcentagem.
- Investigar uma situação envolvendo probabilidade e lançamento de dados.

CAPÍTULO 2 — Estatística

- Compreender o que é pesquisa estatística e os conceitos de população, amostra e variável.
- Compreender que as variáveis podem ser classificadas em qualitativas ou quantitativas.
- Organizar, interpretar e analisar dados representados em gráficos e tabelas.
- Reconhecer diferentes tipos de gráfico e tabela, bem como seus elementos: títulos, fonte e legendas.
- Calcular e utilizar média aritmética para a tomada de decisões.
- Compreender as etapas de uma pesquisa.
- Planejar uma pesquisa estatística sobre sedentarismo na adolescência e produzir um relatório sobre os resultados obtidos.

EDUCAÇÃO FINANCEIRA

- Refletir a respeito da influência dos anúncios publicitários no comportamento dos consumidores.
- Reconhecer que algumas escolhas são baseadas na opinião de influenciadores, e não na qualidade ou durabilidade do produto em si.

CIDADANIA GLOBAL

- Compreender a importância da atividade física para a saúde e descobrir como incorporar a prática de atividades físicas no dia a dia.

269

LEITURA DA IMAGEM

1. O que as pessoas que aparecem na imagem estão fazendo?
2. Onde estão essas pessoas?
3. Descreva o símbolo pintado na pista. Você sabe o que ele significa?
4. Para realizar o planejamento de uma cidade, é necessário conhecer as necessidades da população. Como você acha que os órgãos governamentais tomam decisões sobre a abertura de novos parques e espaços comunitários voltados para a prática de atividades físicas?

CIDADANIA GLOBAL

3 SAÚDE E BEM-ESTAR

A prática regular de atividades físicas e esportivas traz diversos benefícios para a saúde física e mental.

A OMS [Organização Mundial da Saúde] define atividade física como sendo qualquer movimento corporal produzido pelos músculos esqueléticos que requeiram gasto de energia — incluindo atividades físicas praticadas durante o trabalho, jogos, execução de tarefas domésticas, viagens e em atividades de lazer.

"Mover para viver": 06/4 - Dia Mundial da Atividade Física. Ministério da Saúde. Disponível em: https://bvsms.saude.gov.br/mover-para-viver-06-4-dia-mundial-da-atividade-fisica/. Acesso em: 16 maio 2023.

- Como a prática de atividades físicas pode ser incorporada no dia a dia das pessoas?

Ao longo desta unidade, reflita sobre esse questionamento!

 Quais são os benefícios da prática de **atividades físicas** para a saúde?

Vista de *drone* da Lagoa Rodrigo de Freitas com pessoas praticando atividade física. Rio de Janeiro. Foto de 2019.

271

CAPÍTULO 1
PROBABILIDADE

RETOMANDO A IDEIA DE PROBABILIDADE

Leia a reportagem a seguir.

Conheça outros casos de **animais albinos**. Qual mais chamou a sua atenção?

> **Tartaruga albina nasce em ninhada de mais de 100 filhotes no Araguaia**
>
> Uma tartaruga albina se destacou entre os mais de 100 filhotes nascidos nos últimos dias às margens no Rio das Mortes, em Ribeirão Cascalheira, a 893 km de Cuiabá, por meio do projeto Quelônios do Araguaia. Ser diferente, nesse caso, não é bom, segundo o executor do projeto na região, Gaspar Saturnino Rocha, já que o filhote não consegue passar despercebido e se torna alvo fácil para os predadores.
>
> [...]
>
> Pollyana Araújo. Tartaruga albina nasce em ninhada de mais de 100 filhotes no Araguaia. *G1*, 4 jan. 2017. Disponível em: http://g1.globo.com/mato-grosso/noticia/2017/01/tartaruga-albina-nasce-em-ninhada-de-mais-de-100-filhotes-no-araguaia.html. Acesso em: 31 mar. 2023.

Imagine uma ninhada de tartaruga com 100 ovos, dos quais apenas um filhote é albino. Escolhendo um desses ovos ao acaso, a chance de ser um filhote albino é de 1 em 100. Dizemos que a probabilidade é de:

$$\frac{1}{100} \quad \text{ou} \quad 1\%$$

A probabilidade é um número de 0 a 1 (ou de 0% a 100%) que indica quanto a ocorrência de determinado fato é provável.

Neste capítulo, vamos retomar e ampliar nossos conhecimentos sobre probabilidades.

▼ Filhote de tartaruga (*Terrapene ornata ornata*) **albino**.

Experimento aleatório, espaço amostral e evento

Letícia é voluntária em uma ONG e vai fazer uma rifa utilizando uma cartela de nomes para arrecadar dinheiro para a biblioteca da instituição. Veja a cartela de nomes.

CARTELA DE NOMES

ANTÔNIO	MANUEL	ALICE	CLARA	VILMA	GUILHERME
MARIA	CAROLINA	JOÃO	CÍCERO	AMANDA	SANDRA
VALÉRIA	JÚLIO	FELIPE	JOAQUIM	MARCELO	ELIANA
PAULA	MÔNICA	APARECIDA	PALOMA	BERNARDO	GIOVANA

Cada pessoa que participar deve escolher um dos nomes da cartela. Quando todos os nomes forem escolhidos, Letícia revelará o ganhador indicando o nome sorteado. Note que não é possível saber com certeza o nome que será sorteado.

Situações como essa, em que o resultado não pode ser previsto com certeza, são chamadas de **experimentos aleatórios**.

Perceba que, se repetido em condições idênticas, o sorteio do nome da cartela pode produzir resultados distintos e que não podem ser previstos com certeza.

Entretanto, apesar de não sabermos com certeza o nome que será sorteado, podemos elencar os possíveis resultados: todos os nomes da cartela.

O conjunto formado por todos os resultados possíveis de um experimento aleatório é chamado de **espaço amostral**.

Agora, imagine que Caio tenha comprado todos os nomes que começam com a letra M dessa rifa: Maria, Manuel, Mônica e Marcelo. Sortear um nome que comece com a letra M é um fato relacionado ao experimento aleatório "sortear um nome da rifa". Dizemos que esse fato é um **evento** relacionado ao experimento aleatório.

Como todos os nomes têm a mesma chance de ser sorteados, medimos a chance de Caio ganhar calculando a razão entre o número de resultados favoráveis ao evento "nome sorteado começar com a letra M" e o número de resultados possíveis. Chamando de P a probabilidade de Caio ganhar, temos:

$$P = \frac{\text{número de resultados favoráveis}}{\text{número de resultados possíveis}} = \frac{4}{24}$$

Assim, a probabilidade de Caio ganhar o sorteio é $\frac{4}{24}$, que é, aproximadamente, 16,7%.

> **EVENTO CERTO E EVENTO IMPOSSÍVEL**
>
> Em um experimento aleatório, um evento que não tem a possibilidade de ocorrer é denominado **evento impossível**, e um evento em que se tem total certeza de sua ocorrência é chamado de **evento certo**.
>
> Considerando a situação da rifa de Letícia, dê um exemplo de evento certo e um de evento impossível.

273

Representação do espaço amostral e de um evento

Vimos que espaço amostral é o conjunto formado por todos os resultados possíveis de um experimento aleatório e que evento é um fato relacionado ao experimento aleatório. Agora, veremos como podemos representar um espaço amostral e um evento.

Considere o experimento aleatório "lançar um dado de seis faces e observar o número da face voltada para cima".

Os resultados possíveis para esse evento são: 1, 2, 3, 4, 5 e 6. Representamos o espaço amostral correspondente a esse experimento utilizando um conjunto. De maneira geral, utilizamos a letra S para representar um espaço amostral. Assim:

$$S = \{1, 2, 3, 4, 5, 6\}$$

Agora, considere o evento "sair um número par". Para representar um evento também utilizamos um conjunto. De maneira geral, utilizamos a letra E para representar um evento. Logo:

$$E = \{2, 4, 6\}$$

SIMULAÇÃO

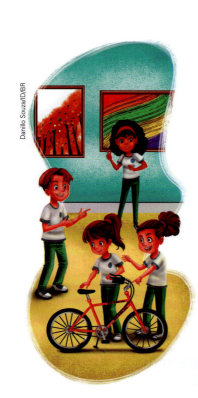

Amanda, Sabrina, Fábio e Jéssica foram os vencedores do campeonato de desafios matemáticos na escola em que estudam. Eles ganharam uma bicicleta e decidiram que o melhor a ser feito seria deixar a bicicleta com alguém da equipe e, quando um deles precisasse dela, bastaria pedir emprestado.

O grupo pensou em fazer um sorteio para escolher quem levaria a bicicleta para casa. Nesse sorteio, qual é a probabilidade de cada integrante do grupo ser sorteado?

Para calcular essa probabilidade, devemos comparar o resultado do evento E "sair cada um dos integrantes" com o total de resultados possíveis. Assim, sendo $P(E)$ a probabilidade de ocorrer o evento E, teríamos:

$$P(E) = \frac{1}{4} = 25\%$$

Depois de calcular a probabilidade do evento E, Sabrina decidiu fazer algumas simulações. Ela simulou o sorteio 100 vezes, anotou o resultado de cada um deles e organizou uma tabela. Veja.

Resultado do sorteio				
Nome sorteado	Amanda	Sabrina	Fábio	Jéssica
Número de vezes que o nome foi sorteado	26	29	24	21

Dados obtidos por Sabrina.

Com os registros em mãos, Sabrina calculou a porcentagem de cada resultado em relação ao total de sorteios simulados.

- Amanda: $\frac{26}{100} = 26\%$
- Fábio: $\frac{24}{100} = 24\%$
- Sabrina: $\frac{29}{100} = 29\%$
- Jéssica: $\frac{21}{100} = 21\%$

Sabrina percebeu que as porcentagens encontradas por ela são diferentes da probabilidade que ela calculou para o evento "sair cada um dos integrantes". Por que será que esses valores foram diferentes?

Perceba que, apesar de a probabilidade de cada nome ser sorteado ser de 25%, isso não significa que, repetindo o sorteio várias vezes, cada resultado sairá em 25% deles.

LABORATÓRIO DE MATEMÁTICA

Chance de vitória nos dados

Você já jogou dados?

O dado mais comum é o cúbico, com as faces numeradas de 1 a 6.

João Picoli/ID/BR

Propomos um jogo simples, em que o vencedor de cada partida será o jogador que tiver como resultado o maior número ao lançar um dado.

Por exemplo, em uma partida com dois jogadores, considere que, no lançamento do dado, o primeiro jogador tenha como resultado o número 3 e o segundo tenha como resultado o número 1. Então, o primeiro jogador vence a partida. Em caso de resultados iguais, os jogadores devem lançar os dados novamente.

O objetivo será determinar a probabilidade de o segundo jogador vencer a partida, já sabendo o resultado do lançamento do primeiro jogador.

Materiais

- dado numerado de 6 faces
- caderno
- caneta ou lápis

Como fazer

1. Organizem-se em duplas, de acordo com a orientação do professor.
2. Determinem quais são os resultados possíveis para que o segundo jogador vença a partida, já sabendo o resultado do primeiro jogador.
3. Determinem a probabilidade de o segundo jogador vencer essa partida, indicando a fração:

$$\frac{\text{número de jogadas vencedoras}}{\text{número de jogadas possíveis}}$$

Para concluir

1. Considerando que o primeiro jogador obteve 5 no lançamento do dado, quantas possibilidades de jogada o segundo jogador tem disponível para vencer?
2. Quem terá mais chances de ganhar esse jogo se o primeiro jogador lançar o dado e sair o número 2?
3. Escrevam um relatório com as conclusões que vocês obtiveram com essa atividade.

ATIVIDADES

Retomar e compreender

1. Considere o lançamento de um dado honesto com faces numeradas de 1 a 6.
   a) Qual é a probabilidade de o resultado ser 6?
   b) Qual é a probabilidade de o resultado ser par?
   c) Qual é a probabilidade de o resultado ser divisível por 3?
   d) Qual é a probabilidade de o resultado ser um número primo?

2. Dado um baralho comum, de 52 cartas, calcule a probabilidade de, na escolha aleatória de uma carta, ocorrerem os seguintes eventos:
   a) ser vermelha;
   b) o naipe ser espadas;
   c) ser 2 de copas;
   d) ser 9 vermelho;
   e) o naipe não ser espadas;
   f) não ser 5 vermelho;
   g) ser 2 ou 4;
   h) ser uma carta que não seja um rei.

3. Determine todos os números de dois algarismos que podem ser formados com os algarismos 2, 3, 5 e 6. Depois, responda aos itens a seguir.
   a) Qual é a probabilidade de, escolhido um desses números ao acaso, ele ser par?
   b) Qual é a probabilidade de ele ser ímpar?
   c) Qual é a probabilidade de ele ser menor que 40 e não ter algarismos iguais?

4. Observe a roleta utilizada em um jogo.

   Calcule a probabilidade de a roleta parar:
   a) no número 2;
   b) em um número negativo;
   c) em uma casa verde.

5. Um casal tem uma filha. Quando a esposa engravidar novamente, qual é a probabilidade de o segundo filho ser menino?

6. Luís tem um aquário com 10 peixes coloridos: 4 azuis, 4 amarelos e 2 vermelhos. Ele retirou ao acaso um dos peixes para dar de presente a seu primo Roberto. Qual é a probabilidade de Roberto ganhar um peixe vermelho?

7. Em uma urna há 10 bolas azuis, 8 bolas amarelas e 2 bolas verdes. Reescreva as frases a seguir, corrigindo-as.
   a) Retirando uma bola da urna ao acaso, a probabilidade de a bola ser verde é maior que 50%.
   b) A probabilidade de retirar uma bola amarela é maior que a probabilidade de retirar uma bola azul.
   c) A probabilidade de retirar uma bola azul é $\frac{1}{10}$.

8. Faça o que se pede em cada item.
   a) Construa um quadro com todos os resultados que podem ser obtidos quando lançamos, simultaneamente, duas moedas distintas.
   b) Responda: Lançar, simultaneamente, duas moedas distintas é um experimento aleatório? Justifique.
   c) Retome o quadro que você elaborou no item **a** e escreva o espaço amostral do experimento "lançar, simultaneamente, duas moedas distintas".
   d) Escreva dois possíveis eventos para o experimento em questão e, em seguida, calcule a probabilidade de cada um deles ocorrer.

Aplicar

9. Elabore uma tabela com a quantidade de meninos e de meninas em cada turma do 7º ano de sua escola. Se precisar, peça ajuda ao professor para obter esses dados.

   Em seguida, calcule a probabilidade de, sorteado um estudante ao acaso, ele ser:
   a) um menino;
   b) uma menina da sua turma;
   c) uma menina ou um menino.

 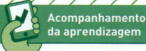

MAIS ATIVIDADES

Acompanhamento da aprendizagem

Retomar e compreender

1. Cristina pode ir à escola e voltar para casa de três maneiras diferentes: de ônibus, de carro com os pais ou de carona com os pais de uma amiga.

   a) Quantas possibilidades diferentes ela tem para ir à escola e voltar para casa?

   b) Cristina escreveu todas as possibilidades em papéis de mesmo tamanho. Todos foram dobrados da mesma maneira e colocados dentro de um saquinho para o sorteio de um deles. Qual é a probabilidade de sair um papel com a opção "ida de ônibus e volta de carona com os pais de uma amiga"?

2. Uma urna laranja tem 3 bolas idênticas com os números 1, 2 e 3; outra urna, azul, tem 2 bolas idênticas com os números 4 e 5.

   a) Complete o quadro com as possibilidades de resultado ao retirar aleatoriamente uma bola de cada urna.

Urna laranja	Urna azul	Soma dos números das bolas sorteadas
1	4	5
1	5	6

   b) Qual é a probabilidade de a soma dos pontos ser maior do que 4? De que tipo é esse evento: certo ou impossível?

   c) Qual é a probabilidade de a soma dos pontos ser zero? De que tipo é esse evento: certo ou impossível?

   d) Qual é a probabilidade de a soma dos pontos ser menor que 6?

3. Em uma festa, há 10 meninos e 25 meninas.

   a) Sorteando um convidado ao acaso, qual é a probabilidade de ser um menino?

   b) E de ser uma menina?

   c) Qual é a soma desses dois resultados?

4. Considere os números naturais que são divisores de 30. Escolhendo um desses números, qual é a probabilidade de ele ser um número primo?

5. Em uma caixa, há 5 fichas vermelhas e 4 fichas azuis.

   a) Na primeira retirada, o que é mais provável sair: uma ficha vermelha ou uma ficha azul? Justifique sua resposta.

   b) Se, na primeira retirada, saiu uma ficha vermelha, o que é mais provável sair na segunda retirada se não houver reposição da ficha? Justifique sua resposta.

Aplicar

6. Virgínia lançou uma moeda 20 vezes seguidas e obteve os seguintes resultados:

   - 8 caras;
   - 12 coroas.

   Se Virgínia decidir lançar a moeda mais 100 vezes, espera-se que:

   a) ocorram exatamente 40 caras e 60 coroas.

   b) ocorram mais coroas do que caras.

   c) a razão entre o número de caras e o número de coroas obtidas não seja a mesma que a dos primeiros 20 lançamentos.

   d) ocorram exatamente 50 caras e 50 coroas.

7. Patrícia levou para a aula de Matemática um dado não convencional, com os números 1, 2, 3, 3, 5 e 5 em suas faces. Veja.

   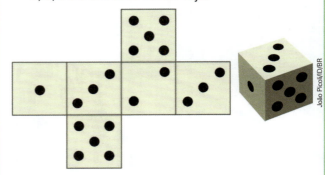

   a) Jogando o dado ao acaso, qual é a probabilidade de se obter um número ímpar?

   b) Há números com a mesma chance de serem obtidos? Se houver, indique quais são e por que isso ocorre.

   c) Reúna-se com um colega para confeccionar um dado como o de Patrícia. Lancem o dado 50 vezes e registrem os resultados obtidos. Depois, retomem os itens **a** e **b** e verifiquem se as respostas estão parecidas com as que vocês obtiveram na simulação.

277

CAPÍTULO 2
ESTATÍSTICA

PESQUISA ESTATÍSTICA

Como é que você vai, como é que você vem? De carro, a pé ou de bicicleta? De moto, de ônibus ou de trem? A Companhia do Metropolitano de São Paulo (Metrô) realiza, a cada 10 anos, desde 1967, a pesquisa Origem e Destino, a maior pesquisa de mobilidade do Brasil. Ela apura os meios de deslocamentos diários da população: motorizados (transporte coletivo e individual) e não motorizados (viagens a pé e de bicicleta).

Essa pesquisa permite conhecer como as pessoas de todas as classes sociais da população se deslocam pela metrópole. Os resultados indicam caminhos para a melhoria do trânsito, dos transportes públicos e da mobilidade ativa em São Paulo.

▼ Estação da Luz, em São Paulo (SP). Foto de 2021.

População e amostra

A pesquisa estatística estuda uma **população**, que é o conjunto dos elementos que apresentam determinada característica e que vão ser o objeto de um estudo. Essa população pode ser de diversos tipos, por exemplo: produtos fabricados por uma indústria, animais de um bioma, pessoas de determinada faixa etária, entre outros.

Boa parte das pesquisas estatísticas, entretanto, é feita apenas com parte de uma população, ou seja, com uma **amostra**.

As pesquisas nas quais toda a população é consultada são chamadas de **censitárias** e, de maneira geral, são mais precisas do que as **amostrais**, em que apenas parte da população é consultada.

Para decidir se uma pesquisa será censitária ou amostral, o pesquisador precisa considerar o objetivo da pesquisa, o tempo e os recursos disponíveis para sua elaboração. Pesquisas com grupos pequenos, por exemplo, com os estudantes de uma sala de aula ou com os professores de uma escola, costumam ser feitas de maneira censitária, pois é possível consultar um a um os integrantes dessa população. Entretanto, quanto maior o grupo de entrevistados, maiores são as dificuldades para fazer a pesquisa com toda a população.

Nas pesquisas amostrais, a escolha da amostra é muito importante, pois as informações obtidas devem representar corretamente a população.

Variáveis

Toda pesquisa estatística busca analisar alguns atributos da população. Cada atributo a ser estudado é chamado de **variável**.

As variáveis de uma pesquisa estatística podem ser de dois tipos: qualitativa ou quantitativa. Além disso, cada um desses tipos apresenta outras duas classificações. Observe o esquema a seguir.

VARIÁVEIS (CARACTERÍSTICAS DE INTERESSE)

- **Qualitativa**: Expressa uma qualidade ou classificação dos elementos estudados.
  - **Nominal**: Característica que não é ordenada.
  - **Ordinal**: Característica que pode ser ordenada.
- **Quantitativa**: Expressa características descritas por valores numéricos.
  - **Discreta**: Característica que representa resultado de contagem.
  - **Contínua**: Característica mensurável em uma escala contínua.

PARA EXPLORAR

IBGE Educa
Nesse *site*, você encontra várias informações, brincadeiras e material de pesquisa sobre o Brasil. Disponível em: https://educa.ibge.gov.br/. Acesso em: 16 maio 2023.

PARE E REFLITA

Imagine que o professor de Língua Portuguesa crie um clube de leitura e queira saber que tipos de livro colocar nesse clube para que a maior parte dos estudantes fique satisfeita.

Essa pesquisa deveria ser censitária ou amostral? Que variáveis ele deveria estudar? De que tipo seria cada uma delas?

Organização de dados em tabela e em gráfico de colunas

Para organizar os dados obtidos em pesquisas estatísticas e facilitar a leitura, a interpretação e a análise deles, é comum o uso de tabelas e gráficos.

Em 2021, o Ministério da Saúde realizou uma pesquisa sobre os hábitos alimentares da população brasileira. Veja alguns dos dados obtidos nessa pesquisa.

CIDADANIA GLOBAL

HÁBITOS ALIMENTARES

Você costuma consumir frutas e hortaliças e se alimentar em horários regulares?

Mulheres que consomem frutas e hortaliças regularmente nas capitais dos estados da Região Norte							
Capital	Belém	Boa Vista	Macapá	Manaus	Palmas	Porto Velho	Rio Branco
Porcentagem aproximada (%)	32	31	31	34	40	28	26

Fonte de pesquisa: Ministério da Saúde. *Vigitel Brasil 2021*. Brasília, 2022. Disponível em: https://www.gov.br/saude/pt-br/centrais-de-conteudo/publicacoes/publicacoes-svs/vigitel/vigitel-brasil-2021-estimativas-sobre-frequencia-e-distribuicao-sociodemografica-de-fatores-de-risco-e-protecao-para-doencas-cronicas/. Acesso em: 16 maio 2023.

Agora, vamos construir um gráfico de colunas com esses dados.

- Traçamos dois eixos perpendiculares.
- A altura de cada barra vertical vai indicar a porcentagem de mulheres que consomem frutas e hortaliças regularmente nas capitais dos estados da Região Norte. A capital será representada no eixo horizontal.
- Precisamos escolher uma escala adequada para o eixo vertical. Como a maior porcentagem é 40 e a menor é 26, estabelecemos que a unidade traçada no eixo vertical representará 5%, mas outro valor poderia ter sido escolhido.
- Desenhamos uma coluna que relaciona a capital Belém, no eixo horizontal, com o número 32%, no eixo vertical. Repetimos esse procedimento para as demais capitais, mantendo a mesma largura para cada coluna e espaçando as colunas igualmente no eixo horizontal.
- Colocamos o título e a fonte.

OBSERVAÇÃO

Os gráficos de barras podem ser construídos com barras verticais ou horizontais. Nesta coleção, vamos chamar os gráficos de barras verticais de gráficos de colunas e os gráficos de barras horizontais simplesmente de gráficos de barras.

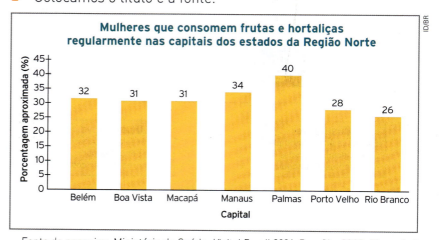

Fonte de pesquisa: Ministério da Saúde. *Vigitel Brasil 2021*. Brasília, 2022. Disponível em: https://www.gov.br/saude/pt-br/centrais-de-conteudo/publicacoes/publicacoes-svs/vigitel/vigitel-brasil-2021-estimativas-sobre-frequencia-e-distribuicao-sociodemografica-de-fatores-de-risco-e-protecao-para-doencas-cronicas/. Acesso em: 16 maio 2023.

Além dos dados relacionados ao percentual de mulheres que consomem frutas e hortaliças regularmente, a pesquisa informou os dados relativos aos homens que têm esse hábito alimentar. Para facilitar a análise dos dados de homens e mulheres, vamos organizar todas essas informações em uma tabela de dupla entrada e em um gráfico de colunas duplas.

Gênero \ Capital	Belém	Boa Vista	Macapá	Manaus	Palmas	Porto Velho	Rio Branco
Porcentagem aproximada (%) de adultos que consomem frutas e hortaliças regularmente nas capitais dos estados da Região Norte							
Homens	21%	22%	21%	23%	26%	23%	19%
Mulheres	32%	31%	31%	34%	40%	28%	26%

Fonte de pesquisa: Ministério da Saúde. *Vigitel Brasil 2021*. Brasília, 2022. Disponível em: https://www.gov.br/saude/pt-br/centrais-de-conteudo/publicacoes/publicacoes-svs/vigitel/vigitel-brasil-2021-estimativas-sobre-frequencia-e-distribuicao-sociodemografica-de-fatores-de-risco-e-protecao-para-doencas-cronicas/. Acesso em: 16 maio 2023.

Note que, para cada capital, há duas informações: o percentual para homens e o percentual para mulheres. Tabelas desse tipo são chamadas de dupla entrada, pois apresentam os dados de duas variáveis.

Agora, observe esses dados representados em um gráfico de colunas.

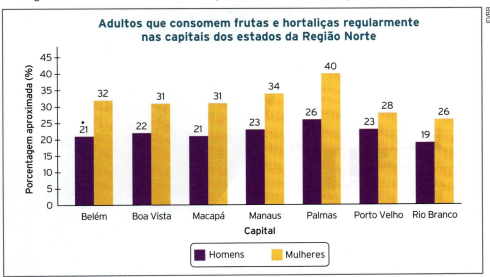

Fonte de pesquisa: Ministério da Saúde. *Vigitel Brasil 2021*. Brasília, 2022. Disponível em: https://www.gov.br/saude/pt-br/centrais-de-conteudo/publicacoes/publicacoes-svs/vigitel/vigitel-brasil-2021-estimativas-sobre-frequencia-e-distribuicao-sociodemografica-de-fatores-de-risco-e-protecao-para-doencas-cronicas/. Acesso em: 16 maio 2023.

O gráfico apresentado é chamado de gráfico de colunas duplas. Os gráficos de colunas podem ser também de colunas triplas, quádruplas, entre outras, de acordo com a quantidade de variáveis que se quer representar.

Agora é a sua vez! Construa um gráfico de barras duplas usando as informações da tabela.

Os gráficos de colunas também podem envolver números negativos. Nesse infográfico, que mostra as temperaturas de quatro das capitais mais gélidas do mundo e também de uma cidade na Argentina, foram utilizados gráficos de colunas com números negativos para representar as informações desejadas.

> As temperaturas registradas nos gráficos são as médias das temperaturas mínimas mensais.

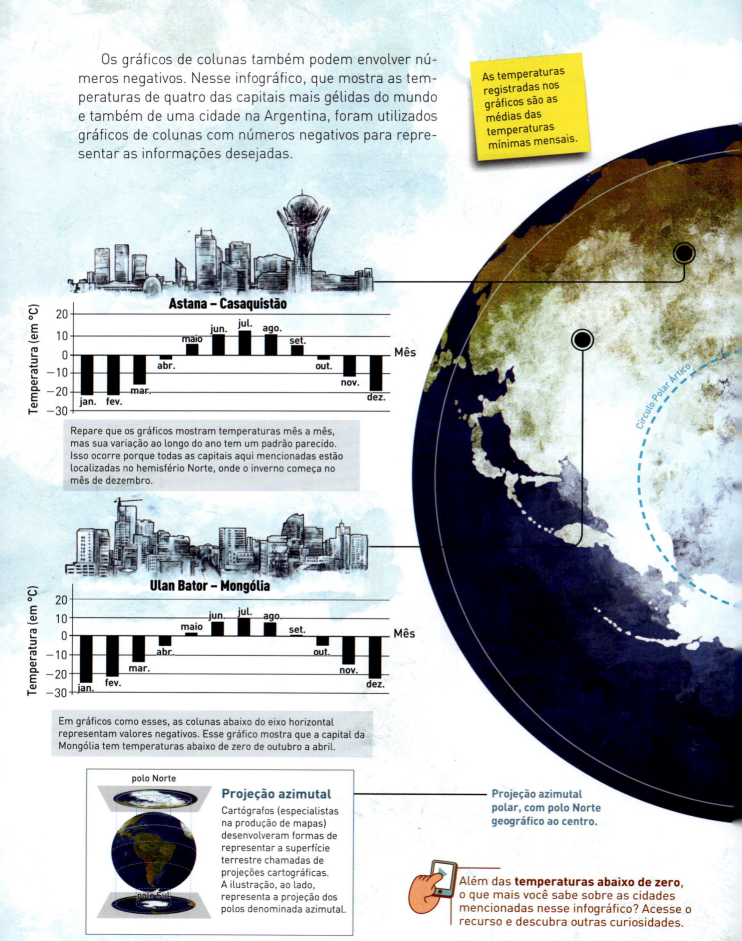

Astana – Casaquistão

Repare que os gráficos mostram temperaturas mês a mês, mas sua variação ao longo do ano tem um padrão parecido. Isso ocorre porque todas as capitais aqui mencionadas estão localizadas no hemisfério Norte, onde o inverno começa no mês de dezembro.

Ulan Bator – Mongólia

Em gráficos como esses, as colunas abaixo do eixo horizontal representam valores negativos. Esse gráfico mostra que a capital da Mongólia tem temperaturas abaixo de zero de outubro a abril.

Projeção azimutal

Cartógrafos (especialistas na produção de mapas) desenvolveram formas de representar a superfície terrestre chamadas de projeções cartográficas. A ilustração, ao lado, representa a projeção dos polos denominada azimutal.

Projeção azimutal polar, com polo Norte geográfico ao centro.

Além das **temperaturas abaixo de zero**, o que mais você sabe sobre as cidades mencionadas nesse infográfico? Acesse o recurso e descubra outras curiosidades.

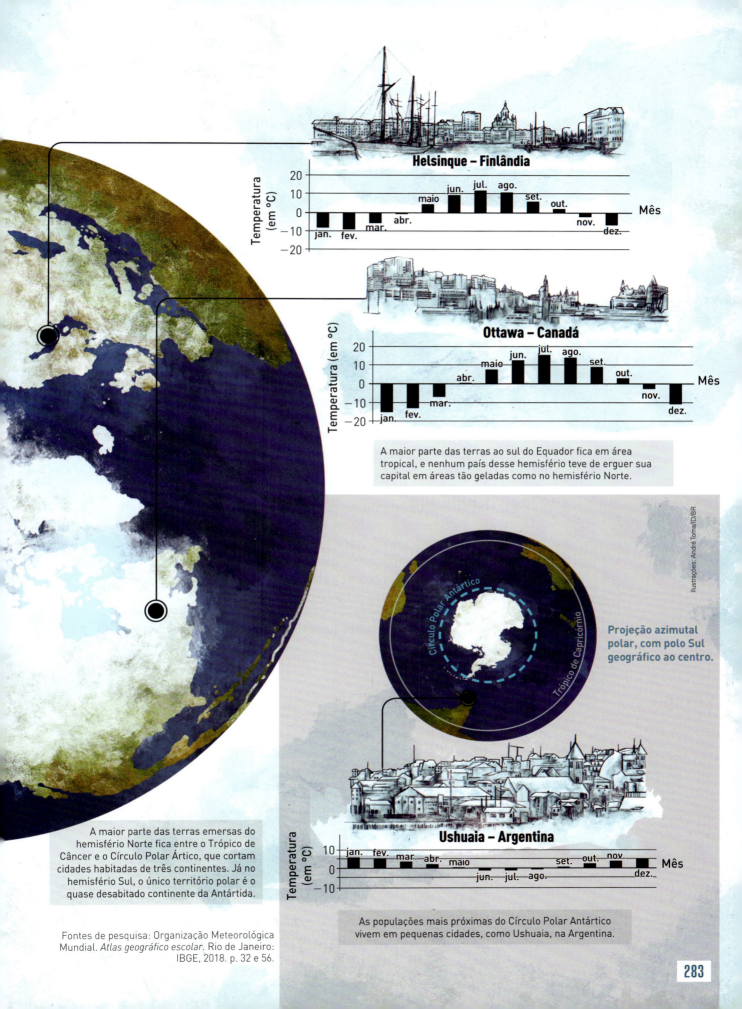

Gráfico de linhas

De maneira geral, utilizamos os gráficos de linhas (ou de segmentos) para representar dados coletados em um período de tempo.

Nesse tipo de gráfico, as informações são representadas por um ponto e, para facilitar a análise comparativa, usamos segmentos de reta para unir os pontos.

A tabela a seguir apresenta o percentual de adultos, residentes no Brasil, que eram fumantes de 2013 a 2019.

Adultos fumantes residentes no Brasil							
Ano	2013	2014	2015	2016	2017	2018	2019
Percentual (%)	11,3	10,8	10,4	10,2	10,1	9,3	9,8

Fonte de pesquisa: Ministério da Saúde. *Vigitel Brasil 2019*. Brasília, 2020. Disponível em: https://www.gov.br/saude/pt-br/centrais-de-conteudo/publicacoes/publicacoes-svs/vigitel/vigitel-brasil-2019-vigilancia-fatores-risco.pdf. Acesso em: 16 maio 2023.

Acompanhe como podemos construir um gráfico de linhas com base nos dados dessa tabela.

- Traçamos dois eixos perpendiculares.
- De maneira geral, representamos a variação do tempo no eixo horizontal. Nesse caso, o eixo vertical vai representar o percentual de fumantes.
- Escolhemos a escala para o eixo vertical. Por exemplo, decidimos que a unidade traçada no eixo vertical representará 3%, mas outro valor também poderia ter sido escolhido.
- Marcamos um ponto no encontro da linha que indica o ano de 2013 no eixo horizontal e na linha que indica 11,3% no eixo vertical. Repetimos esse procedimento para os demais anos. Lembre-se de que os anos devem estar espaçados igualmente no eixo horizontal.
- Traçamos segmentos de reta para unir os pontos marcados.
- Colocamos o título e a fonte do gráfico.

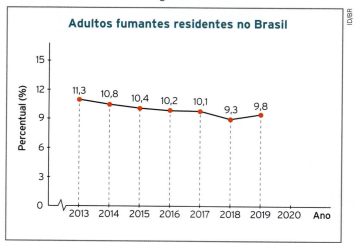

Fonte de pesquisa: Ministério da Saúde. *Vigitel Brasil 2019*. Brasília, 2020. Disponível em: https://www.gov.br/saude/pt-br/centrais-de-conteudo/publicacoes/publicacoes-svs/vigitel/vigitel-brasil-2019-vigilancia-fatores-risco.pdf. Acesso em: 16 maio 2023.

Nesse gráfico, o símbolo ⌁ indica que o intervalo entre 0 e 2013 não é proporcional aos demais intervalos marcados no eixo.

Pictograma

Um pictograma, ou gráfico pictórico, usa símbolos ou figuras para representar o que foi pesquisado e indicar a quantidade. Observe o pictograma a seguir.

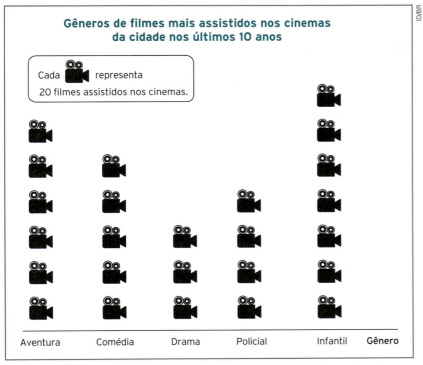

Dados fornecidos pela administração dos cinemas.

O número de figuras relaciona os gêneros dos filmes à quantidade de filmes assistidos no cinema, e cada figura representa 20 filmes assistidos, como indica a legenda.

Para descobrir quantos filmes de cada gênero foram assistidos nesses 10 anos, basta multiplicar a quantidade de ícones referentes a cada gênero por 20.

- Aventura: 6
  $6 \cdot 20 = 120$
- Drama: 3
  $3 \cdot 20 = 60$
- Infantil: 7
  $7 \cdot 20 = 140$
- Comédia: 5
  $5 \cdot 20 = 100$
- Policial: 4
  $4 \cdot 20 = 80$

285

Gráfico de setores

Na tabela a seguir, há dados sobre o consumo residencial relacionado a diferentes fontes de energia no Brasil em 2021.

Consumo de energia residencial no Brasil em 2021						
Fonte	Eletricidade	Lenha	Gás Liquefeito de Petróleo (GLP)	Gás natural	Solar térmica	Outras fontes
Porcentagem (%)	45,4	26,1	22,9	1,6	2,5	1,5

Fonte de pesquisa: Empresa de Pesquisa Energética. *Relatório Síntese 2022*. Disponível em: https://www.epe.gov.br/sites-pt/publicacoes-dados-abertos/publicacoes/PublicacoesArquivos/publicacao-675/topico-631/BEN_Síntese_2022_PT.pdf. Acesso em: 16 maio 2023.

Com o objetivo de facilitar a comparação das informações da tabela, vamos construir um gráfico de setores com as porcentagens que cada fonte de energia representa.

Para construir um gráfico de setores, é preciso determinar a que parte do círculo cada porcentagem corresponde. Sabemos que o círculo tem 360° e representa o todo (nesse caso, 100% do consumo de energia residencial).

◀ O círculo todo tem 360° e corresponde a 100% da energia consumida nas residências.

Veja uma maneira de como podemos determinar a medida do ângulo que representa a fonte de eletricidade.

- Encontramos a medida do ângulo correspondente a 10%.

  :10 ⌐ 100% ——— 360°   :10 ⌐ 100% ——— 360° ⌐ :10
       10% ——— ?   10% ——— 36°

- Determinamos a medida do ângulo que representa 45,4%, consumo correspondente ao uso de eletricidade.

  :10 ⌐ 100% ——— 360° ⌐ :10   :10 ⌐ 100% ——— 360° ⌐ :10
       10% ——— 36°   10% ——— 36°
  ·4,54 ⌐ 45,4% ——— ?   ·4,54 ⌐ 45,4% ——— 163,44° ⌐ ·4,54

Portanto, o setor circular correspondente à fonte de eletricidade tem 163,44°. Para determinar a medida do ângulo que corresponde às demais porcentagens, podemos proceder do mesmo modo.

> **QUE GRÁFICO USAR?**
>
> Quando vamos representar os dados de uma pesquisa em um gráfico, é preciso ter cuidado ao escolher o tipo de gráfico.
> O gráfico de setores, por exemplo, é usado para representar as partes de um todo. Isso significa que, ao adicionar as porcentagens de cada setor, elas devem somar 100%. Além disso, ele não é um bom recurso quando os dados estão divididos em muitas categorias, pois a comparação pode não ser eficiente.

- Com o auxílio de um compasso, traçamos uma circunferência de raio qualquer e, com um transferidor e uma régua, marcamos as medidas aproximadas dos ângulos obtidos. Por fim, inserimos a legenda, o título e a fonte do gráfico.

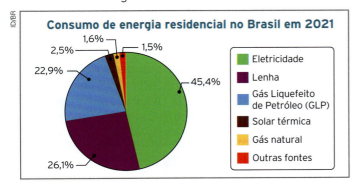

Fonte de pesquisa: Empresa de Pesquisa Energética. *Relatório Síntese 2022*. Disponível em: https://www.epe.gov.br/sites-pt/publicacoes-dados-abertos/publicacoes/PublicacoesArquivos/publicacao-675/topico-631/BEN_Síntese_2022_PT.pdf. Acesso em: 16 maio 2023.

ATIVIDADES

Retomar e compreender

1. Leia um trecho da 5ª edição da pesquisa Retratos da Leitura no Brasil.

   Leitores que perdemos pelo caminho

   A 5ª edição da pesquisa Retratos da Leitura no Brasil, cuja série histórica tem início em 2007, oferece recursos consistentes para tentar responder a essa pergunta de diferentes formas: colhendo dados significativos sobre a relação dos brasileiros com o livro e a leitura [...] em um levantamento de âmbito nacional no qual 8076 respondentes (brasileiros e brasileiras com 5 anos ou mais, alfabetizados ou não), distribuídos por 208 municípios nas cinco regiões do país, falam sobre o mundo dos livros e dos leitores – literários ou não – na escola e fora dela.

   [...]

   No tocante à motivação, 26% dos leitores afirmam que leem porque gostam, e essa é sua principal motivação para ler. Esse grupo de leitores espontâneos é composto por 48% de respondentes de 5 a 10 anos, 33% de 11 a 13 anos e 24% de leitores entre 14 e 17 anos.

   Rita Jover-Faleiros. Leitores que perdemos pelo caminho. Em: Zoara Failla (org.). *Retratos da Leitura no Brasil 5*. São Paulo: Instituto Pró-Livro, 2021. p. 67 e 71.

   a) Do que trata a pesquisa feita?
   b) A pesquisa foi censitária ou amostral?
   c) Cite, pelo menos, duas variáveis estudadas.

Aplicar

2. Observe o gráfico ao lado.
   a) Qual foi o ano com menor quantidade de estudantes matriculados?
   b) Quantos estudantes foram matriculados de 2019 a 2024?
   c) Em que período ocorreu o maior aumento de estudantes matriculados?

Dados fornecidos pela escola.

3. O Índice de Massa Corpórea (IMC) é um indicador utilizado por alguns especialistas para avaliar se a medida da massa de uma pessoa está dentro de parâmetros considerados ideais. Ele é obtido dividindo-se a medida da massa de uma pessoa (em quilograma) pelo quadrado da medida da altura dela (em metro).

A prefeitura de uma cidade realizou uma pesquisa sobre o IMC com 240 pessoas. Observe os resultados apresentados no gráfico a seguir.

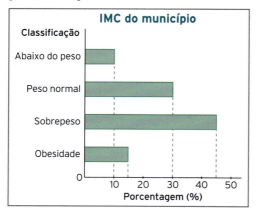

Dados fornecidos pela prefeitura.

a) Observando o gráfico, é possível dizer que mais da metade das pessoas pesquisadas tinham sobrepeso?

b) Quantas pessoas estavam abaixo do peso? E com o peso normal?

c) Você acha que seria viável representar as informações desse gráfico em um gráfico de linhas? Converse com os colegas e o professor sobre isso.

d) Que outro tipo de gráfico você utilizaria para representar essas informações?

4. No pictograma a seguir, cada ícone representa 2 500 veículos vendidos por uma indústria automobilística nos últimos quatro meses do ano passado.

Dados obtidos pela indústria automobilística.

a) Em algum dos meses a venda foi igual à de outro mês? Se foi, quais são esses meses?

b) Quantos veículos foram vendidos no mês de menor venda?

c) No total, quantos veículos essa empresa vendeu nos últimos quatro meses?

5. Uma pesquisa sobre a procedência do lanche consumido no recreio foi feita com 400 estudantes. O resultado está apresentado no gráfico de setores a seguir.

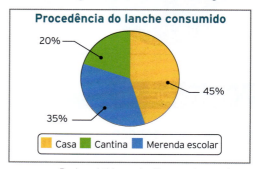

Dados obtidos pela diretora da escola.

a) Quantos estudantes trazem o lanche de casa?

b) Calcule a medida do ângulo correspondente a cada porcentagem do gráfico.

c) Construa uma tabela com os dados apresentados no gráfico.

6. Observe o gráfico a seguir.

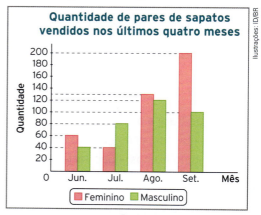

Dados fornecidos pela loja.

a) Quantos pares de sapatos femininos foram vendidos ao todo nesses 4 meses?

b) Quantos calçados femininos foram vendidos a mais que os masculinos durante esse período?

c) Represente as informações do gráfico em uma tabela de dupla entrada.

MÉDIA ARITMÉTICA

Acompanhe as situações a seguir.

Situação 1

Olívia começou a treinar basquete na escola e decidiu fazer uma pesquisa sobre esse esporte na internet. Veja uma das informações que ela encontrou.

ESPORTES

A média de pontos do jogador Kevin Durant nas três partidas da fase de grupos, nos Jogos Olímpicos de Tóquio 2020, foi de aproximadamente 20,7 pontos.

Você conseguiu entender a notícia que ela encontrou? O que significa ter uma média de aproximadamente 20,7 pontos?

Em um primeiro momento, também não entendi, mas, depois de conversar com meu pai, ele me explicou que a reportagem estava querendo dizer que: se Kevin tivesse feito a mesma pontuação nas três partidas da fase de grupos, seria como se ele tivesse feito aproximadamente 20,7 pontos em cada uma delas.

Acompanhe como o autor da reportagem obteve a média de pontos do jogador Kevin Durant.

- Primeiro, ele verificou a quantidade de partidas da fase de grupos dos jogos olímpicos Tóquio 2020: 3 partidas.
- Depois, ele verificou quantos pontos Kevin Durant fez em cada uma das partidas: na 1ª partida, ele marcou 29 pontos; na 2ª, 10 pontos; e, na última, 23 pontos.
- Por fim, ele calculou a média aritmética de pontos de Kevin nessa fase. Para isso, adicionou os pontos que Kevin fez nas três partidas e dividiu a soma obtida pelo total de partidas.

Média aritmética = $\dfrac{29 + 10 + 23}{3} = \dfrac{62}{3} \approx 20,7$

(Pontos obtidos em cada partida / Total de partidas)

SÍMBOLO ≃
O símbolo ≃ indica aproximadamente.

Observe que, apesar de a média aritmética ser de aproximadamente 20,7, em nenhuma das partidas Kevin fez 20,7 pontos. Essa média aritmética indica apenas que, se ele tivesse tido o mesmo desempenho em todas as partidas, ele teria marcado aproximadamente 20,7 pontos em cada uma delas.

> A **média aritmética (MA)** de um grupo de números é o quociente da adição desses números pela quantidade de números do grupo.

MÉDIA
Quando nos referirmos à média, estamos querendo dizer média aritmética.

Situação 2

Dário é recepcionista em uma clínica médica e está planejando alterar o intervalo entre uma consulta e outra, pois percebeu que sempre há atraso nos atendimentos. Para determinar o novo intervalo entre as consultas, ele decidiu anotar o tempo do atendimento de cada paciente em certo dia. Veja.

- Paciente 1: 18 minutos.
- Paciente 2: 13 minutos.
- Paciente 3: 25 minutos.
- Paciente 4: 13 minutos.
- Paciente 5: 22 minutos.
- Paciente 6: 17 minutos.

Dário pensou em encontrar um único valor que representasse o conjunto dos tempos que anotou. Ou seja, ele calculou a média (MA) do tempo das consultas.

$$MA = \frac{18 + 13 + 25 + 13 + 22 + 17}{6} = \frac{108}{6} = 18$$

Com isso, Dário concluiu que seria melhor marcar as consultas com 18 minutos de intervalo entre uma consulta e outra.

Observe que a diferença entre o maior tempo (25 minutos) e o menor tempo (13 minutos) é de 12 minutos. Isso indica que os valores variam bastante em relação à média obtida por Dário. Quanto maior for essa diferença, maior será a variação dos dados em relação à média.

Cálculo de médias em planilhas eletrônicas

Você sabia que muitas planilhas eletrônicas têm uma função para calcular de maneira automática a média de um conjunto de dados? Acompanhe a situação a seguir.

Mônica é professora do 7º ano e utiliza um desses *softwares* para calcular a média bimestral dos estudantes. Vamos descobrir como ela faz.

- Primeiro, ela coloca, na planilha eletrônica, as notas que cada estudante obteve em cada atividade.
- Depois, ela clica na célula na qual gostaria de inserir a média e digita a função. Para determinar, por exemplo, a média bimestral de Amanda na célula B7, ela digita "=média(B3:B6)" e aperta o botão *enter* do teclado para obter o resultado da média aritmética.

Como determinar a **média aritmética** do gasto com telefonia de uma família com cinco pessoas?

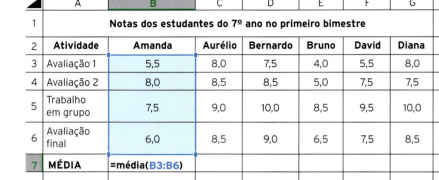

Note que entre os parênteses é preciso inserir o intervalo em que estão os valores dos quais se pretende obter a média.

- Mônica repete esse procedimento para cada um dos estudantes, trocando sempre o intervalo correspondente às notas deles.

290

ATIVIDADES

Retomar e compreender

7. Calcule a média dos números a seguir.
   a) 6, 4, 4, 7, 7, 9, 5
   b) 15, 20, 23, 28, 19, 21
   c) 44, 40, 30, 43, 48
   d) 101, 119, 110, 140, 105

8. Durante uma semana, de domingo a sábado, uma loja vendeu em cada dia, respectivamente, 140, 130, 115, 100, 80, 120 e 65 camisetas. Em média, quantas camisetas foram vendidas por dia nessa semana?

9. Observe, na tabela a seguir, a quantidade de pontos feitos por Lucas nos seis primeiros jogos de um campeonato.

Quantidade de pontos feitos por Lucas	
Jogo	Quantidade de pontos
1	14
2	22
3	18
4	13
5	17
6	24

Dados fornecidos pelo treinador de Lucas.

   a) Em qual jogo Lucas fez mais pontos?
   b) Em qual jogo Lucas fez menos pontos?
   c) Quantos pontos Lucas fez a mais no 2º jogo em relação ao 1º jogo?
   d) Ao todo, quantos pontos ele marcou nos seis jogos?
   e) Qual foi a média de pontos marcados por Lucas?
   f) Em sua opinião, os dados variaram muito em relação à média?

10. Selma participou de um campeonato de ginástica rítmica. As notas que ela obteve foram registradas no painel ilustrado a seguir.

Calcule a média das notas obtidas por Selma no campeonato.

11. A média aritmética de quatro números é 4. Sabendo que três desses números são 2, 6 e 3, qual é o quarto número?

Aplicar

12. O gráfico a seguir mostra as vendas de uma fábrica de geladeiras durante o segundo trimestre de 2023.

Dados fornecidos pelo fabricante.

   a) Represente os dados do gráfico em uma tabela. Para isso, utilize uma planilha eletrônica.
   b) Utilizando uma planilha eletrônica como ferramenta, encontre a média da quantidade de geladeiras vendidas no período apresentado.

13. A empresa de ônibus Fortaleza S.A. fez um levantamento do número de passageiros durante uma semana em determinado mês. Veja o que foi observado.
   - Domingo: 15 passageiros.
   - Segunda-feira: o triplo de passageiros do domingo.
   - Terça-feira: 10 passageiros a mais do que no domingo.
   - Quarta-feira: o dobro de passageiros da segunda-feira.
   - Quinta-feira: mesmo número de passageiros que na terça-feira.
   - Sexta-feira: 5 passageiros a mais do que na segunda-feira.
   - Sábado: 10 passageiros.

   a) Calcule a média do número de passageiros por dia que utilizaram o ônibus naquela semana.
   b) Construa um gráfico que represente o número de passageiros durante cada dia da semana. Que tipo de gráfico você escolheu para construir? Por quê?

ETAPAS DE UMA PESQUISA

Veja quais são as etapas de uma pesquisa estatística.

Pedro e Carlos pensaram em propor à diretora da escola onde estudam um aumento do acervo de livros da biblioteca. Para isso, eles fizeram uma pesquisa com o objetivo de estudar o hábito de leitura dos colegas.

Agora, acompanhe o que Pedro e Carlos fizeram em cada etapa dessa pesquisa.

Definição do problema

Na definição do problema, é importante determinar o que se pretende com a pesquisa. Os meninos perceberam que, para convencer a diretora de que o acervo da biblioteca precisava ser ampliado, era preciso fazer uma pesquisa que mostrasse o hábito de leitura dos colegas. Ou seja, nessa pesquisa, o problema a ser resolvido é: conhecer o hábito de leitura dos estudantes que utilizam a biblioteca da escola.

Planejamento da pesquisa

Vimos que uma pesquisa estatística estuda uma população. Como a pesquisa de Pedro e Carlos vai analisar o hábito de leitura dos colegas que estudam na escola, então a população será o conjunto de todos os estudantes da escola onde os meninos estudam.

Depois, eles discutiram sobre o tipo de pesquisa a ser feita: censitária ou amostral. Veja como eles pensaram.

Depois de definirem a população e a amostra da pesquisa, Pedro e Carlos determinaram as variáveis de estudo, ou seja, as características que pretendem estudar.

Temos de pensar nas características que nos ajudem a traçar o perfil dos leitores da escola. Eu acho importante saber o gênero de leitura preferido e o ano que a pessoa está cursando.

Sim! Mas acho que podemos começar perguntando se a pessoa gosta ou não de ler. Além disso, podemos perguntar sobre a quantidade de livros que ela leu no último ano e o tempo que investe em leitura por semana.

Coleta de dados

Com as variáveis definidas, Pedro e Carlos precisavam coletar os dados. Eles acharam que o jeito mais fácil de fazer isso seria por meio de uma entrevista. Observe o questionário que eles elaboraram para entrevistar os colegas.

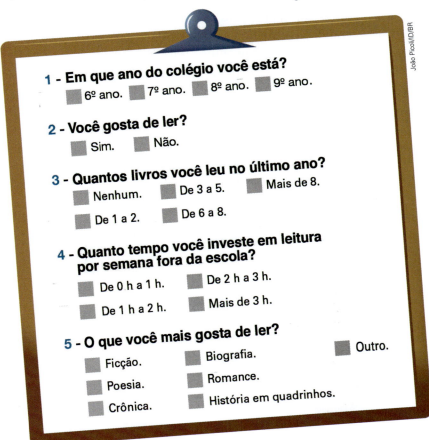

1 - Em que ano do colégio você está?
- 6º ano.
- 7º ano.
- 8º ano.
- 9º ano.

2 - Você gosta de ler?
- Sim.
- Não.

3 - Quantos livros você leu no último ano?
- Nenhum.
- De 3 a 5.
- Mais de 8.
- De 1 a 2.
- De 6 a 8.

4 - Quanto tempo você investe em leitura por semana fora da escola?
- De 0 h a 1 h.
- De 2 h a 3 h.
- De 1 h a 2 h.
- Mais de 3 h.

5 - O que você mais gosta de ler?
- Ficção.
- Biografia.
- Outro.
- Poesia.
- Romance.
- Crônica.
- História em quadrinhos.

PARE E REFLITA

De que outras maneiras os meninos poderiam ter coletado os dados para a pesquisa? Será que, se eles tivessem utilizado outra maneira, conseguiriam atingir mais estudantes do que a amostra inicialmente planejada? Converse com os colegas e o professor.

Organização de dados

Depois de realizar as entrevistas, Pedro e Carlos reuniram os questionários para organizar os dados obtidos.

Para cada uma das variáveis estudadas, eles elaboraram uma tabela.

Para organizar as informações, o que você acha de contar a quantidade de estudantes que gostam de ler e, depois, já calcular a porcentagem que os representam em relação ao total de entrevistados?

Opa! Eu concordo! Depois, fazemos da mesma forma para descobrir a porcentagem dos estudantes que não gostam de ler.

Veja a tabela que eles montaram para a variável "gostar de ler".

Gosto dos estudantes da escola pela leitura		
	Quantidade de estudantes	Porcentagem
Gostam de ler	35	$\frac{35}{50} = \frac{70}{100} = 70\%$
Não gostam de ler	15	$\frac{15}{50} = \frac{30}{100} = 30\%$

Dados obtidos por Pedro e Carlos.

Resultados e análises

Para apresentar a proposta de ampliação do acervo da biblioteca da escola à diretora do colégio, Pedro e Carlos organizaram um relatório com base na pesquisa feita por eles.

Nesse relatório, eles expuseram os procedimentos e a descrição do que pensaram em cada etapa da pesquisa, além de apresentar os resultados em gráficos e em tabelas produzidos com o auxílio de planilhas eletrônicas.

Veja alguns dos resultados que eles incluíram no relatório.

COMO FAZER UM RELATÓRIO

Relatório é um gênero textual que apresenta os resultados de uma atividade ou de uma pesquisa. De maneira geral, a estrutura desse texto é formada pela introdução, que explica os objetivos do trabalho, e pelo desenvolvimento, que descreve os procedimentos utilizados na atividade ou na pesquisa. Por fim, apresentam-se os resultados, seja por meio de recursos textuais, seja por meios não textuais, como representações gráficas, com suas respectivas análises e conclusões.

Escolhemos usar um gráfico de setores para representar essa variável, pois os dados representam parte do todo. Se adicionarmos as porcentagens de cada setor, obteremos 100%.

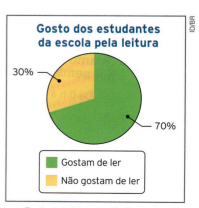

Dados obtidos por Pedro e Carlos.

Ao comparar as alturas das colunas, será possível perceber em que ano houve mais estudantes entrevistados.

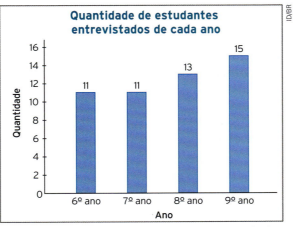

Dados obtidos por Pedro e Carlos.

Em média, foram entrevistados 12,5 estudantes de cada ano.

Dados obtidos por Pedro e Carlos.

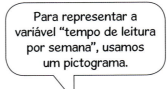
Para representar a variável "tempo de leitura por semana", usamos um pictograma.

ATIVIDADES

Retomar e compreender

14. Mariana precisa fazer uma pesquisa estatística para um trabalho da escola. Para facilitar, ela montou algumas fichas com as etapas a serem seguidas, mas as deixou cair. Ajude Mariana a colocar as fichas na ordem correta.

I	Elaborar os gráficos e as tabelas.	**V**	Determinar a população e, se houver, a amostra.
II	Escolher as variáveis.	**VI**	Fazer as entrevistas.
III	Preparar o relatório.	**VII**	Definir o tema da pesquisa.
IV	Elaborar as perguntas para o questionário.		

295

Aplicar

15. A reportagem a seguir resume uma pesquisa realizada pelo instituto Datafolha. Para o estudo, foram entrevistados 2 732 brasileiros maiores de 16 anos.

> ### Na velhice, o futebol some e a caminhada se estabelece
>
> De oito atividades possíveis para garantir uma velhice mais saudável, os exercícios ficam em sétimo lugar, mostra pesquisa nacional feita pelo Datafolha. Numa escala de 0 a 10, o brasileiro dá média 5,6 para sua dedicação a atividades físicas — e 1 a cada 5 se atribuem nota zero.
>
> São 46% os brasileiros que não fazem exercícios físicos.
>
> A caminhada, atividade mais comum quando se considera o total da população, passa a ser a opção favorita após os 60 anos de idade.
>
> Com o passar dos anos, o brasileiro abandona os campos de futebol e as academias de musculação. Praticadas, respectivamente, por cerca de 31% e 21% dos jovens de 16 a 24 anos que declaram fazer exercício, as atividades deixam de ser citadas pelos que têm 60 ou mais.
>
> São 2% os idosos que ainda jogam bola, e a porcentagem cai a zero para os com mais de 80 anos. A musculação é citada por 4% dos com mais de 60 e por 2% dos acima de 80.
>
> [...]

Na velhice, o futebol some e a caminhada se estabelece. *Folha Online*, 26 dez. 2017. Disponível em: https://www1.folha.uol.com.br/esporte/2017/12/1946000-na-velhice-o-futebol-some-e-a-caminhada-se-estabelece.shtml. Acesso em: 16 maio 2023.

a) A pesquisa feita pelo instituto Datafolha foi amostral. Em sua opinião, por que os pesquisadores optaram por esse tipo de pesquisa?

b) Se os dados dessa pesquisa tivessem sido obtidos por meio de entrevistas, quais seriam algumas das perguntas realizadas?

16. Leia a reportagem a seguir.

> ### IBGE: um em cada dez estudantes já foi ofendido nas redes sociais
>
> Aproximadamente um em cada dez adolescentes (13,2%) já se sentiu ameaçado, ofendido e humilhado em redes sociais ou aplicativos. [...]
>
> Ao todo, foram entrevistados quase 188 mil estudantes, com idade entre 13 e 17 anos, em 4 361 escolas de 1 288 municípios de todo o país. [...]
>
> As agressões existem também fora da internet, nas escolas, onde 23% dos estudantes afirmaram ter sido vítimas de *bullying*, ou seja, sentiram-se humilhados por provocações feitas por colegas nos 30 dias anteriores à pesquisa. Quando perguntados sobre o motivo de sofrerem *bullying*, os três maiores percentuais foram para aparência do corpo (16,5%), aparência do rosto (11,6%) e cor ou raça (4,6%).
>
> [...]

Mariana Tokarnia. IBGE: um em cada dez estudantes já foi ofendido nas redes sociais. *Agência Brasil*, 10 set. 2021. Disponível em: https://agenciabrasil.ebc.com.br/geral/noticia/2021-09/ibge-um-em-cada-dez-estudantes-ja-foi-ofendido-nas-redes-sociais. Acesso em: 16 maio 2023.

Observe os dados da reportagem e, depois, responda às questões.

a) Que tipo de gráfico você escolheria para representar a informação "um em cada dez"? Que título você daria a esse gráfico?

b) Aproximadamente quantos dos entrevistados já se sentiram ofendidos nas redes sociais?

c) Caso o resultado dessa pesquisa "um em cada dez adolescentes [...] já se sentiu ameaçado, ofendido e humilhado em redes sociais ou aplicativos" fosse aplicado à quantidade de estudantes de sua turma na escola, quantos estudantes da turma teriam sido vítimas de *bullying*?

d) Agora, aplique o resultado dessa pesquisa na quantidade de estudantes da escola em que você estuda e responda: Quantos estudantes da escola teriam sido vítimas de *bullying*?

CIDADANIA GLOBAL

SEDENTARISMO

Apesar de os benefícios do esporte para a saúde física serem indiscutíveis, dados apresentados pela Organização Mundial da Saúde (OMS) em 2021 indicam que quatro em cada cinco adolescentes são sedentários, ou seja, não praticam pelo menos 60 min de atividades físicas por dia.

- Siga as etapas do *Laboratório de Matemática* a seguir e descubra se na sua escola há adolescentes sedentários.

LABORATÓRIO DE MATEMÁTICA

Pesquisando

Vimos como construir alguns tipos de gráfico e planejar uma pesquisa estatística. Agora é com vocês! Com um colega, façam, juntos, uma pesquisa estatística e escrevam um relatório para apresentar os resultados obtidos.

Materiais

- caderno para anotar as respostas dos entrevistados
- cartolinas, lápis e canetas coloridas para construir os gráficos ou um computador com *software* de planilha eletrônica

(Representações sem proporção de tamanho entre si)

Como fazer

1. Com a orientação do professor, reúnam-se em duplas.
2. Cada dupla deverá pensar em um tema de interesse sobre o qual vai fazer uma pesquisa estatística relacionada ao boxe *Cidadania global*. Atenção: o tema deve possibilitar que a pesquisa seja feita por meio de questionários ou entrevistas. Veja alguns exemplos do que pode ser pesquisado:
   - A preferência dos colegas por esportes.
   - A frequência com que os colegas praticam atividades físicas por dia.
3. Iniciem o planejamento da pesquisa, registrando cada uma das etapas, pois essas informações serão utilizadas na conclusão. Decidam se a pesquisa será amostral ou censitária. Lembrem-se de que essa decisão deve ser tomada de acordo com o tempo disponível e o tamanho da população a ser estudada.
4. Escolham as perguntas que serão feitas aos entrevistados.
5. Depois de entrevistar os participantes da pesquisa, é hora de organizar os dados obtidos e construir tabelas e gráficos para apresentar as informações.

Para concluir

1. Façam um relatório sobre a pesquisa que vocês realizaram. Ele deve ter a justificativa do tema escolhido; a descrição da população e da amostra da pesquisa; a apresentação dos dados obtidos; as conclusões que podem ser levantadas após a análise de dados; etc.
2. Expliquem os tipos de gráfico escolhidos para apresentar os dados coletados.
3. Fez sentido calcular a média aritmética de alguma das variáveis que vocês pesquisaram? Em caso afirmativo, expliquem os motivos.

MAIS ATIVIDADES

Retomar e compreender

1. Leia a reportagem a seguir e, depois, faça o que se pede.

41% das crianças brasileiras sem estudos em 2020 tinham de 6 a 10 anos, aponta Unicef

Uma pesquisa do Fundo das Nações Unidas para a Infância (Unicef), [...] em parceria com o Cenpec Educação, aponta que mais de 5 milhões de crianças e adolescentes estavam sem acesso aos estudos no Brasil no fim de 2020. Entre elas, quatro em cada dez tinham de 6 a 10 anos.
[...]

Na análise por áreas urbanas, a exclusão maior entre crianças de 6 a 10 anos está concentrada na zona rural, onde estão 16,5% dos casos. Na área urbana, são 12,6%.

Entre as regiões do país, Norte e Nordeste concentram os maiores percentuais, como mostra o gráfico abaixo:

Elida Oliveira. 41% das crianças brasileiras sem estudos em 2020 tinham de 6 a 10 anos, aponta Unicef. *G1*, 29 abr. 2021. Disponível em: https://g1.globo.com/educacao/noticia/2021/04/29/quatro-em-cada-dez-criancas-de-6-a-10-anos-estavam-sem-estudos-em-2020-aponta-pesquisa-do-unicef.ghtml. Acesso em: 16 maio 2023.

a) Por meio da observação apenas do gráfico, é possível identificar se a pesquisa é amostral ou censitária?

b) Qual foi a população pesquisada?

c) Por meio da observação do gráfico, é possível identificar e classificar a variável pesquisada?

d) Identifique e classifique a variável pesquisada.

2. O gráfico a seguir representa a quantidade de trabalhadores brasileiros por tipo de ocupação, em porcentagem. Os dados são referentes ao 2º trimestre de 2021.

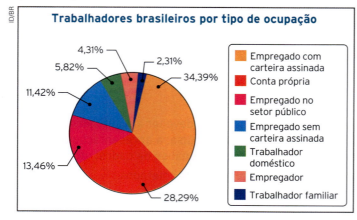

a) Qual é o tipo de ocupação mais frequente entre os brasileiros?

b) Qual é o ângulo do setor que corresponde à porcentagem de brasileiros referente a essa categoria?

Fonte de pesquisa: Darlan Alvarenga. Renda média do trabalho encolhe e é a menor desde 2017. *G1*, 24 set. 2021. Disponível em: https://g1.globo.com/economia/noticia/2021/09/24/renda-media-do-trabalho-encolhe-e-e-a-menor-desde-2017.ghtml. Acesso em: 16 maio 2023.

Acompanhamento da aprendizagem

3. Em uma sala de 7º ano do Colégio Amanhecer, há 10 meninas, cujas alturas medem: 165 cm, 168 cm, 171 cm, 157 cm, 152 cm, 152 cm, 157 cm, 165 cm, 168 cm e 171 cm.

   a) Calcule a média das medidas das alturas.

   b) No meio do ano, uma nova estudante, com 163 cm de medida de altura, passou a fazer parte da turma. Verifique se a média será alterada. Caso seja, qual é a nova média?

Aplicar

4. Em uma pesquisa, o Instituto Brasileiro de Geografia e Estatística (IBGE) fez um levantamento sobre quantos anos de estudo têm os brasileiros com 14 anos de idade ou mais. Os resultados aproximados podem ser verificados no gráfico a seguir.

Fonte de pesquisa: IBGE. Pesquisa Nacional por Amostra de Domicílios Contínua – PNAD Contínua: 1º trimestre de 2022. Disponível em: https://biblioteca.ibge.gov.br/visualizacao/periodicos/2421/pnact_2022_1tri.pdf. Acesso em: 16 maio 2023.

   a) Qual é a porcentagem de brasileiros que têm o Ensino Médio completo?

   b) A parcela de brasileiros que corresponde a aproximadamente 16% da população apresenta qual nível de instrução?

   c) É correto afirmar que, entre as pessoas participantes da pesquisa, 31,0% não tinham completado o Ensino Fundamental? Justifique.

5. Um grupo de pescadores organizou uma cooperativa para vender peixes. A tabela a seguir mostra as vendas no primeiro dia de funcionamento da cooperativa.

Vendas de peixe no primeiro dia		
Produto	Quantidade (em kg)	Preço (por kg)
Peixe A	30	R$ 4,00
Peixe B	12	R$ 6,00
Peixe C	8	R$ 10,00
Peixe D	10	R$ 12,00
Peixe E	20	R$ 7,00

Dados fornecidos pela cooperativa.

   a) Quanto essa cooperativa arrecadou com a venda de peixes no primeiro dia?

   b) Qual foi a arrecadação, em média, por quilograma de peixe vendido?

6. Observe a tabela a seguir e, depois, faça o que se pede em cada item.

Taxa de extrema pobreza		
Ano \ Porcentagem (%)	Mundo	Brasil
1987	37,4	19,9
1990	37,9	24,0
1993	35,7	22,1
1996	31,3	16,0
1999	30,4	15,0
2002	26,9	11,7
2005	21,7	10,0
2008	18,8	6,5
2011	14,2	5,3
2014	11,2	3,3
2017	9,7	5,3

Fonte de pesquisa: The World Bank. Poverty headcount ratio at $1.90 a day (2011 PPP) (% of population). Disponível em: https://databank.worldbank.org/source/gender-statistics/Series/SI.POV.DDAY. Acesso em: 16 maio 2023.

   a) Com base na tabela, construa um gráfico de linhas para comparar a taxa de extrema pobreza do mundo e a do Brasil entre 1987 e 2017.

   b) Em que ano o Brasil obteve o maior índice de pessoas em extrema pobreza? E o mundo?

   c) Qual foi a diferença percentual entre os anos de 2002 e 2005 no Brasil? E no mundo?

EDUCAÇÃO FINANCEIRA

Anúncios encan(ten)tadores!

Você gosta de mágicas? É impressionante como elas chamam a atenção de várias pessoas, dos mais jovens aos mais experientes. Fazer as pessoas acreditarem que objetos desaparecem ou simplesmente mudam de lugar é extraordinário. Mas talvez as mágicas mais fascinantes e encantadoras sejam aquelas que dão a ilusão de que uma coisa se transforma em outra – um lenço que vira uma pomba; uma pessoa que vira um gorila. A expressão "em um passe de mágica" nos faz pensar em uma transformação.

Mas o que a mágica tem a ver com educação financeira?

Os anúncios publicitários não parecem ter um poder mágico? Alguns deles nos fazem imaginar como aquele produto "nos transformaria" em pessoas mais fortes, elegantes, poderosas, felizes, inteligentes, modernas, conectadas, etc. Eles informam, seduzem e envolvem, parecendo nos levar a um novo mundo ou a uma nova realidade. Por fim, muitos deles são tentadores e encantadores.

Anúncios publicitários procuram estimular nossos desejos de consumo. E muitos deles realmente nos fazem sentir uma forte vontade de adquirir determinado produto ou serviço. Eles parecem ter uma capacidade especial de comunicar como satisfazer nossas necessidades e, por vezes, até de criar desejos que não tínhamos antes ou que, se existiam, não tínhamos consciência. Já reparou quantas vezes você assiste ao mesmo anúncio em uma hora vendo televisão ou assistindo a vídeos na internet? Você acha que essa repetição influencia sua vontade? Alguns anúncios passam tantas vezes que até sonhamos com aqueles brinquedos, *games*, parques de diversões, *smartphones*, etc.

Os anúncios são pensados com base em respostas a algumas perguntas, entre elas: Compramos por impulso ou planejamos antes? O que nos leva a comprar por impulso? O que nos faz decidir por um produto em vez de outro? Qual é o ingrediente mágico que faz um produto vender?

Após a invenção do controle remoto, qual foi o desafio das empresas em seus **anúncios publicitários**?

As pessoas famosas de que gostamos, quando aparecem nos anúncios, podem nos influenciar a comprar o produto anunciado. Atores, influenciadores digitais, cantores, apresentadores, esportistas e outros famosos têm grande influência em nossos desejos, gerando em nós diversos sentimentos, entre eles o de desejarmos ser como aquelas pessoas.

É claro que usar um xampu ou uma roupa não vai nos transformar nessas celebridades nem mesmo nos fazer ficar parecidos com a pessoa que usa o produto no anúncio. Beber aquele refrigerante também não vai nos tornar mais livres, ainda que a publicidade tente passar a mensagem de que ele nos trará a felicidade. E o celular não vai nos permitir levar os melhores sentimentos conosco, nem com a melhor câmera do mundo nem com 256 GB de memória.

Não é que os produtos não sejam importantes e não devam ser usados. O que importa é avaliar: Realmente precisamos do produto? Ele vai nos fazer bem? Temos dinheiro para comprá-lo? Precisamos comprá-lo hoje? Questionamentos como esses podem nos ajudar na hora em que estamos prestes a comprar alguma coisa. Se respondermos sim a essas quatro perguntas, é provável que a compra seja boa para nós.

Toda publicidade tem elementos que visam despertar o desejo de consumo. Podemos usá-la a nosso favor, como uma fonte de informação sobre as possibilidades de satisfazer nossas necessidades.

Explorando o tema

Reúna-se com um colega para responder às questões a seguir.

1. **SABER SER** Na opinião de vocês, quais são os "poderes mágicos" que a publicidade parece ter sobre as pessoas? Citem cinco exemplos em que anúncios publicitários influenciaram as decisões de consumo de vocês e conte aos colegas.

2. Imaginem que vocês estejam em uma loja de calçados experimentando três pares de tênis. Vocês percebem que todos os três têm características muito semelhantes de qualidade. Mas o tênis **A** é de marca famosa, mais caro e, por isso, poucas pessoas o têm; o tênis **B** é de uma marca desconhecida e é mais barato; o tênis **C** é parecido com os que seus amigos usam e tem preço médio. Qual deles vocês comprariam?

ATIVIDADES INTEGRADAS

Retomar e compreender

1. (Pisa) Foi divulgado um documentário sobre terremotos e a frequência com que eles ocorrem. Esta reportagem incluiu uma discussão sobre a previsibilidade dos mesmos.
   Um geólogo declarou: — Nos próximos vinte anos, a probabilidade de que ocorra um terremoto em Zedópolis é de dois em três.
   Qual das opções a seguir exprime melhor o significado da declaração do geólogo?

   a) $\frac{2}{3} \cdot 20 = 13,3$, portanto no período de 13 a 14 anos, a partir de hoje, haverá um terremoto em Zedópolis.

   b) $\frac{2}{3}$ é maior que $\frac{1}{2}$, portanto podemos ter certeza de que haverá um terremoto em Zedópolis nos próximos 20 anos.

   c) A probabilidade de haver um terremoto em Zedópolis nos próximos 20 anos é maior que a probabilidade de não haver um terremoto.

   d) Não se pode afirmar o que acontecerá porque ninguém pode ter certeza de quando ocorrerá um terremoto.

2. Em uma sala de aula do 7º ano de uma escola há 25 estudantes, sendo 15 meninas e 10 meninos. Sorteando-se aleatoriamente um estudante dessa turma, qual é a probabilidade de o estudante sorteado ser uma menina?

   a) 6%
   b) 40%
   c) 50%
   d) 60%
   e) 64%

3. (Enem) Em uma cidade, o número de casos de dengue confirmados aumentou consideravelmente nos últimos dias. A prefeitura resolveu desenvolver uma ação contratando funcionários para ajudar no combate à doença, os quais orientarão os moradores a eliminarem criadouros do mosquito *Aedes aegypti*, transmissor da dengue. A tabela apresenta o número atual de casos confirmados por região da cidade.

Região	Casos confirmados
Oeste	237
Centro	262
Norte	158
Sul	159
Noroeste	160
Leste	278
Centro-Oeste	300
Centro-Sul	278

A prefeitura optou pela seguinte distribuição dos funcionários a serem contratados:

I) 10 funcionários para cada região da cidade cujo número de casos seja maior que a média dos casos confirmados.

II) 7 funcionários para cada região da cidade cujo número de casos seja menor ou igual à média dos casos confirmados.

Quantos funcionários a prefeitura deverá contratar para efetivar a ação?

a) 59
b) 65
c) 68
d) 71
e) 80

4. (Enem) Um posto de saúde registrou a quantidade de vacinas aplicadas contra febre amarela nos últimos cinco meses:

- 1º mês: 21
- 2º mês: 22
- 3º mês: 25
- 4º mês: 31
- 5º mês: 21

No início do primeiro mês, esse posto de saúde tinha 228 vacinas contra febre amarela em estoque. A política de reposição do estoque prevê a aquisição de novas vacinas no início do sexto mês, de tal forma que a quantidade inicial em estoque para os próximos meses seja igual a 12 vezes a média das quantidades mensais dessas vacinas aplicadas nos últimos cinco meses. Para atender a essas condições, a quantidade de vacinas contra febre amarela que o posto de saúde deve adquirir no início do sexto mês é:

a) 156.
b) 180.
c) 192.
d) 264.
e) 288.

Acompanhamento da aprendizagem

5. Observe o gráfico e, depois, responda às questões.

Fonte de pesquisa: The World Bank. Fertility rate, total (births per woman) – Brazil, Haiti, United States. Disponível em: https://data.worldbank.org/indicator/SP.DYN.TFRT.IN?view=chart&locations=BR-HT-US. Acesso em: 16 maio 2023.

a) A taxa de fertilidade é uma estimativa do número médio de filhos que uma mulher tem ao longo da vida. Em 2019, a taxa de fertilidade no Brasil foi maior ou menor que 2? E nos Estados Unidos? E no Haiti?

b) A taxa de substituição corresponde ao número médio de filhos que cada mulher deve ter para que a reposição populacional seja assegurada. Observando o gráfico, qual(is) desses países, em 2019, está(ão) abaixo da taxa de substituição? E qual(is) está(ão) acima?

6. O projeto Prodes (Programa de Cálculo do Desflorestamento da Amazônia) realiza o monitoramento do desmatamento na Amazônia Legal desde 1988. Veja os registros obtidos de 2004 a 2021.

Fonte de pesquisa: Monitoramento do desmatamento da Floresta Amazônica brasileira por satélite. Inpe. Disponível em: http://www.obt.inpe.br/OBT/assuntos/programas/amazonia/prodes. Acesso em: 16 maio 2023

Veja uma **resolução** para essa atividade. Você compreendeu todas as etapas? Faria algo de diferente?

Considerando as informações do gráfico, indique a alternativa correta.

a) O maior pico de desmatamento ocorreu no ano de 2008.
b) Entre os anos de 2019 e 2021, o desmatamento diminuiu.
c) De 2012 a 2014, o desmatamento manteve-se constante.
d) A área desmatada decresceu de 2015 a 2016 e cresceu de 2016 a 2017.
e) A área desmatada teve aumentos sucessivos de 2017 a 2021.

Aplicar

7. Reúna-se com um colega para planejar um experimento aleatório que envolve as cartas de um baralho. Decidam qual será o espaço amostral e os eventos que serão considerados e, depois, realizem simulações para verificar se as probabilidades dos eventos que vocês escolheram são parecidas com as que vocês obtiveram nas simulações.

CIDADANIA GLOBAL
UNIDADE 7

Retomando o tema

Segundo dados da Organização Mundial da Saúde (OMS), o sedentarismo pode levar 500 milhões de pessoas a desenvolver doenças cardíacas, obesidade, diabetes e outras doenças não transmissíveis até 2030. A OMS recomenda que os adultos pratiquem entre 150 e 300 minutos de atividades físicas por semana e que crianças e adolescentes façam, pelo menos, 60 minutos por dia.

1. Uma pesquisa realizada em 2019 apontou que 44,8% da população brasileira não realiza o mínimo de atividade física recomendado pela OMS. Qual é a importância de uma pesquisa como essa? Discuta com os colegas e o professor.

2. Que atividades físicas podem ser feitas dentro de casa? E em locais públicos?

Geração da mudança

Quando pensamos em práticas esportivas, logo nos vem à mente os benefícios para a saúde, mas os esportes podem nos proporcionar ainda mais. A prática de esportes, coletivos ou individuais, ajuda a desenvolver o espírito de equipe, a competitividade saudável, o respeito às regras, o companheirismo e muitas outras habilidades pessoais que podem proporcionar benefícios à vida social.

- Reúna-se com quatro colegas. Façam um levantamento de projetos sociais relacionados à prática de atividades físicas e esportivas que existem na região em que vocês moram. Elaborem um cartaz para apresentar um desses projetos sociais aos colegas. Após a apresentação, os cartazes podem ser expostos em um mural na escola.

Autoavaliação

GRANDEZAS E MEDIDAS

UNIDADE 8

PRIMEIRAS IDEIAS

1. Você sabe o que é medir?
2. Qual é a diferença entre as unidades de medida não padronizadas e as padronizadas?
3. Qual é a unidade de medida padrão de área? E a de volume?
4. Um recipiente tem capacidade que mede 1 L e outro tem o volume interno de medida 10 cm^3. Em qual dos recipientes é possível colocar a maior quantidade de água?

Conhecimentos prévios

Nesta unidade, eu vou...

CAPÍTULO 1 — Medições

- Ampliar os conceitos de grandezas e unidades de medida.
- Diferenciar unidades de medida padronizadas das não padronizadas.
- Reconhecer a necessidade da utilização de unidades de medida padronizadas.
- Compreender as possíveis consequências na utilização inadequada de unidades de medida diferentes.
- Resolver e elaborar problemas que envolvam unidades de medidas padronizadas e não padronizadas.
- Compreender que há tecnologias que podem ajudar atletas e paratletas a superar os próprios limites.

CAPÍTULO 2 — Áreas e volumes

- Compreender o conceito das grandezas área e volume e de suas unidades de medida padronizadas.
- Determinar a medida da área de uma região utilizando unidades não padronizadas e equivalência de figuras.
- Estabelecer expressões de cálculo de medidas de área e de volume.
- Resolver e elaborar problemas de cálculo de medidas de área e de volume.

EDUCAÇÃO FINANCEIRA

- Reconhecer impostos em uma nota fiscal ou em um cupom fiscal.
- Compreender que os impostos são usados em serviços e benfeitorias para a sociedade.

INVESTIGAR

- Realizar uma prática de pesquisa em todas as suas etapas, desde a produção de um questionário até a comunicação dos resultados.

CIDADANIA GLOBAL

- Compreender que a representatividade pode reduzir a desigualdade e a discriminação entre as pessoas.

LEITURA DA IMAGEM

1. O que mais chama a sua atenção nesta foto?

2. Note que, na piscina, há raias, que servem para demarcar o espaço em que cada competidor deve nadar. Nesse caso, qual é a quantidade máxima de paratletas que podem competir simultaneamente em cada modalidade?

3. As piscinas olímpicas devem seguir padrões de medida preestabelecidos: 50 m de comprimento, 25 m de largura e, pelo menos, 2 m de profundidade. Assim, em uma piscina dessas cabem, no mínimo, 2 500 000 L de água. Qual é a distância aproximada entre duas raias consecutivas nessa piscina?

CIDADANIA GLOBAL

10 REDUÇÃO DAS DESIGUALDADES

O esporte é um dos caminhos para a redução das desigualdades, uma vez que proporciona a todas as pessoas os mesmos direitos e oportunidades. Os Jogos Paraolímpicos, por exemplo, dão visibilidade aos atletas com deficiência e reforçam a importância de debates a respeito da inclusão e dos direitos de todas as pessoas.

- Como a representatividade pode reduzir a desigualdade entre as pessoas?

Ao longo desta unidade, reflita sobre esse questionamento!

Muitas vezes, as pessoas olham para **pessoas com deficiência** com um olhar de julgamento. De que modo essas pessoas se sentem ao receber esses olhares?

Visão geral da piscina no Centro Aquático, antes dos Jogos Paraolímpicos de Tóquio 2020, no Japão. Foto de 2021.

307

CAPÍTULO 1
MEDIÇÕES

A IDEIA DE MEDIR

Leia a tira a seguir. Você conseguiu entender o humor presente nela? O que significa andar 100 passos?

Quando alguém pergunta a você qual é a medida de sua altura, como você responde?

Essas perguntas se referem a grandezas e medidas. Tudo o que pode ser medido é uma **grandeza**. Assim, a altura, o comprimento, o tempo, a temperatura, o volume e a massa são exemplos de grandezas.

As medidas estão presentes em diversas situações do nosso cotidiano. Você já imaginou como faria para adquirir alguns produtos se não houvesse unidades de medida?

Por exemplo, como um eletricista faria para comprar fios? Como o vendedor saberia o comprimento de fio a ser vendido se não houvesse um modelo em que se basear? Isso nos faz entender porque a necessidade de medir surgiu há muito tempo.

Antigamente, as unidades de medida quase sempre se baseavam em partes do corpo humano, como o pé, o palmo e a polegada.

1 pé

1 palmo

1 polegada

Porém, isso podia causar alguns problemas. Imagine, por exemplo, a seguinte situação: Uma pessoa encomenda a um marceneiro um armário cujas medidas são 12 palmos de comprimento, 4 pés de largura e 15 palmos de altura. Ao receber a encomenda, no entanto, a pessoa percebe que o armário não estava com as medidas que havia pedido, apesar de o marceneiro assegurar que fez o armário de acordo com as medidas solicitadas na encomenda. Você sabe por que isso aconteceu?

Provavelmente houve confusão porque as medidas do palmo e dos pés da pessoa que fez a encomenda e as do marceneiro eram diferentes.

Esse problema teria sido evitado se as dimensões do armário tivessem sido medidas com uma unidade de medida padronizada, como é o caso do metro e do centímetro.

O que é medir

Medir é comparar duas grandezas de mesma natureza (unidade de medida) e verificar quantas vezes uma contém a outra. Acompanhe um exemplo.

Para medir o comprimento do pôster que está na parede de seu quarto, Antônia escolheu duas unidades de medida: o próprio palmo e um pedaço de fita.

▲ Com seu palmo, Antônia verificou que o comprimento do pôster media 5 palmos e meio.

▲ Usando o pedaço de fita como unidade de medida, Antônia obteve a medida de 3 pedaços mais $\frac{1}{4}$ de um pedaço de fita.

Observe que, ao medir o comprimento do pôster, Antônia encontrou um número de palmos maior que o número de pedaços de fita $\left(5\frac{1}{2} > 3\frac{1}{4}\right)$. Isso aconteceu porque a unidade de medida pedaço de fita é maior que a unidade de medida palmo. Quanto maior for a unidade de medida usada, menor será a quantidade de vezes que ela caberá na grandeza a ser medida.

CIDADANIA GLOBAL

INCLUSÃO NO ESPORTE

Atualmente, é comum vermos atletas com próteses de membro inferior que permitem desempenho atlético equivalente ao de atletas sem deficiência física. Há próteses de joelho e de pernas com *software* e *hardware* capazes de obter informações sobre a força de contato com o solo e controle remoto para ajuste da velocidade das passadas e do movimento do joelho conforme o terreno em que se encontra o atleta, dentre outras características.

José M. N. Jr. Esporte paralímpico: tecnológico e inclusivo. *Ciência Hoje*. Disponível em: https://cienciahoje.org.br/esporte-paralimpico-tecnologico-e-inclusivo/. Acesso em: 22 maio 2023.

Como pudemos observar no texto, com o uso da tecnologia, várias adaptações são feitas para que paratletas possam competir da mesma maneira que os atletas; isso porque, em uma competição de alto rendimento, cada segundo e cada metro importam.

1. Reúna-se com um colega e, juntos, listem três competições esportivas que consideram a grandeza comprimento para comparar o desempenho dos competidores. Depois, façam outra lista indicando cinco competições esportivas que consideram a grandeza tempo.

2. Nas competições esportivas que vocês listaram, a grandeza considerada para comparar o desempenho dos competidores é determinada pelas limitações físicas ou mentais de cada competidor?

Unidades de medida padronizadas e não padronizadas

Com a necessidade de uniformização das unidades de medida, em 1789 foi criado na França o Sistema Métrico Decimal. Em 1960, foi aprovada pela 11ª reunião da Conferência Geral de Pesos e Medidas (CGPM) uma versão moderna desse sistema, chamado de Sistema Internacional de Unidades (SI), que foi adotado no Brasil em 1953.

Veja no quadro a seguir algumas unidades de medida do SI que são usadas frequentemente.

Grandeza	Unidade de medida do SI Nome	Símbolo
Comprimento	Metro	m
Área	Metro quadrado	m^2
Tempo	Segundo	s
Massa	Quilograma	kg

Além dessas unidades de medida, temos alguns múltiplos ou submúltiplos das unidades de medida do SI que também são bastante usadas, como o centímetro, o quilômetro, o minuto, a hora, o grama e a tonelada.

As unidades não padronizadas são utilizadas apenas quando não é fundamental obter uma medida exata. Por exemplo, quando um grupo de amigos se reúne para jogar futebol na areia, a largura dos gols pode ser medida com o comprimento dos pés de uma pessoa.

Entretanto, há situações em que é necessário realizar uma medição mais precisa, como ao comprar carne em um açougue.

Nem todos os países utilizam o Sistema Internacional de Unidades. Há países, como Estados Unidos, Mianmar e Libéria, que não usam o SI como sistema oficial de medidas. Entretanto, Mianmar e Libéria, por exemplo, têm alta demanda de importação e, consequentemente, utilizam o SI nas negociações com outros países.

Nos Estados Unidos, o sistema métrico oficial é o sistema imperial ou sistema britânico de pesos e medidas. Veja no quadro a seguir as correspondências de algumas unidades no sistema imperial e no Sistema Internacional de Unidades.

Grandeza / Sistema-padrão	Comprimento				Massa		Volume
Sistema imperial	1 polegada	1 pé	1 jarda	1 milha	1 onça	1 libra	1 galão
SI	2,54 cm	30,48 cm	91,44 cm	1,61 km	28,35 g	453,59 g	3,79 L

Em nosso país, em paralelo ao Sistema Internacional de Unidades oficial, permanecem em uso cotidiano algumas unidades do sistema imperial, como a polegada, utilizada para medir objetos como chaves de boca, televisores, etc. Apesar de ser empregada com naturalidade, boa parte das pessoas não sabe que 1 polegada equivale a 2,54 centímetros.

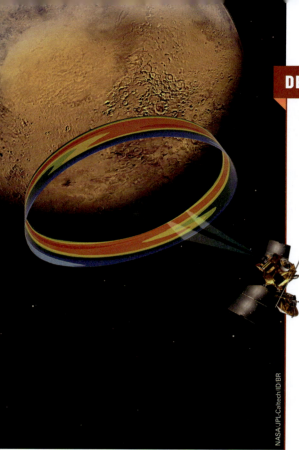

▲ Sonda espacial climática da Nasa medindo a temperatura de parte da atmosfera marciana (representação em cores-fantasia).

DESCUBRA +

A importância da unidade de medida!

Não informar a unidade na medida de uma grandeza pode, além de gerar dúvidas, provocar erros graves.

Erro da Nasa pode ter destruído sonda

Um erro elementar de conversão de pesos e medidas cometido pelos controladores de voo pode ter sido o motivo pelo qual a sonda espacial Mars Climate Orbiter foi destruída ao tentar entrar na órbita de Marte há sete dias.

Ao se aproximar do planeta, a sonda recebeu duas informações conflitantes dos controladores na Terra. Uma, no Sistema Métrico Decimal (que usa metro e quilograma) e outra, em unidades britânicas (que usa pé e libra). As informações eram consideradas críticas para que a sonda alcançasse a órbita apropriada de Marte.

É o que indicam os primeiros resultados obtidos por uma comissão que investiga as causas da perda da sonda, formada por membros do Laboratório de Propulsão a Jato, da Nasa, agência espacial norte-americana.

"As pessoas cometem erros às vezes", disse Edward Weiler, administrador-associado para as Ciências Espaciais da Nasa, em um comunicado à imprensa.

Para Weiler, no entanto, o problema principal não foi o erro cometido pelos controladores de voo, mas sim a falha dos sistemas de engenharia da Nasa, que não foram capazes de detectar as diferenças numéricas e corrigir os dados a tempo.

O erro de navegação fez com que a Mars Climate Orbiter (MCO) chegasse a apenas 60 km de Marte — 100 km mais perto do que o planejado e 25 km abaixo do nível de segurança do projeto.

O erro de rota teria sido suficiente para que ela fosse destruída pela atmosfera do planeta, em 23 de setembro, segundo a Nasa.

A MCO, de US$ 125 milhões, foi lançada em dezembro de 98 e levou 286 dias para chegar a Marte. Sua principal função era recolher dados atmosféricos de cada estação do ano do planeta e entender suas modificações climáticas. [...]

Marcelo Ferroni. Erro da Nasa pode ter destruído sonda. *Folha de S.Paulo*, 1º out. 1999. Disponível em: https://www1.folha.uol.com.br/fsp/ciencia/fe0110199905.htm. Acesso em: 22 maio 2023.

PARE E REFLITA

Em sua opinião, como o erro mencionado na reportagem poderia ter sido evitado? Você conhece outra situação em que um erro na indicação de uma unidade de medida teve alguma consequência?

ATIVIDADES

Retomar e compreender

1. Bianca escreveu algumas unidades de medida em pedaços de papel. Observe.

jarda   mão   centímetro   miligrama   minuto
passo   segundo   copo   polegar

Quais dessas unidades de medida não são padronizadas?

Aplicar

2. Meça com um lápis o comprimento de sua carteira. Em seguida, utilize uma unidade de medida menor, como a tampa de uma caneta ou a largura de seu polegar, para medir novamente sua carteira.

   a) Que medidas você obteve?

   b) Compare as medidas obtidas no item anterior com as obtidas por um colega. Elas são iguais? Por quê?

   c) As unidades de medida que você usou para medir o comprimento da carteira são padronizadas? Explique.

LABORATÓRIO DE MATEMÁTICA

Unidades de medida não padronizadas

Você já sabe que as medidas e as unidades de medida estão presentes em nosso dia a dia. Mas você já observou alguém relacionar unidades de medida padronizadas com unidades de medida não padronizadas? Por exemplo, uma pessoa mede determinada distância com três passos e, argumentando que cada passo corresponde a aproximadamente 1 metro, conclui que a distância medida é de cerca de 3 metros. Será que isso é verdade?

Materiais

- lápis e borracha
- trena ou régua
- caderno

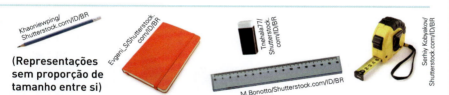

(Representações sem proporção de tamanho entre si)

Como fazer

1. Com a orientação do professor, organizem-se em grupos de 3 ou 4 integrantes.
2. Juntos, os grupos devem escolher um objeto a ser medido. Por exemplo, a lousa da sala de aula, uma mesa ou um armário.
3. Cada integrante do grupo deve medir as dimensões (comprimento, largura e altura) do objeto escolhido usando palmo, pé ou outra parte do corpo. Registrem em um caderno as medidas obtidas.
4. Cada um deve medir, em centímetros, a parte do corpo que utilizou como unidade de medida. Registrem essas medidas e encontrem a equivalência delas com as obtidas no passo anterior para determinar as medidas do objeto em centímetros.
5. Por fim, usem a trena ou a régua para obter as medidas exatas do objeto escolhido.

Para concluir

1. **SABER SER** As medidas encontradas por todos os integrantes do grupo foram as mesmas? Que parte do corpo vocês escolheram utilizar?
2. A medida obtida ao utilizar uma parte do corpo como unidade de medida é exata ou aproximada? O que fez vocês concluírem isso?
3. As dimensões do objeto encontradas ao fazer a equivalência com a unidade de medida do corpo utilizada foram parecidas com as medidas exatas obtidas com a régua ou com a trena? Qual delas vocês acreditam ser a mais precisa?

MAIS ATIVIDADES

Retomar e compreender

1. Observe as cenas a seguir.

Acompanhamento da aprendizagem

Agora, responda às questões.

a) Se outra pessoa medir a altura da caixa da cena **A** utilizando a mesma trena que Caio, ela encontrará a mesma medida que ele encontrou? Por quê?

b) Na cena **B**, se Ana medir o pano utilizando seu palmo, encontrará a mesma medida que Vicente encontrou? Por quê?

c) Na cena **C**, é possível observar algumas crianças brincando. Se outra criança estivesse fazendo a contagem da brincadeira, o tempo poderia ser maior ou menor que o da contagem feita por Adriele?

d) Na cena **D**, qual dos copos William deveria utilizar na receita?

e) Na cena **E**, a quantidade de água no galão está sendo medida em uma unidade de medida padronizada ou não padronizada?

f) Na cena **F**, se outra pessoa estivesse com o cronômetro em mãos, a duração da cena seria diferente?

g) Na cena **G**, se Paulo medir o mesmo lado da quadra que Ester mediu usando seus pés, a medida será a mesma? Se não, qual das medidas será maior: a de Paulo ou a de Ester?

h) Quais das cenas utilizam unidades de medida não padronizadas? Como você chegou a essa conclusão?

2. Você conhece alguma unidade de medida padronizada que não é utilizada no Brasil? Em caso afirmativo, qual é essa unidade? Para que ela serve?

3. Você costuma usar algum tipo de medida não padronizada em seu dia a dia? Se usa, indique qual é essa medida e por que a utiliza.

4. Em situações em que há necessidade de obter uma medida exata, devemos escolher uma unidade de medida padronizada ou não padronizada?

Aplicar

5. Adriana decidiu fazer uma surpresa para a mãe dela. Para isso, pediu à sua vizinha que a ajudasse a fazer um bolo. A vizinha anotou os ingredientes da receita da seguinte maneira:

a) A vizinha de Adriana anotou alguns ingredientes com unidades de medida não padronizadas. Quais foram as unidades de medida não padronizadas que ela utilizou?

b) Ao preparar a receita usando as quantidades indicadas por sua vizinha, Adriana conseguirá fazer o bolo corretamente?

6. João e Douglas mediram o comprimento da mesma mesa do refeitório da escola em que estudam. João mediu o comprimento da mesa com seu passo e obteve 6 passos. Douglas usou seu palmo para medir o mesmo comprimento e obteve 30 palmos. Explique por que Douglas encontrou uma medida muito maior do que a obtida por João.

7. Estime as medidas das situações indicadas em cada item. Em seguida, use uma régua, uma fita métrica ou uma trena para verificar se suas estimativas ficaram próximas das medidas reais.

a) O comprimento de seu pé.
b) O comprimento de um caderno.
c) A largura da porta.
d) O comprimento de um lápis.
e) O comprimento de um dos lados da quadra da escola.

CAPÍTULO 2
ÁREAS E VOLUMES

ÁREAS

Uma quadra de tênis pode ser feita com diferentes tipos de piso: grama, saibro, asfalto, material sintético, entre outros. Entretanto, seu formato e suas dimensões são sempre as mesmas.

Nas partidas simples, quando há um jogador de cada lado da quadra, as dimensões válidas são 23,77 m de comprimento e 8,23 m de largura. Já no jogo de duplas, quando há dois jogadores de cada lado da quadra, as faixas laterais também podem ser utilizadas, e as dimensões passam a ser 23,77 m de comprimento e 10,97 m de largura.

Você tem ideia de qual é a medida da área interna de uma quadra de tênis?

▼ Partida de tênis entre Novak Djokovic (Sérvia) e Andrey Rublev (Rússia), no Torneio Aberto de Tênis do Grand Slam em Melbourne, Austrália. Foto de 2023.

Na representação a seguir, a região laranja corresponde à área de uma quadra de tênis. Para medir a área dessa quadra, devemos utilizar uma unidade de medida de área.

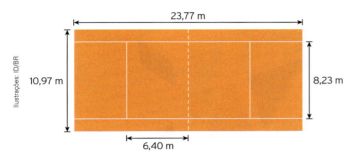

O **metro quadrado** (m^2) é a unidade de medida padrão para área. Essa unidade é derivada da unidade de medida de comprimento padrão, o metro (m), e corresponde à medida da área de um quadrado de 1 m de lado.

Para medir áreas muito grandes, podemos usar os múltiplos do metro quadrado e, para medir áreas pequenas, podemos usar os submúltiplos do metro quadrado. Veja essas relações no quadro a seguir.

Múltiplos			Unidade de medida padrão	Submúltiplos		
Quilômetro quadrado (km^2)	Hectômetro quadrado (hm^2)	Decâmetro quadrado (dam^2)	**METRO QUADRADO (m^2)**	Decímetro quadrado (dm^2)	Centímetro quadrado (cm^2)	Milímetro quadrado (mm^2)
1 km^2 equivale a 1 000 000 m^2	1 hm^2 equivale a 10 000 m^2	1 dam^2 equivale a 100 m^2	1 m^2	1 dm^2 equivale a $\frac{1}{100}$ m^2	1 cm^2 equivale a $\frac{1}{10000}$ m^2	1 mm^2 equivale a $\frac{1}{1000000}$ m^2

Existem também outras unidades de área, como as que são usadas para registrar medidas agrárias.

- Alqueire: no Brasil, essa unidade de medida varia de acordo com a definição de cada estado. Assim, o alqueire paulista equivale a 24 200 m^2, o alqueire mineiro equivale a 48 400 m^2 e o alqueire baiano equivale a 96 800 m^2.
- Are (a): equivale a 100 m^2 ou a 1 dam^2.
- Hectare (ha): equivale a 10 000 m^2 ou a 1 hm^2.

> **PARE E REFLITA**
> Comparando cada unidade de medida do quadro anterior com a unidade de medida que está imediatamente à direita dela, o que é possível perceber?

Observação

Para calcular a medida da área de uma região, as medidas de todas as dimensões dessa região devem estar nas mesmas unidades de medida. Caso estejam diferentes, escolhemos uma delas e convertemos as demais para essa unidade de medida. Assim, se as medidas das dimensões de uma região estiverem em centímetro (cm), a medida da área será dada em centímetro quadrado (cm^2); se estiverem em metro (m), a medida da área será dada em metro quadrado (m^2); e assim por diante.

Figuras equivalentes

O *tangram* é um quebra-cabeça chinês formado por 7 peças: 2 triângulos grandes, 2 triângulos pequenos, 1 triângulo médio, 1 quadrado e 1 paralelogramo.

▸ Tangram.

Utilizando todas as peças de um *tangram* sem sobrepô-las, é possível formar diversas figuras. Veja algumas delas.

Quantas figuras você consegue formar com o **tangram**?

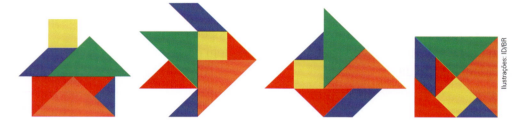

Observe que todas essas figuras, embora tenham formatos diferentes, são formadas pela composição das mesmas peças do *tangram*. Por isso, todas elas têm a mesma medida de área, que é igual à soma das medidas de área de cada uma das peças do *tangram*. Dizemos, então, que essas figuras são **figuras equivalentes**.

Do mesmo modo que podemos compor uma figura plana com outras figuras planas menores, também é possível decompor uma figura plana em outras figuras planas menores. Veja dois exemplos.

- Podemos decompor um quadrado, por exemplo, em dois triângulos ou em quatro quadrados menores.

- Podemos decompor um triângulo, por exemplo, em um quadrado e dois triângulos menores ou em quatro triângulos menores.

Há diversas maneiras de decompor uma figura plana. No entanto, ao decompor uma figura, a soma das medidas de área das figuras nas quais ela foi decomposta deve ser igual à medida da área da figura inicial, ou seja, a medida de área total das duas figuras deve ser a mesma.

Área de um retângulo

No quarto de João há uma parede com algumas bandeiras penduradas. Nesta semana, ele ganhou a bandeira do Brasil. Para verificar onde vai afixá-la, ele precisa determinar a medida da área ocupada pela bandeira.

Como a bandeira tem formato retangular, João mediu cada lado dela. Em seguida, quadriculou uma folha de papel vegetal usando quadradinhos de 1 dm de lado e colocou sobre a bandeira. Veja.

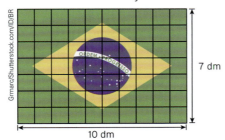

João percebeu que poderia obter a medida da área do retângulo usando uma multiplicação. Como o quadriculado é formado por 7 linhas, cada uma com 10 quadradinhos de 1 dm^2 ou por 10 colunas, cada uma com 7 quadradinhos de 1 dm^2, a medida da área do retângulo é equivalente a 70 dm^2:

$$7 \cdot 10 = 10 \cdot 7 = 70$$

Assim, a área da bandeira mede 70 dm^2.

Para determinar a medida da área de qualquer retângulo, basta multiplicar a medida do comprimento pela medida da largura. Se definirmos a medida do comprimento como a medida da base b do retângulo, a medida da largura será a medida da altura h relativa a essa base, pois a largura é perpendicular ao comprimento.

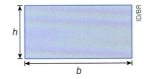

> A medida da área de um retângulo cuja base mede b e cuja altura mede h é dada por:
> $$A_{\text{retângulo}} = b \cdot h$$

Área de um quadrado

Flávia ganhou um tabuleiro de xadrez. Ela quer deixá-lo sobre a mesinha de centro da sala. Qual é a medida da área da mesinha que esse tabuleiro ocupará, sabendo que ele tem o formato de um quadrado de 35 cm de lado?

O quadrado é um caso particular de retângulo. Ou seja, para determinar a medida de sua área A, podemos fazer:

$$A = 35 \cdot 35 = 1\,225$$

Portanto, o tabuleiro ocupará uma área de medida 1 225 cm^2 na mesinha em que ele ficará.

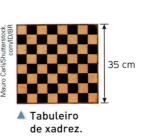

▲ Tabuleiro de xadrez.

> A medida da área de um quadrado cujo lado mede ℓ é dada por:
> $$A_{\text{quadrado}} = \ell^2$$

Área de um paralelogramo

Andreia tem como passatempo a pintura. O último quadro que ela pintou tem o formato de um paralelogramo. Como ela vai expor esse trabalho em uma feira de arte, precisa informar para os organizadores do evento qual é a medida da área do quadro. Como podemos calcular a medida da área do quadro feito por Andreia?

Para determinar essa medida, vamos desenhar um paralelogramo equivalente ao quadro. Observe.

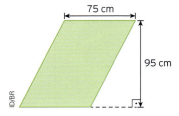

Esse paralelogramo pode ser decomposto em um triângulo (1) e um trapézio (2). Ao deslocar a posição da figura 1, podemos compor um retângulo.

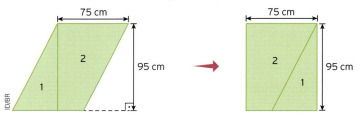

Para determinar a medida da área A desse retângulo, fazemos:

$$A = 75 \cdot 95 = 7\,125$$

A área do quadro e a área do retângulo são equivalentes. Logo, a área do quadro mede $7\,125$ cm².

> A medida da área de um paralelogramo em que a base mede b e a altura mede h é igual à medida da área de um retângulo em que a base mede b e a altura mede h. Assim:
>
> $$A_{paralelogramo} = b \cdot h$$

ATIVIDADES

Retomar e compreender

1. Determine a medida da área das figuras a seguir, de acordo com a unidade de medida indicada em cada item.

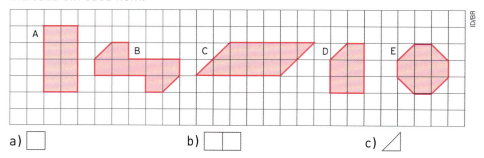

a) ☐   b) ☐☐   c) ◿

2. Rita quer revestir o piso de seu quintal com lajotas azuis. Na figura, a região em marrom representa o quintal, e a região L representa uma lajota azul.

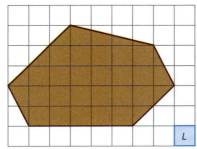

Supondo que não haja perdas, qual é a quantidade mínima de lajotas que Rita deverá usar para revestir completamente o piso do quintal?

Aplicar

3. Calcule a medida da área de cada polígono a seguir, considerando que um quadradinho da malha quadriculada mede 1 cm².

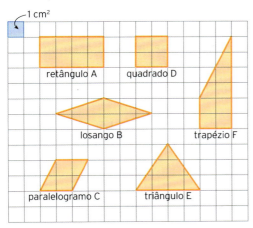

Agora, identifique os pares de figuras que têm a mesma medida de área.

4. Observe as figuras a seguir.

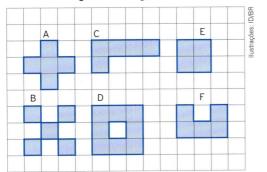

Agora, escolha uma unidade de medida e, com ela, determine a medida da área de cada figura. Depois, escreva quais delas são equivalentes.

5. Calcule a medida da área de um retângulo com lados de medida 7 cm e 4 cm.

6. Determine a medida da área de um quadrado cujo lado mede 12 cm.

7. Calcule a medida da área de um paralelogramo cuja base mede 9 cm e cuja altura mede 4,5 cm.

8. Calcule a medida da área das figuras a seguir.

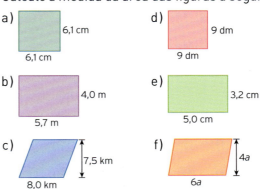

9. Reproduza a ilustração a seguir em uma malha quadriculada regular.

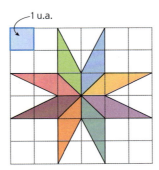

Determine a medida da área dessa figura, considerando um quadradinho da malha a unidade de medida.

10. Calcule a medida da área das regiões roxas.

a)

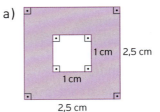

b)

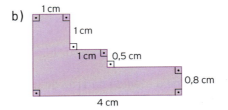

Área de um triângulo

Sofia separou uma região triangular de seu quintal para fazer uma horta. Para saber quantas mudas deve comprar, ela precisa determinar a medida da área dessa região. Observe o desenho que Sofia fez para representar a região destinada à horta.

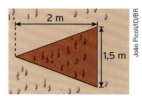

Para calcular a medida da área de uma região triangular, podemos duplicar a figura do triângulo e, depois, juntar essas figuras, a fim de obter um paralelogramo.

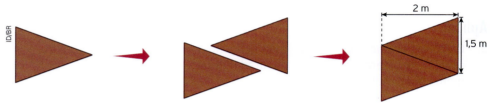

O paralelogramo formado tem a base e a altura iguais, respectivamente, à base e à altura do triângulo duplicado. Perceba que a área do triângulo corresponde à metade da área do paralelogramo.

Assim, Sofia pode calcular a medida da área A da região destinada à horta da seguinte maneira:

$$A = \frac{\text{medida da área do paralelogramo}}{2} = \frac{1{,}5 \cdot 2}{2} = 1{,}5$$

Logo, a área destinada à horta mede 1,5 m².

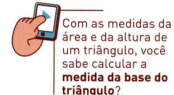

Com as medidas da área e da altura de um triângulo, você sabe calcular a **medida da base do triângulo**?

> A medida da área de um triângulo cuja base mede b e cuja altura mede h é igual à metade da medida da área de um paralelogramo em que a base mede b e a altura mede h. Assim:
> $$A_{\text{triângulo}} = \frac{b \cdot h}{2}$$

ATIVIDADES

Retomar e compreender

11. Calcule a medida da área dos seguintes triângulos:

a)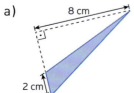

b)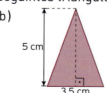

c)

12. Determine a medida da área de um triângulo cuja medida da altura é o dobro da medida da base, que mede 4 m.

Área de um trapézio

Fernando ganhou um painel de fotos que lembra um trapézio e vai determinar a medida da área da parede que esse painel ocupará. Acompanhe.

Observe o trapézio *EFGH* representado a seguir. Ao duplicar essa região trapezoidal e, depois, juntar as figuras, podemos compor um paralelogramo.

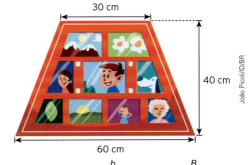

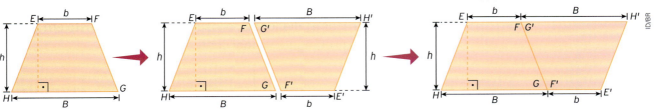

Note que o paralelogramo formado tem base medindo ($B + b$) e altura igual à altura do trapézio. Assim, a área do trapézio corresponde à metade da área do paralelogramo formado.

A medida da área A que o painel de fotos ocupará na parede pode ser obtida da seguinte maneira:

$$A = \frac{\text{medida da área do paralelogramo}}{2} = \frac{(60 + 30) \cdot 40}{2} = \frac{90 \cdot 40}{2} = \frac{3\,600}{2} = 1\,800$$

Portanto, o painel de fotos ocupará uma área que mede 1 800 cm².

> A medida da área de um trapézio em que a base maior mede *B*, a base menor mede *b* e a altura mede *h* é igual à metade da medida da área de um paralelogramo em que a base mede ($B + b$) e a altura mede *h*. Assim:
> $$A_{\text{trapézio}} = \frac{(B + b) \cdot h}{2}$$

ATIVIDADES

Retomar e compreender

13. Determine a medida da área de um trapézio cujas bases medem 5 cm e 9 cm e cuja altura mede 4,5 cm.

14. Determine a medida da área dos trapézios a seguir, em metro quadrado.

a)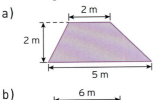

b)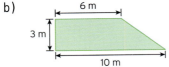

c) (5 m, 2,6 m, 8 m)

15. Se a área de um trapézio retângulo mede 120 m² e seus lados paralelos medem 7,5 m e 4,5 m, calcule a medida do lado perpendicular aos lados paralelos.

16. Qual deve ser o valor de *x* nesta figura para que a medida da área do trapézio seja 45 dm²?

Área de um losango

Marina confecciona colchas de retalhos e recebeu uma encomenda para costurar uma colcha com retalhos que lembrem losangos, todos com as mesmas dimensões. Para saber a quantidade de tecido necessária para essa encomenda, ela vai calcular a medida da área de cada losango.

Para determinar a medida da área de um losango, podemos decompô-lo em figuras cuja área já sabemos medir. Por exemplo, ao traçar as diagonais, o losango fica decomposto em quatro triângulos retângulos congruentes.

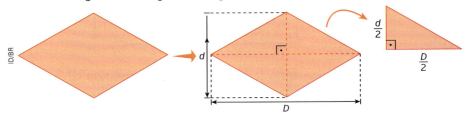

Então, a área do losango equivale a quatro vezes a área de um desses triângulos.

$$A = 4 \cdot \left(\frac{\frac{D}{2} \cdot \frac{d}{2}}{2}\right) = 4 \cdot \left(\frac{D}{2} \cdot \frac{d}{2} \cdot \frac{1}{2}\right) = 4 \cdot \frac{D \cdot d}{8} = \frac{D \cdot d}{2}$$

Marina mediu as diagonais do molde e obteve 20 cm e 15 cm. Assim, ela pode obter a medida da área A de cada losango da seguinte maneira:

$$A = \frac{D \cdot d}{2} = \frac{20 \cdot 15}{2} = \frac{\cancel{20}^{10} \cdot 15}{\cancel{2}_1} = 10 \cdot 15 = 150$$

Portanto, Marina utilizará 150 cm² de tecido para cada um dos losangos.

> A medida da área de um losango em que a diagonal maior mede D e a diagonal menor mede d é igual a quatro vezes a área de um triângulo cuja base mede $\frac{D}{2}$ e cuja altura mede $\frac{d}{2}$. Assim:
> $$A_{losango} = \frac{D \cdot d}{2}$$

ATIVIDADE

Retomar e compreender

17. Calcule a medida da área dos losangos a seguir.

a)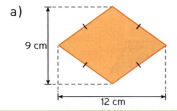

b)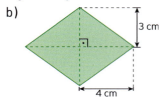

c)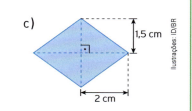

VOLUMES

Todos os anos, milhões de toneladas de produtos são movimentadas nos portos brasileiros e de todo o mundo. Em geral, esses produtos são transportados em contêineres. Você já viu um contêiner? Tem ideia do espaço que ele ocupa?

Um contêiner lembra um bloco retangular, e suas dimensões variam de acordo com o modelo. O espaço ocupado pelos contêineres está associado a uma grandeza chamada volume.

▲ Contêineres empilhados no terminal de Belfast Harbour, Reino Unido. Foto de 2021.

O **metro cúbico** (m^3) é a unidade de medida padrão para o volume. Essa unidade de medida, assim como a unidade de medida padrão para área, é derivada da unidade de medida de comprimento, o metro, e corresponde à medida do volume ocupado por um cubo cujas arestas medem 1 m.

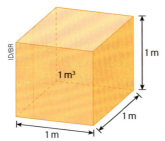

O metro cúbico também tem múltiplos e submúltiplos. Veja essas relações no quadro a seguir.

Múltiplos			Unidade de medida padrão	Submúltiplos		
Quilômetro cúbico (km^3)	Hectômetro cúbico (hm^3)	Decâmetro cúbico (dam^3)	**METRO CÚBICO (m^3)**	Decímetro cúbico (dm^3)	Centímetro cúbico (cm^3)	Milímetro cúbico (mm^3)
1 km^3 equivale a 1 000 000 000 m^3	1 hm^3 equivale a 1 000 000 m^3	1 dam^3 equivale a 1 000 m^3	1 m^3	1 dm^3 equivale a $\frac{1}{1\,000}$ m^3	1 cm^3 equivale a $\frac{1}{1\,000\,000}$ m^3	1 mm^3 equivale a $\frac{1}{1\,000\,000\,000}$ m^3

Observação

Para calcular a medida do volume de um objeto, as medidas de todas as dimensões desse objeto devem estar nas mesmas unidades de medida. Caso estejam diferentes, escolhemos uma delas e convertemos as demais para essa unidade de medida. Assim, se as medidas das dimensões de um objeto estiverem em centímetro (cm), a medida do volume será dada em centímetro cúbico (cm^3); se estiverem em metro (m), a medida do volume será dada em metro cúbico (m^3); e assim por diante.

> **PARE E REFLITA**
>
> Comparando cada unidade de medida do quadro anterior com a unidade de medida que está imediatamente à direita dela, o que é possível perceber?

Volume de um bloco retangular

Estela trabalha com entregas e inclui no preço do frete o espaço ocupado pelo objeto. Para entregar um par de chuteiras, ela precisa calcular a medida do volume da caixa, que lembra um bloco retangular. Veja.

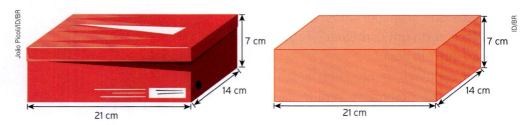

Para determinar a medida do volume da caixa, Estela fez uma representação com cubos de medida 1 cm³, como mostra a figura a seguir.

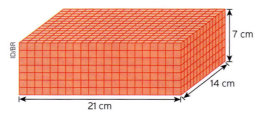

Com essa representação, Estela percebeu que em cada camada há 14 fileiras com 21 cubos cada. Ou seja, há 294 cubos em cada camada (14 · 21 = 294). Como são 7 camadas com 294 cubos em cada uma, então há 2 058 cubos no total (7 · 294 = 2 058).

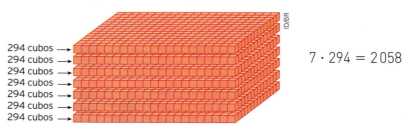

Então, Estela concluiu que a medida do volume da caixa do par de chuteiras é 2 058 cm³.

Você percebeu que a medida encontrada por Estela é igual ao produto da medida do comprimento pela medida da largura e pela medida da altura do bloco retangular?

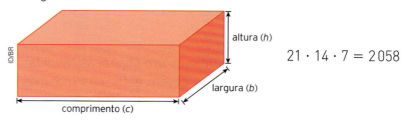

A medida do volume de um bloco retangular cujo comprimento mede c, a largura mede b e a altura mede h é dada por:

$$V_{\text{bloco retangular}} = c \cdot b \cdot h$$

Volume de um cubo

Na casa de Tadeu, há um porta-cápsulas de café com o formato de um cubo de 15 cm de lado. Vamos calcular a medida do volume desse porta-cápsulas?

◀ **Porta-cápsulas de acrílico.**

O cubo é um caso particular de bloco retangular, pois como todas as arestas de um cubo tem medidas iguais, então as medidas de comprimento, de altura e de largura dele são iguais. Assim, podemos obter a medida de seu volume elevando a medida de sua aresta à terceira potência.

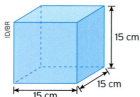

$$V = 15 \cdot 15 \cdot 15 = 15^3 = 3375$$

Portanto, o porta-cápsulas de café de Tadeu mede 3 375 cm³ de volume.

> A medida do volume de um cubo cuja aresta mede ℓ é dada por:
> $$V_{cubo} = \ell^3$$

ATIVIDADES

Retomar e compreender

18. Considere este bloco a unidade de medida de volume.

1 u.v.

Qual é a medida do volume da pilha de blocos a seguir, se não há blocos escondidos atrás da pilha?

19. Determine a medida do volume de cada bloco retangular a seguir.

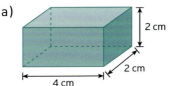

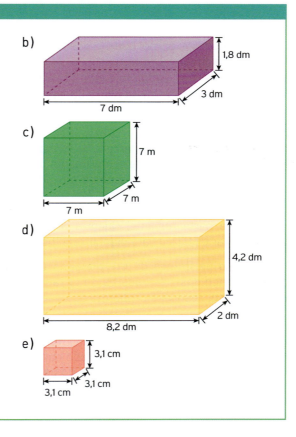

MAIS ATIVIDADES

Retomar e compreender

1. Com o auxílio de uma calculadora, resolva o problema a seguir.

   O terreno de uma chácara tem formato retangular e sua área mede 57 456 m². Sabendo que seu comprimento mede 342 m, quanto mede a largura desse terreno?

2. Um arquiteto está planejando a reforma de um quarto e precisa calcular a quantidade de rodapés e de lajotas que deverá comprar. Esse quarto tem o formato de um quadrado cujo lado mede 4 m e uma porta cuja largura mede 1 m.

   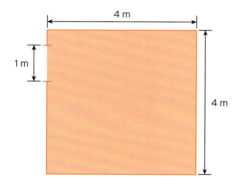

   a) Quantos metros quadrados de lajota serão necessários?
   b) Quantos metros de rodapé devem ser comprados? Lembre-se de que o rodapé não será colocado na região da porta.
   c) Sabendo que 1 m² de lajota custa R$ 38,00 e que 1 m de rodapé custa R$ 17,00, qual é o valor mínimo que será gasto com rodapés e lajotas?

3. Mário fez uma horta em um terreno de formato retangular que mede 13 m de comprimento por 7 m de largura. Ele plantou cenoura em uma área retangular de medidas 6 m por 7 m, tomate em uma área retangular que mede 4 m por 7 m e repolho na parte restante. Quantos metros quadrados Mário utilizou para plantar repolho?

4. A medida do perímetro de um polígono é a soma das medidas de todos os seus lados. Sabendo disso, resolva o problema do quadro a seguir.

   > Um retângulo de 8 cm de medida de altura tem a mesma área que um quadrado cujo lado mede 12 cm. Calcule a medida do perímetro desse retângulo.

5. Uma das diagonais de um losango mede 12 cm e a medida de sua área é igual à de um retângulo cujos lados medem 8 cm e 6 cm. Determine a medida da outra diagonal desse losango.

6. Calcule a medida da área das regiões apresentadas a seguir.

   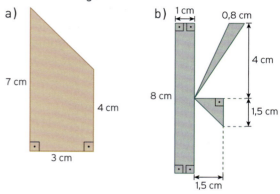

7. Observe os dois modelos de embalagens de papelão na forma de bloco retangular, encomendados por uma empresa e representados nestas figuras.

   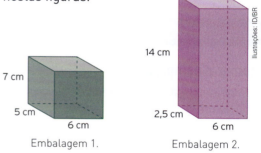

   Embalagem 1. Embalagem 2.

   a) Determine a medida do volume de cada embalagem.
   b) Qual embalagem necessita de maior quantidade de papelão para ser produzida?

8. Na entrada de uma casa, há uma escada de concreto com três degraus, conforme mostra a figura a seguir.

   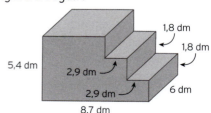

   Determine a medida do volume de concreto usado para fazer essa escada.

Acompanhamento da aprendizagem

9. Juntas, as diagonais de um losango medem 45 m. Sabendo que uma diagonal mede o dobro da medida da outra, calcule a medida da área desse losango.

Aplicar

10. Observe a figura a seguir.

Escreva qual alternativa indica as figuras geométricas nas quais essa figura poderia ser decomposta.

a) Um trapézio, um triângulo e um retângulo.

b) Quatro quadrados e dois triângulos.

c) Dois retângulos e dois triângulos.

d) Dois quadrados, dois triângulos e um retângulo.

e) Todas as alternativas anteriores.

11. Suponha que cada quadradinho das malhas quadriculadas a seguir meça 1 m² de área.

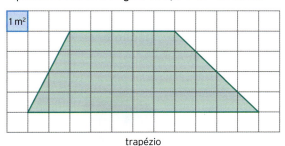
trapézio

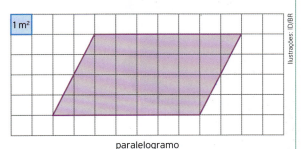
paralelogramo

a) Estime a medida da área de cada figura.

b) Verifique em quantos triângulos e retângulos cada figura pode ser decomposta.

c) Determine a medida da área de cada figura.

12. (Obmep) A figura mostra um quadrado dividido em 16 quadradinhos iguais.

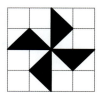

A área em preto corresponde a que fração da área do quadrado?

a) $\frac{1}{2}$ d) $\frac{1}{8}$

b) $\frac{1}{3}$ e) $\frac{1}{16}$

c) $\frac{1}{4}$

13. Considere a ilustração a seguir.

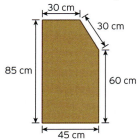

a) Com um colega, elabore um problema que utilize essa figura e que envolva o cálculo da medida da área.

b) Troquem de caderno com outra dupla de colegas para que eles resolvam o problema criado por vocês e vocês resolvam o problema que eles criaram.

14. João encomendou um aquário em formato de bloco retangular de 36 dm³ de medida de volume e 4 dm de medida de altura. Quais são as possíveis medidas do comprimento e da largura desse aquário, sabendo que elas precisam ser expressas em decímetros inteiros?

15. Considere a situação descrita no quadro.

> As dimensões de um elevador de carga que tem formato de bloco retangular são 2 m, 2 m e 3 m.

Agora, com um colega, elabore um problema com as informações dadas cuja resolução envolva o cálculo da medida de volume. Depois, troquem de caderno com outra dupla para que os colegas respondam às perguntas criadas por vocês e vocês respondam às perguntas que eles criaram. Atenção! Vocês podem incrementar a situação com outros dados.

EDUCAÇÃO FINANCEIRA

O mistério do cupom fiscal: o que são os impostos e para que servem

O que um delicioso lanche, uma roupa bem legal, o combustível do carro da família e seu plano de internet têm em comum? Pare e pense um pouco.

Pode haver muita coisa em comum, mas uma delas é um documento chamado nota fiscal ou cupom fiscal. Trata-se daquele papel que você, geralmente, recebe depois de realizar uma compra.

Você já reparou no que vem escrito no cupom fiscal? Além de uma série de informações sobre a empresa que comercializou o produto que você comprou, o cupom fiscal traz o preço do produto. Uma parte desse preço é formada por impostos. Você sabe o que são impostos?

Imposto é um tipo de tributo, ou seja, algo que o governo cobra de pessoas e de empresas para arrecadar dinheiro a fim de realizar diversas ações. Quando bem empregados, os impostos são usados para construir estradas, escolas e hospitais, fazer redes de saneamento básico, oferecer segurança pública e pagar os salários dos funcionários públicos, por exemplo.

Assim, no preço de um produto está embutido uma série de tributos. E a Matemática pode nos ajudar a entender o impacto desses impostos no preço final de mercadorias e serviços.

Observe o exemplo dado na ilustração.

Você percebeu que a Matemática pode contribuir para que as pessoas entendam como os impostos são calculados e quanto elas pagam de imposto? Saber quanto se paga de imposto possibilita que cada cidadão brasileiro cobre dos governantes a aplicação adequada desses tributos.

Explorando o tema

Você sabe o que são **impostos** e para que eles servem?

Reúna-se com um colega para responder às questões a seguir.

1. Vocês acham que suas famílias pagam muito, pagam pouco ou pagam um valor justo de impostos, incluindo os que estão embutidos nos preços dos produtos e serviços? Expliquem suas respostas.
2. Citem os impostos que vocês conhecem.
3. Acessem o impostômetro no *site* https://impostometro.com.br (acesso em: 22 maio 2023). Qual foi o valor pago pelos brasileiros em impostos neste ano, até este momento, segundo o impostômetro?
4. Celeste comprou uma geladeira por R$ 2 000,00. Cláudio foi a um supermercado e comprou 2 kg de frango por R$ 14,00 o quilograma e 1 kg de maracujá por R$ 9,00 o quilograma, e ainda passou no posto de gasolina e encheu o tanque de seu carro, pagando R$ 420,00. Quantos reais em impostos cada uma dessas pessoas pagou nas respectivas compras? Utilize a tabela a seguir como referência para realizar os cálculos.

Percentual aproximado de imposto	
Produto	Imposto
Geladeira	46%
Frango	27%
Frutas	12%
Fubá	25%
Gás de cozinha	34%
Gasolina	62%

Fonte de pesquisa: Impostômetro. Relação de produtos. Disponível em: https://impostometro.com.br/home/relacaoprodutos. Acesso em: 22 maio 2023.

INVESTIGAR

De casa para a escola: quanto tempo leva?

Para começar

O tempo que uma pessoa leva para ir de um lugar a outro pode variar por diversos fatores. Será que o meio de transporte é um deles? Você e os colegas vão investigar se há alguma relação entre o meio de transporte utilizado e o tempo gasto para chegar à escola. Depois, vão compartilhar em um cartaz as informações obtidas.

O problema

O meio de transporte utilizado pelos colegas para ir de casa à escola pode ter alguma relação com o tempo que eles gastam nesse percurso?

A investigação

- **Prática de pesquisa:** pesquisa de campo.
- **Instrumento de coleta:** questionário.

Materiais

- caneta ou lápis e borracha
- caderno ou folha de papel avulsa
- computador com planilha eletrônica instalada (*software* de uso livre)

Procedimentos

Parte I – Produção do questionário

1. Para fazer essa investigação, vocês vão preparar e aplicar um questionário.
2. Existem diferentes tipos de questionário. O **questionário aberto** é composto de perguntas às quais o entrevistado responde com suas palavras, ou seja, as possibilidades de resposta não são limitadas. Já o **questionário fechado** é produzido com perguntas de múltipla escolha, que limitam as possibilidades de resposta. Para a investigação desta seção, produzam um questionário fechado.
3. Vocês devem considerar o tema que pretendem pesquisar e, então, formular perguntas de acordo com a análise necessária. Além disso, é preciso definir a ordem das perguntas e verificar se as perguntas e as possibilidades de resposta estão claras e não são ambíguas.
4. Sob a orientação do professor, organizem-se em grupos de quatro integrantes e definam as perguntas e as possibilidades de resposta. Lembrem-se de que a escolha das perguntas e das possibilidades de resposta pode interferir no resultado da pesquisa. Por isso, fiquem atentos a essa etapa.

▶ Alguns exemplos de perguntas com possibilidades de respostas em um questionário fechado.

A Qual é a medida da distância da sua casa até a escola?
- ☐ Menos de 1 km.
- ☐ Entre 1 km e 3 km.
- ☐ Mais de 3 km.

B Em qual horário você costuma sair de casa para chegar à escola?
- ☐ Antes das 6 h.
- ☐ Entre 6 horas e 6 h 30 min.
- ☐ Outro.

C Qual(is) meio(s) de transporte você utiliza para chegar à escola?
- ☐ Carro.
- ☐ Ônibus.
- ☐ Transporte escolar.
- ☐ A pé.
- ☐ Outro(s).

D Qual é o tempo médio que você leva para chegar à escola?
- ☐ Menos de 15 min.
- ☐ Entre 15 min e 30 min.
- ☐ Entre 30 min e 60 min.
- ☐ Mais de 60 min.

Parte II – Aplicação do questionário

1. Cada integrante do grupo deverá responder ao questionário e, depois, o grupo vai coletar as respostas de cinco estudantes da escola. É importante que os grupos troquem informações para que não apliquem o questionário aos mesmos entrevistados. **Atenção:** Dados duplicados podem gerar erros no resultado e na análise da pesquisa.

2. Peçam aos colegas que preencham o questionário e expliquem o que vocês vão fazer com os dados coletados e onde esses dados serão publicados. Se algum colega não quiser responder ao questionário, vocês devem respeitá-lo.

3. Sob a orientação do professor, combinem uma data-limite para que todos os grupos finalizem a etapa de aplicação do questionário.

Parte III – Organização e análise de dados

1. Juntem os questionários preenchidos de todos os grupos e, sob a orientação do professor, organizem as informações coletadas.

2. Façam testes com diferentes maneiras de visualizar as informações na planilha eletrônica: tabelas, quadros, gráficos, entre outros.

3. Listem as relações que vocês encontraram entre as variáveis estudadas; por exemplo, pessoas que costumam ir a pé à escola têm uma variação de tempo menor em proporção à distância percorrida.

Questões para discussão

1. Com base na amostra e na pesquisa realizada, vocês encontraram alguma relação entre o tempo gasto para ir à escola e o meio de transporte utilizado? Expliquem.

2. Na opinião de vocês, os resultados obtidos teriam sido diferentes se vocês tivessem utilizado um questionário aberto? Nesse caso, como vocês organizariam os dados?

3. De que maneira o uso de planilha eletrônica contribuiu para a organização e a análise dos dados?

4. Como os dados duplicados podem interferir no resultado e na análise de uma pesquisa?

5. Que outros fatores podem influenciar o tempo que cada estudante leva para ir de casa à escola? Como vocês poderiam verificar se, de fato, existe uma relação entre esses fatores e o tempo?

Comunicação dos resultados

Produção de um cartaz com os dados obtidos

Conversem e selecionem as relações que julgarem mais pertinentes para produzir um cartaz. Lembrem-se de que, para um cartaz ser atrativo, ele deve ter recursos visuais que chamem a atenção do leitor.

Para finalizar, sigam as orientações do professor para expor o cartaz no mural da escola. Convidem os colegas de outras turmas para observar o que vocês produziram e expliquem a eles como foi o processo de investigação para a confecção do cartaz.

ATIVIDADES INTEGRADAS

Aplicar

1. Indique a unidade de medida padronizada mais apropriada para medir:
   a) a capacidade de uma piscina infantil;
   b) a massa de uma pessoa;
   c) a distância entre países.

2. A altura de um paralelogramo mede $\frac{2}{3}$ da medida de sua base, e a soma das medidas da altura e da base é 30 m.
   a) Qual é a medida da base desse paralelogramo? Qual é a medida de sua altura?
   b) Qual é a medida da área do paralelogramo?

Analisar e verificar

3. A figura a seguir mostra uma região retangular decomposta em várias regiões quadradas, das quais três apresentam as dimensões indicadas a seguir, na mesma unidade de medida.

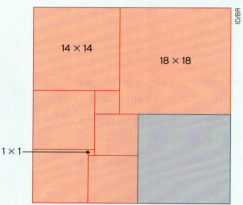

Determine as dimensões do quadrado destacado em azul.

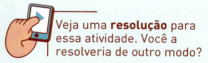

Veja uma **resolução** para essa atividade. Você a resolveria de outro modo?

4. Um artesão pretende derreter duas peças metálicas cúbicas maciças. Ele sabe que as arestas de uma delas medem 2 cm e as da outra medem 4 cm. Com o material obtido, ele vai fabricar uma peça maciça em formato de bloco retangular. Calcule a medida do volume:
   a) de cada peça metálica cúbica maciça que será derretida;
   b) da nova peça maciça com a forma de bloco retangular.

5. Ana deduziu uma fórmula para calcular a medida da área da figura a seguir.

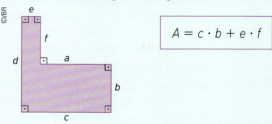

$A = c \cdot b + e \cdot f$

   a) Você concorda com essa fórmula? Por quê?
   b) Escreva outra fórmula para o cálculo da medida dessa área usando as medidas a e d.

6. Em um projeto para uma empresa, um paisagista desenhou um gramado em forma de losango, como representado na ilustração a seguir.

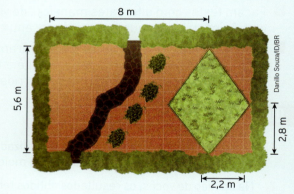

   a) Qual é a medida da área do gramado?
   b) Se o preço do metro quadrado de grama é R$ 16,50, qual é o custo para gramar essa parte do jardim?

7. Determine o número máximo de caixas iguais à menor, montadas e fechadas, que cabem na caixa maior.

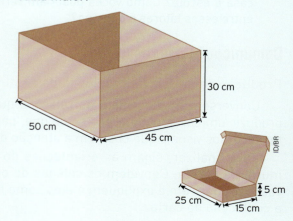

334

Acompanhamento da aprendizagem

8. Para calcular a medida aproximada do volume de um objeto irregular, basta mergulhá-lo em uma caixa com água. Desse modo, a medida do volume de água deslocado é igual à medida do volume do objeto.

   João colocou um pião dentro de um aquário com água cujas medidas estão indicadas na figura. O pião ficou totalmente imerso. João verificou que o nível da água subiu 0,4 cm. Sem considerar a espessura do vidro, qual é a medida aproximada do volume do pião?

   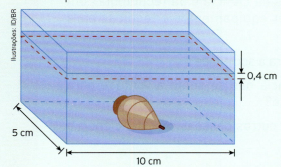

9. Na figura a seguir, os círculos têm áreas de mesma medida e os vértices do quadrado estão no centro dos círculos.

   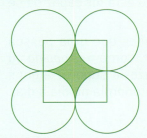

   Se as medidas da área do quadrado e da área de um círculo fossem dadas, como você calcularia a medida da área da região destacada?

10. O *tangram* é um quebra-cabeça de origem chinesa formado por sete figuras geométricas. Na figura a seguir, as peças do *tangram* foram desenhadas sobre uma malha quadriculada.

    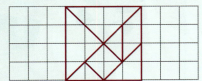

    Desenhe um *tangram* em uma malha quadriculada e recorte suas peças. Depois, faça o que se pede nos itens a seguir.

    a) Encontre uma maneira de cobrir uma das regiões triangulares maiores usando outras peças.
    b) Calcule a medida da área de cada peça desse *tangram*, considerando que um quadradinho mede 1 cm².

11. (Fuvest-SP) Dois blocos de alumínio, em forma de cubo, com arestas medindo 10 cm e 6 cm, são levados juntos à fusão e, em seguida, o alumínio líquido é moldado como um paralelepípedo reto de arestas 8 cm, 8 cm e x cm. O valor de x é:

    a) 16   c) 18   e) 20
    b) 17   d) 19

12. (UFSC) Usando um pedaço retangular de papelão, de dimensões 12 cm e 16 cm, desejo construir uma caixa sem tampa, cortando, em seus cantos, quadrados iguais de 2 cm de lado e dobrando, convenientemente, a parte restante. Obtenha a terça parte do volume da caixa, em cm³.

Criar

13. Faça no caderno o passo a passo descrito a seguir.
    I. Desenhe um par de retas paralelas não coincidentes *r* e *s*. Marque em *r* dois pontos e nomeie-os por *A* e *B*. Na reta *s*, marque dois pontos e nomeie-os por *C* e *D*.
    II. Pinte os triângulos *ABC* e *ABD*, cada um de uma cor.
    III. Com um colega, demonstre que os dois triângulos têm áreas com a mesma medida.

14. Faça o que se pede em cada item.
    a) Junte-se a um colega para elaborar um problema que envolva a medição de um mesmo elemento de dois modos: utilizando uma unidade de medida padronizada e uma unidade de medida não padronizada.
    b) Realizem as medições para determinar a resposta esperada desse problema.
    c) Peçam a outra dupla que resolva o problema criado por vocês. Depois, verifiquem se as medições obtidas por eles foram iguais às obtidas por vocês. Converse com os colegas e o professor.

335

CIDADANIA GLOBAL
UNIDADE 8

10 REDUÇÃO DAS DESIGUALDADES

Retomando o tema

Nesta unidade, você teve a oportunidade de refletir sobre a discriminação e viu que o esporte é um dos caminhos para a redução das desigualdades, uma vez que proporciona a todas as pessoas os mesmos direitos e oportunidades.

Os paratletas são atletas que possuem alguma deficiência permanente, seja física, intelectual ou visual. Os Jogos Paraolímpicos destacam o potencial dos paratletas e o desempenho deles na competição, independentemente das limitações de seu corpo, além de promover avanços da ciência e da tecnologia com base nas pesquisas realizadas para desenvolver equipamentos e técnicas para os paratletas.

1. Quais valores os Jogos Paraolímpicos deixam para a sociedade?
2. Por que a maioria das pessoas com deficiência não se sente à vontade para participar de atividades em qualquer ambiente?
3. Você acha que os paratletas podem incentivar outras pessoas com deficiência a superar a si mesmo?

Geração da mudança

Para reduzir a discriminação, é necessário falar de inclusão. As pessoas com deficiência só poderão viver plenamente em sociedade quando esta for capaz de se adaptar às diversas necessidades delas.

- Reúna-se com três colegas e conversem sobre os desafios que uma pessoa com deficiência enfrenta em diversos ambientes de lazer, como o *shopping* ou o parque. Depois, pensem em estratégias que podem fazê-la superar alguns desses desafios e oferecer a ela mais acessibilidade e autonomia no dia a dia.

Autoavaliação

Camila Anselmé/ID/BR

INTERAÇÃO

VAMOS RECICLAR?

A reciclagem é um processo de transformação do lixo que contribui para a redução dos resíduos no meio ambiente e para a preservação de recursos naturais.

Nesta seção, você e os colegas vão confeccionar um trabalho de arte, divulgar uma exposição, apresentar dados estatísticos e discutir com a comunidade sobre o uso de materiais recicláveis no dia a dia.

Dados da Associação Brasileira de Empresas de Limpeza Pública e Resíduos Especiais (Abrelpe) indicam que, durante o ano de 2022, a geração de resíduos sólidos no Brasil chegou a aproximadamente **81,8 milhões de toneladas**. Isso significa que cada brasileiro gerou, em média, 1,043 quilograma de resíduos por dia. Em comparação com os valores de 2020, os números apresentam ligeira redução, o que pode ser justificado pelas dinâmicas pós-isolamento social.

Ainda de acordo com os dados de 2022 da Abrelpe, o Brasil registrou um total de 76,1 milhões de toneladas de lixo coletadas, o que corresponde a aproximadamente 93%. Porém, algumas regiões do país apresentam dados abaixo da média nacional (por volta de 83%).

O que pode ser feito para que esses índices sejam ainda maiores? Em sua opinião, quais são as causas do excesso de lixo no planeta? Quais são as formas de reduzi-lo? Seus familiares e amigos têm consciência do impacto ambiental causado pelo descarte incorreto de materiais? Quais são as melhores maneiras de conscientização sobre esse assunto?

Neste projeto, além de discutir esse tema, você e os colegas vão planejar, organizar e divulgar uma exposição que conscientize a comunidade a reutilizar produtos que iriam para o lixo.

Objetivos

- Pesquisar, em grupos, as causas e os impactos do excesso de lixo no meio ambiente e buscar alternativas para reduzi-lo.
- Pesquisar e calcular a quantidade de lixo descartada por ano no município em que vocês moram e o tempo de decomposição, levando em consideração o tipo de material (plástico, papel, alumínio, etc.).
- Planejar, organizar e divulgar uma exposição de arte em que tenham sido reutilizados produtos que seriam descartados, conscientizando a comunidade a respeito do impacto ambiental causado pelo excesso de lixo.

Reflita!

- Você já viu pessoas jogando lixo no chão ou em outro local inapropriado? Se sim, como elas agiram e como você se sentiu?
- Você sabe para onde vai o lixo que sai de sua residência?
- Como seria o bairro em que você mora caso o lixo produzido não fosse levado para outro lugar?

ÁGUA NA LATA DE ALUMÍNIO

A fim de reduzir o consumo e o descarte de plástico, até água mineral passou a ser comercializada em latas de alumínio. O Brasil é recordista em reciclagem desse tipo de material.

Segundo uma pesquisa de 2022 do Instituto Internacional do Alumínio (IAI, na sigla em inglês), em parceria com a Associação Brasileira do Alumínio (Abal), mais de 70% das latas passam pelo processo de reciclagem em países como Brasil, Estados Unidos, China e Japão, enquanto outros materiais, como o plástico e o vidro, alcançam índices inferiores:

- 71% – Latas de alumínio
- 40% – PET
- 34% – Vidro

Fonte de pesquisa: IAI divulga estudo inédito sobre a circularidade das latas de alumínio para bebidas. Associação Brasileira do Alumínio (Abal), 21 mar. 2022. Disponível em: https://abal.org.br/noticia/iai-divulga-estudo-inedito-sobre-a-circularidade-das-latas-de-aluminio-para-bebidas/. Acesso em: 13 jan. 2023.

Materiais

- Papel, lápis e caneta
- Computador com acesso à internet
- Jornais, revistas e livros
- Cola, tinta, garrafa PET, jornal, lata vazia de refrigerante, etc. (o que for necessário para a elaboração das obras de arte)

Planejamento

- O professor vai organizar a turma em grupos de, no máximo, dez estudantes.
- Este projeto será realizado em seis partes:
  Parte I – Conversa inicial
  Parte II – Pesquisa e organização dos dados
  Parte III – Apresentação dos resultados da pesquisa
  Parte IV – Busca de soluções
  Parte V – Seleção das propostas e elaboração de um *meme*
  Parte VI – Projeto final: exposição de arte

Procedimentos

Parte I – Conversa inicial

1. Discutam o que conhecem ou vivenciaram a respeito das origens do lixo e quais são os possíveis impactos ambientais do descarte de resíduos.
2. Elaborem uma lista com as hipóteses de vocês sobre quais materiais são descartados em maior quantidade.

Parte II – Pesquisa e organização dos dados

1. Pesquisem a quantidade de lixo produzido por ano no município onde vivem, bem como os tipos de material descartados (plástico, alumínio, papel, etc.).
2. Façam um levantamento da quantidade (aproximada) de material que é reciclado e de lixo que vai para aterros sanitários ou que acaba nos oceanos.
3. Pesquisem quanto tempo é necessário para cada tipo de material se decompor.
4. Por fim, calculem quanto tempo será necessário para que se decomponha todo o lixo gerado no município em um ano.

Parte III – Apresentação dos resultados da pesquisa

1. Com a ajuda do professor, organizem-se para que cada grupo apresente aos colegas os resultados dos cálculos feitos.
2. Em uma roda de conversa com toda a turma, verifiquem se os dados encontrados estão de acordo com as hipóteses levantadas na primeira parte ou se houve alguma surpresa na pesquisa.

Parte IV – Busca de soluções

1. Com base nos dados, conversem nos grupos e levantem possíveis soluções para minimizar o problema do lixo no município onde moram. Lembrem-se de registrar tudo!

Parte V – Seleção das propostas e elaboração de um *meme*

1. Organizem uma apresentação das propostas para a turma.
2. Conversem sobre quais são as melhores alternativas para reduzir o impacto ambiental causado pelo lixo e quais alternativas são inviáveis.
3. De volta aos grupos, criem um *meme* que informe o que fazer e o que não fazer em relação ao impacto do lixo no meio ambiente. Lembrem-se! Vocês podem utilizar os dados obtidos na pesquisa e os cálculos feitos.

(Representações sem proporção de tamanho entre si)

Parte VI – Projeto final: exposição de arte

1. Planejem uma exposição artística que conscientize a comunidade em relação ao descarte de lixo no município.
2. Definam o que deve impressionar a comunidade e o que vai marcar sua memória. O intuito é conscientizar a respeito do impacto ambiental do descarte inadequado de resíduos.
3. Pesquisem artistas cujas obras incluam reciclagem de materiais ou reutilização de objetos.
4. Escolham o tipo de obra de arte que queiram produzir – escultura, pintura, *performance*, instalação, etc. Façam um esboço e definam um título para ela (que poderá ser provisório).
5. Façam uma lista dos materiais de que vão precisar, priorizando o que seria descartado.
6. Produzam as obras e elaborem um pequeno resumo com o nome da obra, o nome dos artistas (os integrantes do grupo) e o que essa produção representa.
7. Com os demais grupos e o professor, planejem a exposição, combinem a data e façam a divulgação do evento. Na divulgação, é interessante que vocês utilizem os *memes* criados anteriormente.
8. Antes da exposição, posicionem as obras e o resumo conforme planejado. Depois, individualmente, observem atentamente cada obra com o objetivo de captar as próprias impressões.
9. Durante a exposição, projetem os *memes* elaborados, possibilitando a conscientização da comunidade em relação ao impacto do lixo no meio ambiente.

Compartilhamento

A exposição servirá como introdução para uma roda de conversa sobre a importância da redução, da reutilização e da reciclagem do lixo, em que vocês poderão falar sobre o resultado das pesquisas e, com a comunidade, determinar as melhores alternativas.

Avaliação

1. Como foram realizadas as pesquisas a respeito da quantidade de lixo produzida e descartada?
2. Você se surpreendeu com algum dado encontrado? Se sim, qual? Se não, por quê?
3. Você mudou ou mudaria alguma atitude sua depois de participar deste projeto? Por quê?
4. **SABER SER** Como foi trabalhar com seu grupo? Houve cooperação no desenvolvimento do trabalho?
5. O que você achou de planejar, organizar, realizar e divulgar a exposição? De quais partes você mais gostou e quais gostaria de melhorar?
6. O que você aprendeu com a realização deste projeto?

PARTE 1

Questão 1

Em outubro de 1884, na Conferência Nacional do Primeiro Meridiano, realizada na cidade de Washington, nos Estados Unidos, foram estabelecidos 24 fusos horários (de 1 hora), considerando o tempo em que o planeta Terra leva para dar uma volta completa em torno do seu próprio eixo, aproximadamente 24 horas (23 horas, 56 minutos e 4 segundos).

A origem desses fusos é o Meridiano de Greenwich, que divide o globo terrestre em dois hemisférios: Leste e Oeste. O fuso horário que começa no Meridiano de Greenwich e se estende pelas demais linhas é chamado de UTC (Tempo Universal Coordenado ou Horário Universal). Veja no mapa que cada divisão colorida representa 1 hora em relação ao UTC e pode ser relacionada com um número da reta numérica.

■ **Mapa-múndi: fuso horário**

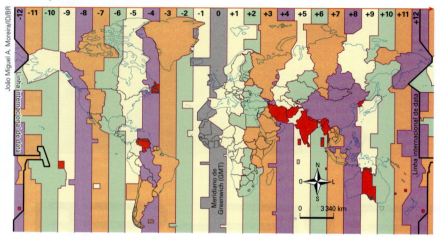

Fonte de pesquisa: *Atlas geográfico escolar*. 8. ed. Rio de Janeiro: IBGE, 2018. p. 35.

A cidade de Londres está no fuso horário 0 em relação ao Meridiano de Greenwich (GMT). Assim, o fuso horário de Brasília em relação a Londres é:

a) −4.
b) −3.
c) −2.
d) 0.
e) 3.

Questão 2

O custo de uma corrida de táxi (ou de uma corrida feita por uma empresa de transporte particular por aplicativo) pode ser determinado pela expressão algébrica $p + q \cdot x$, sendo p o preço fixo da bandeirada, q a tarifa cobrada por quilômetro rodado e x a quantidade de quilômetros percorridos.

O quadro a seguir apresenta os custos, em reais, dos serviços oferecidos aos passageiros de uma empresa de transporte particular por aplicativo e do táxi em certa cidade.

Preço \ Tipo de transporte	Táxi	Empresa de transporte particular por aplicativo
Bandeirada	R$ 4,50	R$ 2,00
Tarifa (por quilômetro)	R$ 2,75	R$ 1,40

Ao optar pelo serviço da empresa de transporte particular por aplicativo, em detrimento do táxi, quanto uma pessoa que fizer uma corrida de 60 km vai economizar nessa cidade?

a) R$ 83,50
b) R$ 86,00
c) R$ 151,35
d) R$ 169,50
e) R$ 255,50

Questão 3

Um ano bissexto possui 366 dias (um dia a mais que os anos que não são bissextos, que têm 365 dias) e ocorre a cada quatro anos. A lista de anos bissextos inclui 2020, 2024, 2028, 2032 e 2036, por exemplo. Note que os números que correspondem a esses anos são múltiplos de 4. No entanto, há casos especiais de anos que, apesar de serem múltiplos de 4, não são bissextos. São aqueles que também são múltiplos de 100 e não são múltiplos de 400. O ano de 1900 foi o último caso especial.

Considerando essas regras, o próximo ano bissexto terminado em 00 será:

a) 2100.
b) 2200.
c) 2300.
d) 2400.
e) 2500.

Questão 4

A fim de conhecer locais em que o frio é extremo, Antonela fez uma pesquisa para comparar as medidas mínimas de temperatura previstas em cinco países do mundo.

Medidas mínimas de temperatura (previsão)				
Canadá	Estados Unidos	Finlândia	Groelândia	Rússia
−39 °C	−40 °C	−20 °C	−9 °C	−45 °C

Dados obtidos por Antonela.

Antonela colocou essas medidas em ordem crescente e obteve:

a) $-45 < -40 < -39 < -20 < -9$
b) $-45 < -9 < -20 < -40 < -39$
c) $-39 < -40 < -20 < -9 < -45$
d) $-9 < -20 < -39 < -40 < -45$
e) $-9 < -20 < -45 < -40 < -39$

Questão 5

Praticar cálculos mentais pode favorecer o raciocínio, otimizar o tempo de resolução de um problema, internalizar conceitos matemáticos e facilitar algumas tomadas de decisão no dia a dia. Considerando todos esses benefícios, uma professora distribuiu, a um grupo de estudantes, fichas com indicações de cálculos, para que eles praticassem operações aritméticas usando somente os cálculos mentais.

Veja como era uma dessas fichas.

Um estudante chegou ao resultado correto desse cálculo proposto apresentando o número:

a) $\frac{1}{4}$.
b) -4.
c) $+4$.
d) -40.
e) $+40$.

Questão 6

As rigorosas técnicas de medição empregadas pela equipe *Five Deeps* confirmaram, em 2021, os pontos mais profundos dos cinco oceanos: Atlântico, Índico, Pacífico, Glacial Ártico e Glacial Antártico. Observe a imagem com a indicação desses pontos.

■ Os pontos mais profundos dos 5 oceanos

Fonte: The Five Deeps Expedition.

Dos números inteiros que representam a maior medida de profundidade (em metro) nesses cinco oceanos, o maior, em módulo, é o número:

a) 5 551.
b) 7 187.
c) 7 432.
d) 8 378.
e) 10 924.

Questão 7

Um arquiteto precisa projetar um espaço com o formato de um triângulo isósceles de lados com medidas de comprimento representadas por números inteiros e de perímetro igual a 23 m.

A quantidade máxima de triângulos não congruentes dois a dois que podem ser construídos é:

a) 23.
b) 11.
c) 6.
d) 5.
e) 1.

Questão 8

O extrato bancário reúne todas as movimentações bancárias feitas em uma instituição financeira em certo período. Ele permite que o titular da conta na instituição financeira analise exatamente o que entrou e o que saiu da conta, contribuindo para uma organização financeira do titular.

Observe o extrato bancário da conta corrente de uma pessoa no mês de maio.

Considerando as descrições do extrato, pode-se concluir que o saldo dessa conta corrente, após a movimentação que ocorreu em 20/05, é:

a) −R$ 990,00.
b) −R$ 970,00.
c) −R$ 820,00.
d) −R$ 150,00.
e) −R$ 4 470,00.

Questão 9

Um *digital influencer* é uma pessoa que se julga capaz de influenciar e formar opinião de outras pessoas por meio de conteúdos produzidos em mídias digitais, por exemplo, redes sociais na internet.

Certa rede social (na internet) determina a taxa de popularidade de um *digital influencer* como a razão entre o número de seguidores que ele possui e o número de pessoas que visitam diariamente seu perfil na rede social.

Ao acessar seu perfil hoje, um *digital influencer* descobriu que sua taxa de popularidade é 0,5555... A relação entre o número de seguidores dele e o de pessoas que visitaram seu perfil é:

a) 5 em cada 9.
b) 9 em cada 5.
c) 5 em cada 10.
d) 55 em cada 100.
e) 55 em cada 555.

Questão 10

O futebol é um esporte em que os times têm como objetivo marcar gols no time adversário. Ao final da partida, o time que tiver marcado o maior número de gols vence. Durante um campeonato de pontos corridos, existem critérios de desempate, como a vantagem para o maior número de vitórias e para o maior saldo de gols.

O saldo de gols é a diferença entre a quantidade de gols marcados (gols pró) e a de gols sofridos (gols contra) por um time. Desse modo, se um time marca mais gols do que sofre, ele tem saldo positivo; caso contrário, o saldo será negativo.

A tabela a seguir mostra o desempenho de dois times em certo campeonato de futebol que considera as regras descritas acima.

\multicolumn{9}{c	}{Campeonato de futebol}
Clube	Pontos	Partidas jogadas	Vitórias	Empates	Derrotas	Gols pró	Gols contra	Saldo de gols
Time 1	10	13	2	4	7	10	16	?
Time 2	10	13	2	4	7	12	24	?

Dados fornecidos pelos organizadores do campeonato.

Seguindo o critério de desempate por saldo de gols, o time que se sai melhor é o:

a) Time 1, com saldo de gols +6.
b) Time 1, com saldo de gols −26.
c) Time 1, com saldo de gols −6.
d) Time 2, com saldo de gols +12.
e) Time 2, com saldo de gols −12.

Questão 11

Utilizando diversos materiais didáticos para motivar seus estudantes, uma professora organizou um jogo com fichas numeradas. Ao receberem as fichas, os estudantes tinham de representar, em uma reta numérica, o número escrito nela. Vence a rodada o estudante que estiver com a ficha que apresenta o número mais próximo do zero na reta numérica.

Em uma rodada, cinco fichas distintas foram sorteadas para cinco estudantes. Observe.

O estudante vencedor dessa rodada é o:

a) Estudante 1.
b) Estudante 2.
c) Estudante 3.
d) Estudante 4.
e) Estudante 5.

345

Questão 12

Uma toalha de mesa, com formato retangular, foi confeccionada com tecidos de estampas diferentes, conforme a figura representada a seguir. Considere que as costuras indicadas pelas diagonais $\overline{AC}$ e $\overline{BD}$ desse retângulo são perfeitamente retilíneas e que os ângulos $A\hat{O}B$ e $A\hat{O}D$ medem, respectivamente, 53° e 127°.

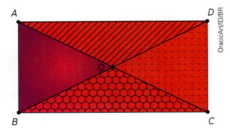

O maior ângulo do triângulo BOC mede:
a) 26°30'.
b) 53°.
c) 63°30'.
d) 116°30'.
e) 127°.

Questão 13

Para resolver uma equação do 1º grau com uma incógnita, pode-se imaginar a situação representando os termos da equação em uma balança de comparação. Nesse tipo de balança, os pratos ficam equilibrados apenas se os objetos que estiverem sobre os dois totalizarem a mesma medida de massa. Observe que a figura a seguir representa uma balança em equilíbrio.

A medida da massa (em grama) de x é igual a:
a) 75.
b) 150.
c) 300.
d) 349,5.
e) 400.

Questão 14

A gestão do tempo é um processo de priorização e organização de tarefas ou atividades que envolve o planejamento e a execução delas, voltado ao melhor aproveitamento do tempo investido para isso. Esse processo tem o objetivo de melhorar a produtividade e a eficiência das equipes.

Em uma fábrica, visando mensurar a gestão do tempo e refletir sobre ela, foi determinado que o aproveitamento do tempo seria calculado pela diferença entre o tempo realizado e o tempo previsto para a execução de uma tarefa. Foram avaliados colaboradores de cinco setores distintos.

Setor	Tempo previsto	Tempo realizado
A	32,5 minutos	42,7 minutos
B	34,8 minutos	40 minutos
C	35 minutos	44,6 minutos
D	37,1 minutos	41,5 minutos
E	29,6 minutos	48,4 minutos

Considerando que a melhor gestão do tempo se dá pelo maior aproveitamento do tempo investido na tarefa, então os colaboradores que tiveram o melhor aproveitamento de tempo na execução de uma tarefa trabalham no setor:

a) A.
b) B.
c) C.
d) D.
e) E.

Questão 15

Em uma semana, dois sétimos do consumo de água de uma casa são utilizados na cozinha, um quarto do consumo é utilizado no banheiro e 70 litros de água são usados no jardim.

Uma representação algébrica possível da utilização de água dessa casa, para que o consumo semanal total não ultrapasse 970 litros, pode ser:

a) $\frac{2}{7}x + \frac{1}{4}x - 70 \leq 970$

b) $\frac{2}{7}x + \frac{1}{4}x - 70 < 970$

c) $\frac{2}{7}x + \frac{1}{4}x + 70 \leq 970$

d) $\frac{2}{7}x + \frac{1}{4}x + 70 < 970$

e) $\frac{2}{7}x + \frac{1}{4}x + 70 = 970$

Questão 16

Leia estas informações.

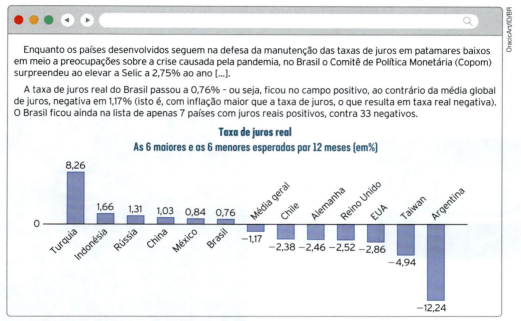

Fonte de pesquisa: Karina Trevizan. Alta da Selic: Brasil fica na contramão da tendência de juros negativos no mundo. *InvestNews*, 19 mar. 2021. Disponível em: https://investnews.com.br/economia/alta-da-selic-brasil-fica-na-contramao-da-tendencia-de-juros-negativos-no-mundo/. Acesso em: 2 jun. 2023.

A diferença entre a taxa de juros real do Brasil e a taxa média global de juros, em porcentagem, é:

a) −1,93.
b) −0,41.
c) 0,41.
d) 0,76.
e) 1,93.

Questão 17

Uma frota de caminhões de mudanças e transportes determina o preço a ser cobrado em cada trabalho considerando a distância que será percorrida. O preço total (em real) é composto de um preço fixo de R$ 550,00, referente ao carregamento das mercadorias, acrescido de um preço proporcional à distância percorrida (em quilômetro). Veja alguns exemplos no quadro a seguir.

Distância percorrida (km)	10	20	30	...
Preço total (R$)	600	650	700	...

De acordo com essas informações, a expressão algébrica que relaciona o preço total em cada contrato (*y*) em função da distância percorrida (*x*) é:

a) $y = 550x$
b) $y = 5x + 550$
c) $y = 10x + 50$
d) $y = 50x + 10$
e) $y = 50x + 550$

Questão 18

O octógono é um polígono de oito lados, que inspirou o formato de ringues de luta usados em eventos como o UFC (*Ultimate Fighting Championship*), que é uma organização que promove campeonatos de lutas marciais em vários países. Esse tipo de ringue é projetado para que nenhum lutador ou nenhuma lutadora corra o risco de cair dele durante os combates e para garantir uma boa visão a todos os espectadores.

◀ Octógono: tipo de ringue de luta usado em eventos como o UFC.

A medida do ângulo interno de um octógono regular é igual a:

a) 45°.
b) 80°.
c) 120°.
d) 135°.
e) 1 080°.

Questão 19

Uma professora de Arte organizou uma saída de estudos com um grupo de 80 estudantes para um Museu de Arte Moderna. O orçamento foi dividido igualmente entre os estudantes. Um dia antes do passeio, ela verificou que, para arcar com todas as despesas, faltavam R$ 900,00 e que 10 estudantes tinham ingressado no grupo. Ficou então decidido que a despesa total seria dividida novamente em partes iguais pelos 90 estudantes. Assim, os estudantes que ingressaram depois pagariam cada um a sua parte, e cada um dos 80 estudantes do grupo inicial deveria pagar mais R$ 5,00.

De acordo com essas informações, qual foi o valor pago por cada um dos 90 estudantes?

a) R$ 5,55
b) R$ 10,00
c) R$ 45,00
d) R$ 50,00
e) R$ 90,00

Questão 20

As abelhas têm a capacidade de produzir alvéolos feitos de cera com formato geometricamente impressionante. Em virtude de certa intuição, elas sabem que alvéolos com formato de prisma de base hexagonal são mais adequados que os de outros formatos, pois podem armazenar mais mel com o mesmo gasto de material para produção.

Sobre o polígono regular da base desse prisma correspondente ao formato dos alvéolos, é correto afirmar que ele possui ângulo interno de medida:

a) 60°.
b) 108°.
c) 120°.
d) 135°.
e) 720°.

Questão 21

Um pedreiro decidiu utilizar tábuas de madeira que sobraram da reforma de um condomínio e seriam descartadas. Ele dispõe de tábuas de 300 cm e de 480 cm de medida de comprimento e todas possuem a mesma medida de largura e de espessura. Ele deseja cortar as tábuas em pedaços de mesma medida de comprimento, sem deixar sobras e de modo que as novas peças fiquem com a maior medida de comprimento possível. Assim, ele deverá cortar as tábuas com medida de:

a) 10 cm de comprimento.
b) 60 cm de comprimento.
c) 180 cm de comprimento.
d) 780 cm de comprimento.
e) 2 400 cm de comprimento.

Questão 22

Diofanto de Alexandria foi um matemático grego que viveu no terceiro século da era cristã. Ele era fascinado por enigmas matemáticos e, antes de morrer, deixou o seguinte enigma.

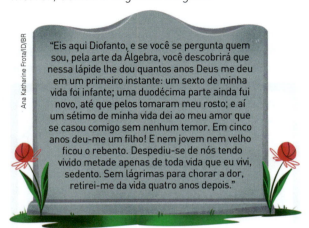

"Eis aqui Diofanto, e se você se pergunta quem sou, pela arte da Álgebra, você descobrirá que nessa lápide lhe dou quantos anos Deus me deu em um primeiro instante: um sexto de minha vida foi infante; uma duodécima parte ainda fui novo, até que pelos tomaram meu rosto; e aí um sétimo de minha vida dei ao meu amor que se casou comigo sem nenhum temor. Em cinco anos deu-me um filho! E nem jovem nem velho ficou o rebento. Despediu-se de nós tendo vivido metade apenas de toda vida que eu vivi, sedento. Sem lágrimas para chorar a dor, retirei-me da vida quatro anos depois."

A idade com a qual Diofanto morreu é igual à soma da duração de sua infância com a duração de sua juventude, mais a duração de seu casamento, o tempo que levou para seu filho nascer, a idade com que seu filho morreu e o tempo, após a morte do filho, que Diofanto ainda viveu.

A expressão algébrica que indica a idade (representada por x) com a qual Diofanto morreu é:

a) $6x + 12x + 7x + 5 + 2x + 4$

b) $\frac{x}{6} + \frac{x}{12} + \frac{x}{7} + 5 + \frac{x}{2} + 4$

c) $\frac{x}{6} + \frac{x}{12} + \frac{x}{7} - 5 + \frac{x}{2} - 4$

d) $6x + 12x + 7x + 2x$

e) $\frac{x}{6} + \frac{x}{12} + \frac{x}{7} + \frac{x}{2}$

Questão 23

Ao deixar um carro em certo estacionamento de Fortaleza (CE), paga-se o valor fixo de R$ 75,00 pela primeira diária e R$ 70,00 pelas diárias seguintes, completas ou não.

O número mínimo de diárias para que o pagamento final no estacionamento ultrapasse o valor de R$ 600,00 é:

a) 5.
b) 6.
c) 7.
d) 8.
e) 9.

Questão 24

Os números triangulares são todos os números que podem ser escritos como a soma de uma sequência de números naturais consecutivos, começando pelo 1. Exemplos:

- O número 3 é triangular, porque $3 = 1 + 2$.
- O número 6 é triangular, pois $6 = 1 + 2 + 3$.
- O número 10 também é triangular, porque $1 + 2 + 3 + 4 = 10$.
- O número 15 também é triangular, pois $1 + 2 + 3 + 4 + 5 = 15$.

Esses números recebem o nome de "números triangulares" porque podem ser representados por pontos do plano arranjados com o formato de triângulos equiláteros, com exceção do número 1, que é definido como o primeiro número triangular por conveniência. Na sequência de figuras a seguir, temos uma representação geométrica dos cinco primeiros números triangulares.

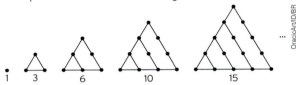

A expressão algébrica que pode ser usada para representar o termo geral dos números triangulares, para a figura n dessa sequência, é:

a) $n + 2 + 3 + 4 + 5$

b) $(1 + n) \cdot n$

c) $\frac{n + n^2}{2}$

d) $n + 2$

e) n

Questão 25

Um mergulhador estava na superfície do mar quando começou a descer 3 m a cada 2 minutos. Nesse mesmo ritmo, ele alcançou a profundidade de 36 metros. Considerando o nível da superfície do mar como a origem, ou seja, o ponto zero de uma reta numérica vertical, em quanto tempo o mergulhador alcançou −36 metros?

a) Em 12 minutos.
b) Em 18 minutos.
c) Em 24 minutos.
d) Em 36 minutos.
e) Em 72 minutos.

PARTE 2

Questão 26

A água é um elemento muito importante para a manutenção da vida no planeta, e economizá-la é mais do que urgente. Muitas empresas de fornecimento de água indicam o uso racional da água para economizar esse bem tão precioso para todos.

Observe como se dá o consumo de água, em certo mês, em uma residência onde moram quatro pessoas, na cidade de Araraquara (SP).

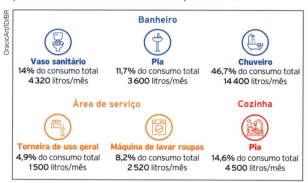

Considerando que o mês tem 30 dias, o consumo médio de água na pia da cozinha é de:

a) 120 litros por dia.
b) 135 litros por dia.
c) 150 litros por dia.
d) 3 600 litros por dia.
e) 4 500 litros por dia.

Questão 27

Observe, na etiqueta a seguir, o preço a ser pago por uma embalagem com 150 gramas de queijo tipo prato fatiado.

O preço, em real, de 1 quilograma (1 000 gramas) desse mesmo produto é igual a:

a) R$ 7,35.
b) R$ 20,41.
c) R$ 49,00.
d) R$ 73,50.
e) R$ 136,05.

Questão 28

Uma empresa de ônibus rodoviário da categoria *Double decker*, ou ônibus de dois andares, utiliza um sistema de vendas de passagens que fornece a imagem de todos os assentos do ônibus, diferenciando os assentos do piso superior e os do piso inferior.

Na imagem, tem-se a informação dos assentos disponíveis no piso superior e dos assentos especiais no piso inferior de um ônibus dessa empresa.

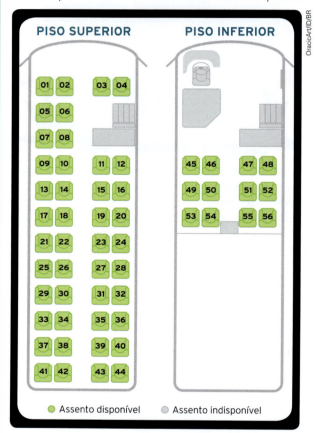

Nesse ônibus, qual é razão entre o número de assentos disponíveis no piso inferior e o número de assentos disponíveis no piso superior?

a) $\frac{3}{14}$

b) $\frac{3}{11}$

c) $\frac{11}{14}$

d) $\frac{11}{3}$

e) $\frac{14}{3}$

Questão 29

A Organização Mundial da Saúde (OMS) orienta que, no máximo, 10% das calorias diárias ingeridas por uma pessoa devem ser provenientes do consumo de açúcar.

▲ Pessoas almoçando.

Conforme podemos observar no quadro a seguir, a quantidade média de açúcar presente em diversos tipos de bebidas industrializadas é bastante elevada.

Quantidade de açúcar em determinadas bebidas industrializadas		
Tipo de bebida industrializada	Porção	Quantidade média de açúcar
Néctar	200 mL	26 gramas
Chá mate	300 mL	25,5 gramas
Chá gelado	340 mL	28 gramas
Refrigerante	350 mL	38 gramas
Achocolatado	200 mL	28 gramas
Guaraná natural	290 mL	27,5 gramas
Bebida isotônica	500 mL	30 gramas
Bebida à base de soja	200 mL	22 gramas
Bebida láctea adocicada	180 mL	29 gramas

Fonte de pesquisa: Instituto Nacional do Câncer (Inca). Como identificar o açúcar escondido nos alimentos. Disponível em: https://www.gov.br/inca/pt-br/assuntos/causas-e-prevencao-do-cancer/dicas/alimentacao/como-identificar-o-acucar-escondido-nos-alimentos. Acesso em: 2 jun. 2023.

Qual tipo de bebida industrializada citada na tabela apresenta a maior razão entre a quantidade média de açúcar por porção, em grama/mL?

a) Bebida láctea adocicada.
b) Bebida à base de soja.
c) Bebida isotônica.
d) Refrigerante.
e) Néctar.

Questão 30

De acordo com a orientação que recebeu do médico, um pai costuma recorrer à bula para verificar a dosagem de que precisa quando vai ministrar um medicamento ao seu filho. Na bula de um medicamento, a recomendação é a seguinte:

Massa (média de idade)	Dose	Solução oral (em mL)*	mg
5 a 8 kg (3 a 11 meses)	Dose única Dose máxima diária	1,25 a 2,5 10 (4 tomadas de 2,5 mL)	62,5 a 125 500

Se o filho está com 5 kg, então a razão entre a dose correta da solução oral (em mL) desse medicamento por kg é:

a) 0,25.
b) 0,3125.
c) 1,25.
d) 2,5.
e) 4.

Questão 31

Para comprar um fogão, um consumidor realizou uma pesquisa de preço em cinco lojas diferentes. O pagamento será realizado à vista.

Os preços obtidos na pesquisa estão indicados a seguir.

- Loja 1: R$ 1500,00, com 5% de desconto para pagamento à vista.
- Loja 2: R$ 1550,00, com 10% de desconto para pagamento à vista.
- Loja 3: R$ 1600,00, com 12% de desconto para pagamento à vista.
- Loja 4: R$ 1650,00, com 8% de desconto para pagamento à vista.
- Loja 5: R$ 1800,00, com 20% de desconto para pagamento à vista.

O fogão que tem o menor preço no pagamento à vista é o da:

a) Loja 1.
b) Loja 2.
c) Loja 3.
d) Loja 4.
e) Loja 5.

Questão 32

A segunda edição do Sistema de Estimativa de Emissão de Gases (Seeg), uma iniciativa do Observatório do Clima, apresentada em 2022, mostrou que, no Brasil, oito dos dez municípios que mais emitem gases de efeito estufa estão na Amazônia, sendo que o desmatamento é a principal fonte de emissões.

Essa edição também apresentou a quantidade de municípios mais emissores de gases de efeito estufa por setor.

Instituto de Energia e Meio Ambiente (Iema). Disponível em: https://energiaeambiente.org.br/oito-dos-dez-municipios-que-mais-emitem-gases-de-efeito-estufa-estao-na-amazonia-20220617. Acesso em: 2 jun. 2023.

Segundo esse gráfico, os 755 municípios mais emissores de gases de efeito estufa são do setor de energia, o que representa 13,6% da emissão de gases de efeito estufa no Brasil.

O percentual de emissão de gases de efeito estufa dos demais setores, no Brasil, pode ser representado pelo número racional na forma decimal:

a) 0,136.
b) 0,864.
c) 7,55.
d) 13,6.
e) 86,4.

Questão 33

Um carro, que custava R$ 100 000,00, teve uma valorização (acréscimo) de 10% sobre seu preço, seguida de uma desvalorização (desconto) de 10%.

Ele passou a custar:

a) R$ 121 000,00.
b) R$ 110 000,00.
c) R$ 100 000,00.
d) R$ 99 000,00.
e) R$ 90 000,00.

Questão 34

O esquema a seguir é uma representação da vista lateral da roda-gigante de um parque de diversões. Nele, as cabines estão representadas pelos círculos pretos sobre uma circunferência centrada no ponto O.

As cabines são igualmente espaçadas umas das outras e percorrem 360° em uma volta completa da roda-gigante.

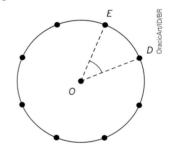

A menor medida, em grau, do arco $\widehat{DE}$ é:

a) 40°.
b) 45°.
c) 90°.
d) 315°.
e) 360°.

Questão 35

Leia o texto.

Os aros – Nas cores azul, amarelo, preto, verde e vermelho, interligados sobre um fundo branco, os aros olímpicos foram idealizados em 1914, pelo barão Pierre de Coubertin. Os aros representam a união dos cinco continentes e pelo menos uma de suas cinco cores está presente na bandeira de cada um dos Comitês Olímpicos Nacionais vinculados ao COI. É a principal representação gráfica dos Jogos Olímpicos e a marca do próprio Comitê Olímpico Internacional. [...]

Comitê Olímpico do Brasil. Disponível em: https://www.cob.org.br/pt/cob/movimento-olimpico/simbolos-olimpicos. Acesso em: 2 jun. 2023

Nos aros olímpicos, duas a duas, a posição relativa das circunferências representadas são:

a) Internas.
b) Internas ou externas.
c) Externas ou secantes.
d) Secantes ou tangentes.
e) Tangentes internas ou tangentes externas.

Questão 36

Em uma clínica de diagnósticos odontológicos por imagens, 140 pessoas receberam senhas numeradas de 001 até 140 para atendimentos. Uma dessas senhas será sorteada, ao acaso, para uma premiação de isenção total nos custos dos exames.

A probabilidade de a senha sorteada ser um número de 1 a 30 é de:

a) $\frac{1}{140}$.
b) $\frac{30}{140}$.
c) $\frac{31}{140}$.
d) $\frac{140}{30}$.
e) $\frac{110}{140}$.

Questão 37

As borboletas são animais de muita beleza e formosura. Muitas delas apresentam em suas asas imagens simétricas em relação ao seu corpo. Esse fato sempre chamou a atenção dos amantes da Matemática.

"Essas curiosas borboletas quando voam levam a Matemática para o céu."

Malba Tahan. *As maravilhas da Matemática*. 2. ed. bras. Rio de Janeiro: Bloch, 1973. p. 206.

Observe que as asas da borboleta apresentada são rigorosamente simétricas.

A transformação geométrica observada nas asas dessa borboleta é a:

a) semelhança.
b) translação.
c) proporção.
d) reflexão.
e) rotação.

Questão 38

Em uma cidade, foi realizado um estudo para saber a concentração, em parte por milhão (ppm), de dióxido de enxofre no ar. Os dados obtidos em trinta dias são os seguintes:

0,03	0,08	0,08	0,09	0,04	0,17
0,16	0,05	0,02	0,06	0,18	0,2
0,11	0,08	0,12	0,13	0,22	0,07
0,08	0,01	0,1	0,06	0,09	0,18
0,11	0,07	0,05	0,07	0,01	0,04

A tabela de distribuição de frequência relativa à concentração de dióxido de enxofre no ar organiza o total de ocorrências em intervalos semelhantes.

Distribuição de frequência	
Intervalo	Frequência
De 0,00 a 0,03	4 ocorrências
De 0,04 a 0,07	9 ocorrências
De 0,08 a 0,11	9 ocorrências
De 0,12 a 0,15	2 ocorrências
De 0,16 a 0,19	4 ocorrências
De 0,20 a 0,23	2 ocorrências

Dados obtidos no estudo realizado em uma cidade.

Usando a tabela, a probabilidade da concentração de dióxido de enxofre no intervalo de 0,12 a 0,15, em qualquer um desses dias, é igual a:

a) $\frac{1}{30}$.

b) $\frac{2}{30}$.

c) $\frac{3}{30}$.

d) $\frac{4}{30}$.

e) $\frac{5}{30}$.

Questão 39

Em 2019, a Torre Eiffel completou 130 anos embelezando o céu de Paris, na França. Inaugurada no fim do século XIX, essa obra foi construída para celebrar os 100 anos da Revolução Francesa (1789-1799). Para a comemoração, um concurso foi organizado, tendo como tema a "possibilidade de erguer sobre o Campo de Marte uma torre de ferro, de base quadrada, com aproximadamente 1000 pés de altura". Dos 107 projetos apresentados, o escolhido foi o de Gustave Eiffel.

▲ Torre Eiffel, em Paris, França. Foto de 2022.

Se 1 pé equivale a 12 polegadas e 1 polegada equivale a, aproximadamente, 2,54 cm, a medida aproximada da altura da Torre Eiffel, em metro, é:

a) 304,80.
b) 393,7.
c) 2540.
d) 3048.
e) 12000.

Questão 40

Uma empresa registrou seu desempenho no último ano por meio de um gráfico de colunas, com dados de janeiro a dezembro, apresentando as receitas totais e os custos, em milhões de reais.

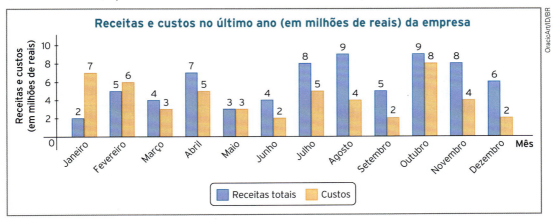

Dados fornecidos pela administração da empresa.

O lucro mensal é obtido pela diferença entre as receitas totais e os custos, nessa ordem. Portanto, o maior lucro dessa empresa foi registrado no mês de:

a) janeiro.
b) agosto.
c) setembro.
d) novembro.
e) dezembro.

Questão 41

O Programa das Nações Unidas para o Desenvolvimento (Pnud) divulgou, em 2020, o *ranking* do Índice de Desenvolvimento Humano (IDH), com dados que se referem a índices do ano de 2019.

A métrica calculada varia de 0 a 1 e é definida todos os anos com base em três critérios: expectativa de vida, anos previstos e média de anos de escolaridade e renda nacional *per capita*. Eis alguns exemplos:

Índice de Desenvolvimento Humano (IDH) em 2019 de 0 (pior) a 1 (melhor)		
Colocação	País	IDH
1º colocado	Noruega	0,957
7º colocado	Suécia	0,945
53º colocado	Belarus	0,823
84º colocado	Brasil	0,765

Fonte de pesquisa: Diego Freire. Veja o *ranking* completo dos 189 países por IDH. *CNN Brasil*, 15 dez. 2020. Disponível em: https://www.cnnbrasil.com.br/internacional/veja-o-ranking-completo-de-todos-os-paises-por-idh/. Acesso em: 2 jun. 2023.

Com base nos dados fornecidos, a média aritmética do IDH da Noruega, da Suécia, de Belarus e do Brasil é:

a) 0,765.
b) 0,855.
c) 0,8725
d) 0,89.
e) 3,49.

355

Questão 42

Um proprietário de uma casa decidiu trocar o piso da sala por porcelanato. A sala tem formato retangular, com 6,5 m de medida de comprimento e 5 m de medida de largura. As peças do porcelanato são quadradas, com lados medindo 1 m de comprimento, e cada peça é vendida por R$ 75,00.

Na instalação, as peças devem ser assentadas sem espaçamento entre uma e outra e, para melhor aproveitamento, se necessário, elas podem ser recortadas.

Considerando a compra mínima para essa instalação, o valor que o proprietário da casa deverá pagar pelo total de peças é:

a) R$ 32,50.
b) R$ 2 400,00.
c) R$ 2 437,50.
d) R$ 2 475,00.
e) R$ 2 625,00.

Questão 43

O *tangram* é um quebra-cabeça chinês que contém sete peças: um quadrado, um paralelogramo e cinco triângulos retângulos isósceles.

O quadrado *ABCD* da figura a seguir é formado com as peças de um *tangram*.

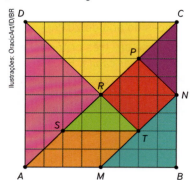

Considerando que cada quadradinho da malha quadriculada tenha área medindo 1 cm², pode-se concluir que a área do triângulo *RST* mede:

a) 2 cm².
b) 4 cm².
c) 8 cm².
d) 16 cm².
e) 32 cm².

Questão 44

Um recipiente com o formato de bloco retangular está com água até a altura de 5 cm.

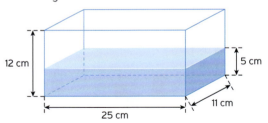

A medida do volume de água dentro desse recipiente é, em cm³, igual a:

a) 1 375.
b) 1 925.
c) 3 300.
d) 16 500.
e) 115 500.

Questão 45

As provas de natação geralmente são realizadas em piscinas olímpicas. Esse tipo de piscina tem 50 metros de medida de comprimento, 25 metros de medida de largura e, no mínimo, 2 metros de medida de profundidade. A piscina da foto está dividida em 10 raias de 2,5 metros de largura cada.

▲ Piscina do Estádio Aquático Olímpico do Rio de Janeiro, RJ. Foto de 2016.

Para que o volume de uma piscina olímpica seja igual a 3 750 m³, quanto deve medir a profundidade dessa piscina?

a) 75 m
b) 50 m
c) 25 m
d) 3 m
e) 2 m

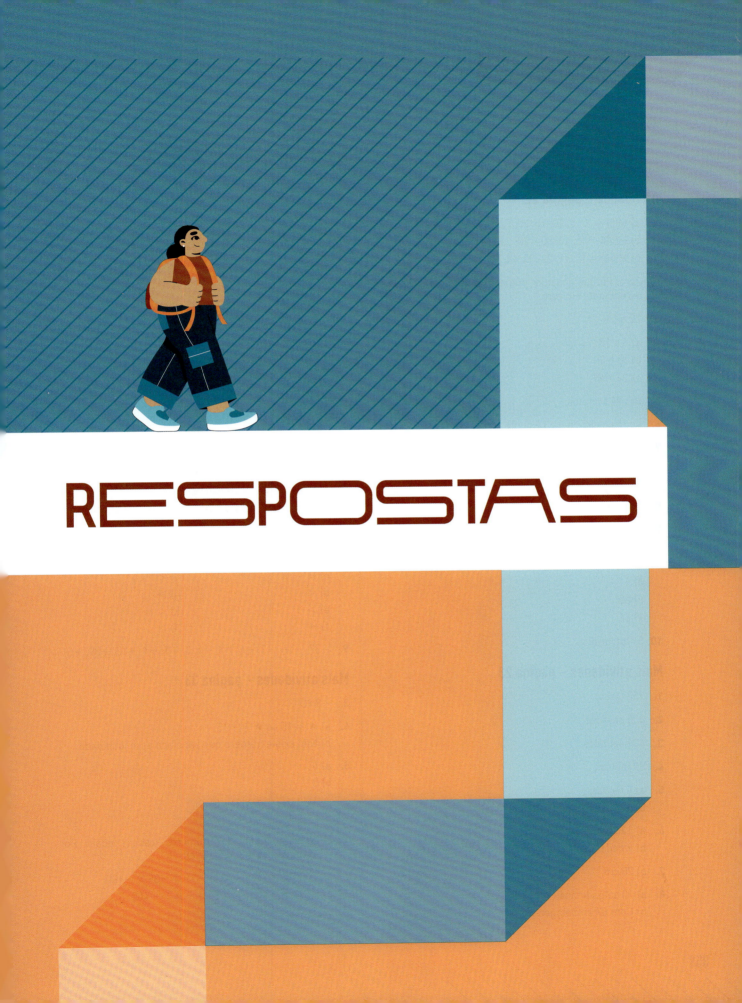

RESPOSTAS

Unidade 1

CAPÍTULO 1

Atividades – página 22

1. a) M(5) = {0, 5, 10, 15, 20, ...}
   b) M(40) = {0, 40, 80, 120, ...}
   c) M(11) = {0, 11, 22, 33, 44, ...}

2. Zero. Porque qualquer número natural multiplicado por zero resulta em zero.

3. 22 anos.

4. a) 6 e 12
   b) 15 e 30
   c) 24 e 48

5. Em 24 minutos.

6. Ao meio-dia do dia seguinte.

7. a) D(42) = {1, 2, 3, 6, 7, 14, 21, 42}
   b) D(13) = {1, 13}
   c) D(80) = {1, 2, 4, 5, 8, 10, 16, 20, 40, 80}

8. 8 metros.

9. a) 12
   b) 30
   c) 1
   d) 1
   e) 35
   f) 56

10. 21 fotografias.

Mais atividades – página 23

1. 150 litros.

2. 450 pessoas.

3. 60 segundos.

4. 30 metros.

5. a) 6 barras.
   b) 17 pacotes; 27 pacotes.

6. a) 12 metros.
   b) 9 pedaços.

7. a) 20 cm

8. a) 10 salgadinhos.
   b) Com 67 embalagens.

CAPÍTULO 2

Atividades – página 29

1. a) 27, +2, 0, 35, 51, 26 e 1.
   b) Todos os números do quadro.
   c) −42, −28 e −27.
   d) 27, +2, 35, 51, 26 e 1.

2. a) Falsa.   c) Falsa.
   b) Verdadeira.   d) Verdadeira.

4. a) Antecessor: 2; sucessor: 4.
   b) Antecessor: −1; sucessor: 1.
   c) Antecessor: 98; sucessor: 100.
   d) Antecessor: −101; sucessor: −99.
   e) Antecessor: 999; sucessor: 1 001.
   f) Antecessor: −1 002; sucessor: −1 000.

5. −55

6. a) $B: |-2| = 2; C: |-1| = 1; A: |2| = 2; D: |3| = 3$
   b) A e B.

Atividades – página 32

7. a) Positivos: A e D. Negativos: B e E.
   b) Não existe, pois o número zero não é positivo nem negativo.

8. a) <   g) =
   b) =   h) <
   c) <   i) <
   d) <   j) >
   e) >   k) <
   f) <   l) >

9. −37, −16, −7, −6, −3, −1, 0, +1, +4, +13, +39, +51

Mais atividades – página 33

2. −8 °C

4. a) ★ = 15 ou ★ = −15
   b) Não existe número que satisfaça essa igualdade.

5. a) 6
   b) 5

6. a) Amanda.
   b) $|-5| > |3|$
   c) Se os módulos dos números fossem iguais. Por exemplo, −3 e 3, −5 e 5, etc.

7. a) +100 > +19 > +12 > −19 > −39 > −100
   b) +291 > +8 > 0 > −20 > −34 > −400

8. 17 e −17.

CAPÍTULO 3

Atividades – página 39

1. a) 12
   b) 17
   c) −20
   d) −2
   e) 3
   f) −20
   g) 30
   h) −11

4. a) −12
   b) +8
   c) +24
   d) +34
   e) −57

5. a) −1
   b) +8
   c) −12
   d) −9
   e) +15
   f) 0

6. a) Sim. A propriedade comutativa.

7. 6 ou −7.

8. a) R$ 403,00
   b) 18 °C

Atividades – página 43

9. a) +2
   b) +3
   c) −14
   d) +6

10. −8 °C

11. −R$ 45,00

12. a) 19
    b) −1
    c) 52

13. a) Felipe: −6 pontos; Rogério: 5 pontos; Thiago: 11 pontos.
    b) Thiago.
    c) 12, 9, 6, 4, 1, −2, −4, −7 e −10.

Atividades – página 47

16. 0; 0.

17. a) 0, +1
    b) −6, −5
    a) 0; b) 30.

18. a) 0
    b) −126
    c) −8
    d) +8
    e) −24
    f) −1

19. a) −1
    b) 0

20. a) −344
    b) 75
    c) −21
    d) 30

21. a) R$ 405,00
    b) R$ 200,00
    c) R$ 205,00

Atividades – página 51

22. a) 32
    b) 9
    c) −8
    d) −20
    e) 0
    f) −1
    g) −91
    h) 82
    i) −76
    j) +98

24. 5 metros.

27. a) −4
    b) −12
    c) 20
    d) −84
    e) −1
    f) 13

Atividades – página 52

29. a) 21
    b) −6
    c) 1
    d) −26

30. [60 − (3 · 10) − 15] : 3; 5 reais.

Mais atividades – página 53

1. a) A equipe Patos.
   b) Segunda colocação: Tigres; terceira colocação: Gatos; quarta colocação: Leões.
   c) Patos: +6; Tigres: +2; Gatos: +1; Leões: 0.

RESPOSTAS

2. −18 m

3. a) −22
   b) −20
   c) −13
   d) −60

4. a) −1
   b) −11
   c) −16
   d) −9
   e) 9

Atividades integradas – página 56

1. a) Em 13 de maio.
   b) Em 18 de junho.

2. 17 selos.

3. Serão descontados R$ 75,00 no fim do mês.

4. a) 3 m
   b) 19 pedaços.

5. Alternativa **e**.

7. Alternativa **a**.

8. 28, 361, 424, 658 ou 694 páginas.

9. 26 pontos.

Unidade 2

CAPÍTULO 1

Atividades – página 67

1. a) 2
   b) 2 e −3.
   c) Todos.

2. a) racionais
   b) pertence
   c) pertence
   d) não pertence
   e) não pertence

3. a) F   d) F
   b) V   e) V
   c) V   f) F

Atividades – página 69

4. 4,5 cm

5. $A = \frac{1}{2}$; $B = \frac{9}{2}$; $C = \frac{3}{2}$

6. a) $\frac{11}{5}$
   b) $\frac{7}{4}$
   c) $-\frac{19}{8}$
   d) $\frac{31}{5}$
   e) $-\frac{13}{5}$

7. a) Entre −4 e −3.
   b) Entre −32 e −31.
   c) Entre 4 e 5.
   d) Entre 9 e 10.

Atividades – página 72

10. a) 29
    b) 0
    c) 0,8888...
    d) 9,7
    e) $-3\frac{4}{9}$

11. Sim.

12. a) 5
    b) 2
    c) −9
    d) −11
    e) 84
    f) −108

13. |−0,8| = 0,8; simétrico: 0,8

14. Ambos estão à mesma distância da origem.

15. A distância mede 7,2.

16. $\frac{3}{7}$ e $-\frac{3}{7}$

17. Não, pois o oposto de um número racional negativo é um número racional positivo.

18. a) $\frac{7}{2}$ ou $-\frac{7}{2}$
    b) −26,2 ou 26,2
    c) 15,2
    d) Não existe.

Atividades – página 78

19. b) maior
    c) maior
    d) menor

20. a) Verdadeira.
    b) Falsa.
    c) Falsa.
    d) Falsa.
    e) Verdadeira.
    f) Falsa.

21. a) <
b) <
c) >
d) >
e) <
f) >

22. a) 0
b) $-\dfrac{12}{3}$
c) 3,14
d) −0,25
e) −6,2
f) $-1\dfrac{3}{4}$

23. a) 17; −2; 0
b) $-3,2;\ -2;\ -\dfrac{1}{8};\ -\dfrac{17}{12}$
c) $17;\ \dfrac{2}{5};\ 4,1;\ 0,16$
d) $-3,2 < -2 < -\dfrac{17}{12} < -\dfrac{1}{8} < 0 < 0,16 < \dfrac{2}{5} < 4,1 < 17$

24. $3,1 < 3\dfrac{2}{5} < \dfrac{19}{5} < 4,2 < \dfrac{27}{6}$

Mais atividades – página 79

1. a) 1; 3; 20; 26; 70; 30
b) $\dfrac{20}{100};\ \dfrac{26}{100}$
c) Ao conjunto dos números racionais.

2. a) 7,3; 11; 2022; 10; 200
b) Todos os números.

4. Os dois números são iguais.

5. a) 2,5 cm ou $\dfrac{5}{2}$ cm

6. $\dfrac{3}{5}$ L ou 0,6 L

CAPÍTULO 2

Atividades – página 85

1. a) $\dfrac{93}{36}$
b) $\dfrac{109}{532}$
c) $\dfrac{47}{126}$
d) 989,03
e) 3,29
f) 11,03
g) −70,27
h) $\dfrac{2}{15}$
i) $-\dfrac{13}{6}$
j) $-\dfrac{57}{35}$

2. a) 0,625 + 0,25 = 0,875
b) 0,75 + 0,5 = 1,25

3. a) 0,4
b) 0,4
c) 0,8

5. $\dfrac{1}{63}$

6. $\dfrac{11}{12}$

7. $\dfrac{1}{2}$ metro

8. $\dfrac{8}{9}$

Atividades – página 95

9. a) $-\dfrac{1}{5}$
b) $\dfrac{15}{56}$
c) −20,865
d) −8,37
e) 2,43
f) −39,65

10. R$ 22,05

11. a) O numerador de uma fração é o denominador da outra.
b) $1,6 = \dfrac{8}{5};\ 0,625 = \dfrac{5}{8}$; sim.

12. O inverso de $-\dfrac{7}{6}$.

13. a) $\dfrac{9}{5}$
b) −0,8
c) $-\dfrac{3}{4}$
d) 6,4

14. a) $-\dfrac{9}{10}$
b) 42
c) $\dfrac{1}{3}$
d) −15
e) −2,4
f) $-\dfrac{27}{31}$

16. Um filho deve receber R$ 48,60, e o outro filho, R$ 24,30.

18. a) −4,45
b) 8

Atividades – página 96

20. a) $-\dfrac{9}{2}$

b) 27,62

c) $-2,253125$

d) $\dfrac{12}{7}$

21. a) $\dfrac{1}{2} + \left(-\dfrac{1}{3}\right); \dfrac{1}{6}$

b) $4 \cdot \left[\dfrac{1}{6} + \left(-\dfrac{5}{12}\right)\right]; -1$

c) $\dfrac{5}{2} + \left(-\dfrac{1}{4}\right); \dfrac{9}{4}$

d) $2 \cdot \dfrac{4}{3} + \dfrac{6}{10}; \dfrac{49}{15}$

Mais atividades – página 97

1. b) Na quarta-feira.

c) Na terça-feira.

3. a) R$ 187,75

4. 15 enfeites; $54 - \left(\dfrac{54}{2} + 12\right)$.

5. a) $\dfrac{5}{8}$

b) $\dfrac{7}{3}$

c) $\dfrac{9}{6}$

d) $\dfrac{13}{4}$

6. $\dfrac{5}{8} < \dfrac{9}{6} < \dfrac{7}{3} < \dfrac{13}{4}$

7. a) $\dfrac{5}{12}$

b) $\dfrac{7}{12}$

8. 37,7 °C

Atividades integradas – página 100

1. Alternativa **e**.

2. Alternativa **c**.

3. Alternativa **b**.

4. Alternativa **c**.

5. Alternativa **a**.

6. $\dfrac{6}{5}$

7. a) Classe 3.

b) Entre 4,202 kg e 4,800 kg.

8. Ana.

9. 180 margaridas e 225 tulipas.

Unidade 3

CAPÍTULO 1

Atividades – página 110

1. a) $>$

b) $<$

c) $>$

2. a) $1\,200''$

b) $480''$

c) $3\,600''$

d) $33\,125''$

3. a) $10\,800'$

b) $162\,000''$

c) $1°$

4. a) $5\,400'$

b) $648\,000''$

c) $7\,200'$

Atividade – página 111

6. a) $66° \ 56' \ 36''$

b) $98° \ 32' \ 53''$

c) $108° \ 26'$

d) $91° \ 53' \ 10''$

Atividade – página 112

7. a) $20° \ 10' \ 5''$

b) $14° \ 1' \ 40''$

c) $14° \ 56' \ 5''$

d) $15° \ 57' \ 25''$

e) $13° \ 9' \ 20''$

f) $44° \ 10' \ 14''$

g) $131° \ 40' \ 8''$

h) $13° \ 47' \ 41''$

Atividades – página 113

8. a) $29° \ 6' \ 4''$

b) $126° \ 11' \ 40''$

c) $46° \ 1' \ 12''$

d) $61° \ 51' \ 44''$

9. a) $46° \ 24' \ 30''$

b) $39° \ 1' \ 36''$

d) $25\,920''$

10. Eles obtiveram o mesmo resultado. Porém, Samanta esqueceu de converter os segundos para minutos e os minutos para graus.

Atividade – página 114

11. a) 5°
    b) 1° 52′ 30″
    c) 11° 20′
    d) 12° 36′ 40″
    e) 20° 6′ 7″
    f) 10° 36′ 26″
    g) 10° 32′
    h) 6° 8′ 1″
    i) 8° 16′ 15″

Atividades – página 118

12. Os pares de ângulos congruentes são os das figuras: A e F; B e E; C e D.

13. a) Verdadeira.
    b) Verdadeira.
    c) Falsa.
    d) Verdadeira.
    e) Falsa.
    f) Verdadeira.

15. a) Verdadeira.
    b) Falsa.
    c) Verdadeira.
    d) Verdadeira.
    e) Falsa.
    f) Verdadeira.

16. a) Verdadeira.
    b) Falsa.
    c) Verdadeira.
    d) Falsa.

17. a) $A\hat{O}D$ e $B\hat{O}C$; $A\hat{O}B$ e $C\hat{O}D$.
    b) med($A\hat{O}D$) = 45°; med($B\hat{O}C$) = 45°; med($C\hat{O}D$) = 135°

18. a) 58°
    b) 148°
    c) 296°
    d) 82°

Atividades – página 123

19. a) $\hat{a}$ e $\hat{p}$; $\hat{d}$ e $\hat{s}$; $\hat{b}$ e $\hat{q}$; $\hat{c}$ e $\hat{r}$.
    b) $\hat{d}$ e $\hat{q}$; $\hat{c}$ e $\hat{p}$.
    c) $\hat{a}$ e $\hat{r}$; $\hat{b}$ e $\hat{s}$.
    d) $\hat{c}$ e $\hat{q}$; $\hat{d}$ e $\hat{p}$.
    e) $\hat{a}$ e $\hat{s}$; $\hat{b}$ e $\hat{r}$.

21. $c = 120°$; $d = e = f = 60°$

22. a) 112°
    b) 48°
    c) 40°
    d) 35°
    e) 35°

Mais atividades – página 124

1. 108° 50′ 48″

2. 63° 28′ 48″

3. a-III; b-I; c-IV; d-V; e-II

4. a) 54°
   b) suplementares
   c) 94°
   d) 57°
   e) 56°

5. a) I. Falsa; II. Verdadeira; III. Verdadeira.
   b) Sim: $Y\hat{A}Z$ e $Z\hat{A}W$.

6. 20′; o resultado é o mesmo se for calculado em minuto ou em segundo.

7. a) 132°
   b) 180°
   c) 150°
   d) 102°

8. $x = 120°$; $y = 60°$

9. $A = 53°$; $B = 127°$

10. 110°

12. a) $\hat{a}$ e $\hat{d}$; $\hat{b}$ e $\hat{e}$; $\hat{c}$ e $\hat{f}$.
    b) $\hat{c}, \hat{b}, \hat{a}$; $\hat{b}, \hat{a}, \hat{f}$; $\hat{a}, \hat{f}, \hat{e}$; $\hat{f}, \hat{e}, \hat{d}$; $\hat{e}, \hat{d}, \hat{c}$; $\hat{d}, \hat{c}, \hat{b}$
    c) Não.
    d) $\hat{a}, \hat{b}, \hat{c}, \hat{d}, \hat{e}$ e $\hat{f}$.
    e) Não.

13. 156°

CAPÍTULO 2

Atividades – página 136

1. a) Hexágono.
   b) 6 vértices; A, B, C, D, E e F.
   c) 6 lados; $\overline{AB}, \overline{BC}, \overline{CD}, \overline{DE}, \overline{EF}$ e $\overline{FA}$.
   d) 6 ângulos internos; 6 ângulos externos.

2. b) 54 diagonais.

3. 1 080°

4. 72°

5. a) 140°
   b) 40°

6. Decágono.

363

RESPOSTAS

Atividades – página 139

7. A: Isósceles.
B: Isósceles.
C: Escaleno.

8. A: Acutângulo.
B: Obtusângulo.
C: Retângulo.

9. a) 67°
b) Quanto aos ângulos: acutângulo; quanto aos lados: isósceles.

10. 9 cm

11. 3 cm, 4 cm, 5 cm, 6 cm, 7 cm, 8 cm, 9 cm, 10 cm, 11 cm, 12 cm ou 13 cm.

12. a) 3 cm ou 5 cm
b) 5 cm

Mais atividades – página 145

1. a) Falsa. O polígono tem 5 lados, 5 vértices e 5 ângulos internos.
b) Verdadeira.
c) Falsa. O polígono deve ser considerado convexo.

2. a) $\overline{AC}$ e $\overline{BD}$.
b) 9 diagonais.

3. 55°, 45° e 80°.

4. Não, pois a soma das medidas desses ângulos é 370°.

5. $x = 80°$; $y = 35°$

7. $x = 150°$; $u = 15°$; $y = 135°$; $t = 15°$; $z = 30°$; $w = 30°$

8. a) O eneágono.
b) 27 vezes.

9. 21 cm, 28 cm ou 35 cm.

Atividades integradas – página 148

1. A-III; B-IV; C-II; D-I

2. a) 18°
b) 24° 25′ 13″
c) 14° 11′ 7″
d) 9° 2′ 4″

4. 3 horas.

5. Não, as transformações não foram feitas corretamente. Resposta correta: 13° 35′ 59″

6. 70° e 110°.

7. a) 131° 50′ 25″
b) 90° 20′ 25″
c) 145° 30′ 15″
d) 137° 49′ 10″

8. Alternativa **b**.

9. Alternativa **a**.

10. a) A – hexágono; B – quadrilátero; C – pentágono; D – octógono.
b) A, C e D.
c) C

11. Alternativa **a**.

12. Alternativa **e**.

13. Alternativa **e**.

14. Alternativa **d**.

Unidade 4

CAPÍTULO 1

Atividades – página 156

2. a) Termos: x e y.
x: coeficiente 1 e parte literal x.
y: coeficiente 1 e parte literal y.

b) Termos: $2k$, 3 e $\frac{1}{3}k$.
$2k$: coeficiente 2 e parte literal k.
$\frac{1}{3}k$: coeficiente $\frac{1}{3}$ e parte literal k.

c) Termos: mn^2 e $7n$.
mn^2: coeficiente 1 e parte literal mn^2.
$7n$: coeficiente 7 e parte literal n.

d) Termos: 10 e $-20t$.
$-20t$: coeficiente -20 e parte literal t.

e) Termos: b^2 e $2ax$.
b^2: coeficiente 1 e parte literal b^2.
$2ax$: coeficiente 2 e parte literal ax.

f) Termos: x, y e $\frac{1}{2}z^2$.
x: coeficiente 1 e parte literal x.
y: coeficiente 1 e parte literal y.
$\frac{1}{2}z^2$: coeficiente $\frac{1}{2}$ e parte literal z^2.

g) Termos: $-4x$ e 7.
$-4x$: coeficiente -4 e parte literal x.

h) Termos: a^2, $-2ab$ e b^2.
a^2: coeficiente 1 e parte literal a^2.
$-2ab$: coeficiente 2 e parte literal ab.
b^2: coeficiente 1 e parte literal b^2.

Atividades – página 158

4. a-IV; b-III; c-II; d-I.
5. a-III; b-V; c-IV; d-II; e-I.
6. a) $5ab$
   b) $9,5x$
   c) $-\dfrac{5}{3}r$
   d) $\dfrac{83}{30}y$
   e) $2,1a + 0,9b$
   f) $\dfrac{t^2}{6} + 2$
   g) $\left(-\dfrac{3}{4}\right)w + \left(\dfrac{3}{2}\right)z + 1$
   h) $4u + 3$
7. **a** e **d**; **b** e **c**.

Atividades – página 162

9. a-II; b-IV; c-I; d-III.

Mais atividades – página 163

1. a) Calça: $3x$; luva: $\dfrac{x}{2}$; casaco: $x + 20$.
   b) Calça: R$ 108,00; luva: R$ 18,00; casaco: R$ 56,00.
3. a) $6h$
   b) $\dfrac{5}{3}d$
4. a) Verdadeira.
   b) Verdadeira.
   c) Falsa.
5. a) Sim.
   b) 5,90: valor da bandeirada; 2,90: valor do quilômetro rodado.
   c) É a variável dessa expressão algébrica e representa a quantidade de quilômetros percorridos.
   d) $\dfrac{(5,90 + 2,90 \cdot q)}{2}$ ou $2,95 + 1,45 \cdot q$
6. a) 2 maçãs: R$ 5,80; 3 maçãs: R$ 8,70; 4 maçãs: R$ 11,60; 5 maçãs: R$ 14,50.
   b) $2,90x$
7. 70; 106; 151.
8. a) Regra recursiva, com $a_1 = 9$:
   $$a_n = a_{n-1} + 4$$
   Regra não recursiva: $a_n = 4n + 5$
   b) 33

CAPÍTULO 2

Atividades – página 167

1. **c**, **d** e **e**.
2. Primeiro membro: $8y + (x - 2)$; segundo membro: $9 + y$.
3. a) Não é raiz.
   b) É raiz.
   c) Não é raiz.
   d) Não é raiz.
   e) Não é raiz.
   f) É raiz.
   g) Não é raiz.
   h) Não é raiz.
4. Raízes da equação: -1 e 2.
5. Apenas o número $\dfrac{2}{3}$ é raiz dessa equação.
6. **a** e **c**.
7. a) II
   b) 8 não é raiz dessa equação.
9. b) $x = 8$
10. a) $9x = 63$
    b) $x = 7$

Atividade – página 168

11. a-II; b-III; c-IV; d-I.

Atividades – página 173

14. a) $S = \{14\}$
    b) $S = \{-25\}$
    c) $S = \{4\}$
    d) $S = \left\{\dfrac{5}{3}\right\}$
    e) $S = \left\{-\dfrac{35}{4}\right\}$
    f) $S = \left\{\dfrac{3}{4}\right\}$
16. a) $2x + 1 = 8$
    b) Sim.
    c) 3,5 kg

Atividades – página 177

17. a) Aline tem 34 anos e Renata, 32.
    b) Adilson reservou R$ 50,00 para as compras.
    c) Havia 27 crianças na festa.
    d) A caixa de lápis de cor custou R$ 18,50.
    e) Foram produzidos 40 ovos no terceiro dia.
18. b) Não é raiz.
    c) 12

RESPOSTAS

19. R$ 120,00

20. a) Os valores desconhecidos são a quantidade de dúzias de ovos de cada tipo que o pai de Lúcia comprou. 25n = 50.
   b) n = 2
   c) Confere.
   d) 48 ovos vermelhos e 24 ovos brancos.

21. R$ 6,00

22. Antes do desconto: R$ 50,00; depois do desconto: R$ 30,00.

Atividades – página 179

23. c e f.

24. a e c.

25. a-II; b-I; c-III.

Mais atividades – página 180

1. b) $\frac{1}{3}s + \frac{1}{6}s + 1500 = s$
   c) Investimento: R$ 1 000,00; contas: R$ 500,00.

2. c) O conjunto dos números naturais.
   d) Vôlei: 18 estudantes; futebol: 54 estudantes; handebol: 12 estudantes; basquete: 24 estudantes.

4. 1ª fase: 60 pontos; 2ª fase: 20 pontos; 3ª fase: 30 pontos.

5. 3,8 cm

6. a) III
   b) É solução.

7. Alternativa c.

8. b) É uma solução.

9. 24 cm

10. R$ 252,00

11. Alternativa d.

12. R$ 400,00

13. O erro cometido por Camila está na quarta linha da resolução.

CAPÍTULO 3

Atividades – página 185

1. a) $\frac{185}{2} + x < 102$
   b) $y - z > 2$
   c) $a + 0,2 \leq 2,5$
   d) $n > 2(n + 1)$
   e) $10 - \frac{h}{3} > h$

2. a) $2x < 10$
   b) $3x + 10 > y + 10$

3. Porque 3 · 8 + 2 > 25 é uma sentença verdadeira (26 > 25); Já 2 · 10 ≤ 15 é uma sentença falsa (20 ≤ 15).

4. 3,5; 7 e 2.

5. a) $-5, \frac{1}{2}$ e 4.
   b) Todos.

6. Alternativa d.

7. a) 4 + 7 < 5 + 7
   b) 6 + (−3) > 2 + (−3)
   c) −3 + 3 < 1 + 3

9. a) Verdadeira.
   b) Falsa.
   c) Verdadeira.
   d) Verdadeira.

10. a) $6x > 5$
   b) $6x + 2 > 7$

Atividades – página 188

11. a) $x \leq \frac{1}{3}$
   b) $x > -4$
   c) $x \leq \frac{5}{13}$

12. a) Verdadeira.
   b) Falsa.
   c) Verdadeira.
   d) Verdadeira.

13. a) 0, 1, 2, 3, 4, 5, 6, 7, 8, 9, 10, 11, 12 e 13.
   b) 7, 8, 9, 10, ...
   c) 0, 1, 2, 3, 4, 5, 6, 7, 8, 9, 10, 11, 12, 13, 14, 15, 16, 17, 18, 19 e 20.
   d) 6, 7, 8, 9, 10, ...

14. a) 0, 1, 2, 3, 4 e 5.
   b) $x < 8$

15. a) 1
   b) 1
   c) Não, pois existem infinitos números racionais entre x e $\frac{3}{4}$.

16. a) $9,20 + 4,50x \leq 40,00$
   b) Sim, ela pagará R$ 31,70.

17. b) 22 m

18. R$ 3 680,00

19. No mínimo 7 vitórias.

20. No mínimo 376 unidades.

Mais atividades – página 189

1. Equações: **c** e **e**; inequações: **a**, **b** e **d**.

3. a) $x + 35 < 200$
b) Sim.
c) $x < 165$; Cláudio pode ter juntado, no máximo, 164 latinhas nos dias anteriores.

4. b) 78,75 kg

5. a) $y + 5 < 9$
b) 3, 2, 1, 0, -1, -2 e -3.
c) No terceiro, segundo ou primeiro andar, no térreo ou, então, no primeiro, segundo ou terceiro subsolo.

6. a) $100 + 1,25x$
b) Quando a pessoa for percorrer menos de 80 quilômetros.

Atividades integradas – página 194

1. b) 15 quilômetros.
c) João: 5 quilômetros; Pedro: 3 quilômetros.

2. Alternativa **c**.

6. Alternativa **d**.

8. b) Ambos estão localizados à direita da origem.
c) $3 < 8$
e) Ambos estão localizados à esquerda da origem.
f) $-3 > -8$

Unidade 5

CAPÍTULO 1

Atividades – página 201

1. a) $\frac{1}{2}$; 0,5.
b) $\frac{5}{4}$; 1,25.
c) $\frac{1}{3}$; aprox. 0,33.
d) $\frac{1}{4}$; 0,25.

2. a) Razão de 2 para 3, ou 2 para 3.
b) Razão de 3 para 5, ou 3 para 5.
c) Razão de 1 para 10, ou 1 para 10.
d) Razão de 8 para 85, ou 8 para 85.

3. a) Antecedente: 6; consequente: 8; forma decimal: 0,75.
b) Antecedente: 21; consequente: 14; forma decimal: 1,5.
c) Antecedente: 16; consequente: 40; forma decimal: 0,4.
d) Antecedente: 36; consequente: 72; forma decimal: 0,5.
e) Antecedente: 17; consequente: 68; forma decimal: 0,25.
f) Antecedente: 21; consequente: 105; forma decimal: 0,2.
g) Antecedente: 55; consequente: 110; forma decimal: 0,5.
h) Antecedente: 81; consequente: 216; forma decimal: 0,375.
i) Antecedente: 50; consequente: 20; forma decimal: 2,5.

Atividades – página 204

4. a) 2 está para 5, assim como 4 está para 10; extremos: 2 e 10; meios: 4 e 5.
b) 1 está para 7, assim como 3 está para 21; extremos: 1 e 21; meios: 3 e 7.
c) 4 está para 3, assim como 20 está para 15; extremos: 4 e 15; meios: 20 e 3.
d) 10 está para 25, assim como 6 está para 15; extremos: 10 e 15; meios: 6 e 25.

5. a) Formam.
b) Não formam.
c) Não formam.
d) Formam.

6. a) $n = 40$
b) $m = 490$
c) $x = 8$
d) $a = 2,825$

7. **a**, **c** e **d**.

Atividades – página 205

8. a) $\frac{5}{2}$ c) $-\frac{1}{2}$
b) $\frac{5}{3}$ d) $-\frac{1}{3}$

9. $x = 5$ e $y = 10$.

Atividades – página 206

10. a) $a = 17,5$; $b = 10,5$
b) $a = 260$; $b = 78$

11. Os prejuízos atribuídos a Ana, a Lucas e a Liz são R$ 1 200,00, R$ 2 000,00 e R$ 800,00, respectivamente. Ana ficou com R$ 4 800,00; Lucas, com R$ 8 000,00; e Liz, com R$ 3 200,00.

Atividades – página 210

12. a) Diretamente proporcionais; $k = \frac{1}{20}$.
b) Inversamente proporcionais; $k = 126$.
c) Inversamente proporcionais; $k = 440$.
d) Diretamente proporcionais; $k = 0,5$

13. Alternativa **a**.

14. a) 7,5 horas.
b) 160 barras.
c) São diretamente proporcionais.

15. O primeiro colocado recebeu R$ 1 200,00; o segundo, R$ 800,00; e o terceiro, R$ 600,00.

Atividades – página 213

16. R$ 56,00

17. b) Diretamente proporcionais.
c) 20 semanas.
d) 180 peças.

18. 5 horas.

19. 40 dias.

20. a) Inversamente proporcionais.
b) $x = 15$; $y = 5$ mil
c) 60 mil reais.
d) 500 reais.

Mais atividades – página 214

1. Afirmação IV.

2. 28 anos.

3. 3 metros.

4. a) $\frac{10}{5}$
b) 40 kg

5. 16 km/L

6. 35 questões; 15 questões.

7. R$ 2 160,00

8. R$ 311,04

9. a) Relações Internacionais (São Paulo): $\frac{2\,299}{42} \simeq 55$
Medicina (São Paulo): $\frac{14\,401}{122} \simeq 108$
Ciências Biológicas (São Paulo): $\frac{1\,267}{84} \simeq 15$
Computação: $\frac{5\,612}{247} \simeq 23$
Música (Ribeirão Preto): $\frac{74}{30} \simeq 2$
Psicologia (São Paulo): $\frac{3\,457}{49} \simeq 71$
Engenharia Elétrica e de Computação (São Carlos): $\frac{1271}{114} \simeq 11$
Química Bacharelado e Licenciatura (São Paulo): $\frac{539}{84} \simeq 6$
Filosofia (São Paulo): $\frac{638}{119} \simeq 5$
b) Medicina; Música.

10. 240 pessoas.

11. a) Sim; diretamente proporcionais.
b) Não.
c) Sim; inversamente proporcionais.

12. a) Inversamente proporcionais.
b) 60 bermudas.
c) Entre 6 lojas.

13. 10 pacotes.

14. O menor preço encontrado por Maria foi R$ 0,50.

15. 4 porcos.

CAPÍTULO 2

Atividades – página 222

1. a) $\frac{20}{100}$; 0,20
b) $\frac{5}{100}$; 0,05
c) $\frac{130}{100}$; 1,30
d) $\frac{18,6}{100}$; 0,186
e) $\frac{2,25}{100}$; 0,0225
f) $\frac{0,54}{100}$; 0,0054

2. a) 10%
b) 12%
c) 44%
d) 25%
e) 150%
f) 42,5%

3. a) 2 000
b) 5 000
c) 8 000
d) 15 000

4. a) 96
b) 9
c) 312
d) 8,8

5. a) 6%
   b) 1,25%

6. R$ 288,00

7. a) Não.
   b) Mais barato.
   c) R$ 400,00
   d) R$ 400,00

8. R$ 108,00

9. a) R$ 20,70
   b) R$ 1 062,68
   c) R$ 76,60

10. a) R$ 70,50
    b) 105%

11. a) R$ 5 440,00
    b) R$ 4 896,00
    c) R$ 4 800,00. É um valor inferior ao obtido no item **b**.
    d) Porque os descontos foram aplicados sobre valores diferentes de uma mesma mercadoria. Ou seja, os descontos sucessivos de 15% e 10% correspondem a um único desconto de 23,5%, pois temos 0,85 · 0,90 = = 0,765 = 76,5% e 100% − 76,5% = 23,5%.

Mais atividades – página 223

1. R$ 68,00
2. R$ 176,00
3. R$ 2 835,00
4. a) R$ 40,00
   b) R$ 2 040,00
5. R$ 675,00
6. R$ 3 294,00
7. 7,2%
8. R$ 828,00
9. R$ 272,00
10. R$ 6 640,20
11. a) R$ 254 400,00
    b) R$ 285 843,84

Atividades integradas – página 226

1. a) $x = 15$
   b) $x = 31,5$
2. O jornalista pode utilizar as opções 1 e 3.
3. Alternativa **b**.

4. Alternativa **c**.
5. João: R$ 1 800,00; Valquíria: R$ 1 200,00.
6. Alternativa **b**.
7. Alternativa **d**.
8. Alternativa **a**.
9. Alternativa **c**.
10. Alternativa **e**.
11. Alternativa **b**.

Unidade 6

CAPÍTULO 1

Atividades – página 237

1. a) $\overline{OA}$, $\overline{OB}$, $\overline{OC}$, $\overline{OD}$ e $\overline{OF}$
   b) $\overline{GE}$, $\overline{DC}$, $\overline{AD}$ e $\overline{BF}$
   c) $\overline{AD}$ e $\overline{BF}$

2. 13 cm
3. 10,5 cm
4. Infinitos. Infinitos.
5. 60,6 cm
6. 278°
7. 180°
8. med($\widehat{AD}$) = 110°;
   med($\widehat{DC}$) = 70°;
   med($\widehat{CB}$) = 110°.
9. a) Verdadeira.
   b) Falsa.
   c) Falsa.
10. 84 cm
11. 6 cm
13. a) 93°
    b) 110°

Atividades – página 245

14. a) Externo à circunferência.
    b) Interno à circunferência.
    c) Pertencente à circunferência.
15. r: tangente; s: externa; t: tangente; u: secante; v: externa.
16. a) <
    b) =
    c) >

369

RESPOSTAS

17. a) Secante.
b) Externa.
c) Tangente.

18. a) Tangentes externas.
b) Secantes.
c) Tangentes internas.
d) Externas.

19. a) Circunferências tangentes internas.
b) Circunferências internas.
c) Circunferências secantes.

21. $r = 10$ cm

Atividades – página 248

22. a) Circunferência.
b) Círculo.
c) Circunferência.
d) Círculo.

23. 3 setores.

24. a) 180°
b) 72°

26. a) $x = 118°$
b) $x = 133°$

Mais atividades – página 249

1. a) 2,60 m
b) 1,30 m

2. 13,3 cm

3. Não.

4. 30 cm

5. $r_1 = 16$ cm; $r_2 = 7$ cm.

6. 7 cm

7. 210°

8. $r_A = 13$ cm;
$r_C = 22$ cm.

10. O local mais adequado é construir a farmácia no centro de uma circunferência, de modo que a escola, o estádio e o *shopping* fiquem localizados na circunferência.

CAPÍTULO 2

Atividades – página 252

1. a) Sim.
b) Sim.
c) Sim.
d) Não.

2. 3 eixos de simetria.

Atividades – página 260

5. a) Não, pois a figura é a reflexão da figura original em relação a uma reta vertical.
b) Sim, com uma rotação de 90° no sentido horário ou uma rotação de 270° no sentido anti-horário.
c) Sim, com uma rotação de 180° no sentido horário ou no sentido anti-horário.
d) Não, pois a figura é a reflexão da figura original em relação a uma reta horizontal.

Atividades – página 262

10. A ordenada de cada vértice da figura original foi multiplicada por -2.

11. a) As coordenadas dos vértices do trapézio ABCD são: $A(-8, 1)$, $B(-7, 3)$, $C(-4, 3)$ e $D(-3, 1)$.
Ao multiplicar as ordenadas por 3, obtêm-se: $A'(-8, 3)$, $B'(-7, 9)$, $C'(-4, 9)$ e $D'(-3, 3)$.
c) Houve uma deformação no trapézio original e sua altura triplicou, porém a figura permaneceu no 2º quadrante.

12. a) O retângulo será levado para o 3º quadrante, a medida da base será triplicada e a medida da altura, mantida. A figura original sofrerá deformação, porém continuará sendo um retângulo.
b) O retângulo será levado para o 1º quadrante, a medida da base será mantida e a medida da altura, duplicada. A figura original sofrerá deformação e passará a ser um quadrado.
c) O retângulo será levado para o 2º quadrante e ampliado duas vezes.

Mais atividades – página 263

1. a) 2 eixos
b) 1 eixo.

2. a) B, A, D e C, respectivamente.
b) $\overline{MP}$, $\overline{PR}$, $\overline{RT}$ e $\overline{TM}$, respectivamente.
c) 5 cm
d) 90°

Atividades integradas – página 266

1. Alternativa **e**.

2. a) $d_A = 2$ cm, $d_B = 4$ cm e $d_C = 6$ cm.
b) $c_A = 6{,}28$ cm, $c_B = 12{,}56$ cm e $c_C = 18{,}84$ cm.
c) Duplica. Triplica.

3. Alternativa **d**.

5. b) $(-2, -1)$; $(-3, -1)$; $(-3, -6)$; $(-5, -6)$; $(-5, -1)$; $(-6, -1)$; $(-4, 0)$

6. Alternativa **e**.

7. 2 cm, 14 cm e 26 cm.

Unidade 7

CAPÍTULO 1

Atividades – página 276

1. a) $\frac{1}{6}$
   b) $\frac{1}{2}$
   c) $\frac{1}{3}$
   d) $\frac{1}{2}$

2. a) $\frac{1}{2}$ ou 50%
   b) $\frac{1}{4}$ ou 25%
   c) $\frac{1}{52}$ ou aproximadamente 1,92%
   d) $\frac{1}{26}$ ou aproximadamente 3,85%
   e) $\frac{3}{4}$ ou 75%
   f) $\frac{25}{26}$ ou aproximadamente 96,15%
   g) $\frac{2}{13}$ ou aproximadamente 15,38%
   h) $\frac{12}{13}$ ou aproximadamente 92,31%

3. a) $\frac{1}{2}$
   b) $\frac{1}{2}$
   c) $\frac{3}{8}$

4. a) $\frac{1}{6}$ ou aproximadamente 16,67%.
   b) $\frac{5}{12}$ ou aproximadamente 41,67%.
   c) $\frac{1}{3}$ ou aproximadamente 33,33%.

5. 50%

6. 20%

8. b) Sim, pois não é possível saber com certeza os resultados que vão ocorrer.
   c) S = {(cara, cara), (cara, coroa), (coroa, cara),(coroa, coroa)}

9. c) 100%

Mais atividades – página 277

1. a) 9 possibilidades.
   b) $\frac{1}{9}$ ou aproximadamente 11,11%.

2. b) 1 ou 100%; evento certo.
   c) 0; evento impossível.
   d) $\frac{1}{6}$ ou aproximadamente 16,67%.

3. a) $\frac{2}{7}$ ou aproximadamente 28,57%.
   b) $\frac{5}{7}$ ou aproximadamente 71,43%.
   c) 1 ou 100%.

4. $\frac{3}{8}$ ou 37,5%.

5. a) Vermelha, pois há mais fichas dessa cor na caixa.
   b) As duas cores têm a mesma chance, pois há a mesma quantidade de fichas de cada cor na caixa.

6. Alternativa **c**.

7. a) $\frac{5}{6}$ ou aproximadamente 83,33%.
   b) Sim. Os números 1 e 2; e 3 e 5, porque no dado há apenas um número 1 e um número 2; e dois números 3 e dois números 5.

CAPÍTULO 2

Atividades – página 287

1. a) Do perfil dos leitores brasileiros.
   b) Amostral.
   c) Motivações para ler e idade.

2. a) 2019
   b) 2 257 estudantes.
   c) Entre 2021 e 2022.

3. a) Não.
   b) 24 pessoas; 72 pessoas.

4. a) Sim, nos meses de outubro e dezembro.
   b) 7 500 veículos.
   c) 40 000 veículos.

5. a) 180 estudantes.
   b) Casa: 162°; merenda escolar: 126°; cantina: 72°.

6. a) 430 pares de sapatos femininos.
   b) 90 calçados femininos.

Atividades – página 291

7. a) 6
   b) 21
   c) 41
   d) 115

8. Aproximadamente 107,14 camisetas.

371

RESPOSTAS

9. a) No sexto jogo.
    b) No quarto jogo.
    c) 8 pontos.
    d) 108 pontos.
    e) 18 pontos.

10. 9,0

11. 5

12. b) 191 geladeiras.

13. a) Aproximadamente 37,14 passageiros.

Atividades – página 295

14. VII; V; II; IV; VI; I; III.

16. b) Aproximadamente 24 816 entrevistados.

Mais atividades – página 298

1. a) Não.
    b) Crianças de 6 a 10 anos sem estudos, em área urbana e rural.
    c) Sim.
    d) Variável: "em que área moram"; trata-se de uma variável qualitativa nominal.

2. a) Empregado com carteira assinada.
    b) Aproximadamente 124°.

3. a) 162,6 cm
    b) A média terá pouca alteração. A nova média é aproximadamente 162,64 cm.

4. a) 30,6%
    b) Superior completo.
    c) Sim, pois 26,1% tinham Ensino Fundamental incompleto e 4,9% não tinham instrução, o que totaliza 31,0%.

5. a) R$ 532,00
    b) R$ 6,65

6. b) Brasil: 1990; mundo: 1990.
    c) Brasil: 1,7%; mundo: 5,2%.

Atividades integradas – página 302

1. Alternativa **c**.
2. Alternativa **d**.
3. Alternativa **d**.
4. Alternativa **b**.
5. a) Menor; menor; maior.
    b) Estados Unidos e Brasil; Haiti.
6. Alternativa **e**.

Unidade 8

CAPÍTULO 1

Atividades – página 312

1. Passo, mão, copo e polegar.

2. c) As unidades de medida não são padronizadas, pois são medidas aproximadas, ou seja, não são medidas exatas.

Mais atividades – página 314

1. a) Sim, pois a trena é um instrumento de medição que utiliza unidades de medida padronizadas.
    b) Provavelmente não, pois as medidas dos palmos de Ana e de Vicente são diferentes.
    c) Sim, pois provavelmente o tempo seria diferente.
    d) Não é possível saber. Depende da capacidade de cada copo e da medida dada na receita.
    e) Padronizada (litro).
    f) A duração da cena não seria diferente, pois com o uso do cronômetro a duração será sempre a mesma, independentemente de quem esteja com o cronômetro em mãos.
    g) Provavelmente eles vão obter medidas diferentes. Nessa situação, é provável que a medida obtida por Paulo seja maior, pois seus pés são menores que os de Ester.
    h) As cenas **B**, **C**, **D** e **G**.

4. Padronizada.

5. a) Punhado, copo e colher.
    b) Provavelmente não, pois não se sabe quanto representa um punhado nem o tamanho do copo e o da colher em unidades de medida padronizadas.

6. A unidade de medida escolhida por João é maior que a escolhida por Douglas. Logo, a unidade de medida de João cabe menos vezes no comprimento que eles estão medindo, resultando em uma medida menor que a encontrada por Douglas.

CAPÍTULO 2

Atividades – página 320

1. a) A: 8 ▢; B: 8 ▢; C: 10 ▢; D: $5\frac{1}{2}$ ▢; E: 7 ▢
    b) A: 4 ▢; B: 4 ▢; C: 5 ▢; D: $2\frac{3}{4}$ ▢; E: $3\frac{1}{2}$ ▢
    c) A: 16 ◢; B: 16 ◢; C: 20 ◢; D: 11 ◢; E: 14 ◢

2. 29 lajotas.

3. A: 8 cm^2; B: 6 cm^2; C: 4 cm^2; D: 4 cm^2; E: 6 cm^2; F: 8 cm^2. Os pares de figuras com a mesma medida de área são: A e F; B e E; C e D.

5. 28 cm^2

6. 144 cm^2

7. 40,5 cm^2

8. a) 37,21 cm^2
   b) 22,8 m^2
   c) 60 km^2
   d) 81 dm^2
   e) 16 cm^2
   f) 24a^2

9. 12 u.a.

10. a) 5,25 cm^2
    b) 5,2 cm^2

Atividades – página 322

11. a) 8 cm^2
    b) 8,75 cm^2
    c) 11,25 cm^2

12. 16 m^2

Atividades – página 323

13. 31,5 cm^2

14. a) 7 m^2
    b) 24 m^2
    c) 16,9 m^2

15. 20 m

16. $x = 7$

Atividade – página 324

17. a) 54 cm^2
    b) 24 cm^2
    c) 6 cm^2

Atividades – página 327

18. 46 u.v.

19. a) 16 cm^3
    b) 37,8 dm^3
    c) 343 m^3
    d) 68,88 dm^3
    e) 29,791 cm^3

Mais atividades – página 328

1. 168 m

2. a) 16 m^2
   b) 15 m
   c) R$ 863,00

3. 21 m^2

4. 52 cm

5. 8 cm

6. a) 16,5 cm^2
   b) 10,725 cm^2

7. a) Embalagem 1: 210 cm^3; embalagem 2: 210 cm^3.
   b) A embalagem 2.

8. 187,92 dm^3

9. 225 m^2

10. Alternativa **e**.

11. c) Trapézio: 32 m^2; paralelogramo: 28 m^2.

12. Alternativa **c**.

14. 9 dm e 1 dm; 1 dm e 9 dm; 3 dm e 3 dm.

Atividades integradas – página 334

1. a) Litro.
   b) Quilograma.
   c) Quilômetro.

2. a) Base: 18 m; altura: 12 m.
   b) 216 m^2

3. 15 × 15

4. a) 8 cm^3; 64 cm^3.
   b) 72 cm^3

6. a) 12,32 m^2
   b) R$ 203,28

7. 36 caixas.

8. 20 cm^3

10. b) Triângulos maiores: 4 cm^2; triângulo médio: 2 cm^2; triângulos pequenos: 1 cm^2; quadrado: 2 cm^2; paralelogramo: 2 cm^2.

11. Alternativa **d**.

12. 64 cm^3

RESPOSTAS

Prepare-se!

1. Alternativa **b**.
2. Alternativa **a**.
3. Alternativa **d**.
4. Alternativa **a**.
5. Alternativa **c**.
6. Alternativa **e**.
7. Alternativa **c**.
8. Alternativa **b**.
9. Alternativa **a**.
10. Alternativa **c**.
11. Alternativa **c**.
12. Alternativa **e**.
13. Alternativa **b**.
14. Alternativa **d**.
15. Alternativa **c**.
16. Alternativa **e**.
17. Alternativa **b**.
18. Alternativa **d**.
19. Alternativa **d**.
20. Alternativa **c**.
21. Alternativa **b**.
22. Alternativa **b**.
23. Alternativa **d**.
24. Alternativa **c**.
25. Alternativa **c**.
26. Alternativa **c**.
27. Alternativa **c**.
28. Alternativa **b**.
29. Alternativa **a**.
30. Alternativa **a**.
31. Alternativa **b**.
32. Alternativa **b**.
33. Alternativa **d**.
34. Alternativa **b**.
35. Alternativa **c**.
36. Alternativa **b**.
37. Alternativa **d**.
38. Alternativa **b**.
39. Alternativa **a**.
40. Alternativa **b**.
41. Alternativa **c**.
42. Alternativa **d**.
43. Alternativa **b**.
44. Alternativa **a**.
45. Alternativa **d**.

LISTA DE SIGLAS

Cesgranrio-RJ	Centro de Seleção de Candidatos ao Ensino Superior do Grande Rio
CMB-DF	Colégio Militar de Brasília
CMPA-RS	Colégio Militar de Porto Alegre
Enem	Exame Nacional do Ensino Médio
EPCAr-MG	Escola Preparatória de Cadetes do Ar
Faap-SP	Fundação Armando Álvares Penteado
Fuvest-SP	Fundação Universitária para o Vestibular
OBM	Olimpíada Brasileira de Matemática
Obmep	Olimpíada Brasileira de Matemática das Escolas Públicas
Pisa	Programa Internacional de Avaliação de Estudantes
Prova Brasil	Avaliação Nacional do Rendimento Escolar
Saresp	Sistema de Avaliação de Rendimento Escolar do Estado de São Paulo
UFMG	Universidade Federal de Minas Gerais
UFSC	Universidade Federal de Santa Catarina
Unifesp	Universidade Federal de São Paulo
Uniube-MG	Universidade de Uberaba

BIBLIOGRAFIA COMENTADA

BACICH, L.; HOLANDA, L. *STEAM em sala de aula*: a aprendizagem baseada em projetos integrando conhecimentos na educação básica. Porto Alegre: Penso, 2020.

Os estudos na área da educação convergem para a adoção de propostas que coloquem o estudante em um papel investigativo. Nesse sentido, a abordagem *STEAM* (sigla em inglês para Ciência, Tecnologia, Engenharia, Arte e Matemática) é uma ferramenta valiosa que serve de inspiração para a elaboração de diversas propostas pedagógicas.

BENDICK, J. *Pesos e medidas*. Tradução: Djalmir Ferreira de Mello. Rio de Janeiro: Fundo de Cultura, 1960 (Coleção O Mundo e Nós).

O livro aborda ideias e conceitos acerca de pesos e medidas.

BOALER, J. *Mentalidades matemáticas*: estimulando o potencial dos estudantes por meio da matemática criativa, das mensagens inspiradoras e do ensino inovador. Tradução: Daniel Bueno. Porto Alegre: Penso, 2018.

Nesse livro, a autora apresenta técnicas e atividades que mostram como tornar a aprendizagem da Matemática mais agradável e acessível a todos os estudantes.

BOYER, C. B.; MERZBACH, U. C. *História da Matemática*. Tradução: Helena Castro. São Paulo: Blucher, 2012.

A obra trata da história da Matemática e da relação entre a humanidade e o conhecimento matemático.

BRASIL. Ministério da Educação. Instituto Nacional de Estudos e Pesquisas Educacionais Anísio Teixeira (Inep). *Matriz de avaliação de Matemática – Pisa 2012*. Disponível em: http://download.inep.gov.br/acoes_internacionais/pisa/marcos_referenciais/2013/matriz_avaliacao_matematica.pdf. Acesso em: 30 mar. 2023.

O Programa Internacional de Avaliação de Estudantes (Pisa) traz informações sobre o desempenho de estudantes na faixa etária de 15 anos. Nesse documento, é possível conhecer a matriz de avaliação de Matemática do programa.

BRASIL. Ministério da Educação. Instituto Nacional de Estudos e Pesquisas Educacionais Anísio Teixeira (Inep). *Matriz de referência de Matemática*. Brasília: MEC/Inep, 1999. Disponível em: https://download.inep.gov.br/educacao_basica/saeb/matriz-de-referencia-de-matematica_BNCC.pdf. Acesso em: 29 mar. 2023.

O Saeb é um conjunto de avaliações que permite ao Inep diagnosticar a educação básica brasileira e os fatores que podem estar relacionados ao desempenho dos estudantes. Essas avaliações são elaboradas com base em matrizes de referência.

BRASIL. Ministério da Educação. Instituto Nacional de Estudos e Pesquisas Educacionais Anísio Teixeira (Inep). *Matriz de referência Enem*. Brasília: MEC/Inep, 2012. Disponível em: https://download.inep.gov.br/download/enem/matriz_referencia.pdf. Acesso em: 30 mar. 2023.

O Exame Nacional do Ensino Médio (Enem) é uma prova nacional que avalia o desempenho individual dos participantes. A matriz de referência do Enem apresenta as competências e as habilidades que são exigidas nesse exame.

BRASIL. Ministério da Educação. Secretaria de Alfabetização. *PNA*: Política Nacional de Alfabetização. Brasília: MEC/Sealf, 2019. Disponível em: http://portal.mec.gov.br/images/banners/caderno_pna.pdf. Acesso em: 29 mar. 2023.

A Política Nacional de Alfabetização (PNA) foi instituída com o objetivo de melhorar a qualidade da alfabetização no Brasil e combater o analfabetismo no país. O documento aborda conceitos como alfabetização, literacia e numeracia.

BRASIL. Ministério da Educação. Secretaria de Educação Básica. *Base Nacional Comum Curricular*: educação é a base. Brasília: MEC/SEB, 2018. Disponível em: http://basenacionalcomum.mec.gov.br/. Acesso em: 29 mar. 2023.

Elaborada pelo Ministério da Educação de acordo com a Lei de Diretrizes e Bases da Educação Nacional, de 1996, a Base Nacional Comum Curricular (BNCC) é um documento normativo que estabelece os conhecimentos, as competências e as habilidades que se espera que os estudantes desenvolvam ao longo da Educação Básica.

BRASIL. Ministério da Educação. Secretaria de Educação Básica. *Competências socioemocionais como fator de proteção à saúde mental e ao bullying*. Brasília: MEC/SEB, 2020. Disponível em: http://basenacionalcomum.mec.gov.br/implementacao/praticas/caderno-de-praticas/aprofundamentos/195-competencias-socioemocionais-como-fator-de-protecao-a-saude-mental-e-ao-bullying. Acesso em: 29 mar. 2023.

Nesse material, é possível compreender como as competências socioemocionais estão presentes nas dez competências gerais descritas pela BNCC. O documento serviu como base para a elaboração de diversas propostas desta coleção.

BRASIL. Ministério da Educação. Secretaria de Educação Básica. Diretoria de Currículos e Educação Integral. *Diretrizes Curriculares Nacionais para Educação Básica*. Brasília: MEC/SEB/Dicei, 2013. Disponível em: http://portal.mec.gov.br/docman/julho-2013-pdf/13677-diretrizes-educacao-basica-2013-pdf/file. Acesso em: 29 mar. 2023.

O documento traz as diretrizes que estabelecem uma base nacional comum, responsável por orientar a organização, a articulação, o desenvolvimento e a avaliação de propostas pedagógicas para todas as redes de ensino brasileiras.

BRASIL. Ministério da Educação. Secretaria de Educação Básica. *Ensino Fundamental de nove anos*: orientações para a inclusão da criança de seis anos de idade. Brasília: MEC/SEB, 2007. Disponível em: portal.mec.gov.br/seb/arquivos/pdf/Ensfund/ensifund9anobasefinal.pdf. Acesso em: 29 mar. 2023.

O documento foi elaborado com base no diálogo com gestores dos sistemas de ensino e tem como propósito desenvolver uma metodologia de trabalho voltada à ampliação do programa do Ensino Fundamental de oito para nove anos.

BRASIL. Ministério da Educação. Secretaria de Educação Básica. *Temas Contemporâneos Transversais na BNCC*: proposta de práticas de implementação. Brasília: MEC/SEB, 2019. Disponível em: http://basenacionalcomum.mec.gov.br/images/implementacao/guia_pratico_temas_contemporaneos.pdf. Acesso em: 29 mar. 2023.

O trabalho com os Temas Contemporâneos Transversais (TCTs) possibilita aos estudantes concluir a educação formal reconhecendo e aprendendo os temas que são relevantes para sua atuação na sociedade. Esse documento apresenta os TCTs e traz propostas de práticas de implementação nos âmbitos do trabalho pedagógico.

Bussab, W. O.; Morettin, P. A. *Estatística básica*. São Paulo: Saraiva, 2017.

O livro é dividido em três partes: a primeira trata da análise de dados uni e bidimensionais; a segunda traz conceitos básicos de probabilidade e variáveis aleatórias; por fim, a terceira trata dos principais tópicos da inferência estatística.

Eves, H. *Introdução à história da Matemática*. Tradução: Hygino H. Domingues. 5. ed. Campinas (SP): Ed. da Unicamp, 2011.

A obra narra a história da Matemática desde a Antiguidade até a atualidade, por meio da observação da cultura de cada época retratada.

Iezzi, G. et al. *Fundamentos de Matemática Elementar*. São Paulo: Atual, 2013. v. 1 a 11.

Os livros dessa coleção foram utilizados como referenciais teóricos para a apresentação de diversos temas e conteúdos desta obra.

Januário, A. J. *Desenho geométrico*. 4. ed. Florianópolis: Ed. da UFSC, 2019.

O livro aborda, de maneira simples, conteúdos de desenho geométrico. Muitas das propostas apresentadas nele inspiraram os autores na elaboração dos conteúdos de desenho geométrico desta coleção.

Magalhães, M. N.; Lima, A. C. P. *Noções de probabilidade e estatística*. São Paulo: Edusp, 2015.

O livro apresenta uma introdução à probabilidade e à estatística. Os conceitos de estatística descritiva são tratados em paralelo com outras teorias, possibilitando estabelecer uma relação entre estatística descritiva, probabilidade e variáveis aleatórias.

Meyer, P. L. *Probabilidade*: aplicações à estatística. Tradução: Ruy de C. B. Lourenço Filho. 2. ed. Rio de Janeiro: LTC, 2006.

Os conceitos, os teoremas e os comentários sobre probabilidade e estatística apresentados nesse material serviram de inspiração para a elaboração das unidades referentes ao eixo temático Probabilidade e Estatística desta obra.

Milies, C. P.; Coelho, S. P. *Números*: uma introdução à Matemática. 3. ed. São Paulo: Edusp, 2013.

O livro apresenta a teoria dos números inteiros e mostra como o conjunto dos números racionais se constrói com base nos números inteiros. Além disso, trabalha com uma apresentação axiomática de Peano para os números naturais.

Moraes, C. A. P. *Avaliação em Matemática*: pontos de vista dos sujeitos envolvidos na Educação Básica. Jundiaí (SP): Paco Editorial, 2012.

O livro investiga as concepções da avaliação em Matemática na Educação Básica. A leitura da obra permite um amplo aprofundamento nas teorias da avaliação e a compreensão dos processos utilizados pelo Sistema de Avaliação da Educação Básica (Saeb) e pelo Sistema de Avaliação de Rendimento Escolar do Estado de São Paulo (Saresp).

Moreira, T.; Santos, R. S. S. (ed.). *Educação para o desenvolvimento sustentável na escola*: caderno introdutório. Brasília: Unesco, 2020. Disponível em: https://unesdoc.unesco.org/ark:/48223/pf0000375076. Acesso em: 13 abr. 2023.

O material nasceu da colaboração entre a Unesco no Brasil e o Ministério da Educação para a produção de conteúdo sobre Educação Ambiental e Educação para o Desenvolvimento Sustentável.

Pimentel, G. S. R. *O Brasil e os desafios da educação e dos educadores na Agenda 2030 da ONU*. Revista *Nova Paideia – Revista Interdisciplinar em Educação e Pesquisa*, [s. l.], v. 1, n. 3, p. 22-33, 2019. Disponível em: https://ojs.novapaideia.org/index.php/RIEP/article/view/35. Acesso em: 29 mar. 2023.

O trabalho apresenta os Objetivos de Desenvolvimento Sustentável (ODS) estabelecidos pela ONU (com foco no ODS 4 – Educação de qualidade) e mostra de que maneira eles podem ser relacionados ao contexto educacional brasileiro.

Polya, G. *A arte de resolver problemas*: um novo aspecto do método matemático. Tradução: Heitor Lisboa de Araújo. Rio de Janeiro: Interciência, 2006.

A resolução de problemas possibilita aos estudantes desenvolver o pensamento matemático de maneira ativa. Nesse livro, é possível encontrar diversas contribuições sobre o tema, que serviram de inspiração para o projeto e a elaboração das situações abordadas na seção *Resolvendo problemas*.

Rezende, E. Q. F.; Queiroz, M. L. B. *Geometria euclidiana plana e construções geométricas*. 2. ed. Campinas (SP): Ed. da Unicamp, 2008.

O livro contribui para a descoberta e a compreensão da Geometria associada às demais áreas do conhecimento, e para a organização do raciocínio lógico.

Russell, M. K.; Airasian, P. W. *Avaliação em sala de aula*: conceitos e aplicações. Tradução: Marcelo de Abreu Almeida. 7. ed. Porto Alegre: AMGH, 2013.

No livro, os autores propõem uma reflexão sobre o processo avaliativo – elaboração, correção e atribuição de notas – e a importância de associá-lo aos diferentes componentes e métodos pedagógicos adotados no dia a dia escolar.

Skovsmose, O. *Um convite à educação matemática crítica*. Tradução: Orlando de Andrade Figueiredo. Campinas (SP): Papirus, 2014.

O autor aborda conceitos cruciais à área de educação matemática crítica e apresenta diferentes cenários para a investigação e a Matemática em ação.

Stewart, I. *Almanaque das curiosidades matemáticas*. Rio de Janeiro: Zahar, 2009.

O material, que é uma coletânea de casos curiosos da Matemática, serviu como inspiração para a elaboração de algumas informações apresentadas nesta coleção.

Surendra, V. *Ideias geniais*: os principais teoremas, teorias, leis e princípios científicos de todos os tempos. Tradução: Carlos Irineu da Costa. Belo Horizonte: Gutenberg, 2011.

A obra traz princípios, equações, teorias, teoremas e afins que formam os fundamentos da ciência.